정말로 한국교회는 성경을 하나님의 말씀으로 받아들이는가? 한국의 그리스도인들은 성경이 신자의 삶과 신앙에 유일한 규범이라고 정말로 믿는가? 그렇다면, 성경의 가르침이 그들의 삶과 생각을 근본적으로 바꾸어 놓아야 하는 것이 아닌가? 먼저 성경이 무엇인지, 성경을 어떻게 이해하고 해석해야 하는지를 알아야 하지 않겠는가? 바른 성경관과 성경 읽기는 진정성 있는 신앙의 길로 들어가는 입문과 같다. 그래서 여기 성경이란 무엇인가로부터 구·신약성경의 통일성, 성경 해석의 원리, 올바른 성경 해석의 필요성, 그로 인한 신앙적 유익 등을 또박또박 가르쳐주는 정통적 안내서가 나왔다. 성경 전체의 틀을 바라보는 거시적 관점을 세워주고, 역사 속에서 일하시는 하나님을 올바로 알게 해주어 신자의 신앙적 눈을 뜨게 해준다. 성경을 진지하게 대하는 그리스도인들, 하나님의 말씀에 정통적 설교자가 되기를 애쓰는 목회자들에게 적극적으로 권한다. 신학생들에겐 필독서가 되었으면 한다.

류호준_ 백석대학교 신학대학원 구약학 은퇴 교수

성경을 해석하는 일에는 적법한 해석 관점과 해석 방법이 필요하다는 것은 모두가 공감할 것이다. 흥미로운 일은, 해석 방법의 경우는 성경 해석에 관한 수많은 저작이 보여주듯이 독립된 연구와 저작의 대상으로 다루어졌는데 비해서, 해석 관점의 경우는 따로 독립된 연구나 저작의 대상으로 다루어지지 않고 많은 성경 신학에 관한 책들이 간접적으로 혹은 암시적으로 그 역할을 해왔다고 해도 과언이 아니다. 이런 차에 류호영 교수의 『성경 해석의 관점』은 구약과 신약을 논증할 수 있는 자체적인 범주의 한계 내에서, 그렇지만 설득력 있게 하나의 거대한 메타-내러티브로 읽어가려는 시도를 보여주고 있다. 한 성경 신학자의 고뇌의 찬 작은 성경-신학적인 성경 읽기와 해석을 귀히 여기며, 성경적 가치관과 인생관 그리고 세계관에 관심을 두고 성경을 읽고 해석하려는 모든 분에게 일독을 강력히 추천한다.

홍인규_ 백석대학교 신학대학원 신약학 은퇴 교수

본서는 성경을 바르게 읽고 해석하게 해주는 친절한 책이다. 그것을 위해 역사적 문학적 신학적 세 차원(관점)에서 성경을 읽도록 이론과 실제를 보여준다. 본서는 우리가 단지 개인의 구원과 윤리, 그것을 위한 교리 추출을 위해 성경을 읽기보다는, 하나님의 창조 프로젝트에서 하나님의 백성으로 하나님의 목적을 위해 어떻게 살아가야 하는지 삶의 혁신을 위해 읽을 수 있음을 잘 드러내고 있다. 특히 예수님의 중심 주제인 하나님의 나라와 의의 관계가 구약과 신약의 일관된 신학적 주제로 잘 제시되고 있다. 또 본서는 성경의 장르마다 해석의 이론과 실제를 다루고 있는 친절한 책이다. 후대에 유익한 책이라고 생각하며 일독을 강력히 추천한다.

장석조_ 서울성경신학대학원 신약학 교수

본서 『성경 해석의 관점』은 우리가 성경을 피상적으로 읽든 심층적으로 읽든 성경을 이해하는 어떤 시각, 즉 성경 해석의 관점(Perspective)의 중요성을 강조한다. 특별히 본서는 신약, 구약을 총괄하는 성경신학적(Biblical Theological) 성경읽기를 강조하며, '예수 믿고 천국 가는 것'이 기독교신앙의 목표인가에 대한 질문에, 성경신학적 성경읽기를 통해서 기독교 신학의 근본 개념인 구원 및 예수님에 대해 올바르게 이해할 수 있다고 주장한다. 바른 성경적 관점에 관심 있는 여러분들에게 일독을 추천한다.

최순진_ 횃불트리니티신학대학원대학교 구약학 교수

성경 해석의 관점

I

성경 해석의 관점

지은이 류호영

초판 1쇄 인쇄 2022년 3월 8일
초판 1쇄 발행 2022년 3월 15일

발행처 도서출판 이레서원
발행인 문영이
출판신고 2005년 9월 13일 제2015-000099호

기획, 마케팅 김정태
편집 송혜숙, 오수현
총무 곽현자

디자인 박지나

경기도 고양시 일산동구 백석로71번길 46, 1층 1호
Tel. 02)402-3238, 406-3273 / Fax. 02)401-3387
E-mail: Jireh@changjisa.com
Facebook: facebook.com/jirehpub

책값은 표지에 있습니다.

ISBN 978 - 89 - 7435 - 594 - 4 (04230)
978 - 89 - 7435 - 593 - 7 (04230)(세트)

하나님 중심적 관점의 바른 성경 읽기

Interpretive Perspective

성경 해석의 관점

류호영 지음

이레서원

목차

저자 서문

성경은 모든 크리스천에게 하나님의 절대 계시로 받아들여진다. 어떤 의미에서 그런가를 묻는다면 아마 많은 이들이 성경은 '죽어서 천국에 가는 일, 즉 죽음 이후의 영생을 얻는 일에 대한 하나님의 절대적인 진리라는 점에서 그렇다'라고 답할 것이다. 이런 대답은 교회가 오랫동안 성도들에게 가르쳐왔던 성경과 신앙생활의 결과이며, 지금도 교회와 신앙생활의 주된 맥락을 이루고 있다.

100~200 여년의 한국 기독교 역사 중, 특히 초기 기독교 복음이 선교사들에 의해서 전파되었던 매우 위험하고 긴박한 선교 상황을 고려할 때, 소위 '예수-천국, 불신-지옥'이라는 간명한 구호는 어찌보면 현세적인 삶의 문제를 다루지 않고 저세상에 대한 소망을 불러일으킨다는 점에서 안전하면서도 영적인 것처럼 보일 수 있다. 그리고 이러한 상황을 고려한다면 지금의 기독교 신앙과 성경에 대한 이해는 충분히 이해할만하다.

그러나 불행하게도 이러한 신앙과 성경에 대한 이해는 성경적이지 않으며, 그 성격 상 고대 플라톤 철학 전통의 이원론적 사상과 매우 유사하다. 이 이원론에 따르면 모든 물질적인 것은 열등하고 육체는 더럽고 추악한 것이며, 인간의 참된 구원은 육신의 감옥을 벗어나 영이 우주의 이데아 혹은 우주 근원과 하나 되는 것이다.

초기 기독교가 로마의 국교가 된 이후 교회는 여러 면에서 세속화의 길을 걸어왔는데 그 중 중요한 요소 하나는, 기독교가 고대 그리스의 철학으로 설명되면서 살아 있는 역동적인 예수 운동이 그리스 전통의 철학으로 개념화되고 교리화되는 경향을 띠었다는 점이다. 이어지는 기독교 역사 발전에서 중세의 이성 중심 신학의 영향으로 역동적인 예수 운동은 더욱 사변화의 길을 가게 되었다. 물론 종교개혁자들에 의해서 성경이 교회 전통과 그리스 전통의 철학적인 해석의 굴레에서 벗어나 그 자체의 목소리를 내게 된 것은 매우 다행스러운 일이었다.

그러나 세계적인 교회도 그러했지만, 특히 한국 교회와 신앙생활이란 맥락에서 볼 때, 종교개혁자들의 목소리 중 특별히 그리스도-중심적인 속죄와 구속을 강조했던 루터의 신학이 하나님-중심적인 창조와 그리스도의 삶을 강조했던 칼빈의 신학을 압도하여 한국 교회의 신앙과 신학의 주조를 이루면서 플라톤 전통의 이원론적인 신앙이 더욱 강화되어 예수 피로 구속받아 천국에 간다는 신앙 사조가 강화되었다고 생각한다.

간단히 말해서 오늘날 대부분 교회의 큰 문제는 플라톤 전통의 이원론적인 신앙과 좁은 의미의 속죄-중심적인 신앙이다. 특히 이 둘이 합하여 결국 교회의 관심과 신앙생활이 이생을 떠나게 될 때 예수에 대한 구속을 믿는 자들에게 주어질 죽음 이후의 구원과 영생에 대한 과도한 집착에 이르게 되었다는 점이 가장 큰 문제다.

이러한 오랜 기독교 역사의 변천과 특히 선교 초기에 이루어졌던 '예수 천국. 불신 지옥'의 신앙 패러다임은 결국 크리스천의 삶과 비-기독교인들의 삶 사이의 차이와 구별을 전혀 가져오지 못했으며, 불행히도 교회가 사회의 지탄의 대상으로 전락하게 되는 핵심적인 원인이 되었다. 세상 사람들의 시각에서 볼 때 크리스천들은 교회를 나가고 하나님과 예수를 믿는 자들이며 자신들의 신과 종교적인 확신 가운데 살아가는 자일 뿐, 그 이상도 이하도 아닌 어떤 차이점도 발견하지 못하고 있는 실정이다.

놀라운 사실은 개략적으로 교회에 출입하는 사람들이 적어도 우리나라 전체 인구의 25%는 될 텐데 사실 사회생활에서 이들의 구별된 삶을 알아채기는 쉽지 않고, 더욱이 수많은 유명 인사들의 상당수가 크리스천이라고 하는데 그들이 크리스천이라는 사실이 드러나기까지 어떤 신앙의 증거를 거의 볼 수 없다고 해도 틀린 말이 아니다.

교회에서 충성스럽게 봉사하고 교회 생활을 하며 기독교 방송 매체와 기독교 프로그램에서 사회를 보거나 기독교인으로 출연하여 대담을 나누는 사람이 일반 공중파나 지상파에서 활동하는 모습을 보면, 과연 기독교 신앙은 어떤 유익이 있고 삶의 무슨 차이를 만들어 내는가에 대한 의구심이 들 때가 많다. 이 모든 것이 앞서 지적한 삶과 신앙을 이원론적으로 분리한 사상과 그리스도의 속죄에 대한 매우 개인적이고도 사후 세상-지향적인 뿌리 깊은 인식에 기인한 것이라고 감히 말하지 않을 수 없다.

저자는 성경이 하나님의 절대 계시라고 믿는데, 그 의미는 성경이란 이 땅에서 하나님의 나라 백성 혹은 하나님의 자녀들이 어떻게 하나님의 사랑과 은혜를 따라 신실하게 삶을 살아낼 수 있는가에 대한 하나님의 절대적인 계시라는 뜻이다. 중요한 것은 사후 세계에 들어가는 일이 아니라 이 땅에서의 삶에 관한 것이라는 점이다. 이 땅을 하나님의 백성과 자녀로 살아가는 자들은 독특한 인생관, 가치관, 세계관, 역사관을 갖고 살아간다. 이 모든 삶의 관점들은 하나님과 그의 아들 예수 그리스도와 하나님의 영이신 성령을 알지 못하는 자들의 삶의 관점들과 분명 다르며, 그러기에 분명 이들은 서로 다른 방식으로 이 땅을 살아갈 수밖에 없다.

하나님을 알지 못하는 사람들이 갖지 못하는 이러한 독특한 가치관, 인생관, 세계관, 역사관을 저자는 '신학적이다'라고 부른다. 신학적이란 쉽게 표현해서 거룩함이라 할 수 있다. 하나님이 "내가 거룩하니 너희도 거룩하라"고 말씀하셨을 때, 의미한 바는 바로 이것이다. 즉 너희는 나의 자녀와 백성으로서 다른 자들과 다른 독특한 가치관을 갖고 이 땅을 살아야 한다는 것이다.

신학적 혹은 거룩함이란 쉽게 말해서 하나님-중심적이라는 뜻이다. 신학적 혹은 거룩함이라는 말에 반대되는 것은 세속적이라 말할 수 있으며 그 뜻은 인간-주도적이라 할 수 있다. 성경은 본질 상 하나님의 거룩하심과 그의 백성들의 거룩함 즉 하나님에게서 기인하는 그의 백성들의 독특한 가치관과 인생관, 세계관에 대해 집중적으로 말한다는 점에서 신학적이다. 이 신학적 특성은 모든 세속적인 것들에 대해 경고적인 성격과 더 중요하게는 이들에 대한 전복적 성격을 지닌다.

필자가 본서 『성경 해석의 관점』을 쓰게 된 동기가 바로 이러한 맥락에서다. 다시 말하지만 성경은 근본적으로 신학적인 성격을 지니며, 이러한 신학적 성격은 인류의 세속적인 삶을 도전하고 이 세속적인 삶을 전복시키려는 의도를 지닌다. 세속적인 삶은 '힘을 사랑'(love of power)하는 근본 성격을 지니며, 그러기에 모든 세속적인 삶은 다양한 형태의 힘을 사랑하고, 추구하며, 축적하여 결국 삶을 철저히 자기 통제 아래 두려는 목적을 지닌다.

그러나 신학적인 혹은 거룩한 삶은 '사랑의 힘'(power of love)을 근간으로 하며, 그러기에 모든 신학적인 혹은 거룩한 삶은 하나님의 사랑(요일 4:8)을 힘입어 삶의 근본 운용 원리로 삼고 산다. 하나님의 백성과 자녀들은 온전히 하나님의 주권적이며 은혜로운 섭리를 따라 사는 자들이다. 그러기에 이들의 삶은 자유와 평화 가운데 경쟁하지 않고, 투쟁하지 않고, 분투하지 않고, 오직 조화와 협력과 공동의 선을 위해서 사는 삶이다. 이들에게는 진정한 자유와 평화가 있으며, 그러기에 모든 사람과 모든 것에 대한 열린 의식과 포용적 자세로 살아간다.

이러한 성경적 관점을 갖고 살지 않는 모든 기독교 신앙과 삶은 종교적인 행위라고 볼 수밖에 없다. 이러한 종교적인 행위로서의 기독교 신앙과 삶은 우리가 곳곳에서 일상적으로 접하고 볼 수 있는 것들이다. 이러한 현상을 보면서 필자는 오랫동안 신학교 강단에서 기독교 신앙과 삶은 한마디로 '바름'과 '다름'의 삶이라고 강의해 왔다. '바름' 곧 하나님의 율법이 강조하는 바인 '바름'은 하나님의 의로운 다스림을 따라 살기 때문에 삶이 바르고 반듯하며, 곧 하나님의 성전이 강조하는 바인 '다름'은 하나님의 배타적인 임재 가운데 살기에 다른 수많은 거짓 '신들'을 의지하며 사는 자들과 근본적으로 다르고 구별된 삶을 산다는 것을 의미한다.

본서를 읽는 독자들에게 본서가 이상과 같은 저자의 근본 요지를 잘 설명할 수 있기를 바란다. 그래서 이 책을 읽는 독자들이 다시 한 번, 자신들의 가치관을 살펴보면서 성경적인 가치관과 인생관을 정립할 수 있는 좋은 기회를 가질 수 있기를 바란다. 끝으로 본서가 출판되도록 처음부터 끝까지 관심을 갖고 저자를 여러 점에서 돕고 격려해주신 이레서원과 관계자 여러분께 마음 깊이 감사하며, 하나님이 본서를 귀히 사용하셔서 하나님의 의와 거룩함이 많은 크리스천을 통해 이 땅에 충만케 되기를 간절히 소망한다.

2022년 2월 23일 저자 류호영

I 서론

1. 성경 해석의 관점

본서는 저자가 '성경 해석의 관점'과 '성경 해석의 방법과 실제' 총 두 권으로 구성된 출판 프로젝트의 제1권에 해당하는 성경 해석의 관점에 관한 것이다. 이것은 '성경 해석의 관점'이 '성경 해석의 방법'을 전제하고 있다는 뜻이며 구체적으로 말해서 이 두 가지는 유기적으로 밀접하게 연결되어 있음을 암시한다. 본 프로젝트의 일관된 관심은 성경을 바르게 읽는 일에 관한 것이다. 정말 성경이 하나님에 관한 계시라면, 성경을 바르게 읽어야 한다는 것은 너무도 자명한 이치이다.

그러나 현재 대부분 교회의 설교나 크리스천들의 성경 읽기는 본문을 정당하게 대하기보다는 청중에게 주고자 하는 목회자의 메시지나 성경 독자의 개인적인 욕구와 바람에 편향되어 있으며, 심지어 이것들이 성경 읽기나 해석에 역으로 투영되어서 성경이 말하는 것을 끌어내는(read out) 성경 읽기가 아니라 자기 생각을 성경에 집어넣어 읽어 들어가는(read into) 일이 비일비재하다. 성경이 하나님의 절대 계시라고 믿는다면 이것이 바른 일인가 진지하게 묻고 고민하지 않을 수 없다.

이 맥락에서 성경을 바르게 읽으려면 두 가지가 꼭 필요하다. 하나는 성경을 바라보는 바른 관점 혹은 창이 열려야 한다. 이것은 성경해석/읽기의 관점에 관한 것이다. 또 하나는 성경을 읽는 법, 즉 성경 해석의 방법에 관한 것이다. 사실 이 둘 사이의 관계나 우선순위의 문제는 명쾌하게 답하기 어렵다. 오랫동안 성경을 해석하고 성경해석을 가르쳐 왔지만, 여전히 이 문제는 답하기 어렵다. 달리 말해서 먼저 성경 해석의 관점이 형성되고 나면 그 관점에서 성경을 바르게 해석할 수 있는 것인지, 아니면 성경을 바르게 해석하는 일이 오랜 시간에 걸쳐서 축적되어 그 결과물로 성경 해석의 관점이 형성되는지를 말하기가 쉽지 않다는 뜻이다. 아마도 답은 이 둘 사이의 관계는 상호적이라는 것이다. 해석은 관점을 형성하는데 도움을 주고, 관점은 해석이 이루어지는 과정에 중요한 인도자 혹은 운전자 같은 역할을 한다는 뜻이다.

그러나 원리상 바른 해석의 관점이 해석을 우선한다고 말할 수밖에 없다. 왜냐하면, 모든 해석자는 예외 없이 특정한 선이해나 전제 없이 성경을 읽거나 해석할 수 없기 때문이다. 관점이 해석에 앞서는 이유는 현실적으로도 타당하다. 해석의 관점이 형성되기까지는 성경을 해석할 수 없거나 해석하지 않아야 하는 것은 아니기 때문이다. 해석의 관점이 선천적, 또는 후천적이든 특정한 관점을 갖고 성경을 해석할 수밖에 없다. 이런 점에서 먼저 성경 해석의 관점을 다루고, 이어서 이러한 관점을 통해서 성경을 바르게 바라보는 창의 문제를 해결하고, 그다음에 구체적으로 성경을 읽는 법 혹은 해석하는 법을 배워가는 것이 원리상으로나 현실적으로 적절하다.

어떤 경우이든 성경을 바르게 읽고 해석하는 일에는 바른 해석의 관점이 중요하다. 크리스천으로 살아간다는 것은, 바른 해석 관점을 갖고 성경을 바르게 읽고 그 의미를 알아 그 의미를 삶으로 살아내는 일이다.

성경 해석의 관점과 해석의 방법과 관련해 성경의 세 차원을 인지할 필요가 있다. 성경은 역사적 차원과 문학적 차원 그리고 신학적 차원을 모두 담고 있다. 간단히 말해서 성경은 하나님의 창조와 구속에 관한 역사적 사건들을 담고 있기에 역사적 차원을 지닌다. 그러나 성경은 역사적 사건들을 직접 계시로 우리에게 전하고 있지 않고, 오직 글로 쓰인 문헌의 형태로 전하고 있다.

이런 점에서 성경은 문학적 차원을 지닌다. 더 중요하게 성경이 역사적 사건들을 문헌의 형태로 전할 때, 그냥 객관적인 형태로 혹은 가치-중립적인 입장에서 전하지 않고, 하나님-중심적인(신학적인) 관점에서 전하고 있다는 점이다. 이런 점에서 성경은 신학적인 차원을 지닌다. 한마디로 말해서 성경은 ***역사적*** 사건들을 하나님-중심적인(***신학적***인) 관점에서 해석하여 해석된 메시지를 가장 효과적으로 전달하기 위한 ***문학적***인 형태로 기록된 것이다.

이것을 달리 말하자면 성경은 단순히 과거에 일어난 일에 대한 있는 그대로의 보고가 아니라 계시라는 것은, 곧 성경은 하나님이 행하신 것을 기록해서 이 기록된 것을 통해서 하나님이 우리에게 의사소통하기 원하시는 또는 의도하시는 것을 말씀하기 때문이다. 이런 점에서 성경은 해석된 역사라고 말할 수 있고, 이 해석된 역사가 고도의 문헌 형태를 띤 것이다.

예를 들어, 출애굽은 망명자 이스라엘 사람들의 어떤 상황에 따른 이주가 아니라 자신의 아들되게 하시려고 하나님의 이스라엘을 불러내신 구원과 구출의 행위이다(출 4:22-23; 호 11:1). 예수의 죽음은 한 유대 순교자의 처형 사건이 아니라, 인류의 죄를 위한 희생제물이었다(롬 3:25; 히 9:14; 벧전 2:24). 이것은 성경이 똑같은 역사적 사건을 두고 해석된 의미를 중심으로 구성된 것임을 분명히 하고 있다.

성경 해석의 관점을 더 자세히 설명하면, 성경 해석의 관점은 해석의 대상인 성경을 들여다보는 창(window) 혹은 어떤 관점에서 본문을 바라볼 것인가 하는 관점(perspective)에 관한 문제이다. 우리가 어떤 풍광을 본다고 가정할 경우 적절한 전망대가 필요할 것이다. 그것은 풍광의 웅장함뿐만 아니라 전체적인 모습을 조망하기 위한 것이다. 사물이나 대상을 볼 때 전체적인 시각과 관점에서 본다는 것이 중요하다. 마찬가지로 성경 역시 성경의 전체적인 관점에서 보는 것이 중요하다. 그러기에 성경의 모든 본문을 바라보는 관점이 지엽적이거나 편협하다면 처음부터 특정한 본문을 읽고 해석하는 방향성이 잘못되게 마련이다. 또 성경 본연의 관점과 다른 관점에서 성경 본문을 바라본다는 것 역시 성경 본문을 바르게 읽고 해석하는 일을 왜곡하게 만든다.

성경 본연의 관점은 성경 저자들이 전달하고자 하는 의도(communicative intention)와 일치하며 이 의도는 근본적으로 신학적(theological)이다.[1] '신학적'이란 성경 저자들과 성경 독자들이 살았던 당대의 세속문화(구약의 경우는 고대 근동, 신약의 경우는 주후 1세기)라는 역사적 배경에서 세속문화가 보여주는 신들 즉 무기력하고 무자비하며 변덕스러운 신들과는 매우 다른 독특한 하나님 즉 절대적으로 주권적이며, 언제나 은혜로우시고,

---

1 '신학적'이라 함은 보편적인 인간 전통과 도덕을 중시하여 성경을 이런 맥락에서 읽어가려는 일반적 경향에 대해, 세속문화와 전통에 대한 성경의 근본적인 논박적인 성격을 요약적으로 표현하는 방식의 일환이다.

약속에 일관되게 신실하신 하나님[2]과 그리고 이 독특한 하나님과의 관계 속에 살아가는 독특한 하나님의 백성들 즉 이러한 독특한 하나님과의 관계 속에 사는 삶의 전형(paradigm)을 보여줌으로써 만국에 대한 제사장 나라로 부름을 받은 자들을 전제한다.[3] 이런 점에서 성경을 바르게 읽고 해석하려면 성경의 고유한 성격인 신학적 관점을 바르게 이해하는 일이 필수 불가결하다.

결론적으로 성경을 바르게 읽고 해석하기 위해서는 반드시 바른 해석의 창인 성경 해석의 관점 즉 성경에 일관되게 나타난 하나님-중심적인/신학적인[4] 관점을 갖고 있어야 한다. 바른 창에서 성경을

---

2 핵심적으로 말해서 고대 근동의 문헌들에 나타나는 신들이나 그레코로만의 문헌들에 나타나는 신들의 공통점은 모두 인간은 부차적이며 언제나 자기-중심적이지만, 성경의 하나님은 철저히 이타적이다. 즉 성경의 하나님은 "은혜롭고 자비로우시며, 사랑과 신실하심이 충만하신"(출 34:6, 참조 요 1:14) 분이요, 자기를 희생하기까지 자신의 창조세계를 사랑하시며(요 3:16, 참조, 요일 4:8), 자신의 창조목적을 이루시기 위해 자기를 철저히 낮추어 비우심으로 결국 창조의 목적 곧 만물의 참된 주가 되시는 분이다(참조. 빌 2:6-10). 이런 점에서 하나님은 한마디로 사랑(은혜와 동의어)과 신실하심(진리와 동의어임)을 근본 특징으로 한다. 하나님은 자신의 창조하신 세상을 ***사랑***하시며 이 사랑을 ***신실하게*** 지키셔서 결국 세상에 대한 자신의 창조목적을 반드시 이루시는 분이라고 요약해서 말할 수 있다. 십자가는 바로 이러한 하나님의 사랑과 신실하심의 결정적인 계시라 할 수 있다. 십자가를 통해 원리상 하나님의 창조목적 즉 '하나님이 우리 중에 영원토록 함께 거하시는 일'이 이루어진 것이다. 성령의 내주하심은 바로 이러한 맥락에서 이해되어야 한다. 간략히 '주권적'이라는 말의 성경적 의미를 말하자면, 이 말은 독재자의 주권이라는 맥락보다는 유일하신 하나님이라는 맥락에서 주권이란 의미를 뜻한다고 보는 것이 타당하다. 성경은 하나님과 관련해 '주권'을 말할 때 여타 많은 거짓 신들이 횡행하던 성경 당대의 문화의 맥락에서 하나님만이 참된 유일신 하나님 (여호와, 참조, 신 6:4))라는 점에서 주권을 말하는 것으로서, 이러한 주권 개념은 헬라 전통의 철학적이기도 추상적인 신 개념(divine concept)과 달리 히브리 전통의 하나님 개념을 반영한다고 볼 수 있다.

3 참조. Peter T. Vogt, *Interpreting The Pentateuch: An Exegetical Handbook* (Kregel, 2009), 45-49.

4 이미 앞에서 '신학적'의 의미를 언급했지만, 다른 말로 표현하자면, '신학적'이란 '세속적'과 대조되는 표현으로서 근본 특징은 하나님-중심적이다. 그러기에 '세속적'이란 인간-중심적이라 할 수 있다. 이러한 신학적 대 세속적 혹은 하나님-중심적 대 인간-중심적 개념의 극명한 표현은 시 1편에 나타난다. 간단히 말해서 시 1편은 큰 맥락에서 시편 150편 전편의 서론적인 역할을 하며, 인접 문맥에서 볼 때는 시 2편과 평행을 이룬다(참조 시 1:1의 '복 있는'과 시 2:12의 '복 있는' 이것은 문학 기법상 수미-상관구조로서 1편과 2편을 하

바라다보면 성경의 바른 해석이 이루어질 수 있는 토대가 마련되고, 하나님의 창조-구속의 행위들에 대한 하나님의 뜻과 이 땅에 사는 우리들의 소명에 대한 이해가 좀 더 분명해지고, 우리의 믿음의 순례가 더욱 하나님-중심적이며 창조 목적에 적합한 형태가 될 수 있으며, 또한 창조 목적의 완성을 지향할 수 있다.

2. 성경 · 믿음 · 구원 · 천국 · 재림에 관하여

1) 성경

이 시점에서 성경 해석의 관점과 관련한 몇 가지 중요한 주제를 간략히 언급하는 것이 좋을 듯하다. 먼저, **성경**은 단순히 구원받기 위한 비책. 곧, 죽어서 천국에 가려면 어떻게 해야 하는지를 가르쳐주는 책이 아니다. 더 쉽게 말해서 예수님이 우리 죄를 위해 십자가에 죽으셨기에 우리가 죄의 용서함을 받았고, 하나님의 자녀가 되었기에 죽으면 하늘나라에 간다는 것을 알려주는 그런 단순한 책이 아니라는 뜻이다. 만약 그렇다면 왜 성경이 그렇게도 다양한 형태(수많은 저자에 의해서 수많은 다양한 장르로 수많은 세대에 걸쳐서 기록된 것을 뜻함)로 쓰여 있겠는가? 그냥 '이렇게 하면 천국에 갈 수 있다'라는 명제로 성경이 쓰였으면 충분할

나의 단일한 문학적 단위로 보고 있다는 증거이다. 또 내용상으로 개인에서 세상 군왕으로 확장되면서 동시에 하나님에 대한 순종보다는 자기-주권을 주창하는 악인과 이 모습을 확장한 세상 군왕들의 사이의 일관된 모습을 보여준다). 구체적으로 시 1편은 의인의 길과 악인의 길을 대조하면서 의인의 길은 하나님-의존적인 길이며, 악인은 자기-중심적인 길임을 보여줌으로써 도덕 종교들이 말하는 선과 악의 기준과 다른 기준을 보여주고 있다. 성경의 말하는 의인(혹은 선)은 하나님-의존적 또는 하나님-중심적인 자이며(참조 3절 '시냇가에 심긴 나무') 악인(혹은 악)은 자기-중심적인 자(참조 1절의 삼중적 표현과 4절 '바람에 나는 겨')이다.

것이 아닌가? '예수를 믿으면 천국에 간다' 이렇게 한마디 하면 될 것이 아닌가? '성령을 받아 능력있게 되면 만사가 해결된다' 이렇게 말하면 되지 않겠는가? 그러나 분명히 이러한 명제와 진술로는 방대한 구약의 책들을 설명하거나 이해할 수 없으며, 심지어 예수님의 이야기를 직접 다루는 복음서조차도 설명할 수 없다. 또 이 명제와 진술로 바울의 심오한 사상들뿐만 아니라 바울이 자신의 서신들에서 그토록 씨름했던 복잡한 문제들은 어떻게 설명할 수 있겠는가? 한 마디로 성경은 천국 가는 비책이 아니다!

또 성경은 교리서가 아니다. 물론 천국 가는 교리나 윤리적인 삶에 관한 교리서가 아니라는 뜻이다. 교리는 명제적 진리(propositional truth)에 관한 것이지만, 성경은 명제적 진리가 아니다. 물론 성경에서 교리를 추출할 수는 있지만, 성경이 교리는 아니라는 점을 분명히 해야한다. 왜냐하면, 성경에서 교리를 추출하고 나면 성경은 더이상 쓸모없는 찌꺼기처럼 취급되기 때문이다.

간략히 말해서 성경은 하나님의 거대한 담론(grand discourse)이요, 메타-내러티브[5](meta-narrative)이다. 성경은 하나님의 천지 창조 혹은 정확히 말해서 이 땅에 인류를 창조하시고, 창조하신 인류와 함께 하나님이 하나님 자신의 창조 프로젝트 혹은 창조의 목적과 비전을 이루어가시는 하나님의 거대한 이야기라는 뜻이다. 물론 이 말이 암묵적으로 교정하려는 중요한 함의 중 하나는, 성경은 개인적인 구원이나 속죄를 위한 개인 영성의 책이 아니라는 점이다. 어떤 경우이든 성경은, 우리가 하나님의 자녀(하나님을 하늘에 계신 우리의 영원한

5 'meta-'의 사전적인 의미는 '변화'나 '초월'인데, 여기서 말하는 '메타'는 '초월'의 의미를 지닌다. 여기서는 일반적으로 모든 항목이나 세부사항들을 아우르는 혹은 초월하는 '거대한' 무엇이라는 의미에서 '메타'라는 용어가 사용된다.

아버지라는 은유 혹은 이미지로 이해할 경우)요 하나님 나라 백성(하나님을 이 땅에 자신의 왕국을 세우시고 우리를 그의 나라 백성으로 삼으신 왕이라는 은유 혹은 이미지로 이해할 경우)이라는 사실에 대한 인식을 일깨워주며, 하나님이 지으신 이 세상에서 하나님의 자녀, 하나님 나라의 백성으로서 하나님의 세상 창조 프로젝트에 비추어 그의 뜻과 목적을 따라서 살라는 '복음'[6]으로 초대하는 책이다. 이런 점에서 성경은 죽은 후에 가야 할 사후 혹은 미래 세계에 관한 책이 아니라, 하나님의 목적과 비전 가운데 창조된 이 땅에서 우리가 어떻게 살아가야 할 것인가에 관한 매우 실존적이고도 현실적인 삶에 관한 책이다.

이런 점에서 성경은 죽은 후에 구원받는 비결을 알아내면 더이상 불필요하다고 취급되거나, 인격 함양 또는 도덕적 삶에 필요한 교리를 추려내고 나면 폐기될 수 있는 책이 아니다. 성경은 이런 방식으로 독자 개인의 구미에 맞는 자료를 찾을 수 있는 참고문헌이나 자료 모음집이 결코 아니다. 성경은 하나님의 이 땅과 이 땅의 인류의 창조자로서 창조 프로젝트를 시작하신 분이요, 우리는 하나님의 이러한 창조 프로젝트를 위해 창조된 하나님의 형상 담지자[7]들이라는 점을 핵심

6 '복음'은 복된 소식을 뜻한다. '소식'이라는 말에 귀 기울일 필요가 있다. 소식은 무슨 사건이 있었다는 것을 전제한다. 사건이 있기에 이제 세상이든 개인이든 전과 달라졌다는 뜻이다. 이제 더 이상 전처럼 살수 없게 되었다는 의미이다. 이것이 바로 사건에 관한 소식으로서의 복음의 핵심이다. 물론 이 복음은 하나님의 창조 사건을 핵심 근간으로 한다(참조, 창 1:26, 그리고 27-28절). 불행히도 기독교 교회 특히 모든 교회의 설교는 이러한 핵심으로서의 복음(good news)을 좋은 충고 혹은 조언(good advise)으로 바꾸어 버렸다. 복음은 기독교만이 줄 수 있는 것이고, 좋은 충고나 조언은 여타 모든 종교가 주는 것이다. 창조는 하나님의 '복된 소식'의 프로젝트이다. 그리고 인간은 이 프로젝트에 참여해서 이 프로젝트를 이루어가자는 하나님의 복음 초청을 받은 자들이다.

7 "하나님의 형상 담지자"는 창 1:26을 상기하며, 이상의 진술은 하나님의 형상을 통상적으로 이해는 존재론적인 이해(참조. 엡 4:24)와 달리, 더 타당하게는 창 1-2장의 창조 이야기의 문맥 특별히 창 1:28이 말하는 하나님의 세상 창조목적과 관련해 인간 창조를 이해하려는 노력의 일환이다.

사안으로 삼는다. 성경은 왕이요 아버지이신 하나님의 창조 프로젝트를 이루어가는 인류가 하나님의 자녀요 그분의 나라 백성이라는 사실을 상기시켜주고 기억나게 해준다. 한 걸음 더 나아가 성경은 자녀 되게 하시고 그분의 나라 백성 되게 하신 그분의 뜻을 깊이 성찰하고 생각하여 그 뜻을 앎으로써, 그 뜻을 지속해서 자신의 것으로 만드는 내면화 작업과 내면화된 진리를 삶으로 살아내는데 필수 불가결한 책이다. 성경은 천국에 들어가는데 필요한 정적, 도식화된 교리를 말하고 있지 않다. 성경은 천지의 창조자이시며, 이 땅의 인류를 자신의 나라 백성과 자녀 삼으신 하나님에 대한 분명한 인식 가운데 그분과 생명의 관계 가운데서 살아 있는 친밀히 교제하며 살아가는 것에 관한 유일무이한 위대한 이야기이다.

2) 믿음

성경은 하나님의 말씀이다. 이 점은 반드시 인간 편에서의 <u>**믿음**</u>을 요구한다. 물론 성경은 이 믿음 없이도 성경 자체의 증거와 성령의 증언을 통해서 하나님의 말씀임을 증거 한다. 성경이 하나님의 말씀인 이유도 성경이 성령으로 영감되었기 때문이다(참조, 딤후 3:16, 벧후 1:21). 그러나 믿음 없이 성경은 하나님의 말씀으로 받아들여질 수 없다. 사람들에게 성경을 객관적인 진리체계로 머물러 있지 않게 하고 자기 삶의 새로운 진리체계 곧 자신의 인생관과 세계관과 가치관으로 만드는 방편도 믿음을 통해 이루어진다. 믿음의 중요성은 하나님과 그의 말씀 모두에 똑같이 적용된다.

성경이 무엇인가에 대해 앞서 설명한 것에 비추어 볼 때 믿음은 '나는 예수를 나의 구주로 믿습니다'라는 단순한 사적이고도 정적인 고백이 아니다. 믿음은 하나님과의 생명의 관계와 친밀하고도 역동적인 교제 가운데 사는 참된 인간의 근본적인 표지이다(참조. 합 2: 갈 3:23-25). 더 큰 차원에서 말하자면 믿음은 하나님의 나라 백성의 근본적인 표지인 것이다. 이런 점에서 히브리서 11장은 구약의 선조들을 "믿음으로"라는 표현으로 모두 기술하고 있다. 엄밀하게 말해서 히브리서 11장은 여기서 열거되는 구약의 인물들이 그들의 모든 일을 믿음으로 했다는 점을 말하려는 목적보다는 11:39이 말하듯이, "이들 모두는 믿음으로 증거를 받았으나 그 약속은 받지 못했다"는 점을 말하려는 것이다. 이 말의 뜻은 구약에서 "믿음으로" 살았던 모든 선조는 하나님의 백성이라는 증거를 받거나, 아브라함에게 주어진 약속과 관련한 증거를 받은 자들이지만 이 약속의 성취를 받지 못한 자들이라는 뜻이다. 물론 곧바로 이어지는 11장의 마지막 구절인 40절은 39절에 대한 이유를 제시하면서 그 이유를 "하나님은 우리에 관해서 더 좋은 것을 미리 보셨기 때문이니 곧 우리 없이는 그들[구약 선조들]이 완전하게 될 수 없었게 될 것이기 때문이라"고 밝히고 있다. 39-40절은 함께 읽어갈 때, 구약 선조들은 그들의 믿음으로 아브라함에게 주어진 약속 곧 아브라함을 통해 만국이 복을 받을 것이라(참조 창 12:3b) 약속을 받았으나, 이 약속이 이루어지는 것을 보지 못했는데 그 목적은 우리 이방 크리스천들이 예수의 신실한 대속의 죽음을 통해서 하나님의 백성으로 통합됨으로써 온전히 하나의 인류 공동체가 되는 것이었다는 점을 강력하게 말하고 있다.

히브리서 11장이 말하는 믿음이 개인의 사적이고 정적인 믿음이 아니라는 결정적인 증거는 곧 이어지는 12:1-2에서 나타난다. 1절은 접속사 "그러므로" 혹은 "이런 연유에서"가 암시하듯이 11장 전체의 논리 전개의 귀결이다. 11장 전체는 39-40절에서, '구약의 선조들은 믿음으로 살아서 아브라함에게 주어진 약속을 받았으나, 약속의 성취 곧 신약의 이방 크리스천들이 하나님의 백성으로 통합되는 것을 보지 못했으나, 하나님은 더 좋은 것 곧 우리 이방 크리스천들이 자신의 백성으로 통합되어 온전한 하나님의 백성이 되게하신다'라는 말씀으로 요약된다. 그리고 12:1은 "그러기에" 이 같은 구약의 허다한 믿음의 증인들이 있으니, 우리의 경주를 하자고 권면하며 12:2은 그 구체적인 방법으로 "믿음의 창시자와 완성자이신 예수에게 초점을 맞추며" 달림으로써 경주하자고 밝히고 있다. 결론적으로 예수는 아브라함으로부터 본격적으로 이루어진 하나님의 타락한 인류 구속과 더 중요하게는 하나님의 원래 창조 프로젝트를 신실하게 이루시는 분으로서, 하나님의 신실하심을 구현하신 그런 점에서 "믿음의 창시자이시며 완성자"이시다.

이 모든 것을 통합적으로 고려할 때, 성경이 말하는 믿음은 '믿음으로 천국을 간다'라는 표현보다는 '믿음으로 산다'라는 표현으로 훨씬 더 정확하게 표현된다. 예수를 믿기에 죽어서 천국에 간다는 말보다 "나는 하나님의 자녀와 하나님의 나라 백성이기에 나는 하나님의 신실하심을 신뢰하며 그분과 친밀한 교제 가운데 하나님 나라의 백성으로 살아갑니다" 라는 말이 더 올바른 믿음의 표현이라 할 수 있다.[8] 물론 믿음은 무엇을 믿는가가 중요하지만, 그것이 단순히

---

8 존 H. 월튼은 다음의 책에서 이와 매우 비슷한 다음과 같이 통찰 있는 말은 한다. "기독교의 표어는 '구원받아 천국을 향하는 삶'이 아니라 '그리스도 안에서 하나님 나라의 일원으로 살아가는 삶'이 되어야 한다." (존 H. 월튼, 『교회를 위한 구약성서 신학』 [새물결플러스, 2021], 430). 특별히 중요한 점은 월튼은 이러한 말을 하게 된 문맥이 믿음의 본질과 믿음의 유익을 구별하여 설명하는 일이었다는 점이다(상게서, 426-429를 보라). 월튼이 논지를 이상에서 필자가 주장하는 것에 적용하여 말하면 다음과 같다. 믿음의 본질은 이 땅에서 하나님의 구속받은 자녀로 살아가는 것이고 믿음의 유익은 천국을 가는 것인데, 사람들은 대부분 본질과 유익을 혼동할 뿐만 아니라 더 잘못된 것은 유익을 본질로 대체해 버린다. 그래서 천국에 가는 일이 하나님의 자녀로 살아가는 것보다 더 우선되고 더 중요한 의

"나의 구속 주 예수를 믿습니다"라는 믿음보다는 "하나님이 나의 영원한 아버지 되시며, 나는 하나님의 자녀이고 하나님의 나라의 백성으로서 하나님의 다스림을 따라서 이 땅을 살아갑니다"라는 믿음이 더 성경적이라는 뜻이다. 바로 이 하나님 즉 나의 아버지요 나의 왕이신 하나님이 나를 사랑하셔서 하나님의 아들 예수 그리스도를 이 땅에 보내셔서 그의 대속의 죽음을 통해 우리에게 은혜를 베푸셨으며, 예수 그리스도를 죽음에서 일으켜서 하늘 보좌 위에 앉히셨다.

그리고 하나님의 영, 예수 그리스도의 영이신 성령을 보내셔서 하나님의 자녀들 마음 가운데 내주하시면서 하나님의 사랑과 하나님의 아들 예수 그리스도의 은혜로 우리와 교제하시고 우리를 감동 감화시키셔서(참조 고후 13:13), 하나님의 사랑과 예수 그리스도의 은혜 이외의 것들에 우리의 마음이 쏠리지 않도록, 또는 그것들에 우리 마음이 휘둘리지 않도록 지속해서 역사하고 계셔서 하나님의 새 창조의 일을 이루어 가신다.

이 사실을 믿는 것이 믿음이며 이런 점에서 믿음은 정적이고 고착된 것이 아니요, 하나님의 자녀들 가운데 내주하여 역사하시는 성령과 끊임없는 교제를 역동적으로 이끌어가는 실질적인 수단이자 장치인 것이다.

더욱이 성경의 단어 사전이나 신학 사전을 살펴보면 '믿음'은 세 가지 의미영역(semantic domain)을 가진다. 첫째로는 '신뢰'(trust)의 의미영역이요 둘째는 '신실함'(faithfulness)의 의미영역이며 마지막이 '믿음'(faith)의 의미영역이다. 즉 '믿음'의 일차적인 의미는 신뢰인데도 불구하고 통상적으로 세 번째 의미영역의 '믿음'이 첫 번째 의미영역을

제가 되었다. 그러나 분명한 점은 자녀로 사는 것이 본질이요, 천국 가는 것은 유익이라는 점이다. 천국 가는 것이 자녀로 사는 일을 우선하거나 대체할 수는 없다.

대체하고 있는 셈이다.[9] 더욱 불행한 것은 히브리 전통의 신뢰 혹은 신실함이라는 의미의 믿음 헬라 전통의 지적인 의미에서의 믿음으로 대체되었다는 점이다.

3) 구원

이렇게 우리와 하나님과의 생명의 관계와 그분과의 친밀한 교제를 가능케 하는 성령의 역사라는 맥락에서 믿음을 역동적으로 이해하는 것은, 또한 **구원**에 대한 새로운 이해를 필요하게 만든다.[10] 성경이

---

9 이러한 '믿음'과 '신실함'이라는 의미영역의 문제는 '예수의 믿음'에 대한 해석 논쟁과 연계되어 있다. 예를 들어, 갈 2:16에서 헬라어 원문은 '율법의 행위'와 대비하여 '예수의 믿음'을 언급하고 있는데, 번역 성경들은 이 표현을 대부분이 '예수를 믿음'으로 번역하고 있다. 학계에서는 이와 관련된 논쟁이 뜨겁다. 간략히 말해서 '예수를 믿음'은 예수를 우리의 믿음의 대상으로 해석하는 것이고, '예수의 믿음'은 하나님을 예수의 믿음의 대상으로 해석하는 것이다. 이런 의미에서 '예수의 믿음'은 예수의 죽음 가운데 나타난 죽음에 이르기까지 순종하신 예수의 신실한 대속의 죽음이라고 해석할 수 있다. 만약 인류의 타락으로 하나님의 창조 프로젝트가 망가졌고 이제 창조세계는 '율법의 행위'로 대표되는 인간-주도적인 역사로 주도되고 있어 궁극적인 멸망으로 치닫고 있다면 이러한 파멸을 향한 질주를 막고 창조세계를 원래의 창조궤도로 되돌릴 수 있는 것은 오직 하나님자신의 언약적 신실하심의 궁극적인 현현인 '예수의 신실하심' 즉 그의 신실한 대속적인 순종의 죽음뿐이라 할 수 있을 것이다. 십자가 죽음으로 절정에 달한 예수의 신실하심은 하나님의 신실하심의 결정적인 계시이며, 이를 통해 하나님의 창조 프로젝트는 궁극적으로 회복의 길로 들어선 것이다.

10 '구원'은 전통적으로 두 차원에서 설명된다. 하나는 구원의 역사(Salvation or Redemptive history)에 관한 것으로서 기독교 세계관 운동에서 많이 언급되는 창조-타락-구원-성취-완성의 역사로 설명되며, 다른 하나는 구원의 서정(the order of salvation)에 관한 것으로서 롬 8:29-30을 기초로, 예정-부르심-중생-믿음과 회개-칭의-성화-영화의 순서로 설명된다. 특별히 전자는 한 개인 밖에서 역사적으로 이루어진 하나님의 구원에 관한 것이며, 후자는 이러한 하나님의 구원이 어떻게 믿는 개인들에게 적용되는지에 관한 것이다. 그러나 위에서 구원은 이러한 두 측면 사이의 구별을 염두에 두지 않고 성경이 말하는 '구원'의 근본적이고도 핵심적인 특징 곧 모든 형태의 속박으로부터의 자유와 해방이라는 관점에서 서술하고 있다. 하나님의 구원 역사가 개인의 구원 서정 보다 우선되며, 나아가 하나님이 하시는 일은 개인을 구원하는 것보다 더 원대하다는 올바른 지적을 위해선 다음을 보라. 존 H. 월튼, 『교회를 위한 구약성서 신학』 (새물결플러스, 2021), 25-26.

말하는 구원은 '내가' 예수를 믿어 죽은 다음에 '내가' 육신의 몸을 벗고 '나의 영이 하늘나라로 들어가는 것'을 의미하지 않는다. 이 표현의 갖는 문제는 영과 육의 이교도적인 이원론과 철저히 개인주의적인 구원 이해이다. 또 "구원은 죄의 용서나 죽은 후에 하나님과 함께 하는 존재로 제한될 수 없다."[11] "성경에서 구원의 가장 근본적인 의미는 곤궁에 처한 자들을 이들의 복리와 안녕을 가로막는 것에서 구출해서 온전한 상태로 회복시키는 것이다."[12]

더 구체적으로 말해서 구원은 인류 타락과 함께 하나님의 다스림의 창조세계에서 사탄의 지배 세계로 들어간 인류를 사탄의 속박과 지배에서 구출해서 하나님의 다스림의 세계로 들어가게 하는 것을 뜻한다. 똑같은 맥락에서 신약에서 구원은 "이스라엘 이야기의 절정이요, 하나님의 창조 프로젝트의 정점으로서 예수를 통해 효력 있게 된 하나님의 구출과 회복의 프로젝트이다."[13] 간단히 말해서 성경이 말하는 구원은 구속 즉 속박으로부터의 해방과 자유를 뜻하며 근본적으로 인류를 다스리는 왕조(kingdom)가 사탄의 제국에서 하나님의 나라로 변화된 것과 인류에 대한 왕권 혹은 주권(sovereignty)이 사탄에게서 하나님께로 변화되어 하나님의 창조세계가 원래 창조목적에 맞게 회복되었다는 근본적인 함의를 지닌다.[14]

인류는 인류의 시조 아담의 타락으로 인해 하나님의 사랑으로

---

11 J. Richard Middleton and Michael J. Gorman, "Salvation," in *The New Interpreter's Dictionary of the Bible*(NIDB),, S-Z Vol. 5 (Abingdon Press, 2009), 45.

12 상게서. 필자가 의미하는 구원 의미와 가장 비슷한 맥락에서 구원을 설명하되 필자가 아는 한 구원에 관한 간결하고도 가장 포괄적인 글은 상게서, 45-61이다.

13 상게서, 45.

14 우주의 구속과 회복으로서의 새 하늘과 새 땅의 창조에 관해선 다음을 보라. 리처드 미들턴, 『새 하늘과 새 땅』 (새물결플러스, 2015).

이루어지는 의로운 다스림을 벗어나서, 사탄의 압제와 폭력으로 이루어지는 불의한 지배 가운데 들어가게 되었다. 하나님은 아담을 대신한 이스라엘을 선택해 이스라엘의 구속(옛 출애굽 사건)[15]을 통해서 온 인류의 구속을 시작하셨으며, 마침내 이스라엘을 온전히 구현하신 하나님의 아들 메시아 예수의 죽음과 부활을 통해서 사탄의 압제와 속박으로부터 인류의 구속(새 출애굽 사건)을 성취하셨다. 물론 이 구속은 영적인 의미의 구속이자 해방이다. 즉 여전히 육신의 몸을 입고 있기에 전인적인 구속은 아니지만, 우리의 영이 이제는 사탄의 지배를 받지 않고 하나님의 다스림을 받게 되었으며, 이 일은 구체적으로 우리 안에 내주하시는 성령의 역사를 통해 각 사람 가운데서 구체적으로 날마다 실현된다. 이런 점에서 비록 구원이 죄 용서의 문제로만 환원될 수는 없다.

성경이 말하는 죄의 용서는 죽은 이후의 천국에 관계된 것이라기보다는 현재 이 땅의 삶에서 죄의 지배와 속박에서 벗어난 것을 뜻하며, 그러기에 지금 여기 이 땅에서 죄 용서를 경험할 수 있다. 이런 의미에서 예수는 지상 사역 중에서 구원과 용서를 말씀하시면서

15 성경에서 이스라엘의 출애굽 사건인 '옛 출애굽'(old Exodus)은 하나님의 구원의 전형으로 제시되고 있으며, 이 구원의 근본 동기는 하나님이 은혜롭게 이스라엘의 선조와 맺으신 언약에 신실하심이다. 그리고 이러한 옛 출애굽은 인류 타락으로 인해 망가진 하나님의 원래 창조세계를 회복하는 사건의 역사적 구현이며 동시에 예언서들 특히 포로-후기 예언서들이 말하는 온 인류가 사탄과 죄의 속박에서 자유하게 되어 하나님의 창조세계의 완전한 회복이 이루어질 새-출애굽을 통한 새-창조의 전조이다(참조, 사 65:17; 66:22). 물론 이러한 새-창조의 관점에서 신약 저자들은 예수의 사건을 정결 사역으로 묘사하고 있으며(특히 예수의 예루살렘 성전 정화 사건은 이러한 정결 사역의 핵심적인 사건이다. 하나님의 거룩한 임재가 특정한 장소에 국한되지 않고 온 창조세계로 확장되는 것을 상징적으로 보여주기 때문이다), 바울은 특별히 예수 사건을 이러한 새 창조의 용어로 표현하고 있고(참조, 고후 5:17; 갈 6:16. 주목할 점은 이 두 구절 모두에서 사용되는 단어는 'καινο κτίσμα/새로운 피조물'이 아니라 'καινὴ κτίσις/새 창조'라는 점이다), 계 21:1은 "내가 새 하늘과 새 땅을 보니 처음 하늘과 처음 땅이 사라졌도다"라고 기록하고 있다(참조, 계 21:5, "내가 만물을 새롭게 하노라").

현재형 동사를 사용해서 '지금 구원을 받았다'(참조, 눅 19:9), '지금 죄의 용서를 받았다'(참조 막 2:10)고 말씀하신다. 이것을 하나님의 창조목적의 실현이라는 점에서의 종말로 표현하자면 실현된 종말 혹은 시작된 종말이라는 표현을 사용하는 것이 신약이 말하는 구원과 죄 용서 그리고 종말을 정당하게 평가하는 것이다.

하나님은 최초 인간을 하나님의 사랑만을 공급받아 참 생명 곧 영원한 생명을 살아갈 수 있도록 창조하셨다. 그러나 인간은 하나님의 사랑을 거절하고 육신의 정욕과 안목의 정욕 그리고 이생의 자랑(즉 자신이 이룬 삶의 업적들에 대한 자만)과 같은 세상에 대한 사랑 가운데 살아간다(요일 2:15-16). 그러나 하나님의 사랑은 우리로 사랑, 의, 평화, 조화 가운데 살게 하여 결국 인류 공동체의 공존으로 이어지지만(갈 5:22-23), 세상에 대한 사랑은 우리로 미움, 불의, 폭력, 경쟁 가운데 살게 하여 결국 인류 공동체의 공멸에 이르게 한다(폭력, 불의, 멸망을 위해 합 1:2-3, cf. 갈 5:19-21). 공생과 공존은 하나님의 사랑만을 공급받아 사는 삶의 종국이며, 공멸은 세상에 대한 사랑을 먹고 사는 삶 곧 사탄의 지배를 따라 사는 삶의 종국이다. 이것이 하나님의 창조 질서요 창조의 뜻이다.

이러한 인류의 삶을 근본적으로 바꾸어 놓은 것이 바로 불의와 폭력의 희생제물이 된 예수 그리스도의 십자가 사건이다. 세상에 대한 하나님의 자기-희생적 사랑으로 사탄의 지배 가운데 사는 자기-중심적인 삶의 결국은 옛 인류의 공멸이라는 것을 극명하게 보여준 사건이, 옛 인류를 대표하는 아담을 대신하여 새 인류를 대표하신 예수의 죽음의 사건인 십자가이다. 그리고 예수 그리스도의 부활은 오직 하나님의 사랑, 곧 하나님의 의와 평화를 따라 그리고 의와 평화를 추구하며 사는 삶(이것이 바로 예수의 팔복 강화의 핵심임) 즉 하나님의 다스림(이것이 천국임)을 따라 사는 삶의 끝이 하나님의 영원한 다스림의 세계에서 사는 삶의 시작임을 천명한 것이다.

이런 점에서 구원/구속은 죽은 후에 영이 하늘나라에 들어가는 것이 아니라, 사탄의 지배 즉 온갖 형태의 삶의 속박과 압제에서 벗어나서 하나님의 다스림 가운데로 들어가는 것을 뜻한다. 결론적으로 성경이 말하는 구원과 구속은 모든 악이 패배하고 우주와 세상의 구속 곧 새 하늘과 새 땅이라는 새 창조의 실체가 원리상 시작되었다는 것을 의미한다. 물론 이러한 구원의 완성 즉 하나님과 어린양이 그의 백성 중에 영광스럽게 현존해 계시며, 하나님이 모든 눈물을 닦아 주시기에 고통도 슬픔도 죽음이 없으며, 죄가 없고, 만국이 치유 되는 것(계 2:4, 22:2)은 성경의 메타 내러티브와, 회복된 창조세계, 인류의 번영과 번성, 그리고 이 모든 것 중 함께 거하신다는 것에 매우 적합한 결론이다.[16]

앞서 구원에 관한 잘못된 이해를 기술하면서 '내가 예수를 믿어 내가 죽은 후에 내 영혼이 구원을 받는다'라는 진술이 갖는 플라톤 전통의 영과 육의 이원론 문제와 함께 비-성경적인 개인주의의 문제를 지적한 바 있다. 그리고 구원 특히 구약이 보여주는 구원은 철처히 현세적인 의미에서 지상의 악의 세력들로 대변되는 사탄의 압제에서 구출되는 것임을 지적한 바 있다. 더 중요하게 창조적인 관점에서 볼 때, 구원은 로마서 8:20-21이 말하듯이 개인적인 차원의 구출 문제가 아니라 타락으로 말미암아 죄와 사탄의 지배 아래서 신음하며 창조 이전의 공허의 상태(참조 창 1:2)에 굴복되어 있는 '온 창조세계'를 멸망과 타락의 속박과 노예 상태에서 벗어나 하나님의 자녀들의 영광스러운 자유함의 상태로 해방시키는 일이다.

천지 창조 때 아담에게 복의 축복을 주실 때 하나님이 말씀하신

16 J. Richard Middleton and Michael J. Gorman, "Salvation," 61.

바 즉 하나님의 의로운 다스림의 형상을 이 땅에 반영하는 하나님의 형상 담지자들로 창조된 인류는 이 땅에 하나님의 의의 다스림을 충만하게 하며 이 다스림을 따라 사는 자들로 충만한 인류 공동체를 만들라는 창조 위임 명령을 받았고, 이 일의 회복이 바로 타락한 인류의 구원과 관련된 근본 성격이며 예수의 창조 회복 사역 즉 새 창조 사역의 핵심이라 할 수 있다. 한마디로 성경적 의미의 구원은 개인적이라기보다는 근본적으로 공동체적이다.

지금까지 구원에 관한 설명은 주로 초점이 어디로부터의 구원(salvaton from …)인가에 맞추어졌다 할 수 있다. 구원의 또 하나의 관심은 어디로 구출되었는가(salvaton to …)에 있다.[17] 앞서 롬 8:21을 언급하면서 구원의 목적지는 '하나님의 자녀들의 영광스러운 자유함의 상태'라고 하였다. 이러한 상태는 하나님의 편에서의 창조의 목적인 하나님으로 충만한 세상 즉 하나님의 영광스러운 임재로 가득한 세상이요, 인간 편에서는 하나님의 샬롬으로 가득한 세상이다. 이러한 세상을 성경은 하나님이 의로 다스리시는 나라 곧 하나님의 의와 평화와 기쁨의 나라라고 말한다(참조, 롬 14:17). 그런데 전통적으로 크리스천들에게 익숙한 표현은 '하나님의 나라'보다는 '하늘의 나라'이며, 이 하늘의 나라는 많은 경우 '천국'으로 불린다.

4) 천국

이런 점에서 **천국**에 대해 생각해 보고자 한다. 먼저 하나님의

17 월튼은 이 점을 "우리가 무엇으로부터(from) 구원을 받았는가보다는 무엇을 위해(to; 하나님의 임재 앞에 다시 나아가 그분과 관계를 맺기 위해) 구원을 받았는가를 훨씬 중요하게 다루어야 한다"고 더욱 구체적으로 적절하게 표현하고 있다(월튼, 『교회를 위한 구약성서 신학』 [새물결플러스, 2021], 430).

나라와 천국은 동의어라는 사실을 지적할 필요가 있다. '천국(天國)'은 한자어로서, 원래 '하늘의 나라(The Kingdom of Heavens)'였다. 이 표현은 원래는 '하나님의 나라(The Kingdom of God)'였는데, 고대 유대 전통 용례에 따르면, '하나님'이라는 용어는 발설되지 않았다. 이것은 부지중에 하나님에 대해 부정확하거나 피상적인 진술을 하게 되는 것을 피하고자 함이었다. 물론 '하늘'의 나라는 하나님이 다스리는 영역의 정도에 초점을 맞춘다는 인상이 있고, '하나님'의 나라는 왕권의 기원에 초점을 맞춘다는 인상을 심어줄 수 있지만, 실제로 이 두 용어는 교차적으로 사용될 수 있는 용어이다.[18]

특별히 '하늘의 나라' 곧 '천국'은 마태복음에서 집중적으로 사용된다. 이것은 마태의 독자가 유대인들로서 기독교로 개종한 자들인 유대-크리스천들을 대상으로 기록되었기에 아마도 독자들을 고려할 때 앞서 유대인들의 전통적인 사고처럼 '하나님'이라는 표현을 입에 올리는 것이 경건하지 못하다고 생각하여 '하늘'로 바꾸면서 생겨난 것이다. 한국에서는 초기 선교 시기부터 한동안 '천당(天堂)'이라고 불러서 원래 '하나님의 나라'가 '하늘에 있는 집' 정도로 잘못 이해되게 만들었다.

그러나 더 중요한 점은 원래 표현인 '하나님의 나라'는 원래 예수님에 의해서 사용될 때에 특정한 장소에 임하는 정적인 개념의 하나님 나라가 아니라, 역동적으로 역사하는 하나님의 다스림을 뜻하는 역동적인 개념이었다는 점이다. 하나님의 나라에 대한 약속의 근간은 모든 사람이 마침내 그들이 하는 모든 일에서 하나님의 정의와 평화를 실현하게 될 것이라는 점이다. 이런 맥락에서 예수는 그의 선포에 핵심에 하나님의 나라를 두었다. 어떤 경우이든 하나님의 나라는

---

18 참조. Bruce Chilton, "Kingdom of God, Kingdom of Heaven," *NIB* (Abingdon, 2008), 512-13.

하나님의 다스림 자체로 머무는 것이 아니라, 하나님의 다스림을 받는 자들의 윤리적인 행위에 근본적인 영향을 미치고, 고난과 역경 속에서도 인내할 수 있는 동기를 부여하며 창조세계 가운데 역사하는 하나님의 변혁적인 능력의 행위를 증거 하는 일들과 밀접하게 연결되어 있다. 그러기에 성경적 윤리는 하나님의 다스림에 대한 인간의 윤리적인 반응이며 이런 점에서 도덕적인 윤리가 지닌 인본주의적인 성격과 달리 철저히 신본주의적인 성격을 지니는 것이다.

이 모든 점에서 성경에서 '하나님의 나라에 들어간다'고 말할 때 그 의미는 죽어서 우주 너머의 어떤 장소로 간다[19]기보다는 '하나님의

---

19 개인적으로 사람들이 죽은 후에 천국에 가지 않는다면 어디에 가는가 하는 모든 사람의 관심사는 결코 지나칠 수 없는 문제이다. 전통적인 교회의 교리에 따르면 성도들의 죽음 이후의 상태는 중간상태라고 불린다. 구약에서는 스올을 신약에서 하데스가 죽은 자들이 머무는 장소로 제시된다. 물론 하데스가 불행히도 번역 성경들에서 '지옥'으로 번역되고 있지만, 하데스는 죽은 자들이 머무는 장소일 뿐이다(참조, 마 16:18, '음부의 문' 여기서 음부는 바로 죽은 자들의 영역인 하데스이다). 이러한 중립적인 의미의 하데스가 유대 중간기 문헌에서 악한 영들이 머무는 장소의 지옥의 개념으로 발전되었다는 점이 많은 학자에 의해서 지적된다. 이런 맥락에서 성경은 성도들이 죽은 후에 가는 장소를 '낙원'(눅 23:43, 고후 12:4; 계 2:7) 혹은 '주님과 함께'(고후 5:8), 또는 하늘에 있는 '처소'(요 14:2-3), 끝으로 '아브라함의 품'(눅 16:22-23)이라는 용어들로 표현한다. 한마디로 낙원은 성도들의 중간상태를 가리키며 지옥 개념으로 발전되기 이전에 죽은 자들이 머무는 장소인 하데스의 다름 아니라 할 수 있다. 그러나 분명히 해두고자 하는 것은, 성경은 사람이 죽은 후에 가는 장소에 대한 관심이 별로 없다는 점이다. 물론 이미 설명한 대로 천국이든 하나님의 나라든 그 주된 관심은 이 땅을 지배하는 폭력적이며 불의한 힘으로 다스리는 사탄의 제국을 십자가에서 멸하시고 이 땅에 시작하신 하나님의 사랑으로 다스려지는 의와 평화의 나라이다. 그렇다면 성도들이 죽은 후에 가서 머무는 장소인 이상의 표현들은 어떻게 이해할 것인가? 성경은 이러한 장소들을 성도들이 죽은 후에 가서 잠시 머무는 장소로 표현하고 있다. 중요한 것은 이 모든 장소는 영원히 거하는 장소가 아니라 잠시 머무는 장소라는 점이다. 성도들이 영원히 거할 곳은 새 하늘과 새 땅이 나타나고, 새 하늘에서 새 땅에 내려오는 거룩한 성 곧 새 예루살렘이다(참조 계 21:2). 이런 점에서 예수님은 죽으신 후 승천하기 전까지 계셨던 곳이 죽은 자들이 머무는 곳인 음부라고 말하는 행 2:27, 31, 벧후 3:19-21의 말씀을 주목할 필요가 있다. 예수께서 죽음과 부활 사이에 천국에 가지 않았음은 요 20:17에서 예수는 "나를 만지지 말라 왜냐하면 나는 아직 아버지께 올라가 않았기 때문이라"고 말씀하신 것을 보면 알 수 있다. 분명 예수는 죽으신 후에 죽은 자들의 영역인 음부에 머무셨다(참조, Michael F. Bird, Evangelical Theology: A Biblical and Systematic Introduction [Zondervan, 2013], 319).

다스림을 받게 되었다'는 뜻이요, 사탄의 지배와 속박에서 벗어나 하나님이 다스리시는 세계로 들어간다는 의미이다. 예수의 근본 메시지인 주의 기도도 저 우주 너머 어딘가에 있는 하늘의 나라 곧 천국에 들어가게 해달라고 말하지 않고, '하나님의 나라가 임하게 해달라'(참조 마 6:10)고 기도할 것을 청원하고 있다.

예수의 사역뿐만 아니라 창조 이후의 모든 방향은 땅에서 하늘이 아니라 하늘에서 땅을 지향하고 있다고 보는 것이 성경을 정당하게 평가하는 것이다. 하늘은 하나님의 영역, 땅은 인간의 영역이고 이런 점에서 창조는 하나님의 영역인 하늘이 이 땅으로 확장된 것이라 할 수 있다. 더 중요하게는 하나님은 이러한 확장으로서의 창조를 통해서 하나님 자신의 천상의 의로운 다스림이 이 땅에까지 확장되어 충만하기를 원하셨던 것이며, 이것이 바로 창세기 1:28이 말하는 바 즉 하나님의 형상의 담지자들로 이 땅에 번성하여 충만하게 되어 땅을 정복하고 다스리라는 말씀의 의미이다. 결론적으로 하나님의 나라가 창조의 시작이요, 이 나라의 완성이 곧 창조의 완성이다.

5) 재림

끝으로 아주 간략하게 예수의 '**재림**'에 대해서 언급하고자 한다. 예수의 '재림'은 통상적으로 세상의 마지막 날에 예수께서 이 땅에 다시 오셔서 믿는 자들을 '천국'으로 데려 가시고 믿지 않는 자들을 지옥에 들어가게 하시는 사건으로 이해한다. 그런데 중요한 차원에서 재림은 이러한 이해를 지지하지 않는다는 점이다. 이를 설명하기 전에 재림이라는 단어 자체에 대해 생각해 보고자 한다. 재림은 문자적으로 '두 번째 오심'(the second coming), 곧 예수께서 두 번째 오실 것을 뜻하는데 이것은 첫 번째 오심인 예수의 성육신을 전제하고 하는 말이다. 이런 의미에서 두 번째 오심인 재림을 가리키는 특정한 성경 용어는 따로 존재하지 않지만, 재림은 몇 가지 언어로 묘사되는데 그중 중요한 단어가 *파루시아*(parousia)이다.[20]

그런데 성경은 이렇게 파루시아라는 단어를 사용해서 예수의 오심을 가리키기도 하지만(예, 마 24:3; 고전 15:23; 살전 2:19; 살후 2:1; 벧후 1:16; 요일 2:28), 특정하게 이 단어를 사용하지 않고도 문맥상 예수의 오심을 뜻하는 예들이 많다(마 10:23; 마 16:28; 막 13:26; 막 13:36; 막 14:62; 계 1:7). 흥미롭고도 중요한 사실은 두 번째 범주 중에서 특별히 복음서 본문들에 나타나는 '예수의 오심'은 많은 학자가 성공적으로 논증하듯이, 세상 끝날 오실 예수를 가리키기보다는 예수께서 현재 하늘 보좌에 왕으로 등극하셔 계심을 가리킬 가능성이 높다는 점이다.

이 중 하나는 마가복음 14:62의 경우이다. 이 구절은 "네가 인자가 권능자의 우편에 앉은 것과 하늘 구름을 타고 오는 것을 보리라"로 되어 있다. 만약 이 구절이 예수의 재림을 가리킨다면, 인자가 권능자의 우편에 앉은 것을 본다는 말은 불필요해 보인다. 또 이 구절은 대제사장을 포함한 당시 종교지도자들에 의해서 예수가 재판을 받는 문맥에 놓여 있다. 이런 점에서 예수의 말씀은 자신이 비록 세상 권력자들에 의해 재판을 받아 정죄를 당하지만, 자신은 궁극적으로 잘못 없음이 드러날 것이며 더 중요하게 예수께서 저들을 심판할 것이라는 '예수의 신원 받으심'이라는 맥락에서 이해할 필요가 있다.

가장 중요하게 이 구절은 정확히 다니엘 7:14의 예언을 반향하며

20 Michael Bird에 따르면 '재림'이라는 단어는 신약에 나타나지 않지만, 예수의 첫 번째 오심인 성육신과 구분하여 두 번째 오심인 '재림'을 최초 언급한 사람은 2세기 중엽의 초기 교부인 순교자 유스티누스였다(Bird, Evangelical Theology, 259).

이 예언의 성취를 암시한다는 점이다. 이 구절은 두 가지 요소에 의해서 다니엘 7:14을 반향한다. 첫째로 다니엘 본문은 인자 같은 이가 구름을 타고, 하늘 보좌에 계신 분에게 '왔고' 그에게 권세가 주어진다고 되어있는데 이 두 요소가 정확히 마가복음 14:62에 반향되고 있다. 이것은 예수는 다니엘 예언의 성취라는 점을 강력하게 암시한다.

즉 예수는 비록 세상 나라 지도자들에 의해서 재판을 받고 정죄를 당하지만, 그는 사실상 하나님의 나라를 섭정하시는 분으로서 실질적으로 현 세상은 이미 예수의 섭정에 의해 심판을 받고 있다는 점을 암시한다(참조 요 16:11). 중요한 점은, 예수의 사건을 구약 예언의 성취이며 예수는 현재 하늘 보좌 우편에 앉아서 이 땅에 대한 하나님의 형상 담지자들에게 주어졌던 그 다스림의 소명을 온전히 이루시고 성령 또한 현재 이 땅을 다스리고 있다는 점이며, 이 점은 통상적으로 예수의 재림으로 알려진 복음서의 '예수의 오심'의 묘사들도 똑같이 증언하고 있다. 이런 점에서 복음서에서 하나님의 나라가 현재 임했다는 것은 예수가 현재 하늘 보좌 우편에서 만물을 다스리고 있다는 말과 교차적으로 사용하고 있다고 볼 수 있다(참조 막 9:1).[21]

재림에 관한 설명 서두에서 제기했던 문제로 돌아가서, 예수의 '재림'은 통상적으로 세상의 마지막 날에 예수께서 이 땅에 다시 오셔서 믿는 자들을 '천국'으로 데리고 가시고 믿지 않는 자들을 지옥에 들어가게 하시는 사건으로 이해하는데 왜 그렇지 않은지를 간단히 지적하고자 한다. 먼저 재림을 가리키는데 사용되는 단어라고 했던 파루시아는 기본적으로 '부재한 후에 임재' 혹은 '출현' 또는 '도착'을 뜻한다. 가장 좋은 의미의 예로 이 단어는 당시 로마-그리스의 정치-

---

21 이러한 맥락에서 예수의 오심에 대한 자세한 설명을 위해 다음을 참조하라. M. Bird, *Evangelical Theology*, 262-265.

군사적인 문화권에서 볼 때, 오랜 시간 전쟁으로 인해 모국이나 수도에 부재하던 로마의 한 장군이 전쟁에 승리하고 귀환하는 일을 즉 그 장군의 '출현' 혹은 '오심'을 가리킨다. 즉 로마 장군이 전쟁에서 승리하고 로마로 귀환할 때 왕이 보낸 환영 사절단들이 성 밖으로 나가서 승리의 장수를 영접하여 로마의 궁정으로 모셔 들이는 사건을 가리킬 때 사용되는 단어다.

이러한 이미지가 나타난 본문이 바로 데살로니가전서 4:13-18이 보여주는 예수의 재림 이미지이다. 이 본문에 따르면 예수께서 이 땅에 출현 혹은 임하실 때 이미 죽은 자들이나 그때 살아 있는 자들이 모두 공중으로 마중을 나가서 주님을 만난 뒤에, 주님과 함께 하늘나라로 돌아가는 것이 아니라, 주님과 함께 새로워진 이 땅으로 오셔서 영원토록 주님과 함께 살 것이다. 재림을 묘사하는 단어인 *파루시아*는 그것이 현재 예수의 하늘 보좌에 앉으심을 가리키는데 사용되든지 세상 마지막에 이 땅에 나타나실 것을 가리키든지 궁극적인 방향은 하늘로 올라가는 것이 아니라 이 땅을 심판하러 혹은 이 땅에 우리와 함께 영원히 거하시기 위해서 오신다는 점이다.

당시 예수의 재림에 관해 들었던 청중의 관점에서뿐만 아니라 현재를 사는 크리스천들에게도 적용되는 중요한 고려사항은, 만약 예수의 '재림'이 세상의 마지막 날에 이루어질 일이라면, 그 마지막 날까지 살아 있지 않게 될 예수의 제자들과 당시 크리스천들 그리고 우리에게 예수의 '재림'이 무슨 의미나 소용이 있었겠는가? 라는 질문이 생겨난다. 만약 예수의 '재림' 때에 살아 있지 않을 자들에게 재림의 현실적인 의미(죽은 후에 천국 간다는 의미 이외에)는 별로 없을 것이다.[22]

22 물론 예수의 재림은 복음 전파의 동기를 부여하며, 고난 중에서 인내하는 힘을 주며, 하나님 나라를 세워가는 일을 격려하는 중요한 역할을 한다는 점에서 이의가 있을 수 없다(참

그러나 앞서 지적한 대로 만약 재림을 승리한 장수의 영광스러운 귀환과 같은 의미로 이해할 경우, 예수의 '재림'이 강조하는 바는 예수가 자신의 죽음과 부활을 통해서 악의 괴수인 사탄을 제압하시고 하늘 보좌에 등극하셔서 이 땅에 있는 하나님의 백성과 자녀들 가운데 영적으로 현존/임재 하셔서 우리 속에 내주하시는 성령으로 우리를 다스리고 계신다는 것이다. 물론 부차적으로 예수의 재림은 세상의 마지막 날(하나님이 만물을 새롭게 하실 때 이루어질 새 하늘과 새 땅이 드러나는 날[cf. 계 21:1-5])에 친히 다시 오셔서 사탄의 제국을 완전히 섬멸하시고 하나님의 나라를 이 땅에 완전히 실현하신다는 것을 가리킨다.

이런 맥락에서 예수님은 '주의 기도'(마 6:1)에서 "아버지의 나라가 임하게 하옵시고"라고 가르쳐 주신 것이다. 예수님은 죽어서 천국에 들어가게 해달라고 기도하지 않았고, 천국 곧 하나님의 다스림이 이 땅과 나의 삶에 온전한 형태로 임하게 해 달라고 기도하라고 가르치신 것이다.

3. 히브리 사상과 고대 그리스 사상의 차이

인류의 지성사를 이끄는 두 축은 물론, 성경 계시의 근간을 이루는 것은 히브리-사상(Hebraism)과 헬라-사상(Hellenism)이라 할 수 있다. 이 두 사상의 근본적인 차이는 전자는 신-중심적인 사고를 지니지만, 후자는 인간-중심적인 사고를 지녔다는 점이다. 신-중심적인 사고의 일면에는 계시를 중심으로 한 인간 이해가 들어있고, 인간-중심적인 사고의

조, 상게서, 271-273).

일면에는 이성을 중심으로 한 인간 이해가 들어있다. 더 중요하게 신-중심적 사고는 인간에게 통합적인 사유를 촉진하지만, 인간-중심적인 사고는 분석을 촉진하며 이를 통해 이원론적인 분리적인 사유를 만들어낸다.

전체적으로 성경의 증언은 하나님의 형이상학적인 속성들에 관한 관심을 반영하기보다는 하나님의 도덕적인 성격, 특히 하나님의 언약적 신실하심에 관한 관심과 중요성을 훨씬 더 많이 반영 하고 있다. 이유는 다음과 같이 자명하다. 즉 형이상학적인 속성들은 우리가 세상을 철학적으로 설명하는 일 즉 '존재의 토대'에 관한 고대 그리스와 고전 기독교의 철학적인 탐구가 모두 관심을 두는 일을 할 때 중요한 역할을 할 수 있는 하나님 개념에 대한 사유에서나 관심의 대상이지만, 하나님의 도덕적인 성격이 주된 초점이 될 때는 사람들의 삶과 믿음이 하나님의 신실하심을 정말로 신뢰하는지의 여부에 귀를 기울일 때이기 때문이다.

정확히 이것이 고대 히브리인들과 최초 크리스천들에게 해당되는 것이었다. 이들은 모두 하나님의 신실하심에 신뢰를 둔 자들로서 하나님의 도덕적 성격에 주된 관심을 둔 자들이었다. 이와 똑같은 요지를 반영하듯이, 많은 학자는 고대 히브리인들은 고대 헬라 전통의 철학자들과 매우 달리, 하나님과 세상에 대한 자신들의 경험을 성찰할 때, 형이상학적인 카테고리가 아니라 기능과 역할이라는 범주들로 성찰했다는 점을 주목해왔다.[23]

이 점은 신약에서도 분명하다. 신약 저자들은 그리스도 안에 나타난 하나님의 계시적 행동에 집중적으로 초점을 맞추고 있기에, "**하나님**에

---

23 이하는 다음의 근간에 기인한다. 그레고리 보이드, 『전사 하나님의 십자가에 죽음』 (CLC, 2021 혹은 2022), 원서 페이지 674-675.

관한 신약의 진술들은" 주로 하나님의 "관계적이며 도덕적인 속성들"에 관한 것들이다.[24] 또 우리가 성경을 해석할 때 더 후대의 철학적으로 영향을 받은 신학이 지닌 보다 정적인 범주들을 통해서가 아니라 '역동적인 하나님 개념'에 비추어 성경을 해석할 때, 이러한 해석은 우리가 하나님에 관한 성경의 모든 언어를 어떻게 이해하는가에 큰 영향을 미친다. 예를 들어, 고전적 신학 전통은 하나님의 변치 않는 성격을 말하는 구절들은 형이상학적인 용어들로 해석했다. 즉 하나님은 어떤 경우에도 변화를 경험하지 않는다는 식으로 말이다. 이와 정반대로, 신약의 십자가-중심적인 관점이 지닌 도덕적이며 관계적인 초점이 제시하는 바는 우리가 오히려 이러한 구절들을 하나님의 도덕적인 불변성 즉 하나님은 신뢰할 수 있는 분이라는 점을 가리키는 것으로 해석해야 한다. 그러므로 성경적 하나님 개념을 생각할 때는 언제나 십자가와 신약 전반에 걸쳐 나타난 하나님의 계시가 담고 있는 하나님의 도덕적인 성격과 관계적인 신실하심이 지닌 중심성을 염두에 두어야 한다.

또 한 가지 히브리-사상과 그리스 사상의 중요한 차이는 앞서 신관의 차이에서 암시한 바 있듯이, 히브리-사상은 하나님과 인간 이해의 특징이 '구체성'(substantiality)을 띠지만, 그리스 사상은 신과 인간 이해의 특징이 '추상성'(abstractness)을 지닌다는 점이다. 전자는 구체적인 행위 가운데 자신을 드러내는 하나님으로부터 사유가 시작되지만, 후자는 이성적인 사고 가운데서 추론된 개념으로부터 사유가 시작된다. 전자는 매우 실제적이며 후자는 아주 개념적이다.

---

24 Larry W. Hurtado, *God in New Testament Theology* (Nashville: Abingdon, 2010), 35-37; 참조. Francis Watson, "The Triune Divine Identity: Reflections on Pauline God-Language, in Disagreement with J. D. G. Dunn," *JSNT* 23, no. 80 (2001), 105-11.

전자는 존재와 행위 사이의 통합을 강조하는데 이것은 구체적인 행위를 통해서 존재를 이해할 수 있기 때문이다. 후자는 존재와 행위 사이의 분리를 특징으로 하는데 이것은 존재에 대한 추론과 실제 행위 사이에서 생겨나는 차이에 주목하기 때문이다.

리차드 보컴은 이러한 차이를 신의 정체성과 신의 본질 또는 본성의 차이로 설명한다. 보컴에 따르면 유대-크리스천 전통의 관심은 신의 정체성에 있으며 이런 점에서 이들의 질문은 하나님은 누구이신가?라는 정체성에 관한 질문이며, 신약시대 이후 기독교 신학 전통에 중대한 영향을 미친 그리스 철학은 관심이 신의 본질에 있으며 이런 점에서 이들의 질문은 신성이란 무엇인가라는 본성에 관한 질문이다.[25]

이런 점에서 '하나님은 영원하시다'라는 주장이나 '하나님은 의로우시다'라는 주장은 하나님의 본성이나 본질에 관한 진술이 아니라, 하나님의 독특한 정체성을 나타내는 주장이다. 성경에 따르면 이러한 하나님의 정체성과 정체성에 관한 관심은 기본적으로 하나님이 행하신 활동을 통해서 자신이 누구이신지를 밝히시기 때문이요(특별히 하나님은 출애굽을 시작하시면 이스라엘 선조의 하나님이 여호와라고 밝히신다. cf. 출 3:15). 두 번째로는 출애굽기 34:6에서 하나님은 자신을 "여호와! 여호와! 자비롭고, 은혜롭고 노하기를 더디 하시고, 인자와 진실(은혜와 진리)이 많은 하나님이다."라는 묘사를 통해 자신이 누구이신지를 밝히신다.

이런 점에서 성경 전통의 신관은 이성적 추론을 통해서 규명되는 신의 전지성과 전능성 그리고 편재성과 같은 신의 본질이나 본성에 관심을 두기보다는 '행하신 일'과 '성품에 대한 묘사' 가운데 자기를

25 리처드 보컴, 『예수와 이스라엘의 하나님』 (새물결플러스, 2019), 28.

계시하신 신에 대한 경험을 통해 "우리의 신은 누구이신가?"라는 질문을 하는 것이다. 이러한 이스라엘의 신(하나님)인 여호와를 안다는 것은 곧 그분의 백성으로서 그분을 닮아가는 것이 관심사가 아니라, 그분의 독특한 정체성(온 인류를 창조하시고 이스라엘을 구속하셔서 끝내는 온 인류를 자신의 영원한 의의 통치 가운데 살게 하시는 하나님)을 알기에 그 분과 어떠한 관계 속에 살 것인가, 다시 말해서 유일한 참 신이신 여호와의 백성과 자녀로 산다는 것은 어떤 의미인가를 깊이 성찰하고 그에 따라 참 백성의 삶을 살게 하는 것이다.

이러한 이스라엘 하나님의 정체성에는 이미 성육하신 하나님이신 예수 그리스도와 십자가에 달려 죽으신 그리스도가 포함되어 있으며, 이런 점에서 이스라엘의 하나님과 역사적 예수로서의 성자 하나님 즉 주 그리스도 사이에는 온전한 일관성과 통일성이 존재한다.

4. 성경 계시의 독특성의 왜곡들

1) 인격적 신과 몰인격적인 신

구약과 신약은 하나님에 대한 일관된 증언이다. 이런 점에서 구약의 하나님을 '군주 하나님'으로 보고 신약의 하나님을 십자가가 보여주듯이 '사랑의 하나님'으로 보는 것은 성경 계시에 대한 심각한 오해라 할 수 있다. 이것은 구약과 신약의 유기적 통일성을 간과하는 것이며, 보다 근본적으로는 헬라 전통의 플라톤 이원론적인 신관과 구원관이 크게 반영된 것이라 할 수 있다.

플라톤 전통의 신관은 성경적 하나님에 대한 이해를 왜곡시키는 근본적인 요소라 할 수 있다. 예를 들어, 우리는 하나님의 주권과 불변성을 플라톤 전통의 신관 즉, 전능한 신은 절대 불변하다는 관점에서 이해한다. 그러나 하나님의 주권과 불변성(전지 전능성)은 플라톤 전통의 이해를 따라 이루어져서는 안 된다. 왜냐하면, 이러한 하나님의 불변성은 ***몰인격적인***(impersonal) 추상적 개념의 신에게 적용되는 것이지 성경이 말하는 ***인격적인***(personal) 신이신 ***여호와***(이스라엘의 구속 가운데 자신을 최초 계시하신 분) 하나님에게는 맞지 않기 때문이다. 하나님이 주권적이라는 뜻은 하나님에게 미래가 닫혀 있거나 이미 결정되어 있다는 것을 뜻하지 않으며, 미래에 열려 있는 모든 가능성을 하나님은 다 알고 계신다는 뜻이다. 실제로 상황은 끊임없이 변하고 있고 이 상황들은 무한한 가능성을 담고 있다. 그런데 이 상황들이나 가능성은 모두 하나님에 의해서 결정된 것이라기보다는 하나님은 이 모든 미래의 상황들과 가능성을 다 알고 충분히 대처할 수 있는 지혜로운 분이라는 뜻이다.

우리가 매일, 매 순간 하나님과 교제하고 하나님께 기도해야 할 이유는, 상황은 끊임없이 바뀌는 상황과 지속해서 수 많은 가능성을 가진 열린 미래, 그리고 이 상황들과 미래 가능성에 대해서 가장 잘 대처할 수 있는 하나님께 묻고 사는 것이 가장 잘 사는 것이기 때문이다.

이러한 하나님의 주권과 열린 미래를 보여주는 두 중요한 예를 구약과 신약에서 찾아볼 수 있다.[26] 출애굽기 3:18-4:9에 따르면 하나님에게 이스라엘이 출애굽은 확실한 미래이다. 그렇지만 하나님과 이스라엘 모두에게 10가지의 재앙은 확실한 출애굽에 이르는 과정에 놓여 있는 미래의 가능성을 보여준다. 하나님은 이스라엘과 이집트 왕에게 일어날 미래의 가능성에 대해 전지하신다. 그러나 그 가능성은

---

26 이하의 설명은 다음에서 기인한다. https://www.youtube.com/watch?v=SyZQySJeg4g.

결정된 미래의 가능성이 아니라, 열려 있는 가능성이며, 이 모든 미래의 상황들과 가능성들에 대한 대처에 있어 하나님은 충분히 지혜로우시며, 그 지혜로운 대처로 인해 결국 출애굽에 이른다.

신약의 경우 예수의 겟세마네 기도를 보면 하나님의 주권의 유동성과 열린 미래를 다시 확인할 수 있다. 분명 하나님에게는 예수의 십자가 죽음은 미래의 유일한 가능성이기에 확실성이다. 그러나 존재론적으로 혹은 실존적으로 예수의 기도는 분명 십자가는 미래의 가능성들 중에 하나임을 보여준다. 그런 점에서 예수의 기도는 의미가 있는 것이며, 동시에 하나님은 예수의 기도에 대한 책임 있고 인격적인 응답자라 할 수 있다.

2) 원복(The Original Blessings)과 원죄(The Original Sin)

어떤 경우이든 히브리 사상의 출발점은 하나님이 행하신 일이다. 하나님이 행하신 일의 최초가 바로 우주와 인류의 창조이다. 하나님은 인간을 창조하신 후 창세기 1:28의 말씀을 통해서 인간 창조의 목적을 드러내신다. 한 마디로 하나님의 창조하신 이 땅을 마음껏 향유하라는 것이며, 향유하는 것을 구체적으로 말하면 '자신의 형상을 담지한 자들로 이 땅을 가득 채우고 땅을 바르게 다스리라' 는 소명을 주신 것이다. 이 소명은 단순한 명령이 아니라 창조된 이 땅을 영속적으로 온전히 향유하는 방식이다. 하나님은 창조의 행위를 하시고, 창조의 결과물인 이 땅을 자신의 형상 즉 의의 다스림의 형상을 반영하는 방식으로 다스리게 되면 이 땅을 향유할 수 있게 하신 것이다. 이 땅과 이 땅의 인류에 대한 모든 이해의 출발점은 이러한 원복으로부터 시작된다.

불행히도 인류의 원형인 아담은 이러한 원복을 온전히 향유하라는 소명을 거부하고, 하나님의 다스림의 반영으로서의 의의 다스림이 아닌 인간 주도적인 방식의 다스림을 선포하고 자율적인 독립을 추구함으로써, 인류는 불의의 다스림을 행하게 되었고 그 결과 온 땅은 불의로 가득 찬 세상이 된 것이다. 이것이 바로 인류의 타락이요, 원죄이다.

여기서 원죄에 대해 두 가지를 주목할 필요가 있다. 첫째로 원죄는 창조의 시작이 아니라 창조 시에 주어진 원복에 대한 인간의 거부와 부정으로서 창조의 왜곡이라는 점이다. 절대 인류 창조의 원점이 아니라 부차적인 왜곡이라는 뜻이다. 여전히 창조는 하나님의 원복에 그 근간을 두고 있으며, 이런 점에서 원죄는 결국 하나님 자신이 처리하거나 극복해야 할 대상이지 인간이 스스로 짊어지고 해결해야 할 문제가 아니라는 점이다. 이 점은 최초 복음 혹은 원-복음(proto-evangelium)이라는 창세기 3:15에서 분명하게 나타난다.[27] 왜곡된 창조를 회복하실 하나님의 메시아(여자의 씨. cf. 창 12:7, 창 22:17-18//창 12:1-3; 갈 3:16)는 원죄의 원형인 사탄의 머리를 상하게 하지만(cf. 롬 16:20), 원죄로

27 이렇게 창 3:15이 죄에 대한 여자의 씨의 궁극적인 승리를 암시하거나 예언하지 않는다는 점을 고대 근동과 구약 자체적인 관점에서 논박하는 것을 위해 다음을 보라. 존 월튼, 『교회를 위한 구약성서 신학』 (새물결플러스, 2021), 382-384. 여기서 월튼은 구약 성경에서 뱀과 사탄의 연결을 증거 하는 예가 발견되지 않고 있으며 이 구절의 문맥 자체도 여자의 씨가 죄와 사망에 대한 승리를 가져올 것이라는 메커니즘이 작동되지 않고 있으며, '씨'라는 명사도 단순히 집합명사의 의미를 지닌다는 점에서 단수 형태의 대명사와 동사를 취하며, 더 중요하게 이 구절은 여자와 뱀 간의 갈등이 초래할 최종적인 결과보다는 두 당사자가 서로 간에 가장 취약한 부분을 과녁으로 삼아 잠재적으로 동등한 치명상을 주고 받을 수 있다는 진술로 보아야 한다고 주장한다. 구약 자체적인 관점에서 볼 때 월튼의 해석이 무엇을 염려하고 있는가를 충분히 이해하지만, 우리는 성경을 전체적인 정경 문맥에서 해석하고 있다는 점을 기억할 필요가 있다. 이런 점에서 위에서 잠시 언급한 바울의 진술인 "평화의 하나님이 곧 사탄을 너희 발밑에서 상하게 하실 것이라"(롬 16:20; cf. 시 110:1; 막 12:36)는 말씀은 예수의 성취 사역에 비추어 창 3:15의 성취를 확인하며 나아가 이에 따른 완성을 예기한다고 보는 것이 더 타당하다.

인한 결과는 사탄이 하나님의 메시아의 발꿈치를 상하게 할 뿐이라는 점이다. 원복이든 원죄이든 주도적인 분은 하나님이시며 결코 피조물인 인간이 아니라는 점을 주목할 필요가 있다. 더 중요하게는, 원죄는 결코 원복을 무효화 할 수 있는 문제가 아니라 원복을 향유하는 피조된 인간의 기능상의 역기능을 만들어 낸 것일 뿐이며, 이 역기능마저도 하나님의 메시아를 통해서 바로 잡힐 것이라고 최초 복음은 분명하게 역설하고 있다.

플라톤 전통의 헬라사상은 이렇게 하나님의 주도적인 행위인 원복과 그리고 원죄의 극복이란 초점을 인간이 해결해야 할 문제요 특별히 죄의 문제를 추상화시키고 개념화시켜서 인간에 내재된 문제로 탈바꿈시켰다. 이제 죄는 하나님이 주도적으로 해결해야 할 실제적인 교정의 문제가 아니라, 인간에게 짐 지워지고 내재된 문제로서 스스로 해결해야 할 개념적인 문제로 바뀌어 버린 것이다. 이런 맥락에서 의는 하나님께 내재된 것이며 죄는 인간에게 내재된 것이라는 이해, 그리고 인간의 죄는 인간 스스로 해결해야 할 개념적이고도 추상적인 문제, 즉 죄책(guilt)의 문제로 환원되고 만다. 아마 이런 맥락에서 그리스 사상(인간의 이성 중심적인 사유방식)의 토대 위에 세워진 전통적인 신학 전통은 '아담의 죄의 전가' 혹은 '예수의 의의 전가' 같은 용어들과 사상들을 주창하고 있는 것으로 보인다.

죄는 근본적으로 창조에 대한 구체적인 왜곡 행위이지 추상적인 개념이 아니다. 이런 점에서 죄의 해결은 왜곡된 것의 바로잡음이지 죄책(죄의 책임)을 담당하는 것이 아니다. 이런 맥락에서 십자가는 창조의 왜곡을 바로잡은 하나님의 적극적인 행위였지 우리의 죄책을 대신 지신 문제로 축소될 수 없다(물론 우리의 죄를 대신 담당하신다는 의미의 십자가에 대한 성경적인 증언이 있고 이 점 역시 중요하다).

이런 맥락에서 의와 죄는 하나님의 구체적인 의의 행위와 인간의 구체적인 불순종의 행위로 보는 것이 타당하며, 십자가는 예수의 의를 우리에게 전가한 사건이라기보다는 하나님의 종말론적인 의의 행위로서 근본적으로 왜곡된 창조를 최종적으로 회복시킨 구체적인 사건이라 할 수 있다. 이런 점에서 십자가를 통해서 하나님의 의가 예수를 통해서 우리에게 전가되었다고 보기보다는, 예수의 십자가를 통해서 하나님은 인간의 반역적이며 폭력적인 삶의 방식을 근본적으로 종식 시킴으로써(죄에 대해 죽으심), 하나님의 사랑의 방식인 의에 대해 구체적으로 살게 하신 일을 행하신 것이다.

3) 성찰(Reflection)과 통찰(Insight)

이러한 원복과 원죄에 대한 하나님-중심적, 하나님-주도적인 이해는 인간의 삶의 바람직한 방식은 통찰이 아니라 성찰의 방식이라는 점을 강력하게 증언한다. 앞서 주목했듯이 히브리 사상의 근간은 하나님이 행하신 일이며 그리스 사상의 근간은 인간의 이성적인 사유이다. 이런 점에서 히브리 사상은 성찰을 요청하며 그리스 사상은 통찰을 요구한다. 더 중요하게, 원죄보다는 원복을 하나님과 인간 관계의 출발점으로 또한 원죄 역시 창조의 근원이 아닌 인간의 도덕적인 자율(선악을 알게 하는 지식의 나무가 상징함) 선언에 따른 창조에 대한 파생적인 왜곡으로 보게 된다면, 그리고 하나님의 이어지는 행위 곧 구속은 이 왜곡을 스스로 해결하시는 역사라고 볼 수 있다면, 인간 사유의 주된 덕목은 하나님과 인간과 세상에 대한 이성 중심의 직관이나 통찰이라기보다는, 하나님의 창조 행위와 구속 행위에 대한 깊은 마음의 성찰이라 할 수 있다.

성경 계시가 암시하는 이러한 성찰적인 특징은 특별히 '창조- 타락- 구속- 새 창조의 시작- 새 창조의 완성'이라는 신비롭고 섭리적인 ***과정***에 대한 인간 편에서의 깊은 이해와 성찰을 요청한다. 하나님의 창조의 사랑과, 이 사랑을 십자가의 죽음과 부활을 통해 이루신 주 예수 그리스도의 구속의 은혜와, 성령을 보내셔서 이 창조의 사랑과 구속의 은혜를 구현하고 사유화하라는 성경의 핵심적인 구조는 바로 인간의 이러한 성찰적인 삶을 본질적으로 요구하고 있다. 이것이 바로 하나님의 현존 가운데 사는 삶이며, 이것을 침묵 기도의 삶이라고 할 수 있다. 그렇다면 삶의 전반이 바로 하나님이 행하신 일에 대한 성찰의 시간이라 할 수 있다.

5. 유일신 '여호와 하나님'과 '여호와 하나님'의 성육하신 '주 그리스도 예수'의 통일성

리처드 보컴은 주후 1세기 유대교의 엄격한 여호와 유일신 사상 속에서 어떻게 신약 저자들은 예수에 대한 고-기독론 즉 예수를 신적인 존재로 이해했는가를 신적 정체성과 신적인 본성에 대한 구별을 통해서 설명하고 있다.[28] 먼저 구약성경은 하나님을 신적 본성이라는 관점이 아니라 '하나님은 누구이신가?'라는 신적 정체성의 관점에 이해했다. 즉 하나님은 자신을 최초 계시하면서, 이스라엘 족장들의 하나님으로서 이스라엘 백성을 애굽의 속박에서 구속하시는 출애굽의 하나님 여호와라고 자신의 정체성을 드러내신다(출 3:13-15, 특히 15절). 하나님은

28 더 자세한 설명을 위해 다음을 보라. 리처드 보컴, 『예수와 이스라엘의 하나님』 (새물결플러스, 2019), 26이하.

또 자신이 구속하신 백성인 이스라엘의 구별된/거룩한 삶을 위해 모세에게 십계명을 주시는 시점에서 다시 자신의 정체성을 계시하신다. "여호와라 여호와라 자비롭고, 은혜롭고 노하기를 더디 하고 인자와 진실(은혜와 진리, cf. 요 1:14)이 많은 하나님이라"(출 34:6).

모세가 시내산에서 십계명을 받은 후 내려오면서 여호와 하나님과 대면했기 때문에 얼굴에 광채가 나서 백성들이 모세에게 가까이하기를 두려워했다. 모세는 백성들에게 시내산에서 여호와께서 주신 말씀을 다 전한 후에 그는 얼굴을 수건으로 가렸다. 사도바울은 바로 이러한 시내산의 사건을 예수께서 이루신 새 출애굽과 새 언약의 관점에서 해석하고 있다.

앞서 구약은 하나님을 신적 본성이 아니라 신적 정체성에 관심을 두고 있다는 점을 지적했다. 그런 점에서 이스라엘의 하나님 여호와는 이스라엘을 출애굽 시키신 분일 뿐만 아니라, 이스라엘 중에서 거하시기 위해서 자신을 낮추어 내려오신 분이다. 이 점은 출애굽을 위해 모세에게 자신의 정체성을 나타내기 직전 떨기나무 속의 불꽃 가운데 나타나신 하나님 그러나 떨기나무를 태워 소멸하지 않으시는 모습(출3:2-3) 속에 상징적으로 강력하게 묘사되고 있다.

이처럼 근본적으로 출애굽 사건은 단순히 이스라엘 구속의 사건만을 뜻하지 않고, 더 중요하게는 이스라엘 중에 거하시고자 자신을 떨기나무 같은 메마른 변방의 작은 종족이요 부족인 이스라엘과 하나되신 사건이다. 하나님의 낮아지심을 보여주는 극명한 사건이 바로 하나님이 떨기나무 가운데 불로 임하신 사건이다.

또 하나 주목할 점은 출애굽은 하나님이 비천한 민족 이스라엘과 하나 되시는 자기-비하의 사건일 뿐만 아니라 온 열방이 여호와가 참 신이며, 온 세상과 만물을 다스리시는 분이심을 알게 하려는 사건이라는 점이다. 이 점은 여호와께서 애굽에 10가지 재앙을 내리시면서 지속적으로 말씀하시는 표현인 "저들로 내가 여호와인 줄 알게 하려함이라"(출 7:5, cf. 출 6:7, 출 9:29, 출 15:11. 18) 말씀 가운데 잘 나타나 있다.

구약성경의 기념비적인 사건인 출애굽 가운데 이스라엘의 하나님이신 여호와께서 자신을 낮추심과 동시에 만물을 다스리시는 분으로 나타내신 것은, 놀랍게도 포로기의 선지자들이 예언했던 새 출애굽에 대한 묘사 가운데서 동일하게 나타난다. 특별히 이러한 여호와의 낮아지심과 우주적인 통치자의 모습은 새 출애굽에 관한 이사야의 예언 가운데 잘 묘사되며 특히 고난받는 종에 관한 예언인 이사야40-55장에서 집중적으로 나타나고 있다.

특별히 이사야 52:13과 57:15을 주목할 필요가 있다. 이 본문 모두에서 고난받는 종의 낮아짐과 죽음에서 높이 들려 지극히 존귀한 자로 묘사되고 있다. 이것은 장차 우주의 왕이 되실 종말론적인 메시아의 낮아짐과 높아짐에 대한 묘사일뿐만 아니라 출애굽 사건에서 자신을 낮추어 연약한 이스라엘과 하나 되셨고 이를 통해 열방을 다스리시는 참 신 여호와 하나님이심을 정확히 상기시켜준다.

이스라엘의 하나님 여호와의 이러한 낮아지심과 높아지심은 신약의 예수 그리스도에 대한 묘사 가운데서도 지속해서 나타난다. 복음서들은 예수를 하나님의 아들로서의 메시아로서 치유와 축사로 묘사되는 강력한 구속의 사역을 통해서 만물에 대한 구약의 여호와 하나님의 우주적인 다스림을 종말론적으로 실현하시는 분으로 묘사하고 있다. 그러나 보다 중요하게 복음서들은 한결같이 예수 그리스도를 십자가에 죽으시고 부활 승천하시는 분으로 묘사함으로써 성육하신 하나님의 낮아지심과 높아지심을 극명하게 역사적인 실체로 드러내 보여준다.

예수의 이러한 낮아지시고 높아지심의 정체성은 부활하신 후에 예수께서 엠마오로 가는 길에서 두 제자에게 나타나 하신 말씀 가운데 잘 나타나 있다. “그리스도가 이런 고난을 받고 자기의 영광에 들어가야 할 것이 아니냐?”(눅 24:26). 이어서 예수는 이러한 낮아짐과 높아짐은 전혀 새로운 일이 아니라 이미 구약 전체가 자신의 이러한 낮아짐과 높아짐에 대해 말하고 있다고 다음과 같이 말씀하신다. “그리고 모세와 모든 선지자로부터 시작해서 그는 그들에게 모든 성경에 쓴 바 자기에 관한 것을 자세히 설명하셨더라”(눅 24:27). 여기서 “모세의 율법과 선지자들” 혹은 “모세의 율법과 선지자들과 시편”은 히브리 성경 전체를 가리키는 간략한 표현임을 상기할 필요가 있다.[29]

또 빌립보서 2:6-11은 자신을 비워 종의 형체를 가지셨고 자기를 낮추어 십자가에 죽으신 예수 그리스도, 그러나 지극히 높임을 받아 하늘과 땅과 땅 아래 있는 모든 자가 자신들의 모든 무릎을 그 이름에 꿇게 된 예수 그리스도를 묘사하고 있다. 이 본문이 구약에서 유일신 여호와에 대한 가장 극명한 묘사인 이사야 45장 특히 22-23을 반향하고 있음을 주목할 필요가 있다.

또 골로새서 1:14은 예수 그리스도를 대속의 죽음을 통해 우리를 구속하신 분으로 묘사한 뒤에 이어서 15절에서 예수가 보이지 않은 하나님의 형상으로 만물을 창조하시고, 만물을 통치하시는 분으로 묘사하고 있다. 똑같이 여기서 예수 그리스도의 낮아짐과 높아짐을 보게 된다.

요한복음 1:14절은 “말씀이 육신이 되어 우리 가운데 거하시매

---

29 cf. Vern S. Poythress, *God-Centered Biblical Interpretation* (Phillipsburg: Presbyterian & Reformed, 1999), 59-60; Donald Hagner, *Matthew 14-28* (Dallas: Word, 1995), 493.

우리가 그의 영광을 보니 아버지의 독생자의 영광이요 은혜와 진리가 충만하다"라고 예수의 성육신을 표현한다. 출애굽기 34:6에서 "인자와 진실이 많다"고 표현된 것은 본문 14절에서 "은혜와 진리가 충만하다"는 표현과 정확히 똑같은 표현이다.

이것은 예수는 우리의 구원을 위해서 하늘에서 갑자기 이 땅에 내려오신 분이 아니라, 구약의 하나님 여호와가 육신을 입고 우리 중에 친히 거하시고자 오신 분이라는 뜻이다. 구약의 하나님이신 여호와의 정체성이 성육 하신 예수를 통해서 완벽한 형태로 드러난 것이다.

그런데 우리는 예수를 '주 그리스도'라고 고백한다. 다시 말해서 이 땅에 인간의 몸을 입고 오셔서, 하나님만 행하실 수 있는 치유와 축사의 일을 행하시고, 고난을 받으시고 십자가에 죽으시고 부활하시고 하늘 보좌 우편에 오르신 후에, 성령을 보내셔서 우리 중에 매우 친밀한 방식으로 거하시며 우리와 교제하시는 예수가 바로 '주 그리스도이시다'라는 뜻이다.

그런데 '예수가 주 그리스도이시다'라는 고백은 '예수가 구약의 여호와 하나님이십니다'라고 고백하는 것과 같다. '주'는 구약이 말하는 '여호와'를 가리키며 '그리스도'는 '하나님'과 같이 그냥 이름과 같다. 예수 당시 많은 사람이 자신들을 '그리스도'라고 자칭했다(cf. 막 13:21). 이런 점에서 크리스천의 고백은 오직 '주 그리스도'이신 예수만이 구약의 하나님이신 여호와가 육신의 몸을 입고 이 세상에 오셔서 이 세상을 하나님이 다스리는 세상으로 바꾸신 분이라는 뜻을 담고 있다.

이처럼 성육신 사건은 하나님은 우리를 언제나 은혜롭게 대하시며 우리를 불쌍히 여기시며 항상 우리와 함께 거하시고 우리와 친밀한 교제를 원하시는 하나님이심을 완벽한 형태로 드러낸 사건이다.

II 성경이란

성경은 이 땅에 사는 인류의 창조와 구속에 관한 하나님의 계시인 동시에 하나님의 창조와 구속의 행위들에 대한 성경 저자들의 믿음의 관점에서 이루어진 증언이다.[30] 그러나 계시이며 동시에 증언으로서의 성경의 현재 형태인 성경 기록을 생각하기 전에 먼저 고려해야 할 점이 두 가지 있다. 첫째는 성경 기록의 모체인 하나님의 특별계시와 현재 형태의 성경 기록과의 관계 그리고 두 번째로 이 특별계시와 현재의 성경 기록을 연결하는 중간 요소들인 구전 형태나 문헌 형태의 전승 단계들이다. 모든 학자가 동의하듯이, 성경이 존재하게 된 이유는 성경의 개별적인 책의 저자들이 각자의 책을 기록했고, 보존하여

30 계시와 증언의 관계는 간단히 이렇게 정리할 수 있다. 성경 형성과정을 알고 보면 분명 성경의 개별 책들은 증인 혹은 목격자로서의 특정한 저자가 믿음의 관점에서 하나님이 행하신 일들(역사)에 관한 증언이다. 이 증언들이 후에 하나님의 계시로 받아들여졌다고 보는 것이 가장 합리적이다. 개인적이든 아니면 공동체적이든 증인/목격자의 신뢰할 말한 증언으로서의 복음서에 관해선 다음을 보라. 리차드 보컴, 『예수와 그 목격자들: 목격자들의 증언인 복음서』 (새물결플러스, 2015), 27 이후와 469 이후. 구약 특히 구약의 신학적인 천명들을 증언으로 보는 것을 위해 다음을 보라. 월터 브루그만, 『구약신학: 증언, 논쟁, 옹호』 (기독교문서선교회, 2003), 류호영 역, 7과 207.

후대로 전달했으며, 또 그것을 선포했고, 그것에 관해 논증했고 특별히 그것을 자신이 속한 신앙 공동체의 문맥에서 해석했기 때문이다. 이런 점에서 하나님의 말씀이 신앙 공동체를 창조한 것이지 특정한 신앙 공동체가 하나님의 말씀을 만들어내지는 않았지만, 신앙 공동체는 분명 최초 기록된 하나님의 말씀을 정경 형태로 양산하는 책임을 지녔다는 의미에서 정경을 만들어냈다고 할 수 있다.[31]

현재의 성경 형태 이전의 두 단계를 생각해야 하는 이유는 오늘날의 성경에 이른 이 두 단계를 바르게 이해함으로써, 성경이 무엇인지 그리고 성경을 어떻게 읽어야 하는지에 대한 바른 이해를 정립할 수 있기 때문이다. 이러한 단계들을 거쳐 현재의 성경 기록에 이르게 된 과정을 바르게 인식하지 못하면 성경은 언제나 신비롭게 읽혀야 할 영적 문헌이나 부적과 같이 다루어질 수밖에 없기 때문이다. 성경 문헌의 형성과정을 살펴봄으로써 이러한 성경에 대한 무지가 정리될 것이고 나아가 바른 성경 읽기의 길이 열리리라 생각된다.

먼저 우리는 하나님의 특별계시와 성경 기록 사이의 관계를 생각해 볼 것이고, 이어서 정경으로서의 성경(The Bible as canon)을 간단히 살펴보고, 그 다음 성경이 무엇인가에 대한 간단한 정의와 함께 어떻게 성경을 읽는 것이 올바른 것인가에 관해 생각해 볼 것이다.

1. 하나님의 특별계시와 성경기록(The Inscripturation)의 관계

성경에 따르면 하나님의 특별한 자기-계시(special self-revelation)는

31 참조, M. Bird, *Evangelical Theology*, 66.

원래 인간에게 네 가지 방식으로 왔다. 즉 하나님은 첫째로 외적인 현현(external manifestation)의 형태인 신현(theophany)을 통해서, 둘째로 내적 제언(internal suggestion)의 형태인 예언(prophecy)을 통해서, 셋째로 동사(同事)적 역사(concursive operation)인 영감(inspiration)을 통해서, 넷째로 성육하신 예수 그리스도(the incarnate Jesus Christ)를 통해서 자신을 인류에게 나타내 보이셨다. 물론 이와 같은 하나님의 특별계시가 필요한 이유는 비록 자연 혹은 일반 계시가 인간이 하나님 앞에서 잘못이 있다는 사실을 알 수 있는 충분한 지식을 나누어 줄 수 있지만, 죄로 인해 자연 혹은 일반 계시는 인간구원에 관한 지식을 만들어 낼 수 없고, 특별히 하나님과 인류 사이의 진정한 화해가 이루어지려면, 반드시 하나님은 인류에게 자신을 드러내시고, 자신에 대한 인류 반역의 결과로부터 인류를 구출해내시기 위해서 행동하실 수밖에 없기 때문이다.[32]

그런데 이러한 네 가지 형태로 드러난 하나님의 특별계시가 성경으로 기록되는 일(inscripturation)과 관련해 두 가지 형태의 중간단계를 생각할 필요가 있다. 첫째로, 구전 전승(oral tradition) 단계를 상정해 볼 수 있다.[33] 즉 신현이든 예언이든 영감이든 혹은 성육하신 예수 그리스도를

32 참조. M. Bird, *Evangelical Theology*, 193. 또 여기서 Bird는 특별계시를 역사, 선포, 성경, 그리고 조명을 통한 하나님 자신에 관한 독특한 의사소통으로 간주한다(상게서, 193).

33 히브리어가 속해 있는 고대 근동지역의 메소포타미아 인들인 셈족의 언어가 주전 1700년 경에 비로소 아주 원시적인 형태로 나타나기 시작했다는 점에 비추어 볼 때 초기 히브리어는 최소한 주전 1000년 경 이후에야 언어로 사용되었을 것으로 추정된다. 그렇다면 구약의 족장 시대였던 주전 2000-1000년경의 창세기 이야기는 분명 처음에는 구전의 형태로 존재했으며 주전 1000년 이후 어느 시점에서 문자의 형태로 기록되었을 것으로 판단된다 (cf. 피터 엔즈, 『성육신의 관점에서 본 성경영감설』 [CLC, 2006], 69-71). 이 책에서 엔즈는 성경 특히 구약 성경은 구약 성경의 역사적 배경인 고대 근동 지방의 언어와 문화(심지어 신화적 세계관까지)를 수용하여 자신을 계시하시기로 결정하신 하나님의 은혜로운 성육신의 결정체라고 주장한다. 그렇지만 성경과 고대 근동 지방의 문헌들

통한 하나님의 계시는 처음에 한 사람에게서 다른 사람에게 구전의 형태로 전해 내려왔으며, 특히 구전 전승은 문자가 일반화되기 전에 또는 문자가 일반화된 후에도 여전히 하나님의 특별계시를 후대의 세대로 전해주는 데 중요한 역할을 했을 것으로 판단된다. 이러한 구전 전승의 역할과 효과는 노아-홍수 이전의 족장 시대의 인간 수명이 수백 년임을 고려할 때 그 중요성과 신빙성이 분명하게 드러난다.

예를 들어, 아담이 하나님께로부터 직접 혹은 타락 이전 세상의 창조와 하나님의 계시적인 역사들에 대한 자신의 경험으로부터 알게 된 바들이 구전의 수단들을 통해서 그의 자손들에게 전해졌을 것이고, 나아가 그의 타락과 에덴으로부터의 추방 등등의 사건들 역시 아담과 하와로부터 후손들에게 동일한 방식으로 전해졌을 것이다. 노아의 사건이나 바벨탑의 사건, 이스라엘의 출애굽 사건, 여리고의 멸망과 가나안 정복 등도 마찬가지로 구전을 통해 후대에 전해졌을 것이다.

이 점과 관련해 중요한 인물은 아브라함과 하갈의 아들인 이스마엘을 들 수 있다. 이스마엘은 하나님이 계시적으로 그리고 언약적으로 자신의 아버지 아브라함을 다루셨던 많은 사건에 관해 들었을 것이고, 그 후 어머니 하갈과 함께 아브라함의 집에서 쫓겨날 때 그는 이 모든 것들에 대한 기억을 지니고 있었을 것이다. 이런 점에서 구전 전승을 통한

과의 근본적인 차이는 당시 고대의 근동 지방의 언어와 문화를 수용하되 특히 그들의 신화론적 사고와 세계관을 매우 변혁적으로 사용하여 이스라엘의 이야기를 매우 급진적인 변증적 차원에서 하나님-중심적인 이야기로 바꾸어 놓았다는 점이다(cf. 출 20:1-6의 십계명의 서문). 한 예로 이스라엘의 율법과 당시 히타이트 조약문서나 함무라비 법전 사이의 유사점에 비추어 볼 때, 이스라엘의 율법이 하나님의 계시인 이유는 이 율법이 당시 주변 국가들의 윤리에 반대되는 새롭고도 독특한 윤리를 담고 있기 때문이라기보다는 이 율법을 지킴으로써 이스라엘이 하나님의 공동체로 만들어져 가기 때문이라는 것이다. 이런 점에서 엔즈는 고대 근동의 언어와 문화와 구약 성경 사이의 이러한 유사점과 차이점은 성경이 영감으로 기록되었다는 점을 결코 약화시키지 않는다고 주장한다(상게서, 75-82).

기독교와 비-기독교 전통의 종교들(이슬람) 사이의 관계, 또한 창조와 홍수에 대한 바벨론 전통의 신화적 묘사들 사이의 관계 등을 이해할 수 있을 것이다. 한 걸음 더 나아가 그리스 전통의 신화와 철학과 히브리 전통의 사고 사이의 그 어떠한 유사 관계도 이러한 구전 전승의 관점에서 어느 정도 설명될 수 있다.

둘째로, 문헌 전승(written tradition)의 단계를 생각해 볼 수 있다. 이상의 다양한 형태들로 온 하나님의 특별계시는 기록의 형태로 후대로 전해졌음을 보여주는 성경의 예들이 많이 있다.[34] 하나님의 특별계시가 문헌의 형태로 기록된 이유를 성경을 통해 여러 가지로 추정해 볼 수 있다. 예를 들어, 하나님의 메시지를 또 다른 장소로 보내기 위한 경우가 있고(cf. 렘 29:1, 36:1-8, 51:60이하; 대하 21:12), 더 많은 경우는 하나님의 메시지를 미래를 위한 기억(출 17:14), 혹은 증언(신 31:24-26)으로서 유지하고 보전하기 위한 경우가 있다. 이런 점에서 영원하고도 영속적인 형태의 하나님 메시지는 구전 형태라기보다는 문헌 형태라 할 수 있으며, 이런 점에서 구약과 신약의 출현을 설명할 수 있을 것이다.[35]

비록 성경-외적인 차원이지만 여러 가지 개혁주의 전통의 교리서들을 통해서 하나님의 특별계시가 구전 형태에서 문헌 형태로 바뀌게 된 더 중요한 목적들을 몇 가지로 정리해 볼 수 있다.[36] 첫째로,

---

34 참조. 구약의 경우는 여호와의 전쟁기(민 21:14), 야살의 책 (수 10:13, 삼하 1:18), 선견자 사무엘의 글과 선지자 나단의 글과 선견자 갓의 글(대상 29:29). 솔로몬의 행장(왕상 11:41) 등등. 현재의 성경 이전에 놓인 문헌 전승에 대한 신약의 대표적인 경우는 눅 1:1-4을 들 수 있다.

35 구약의 문헌 전승에 관한 보다 자세한 설명을 위해 다음을 보라. R. T. Beckwith, "The Canon of The Old Testament" in *The Origin of the Bible* (Tyndale House Publishers, 2012), 53-54.

36 이상의 내용은 다음에서 기인한다. Fred H. Klooster, "Introduction to Systematic Theology" (Calvin Theological Seminary course material, 1980), 96-97.

선택(selection)의 목적을 생각해 볼 수 있다. 요한복음 20:30-31과 특히 21:25은 성경 기록이 특정한 목적을 위해 선택이란 차원에서 이루어졌음을 분명히 하고 있다. 즉 성령의 영감 아래서 사도 요한은 예수 그리스도의 전 생애와 사역 중 특정한 부분을 선택하여 자신의 복음서를 기록한 것이다. 이런 점에서 성경 저자는 성경 기록을 통해 하나님의 목적에 기여 하는 것을 선택함으로써 동시에 성령의 목적에 기여 하는 셈이다. 그렇다면 성경 기록은 원래의 특별계시에서 영감된 선택을 통해서 하나님의 목적에 적합한 그리고 그리스도의 재림 시까지 인간의 필요들에 적합한 창조, 타락 구속에 대한 설명을 제공하고 있는 것이다.

문헌 형태의 특별계시의 두 번째 목적은, 하나님의 특별계시를 영구적으로 유지하기 위함(영구성/permanence)과 특정한 문헌 전승의 진위 여부를 가려내기 위함(진본/authenticity)이었다. 만약 우리가 오늘날 아담에서 오순절에 이르는 하나님의 계시에 대해 오직 구전상의 기억이나 전승에만 의존한다면 전해 내려온 것에 대한 신뢰성과 진본성이 의심을 받을 것이요 또 항구성 역시 위태롭게 될 것이 분명하다. 또 계시가 급작스럽게 기록되었다고 해도 똑같은 문제점들을 드러냈을 것이다. 이런 점에서 성령의 영감 아래서 이루어진 성경 기록은 하나님의 계시의 영구성과 진본성을 보증하게 된 것이다.

세 번째로, 문헌 형태의 특별 계시의 목적은 보편성(universality)과 출판성(publication)에 있다. 하나님이 아브라함과 이스라엘에게 계시하시고 이들을 통해 이루신 것은 세상의 모든 나라에게 복이 되도록 의도된 것이다. 예수 그리스도의 오심과 성령 강림과 함께 온 열방에 대한 이 복의 때가 이르렀다. 동시에 계시가 성경 기록으로 바뀜으로써 온 세상을 향해 복음이 출판되게 된 것이다. 다시 말해서 성경 기록을 통해서 하나님의 창조와 구속 계시가 전 세계적으로 퍼져나갈 수 있는 출판의 장이 마련되었다는 뜻이다.

2. 성경 문헌 형성과정

1) 성경이란 용어

'성경/Bible'이란 단어는 원래 '책들/books'을 뜻하는 그리스어 'βιβλία(비블리아)'[37]에서 유래하여 라틴어 *biblia*를 거처 오늘에 이르렀으며, 특히 기독교 교회에 의해서 정경으로 간주되는 책들을 지칭하는 데 사용되었다. 정경이란 의미에서 'the books/τὰ βιβλία'라는 표현은 최초 주후 150년경의 저작인 2 Clement 2:14에서 다음과 같이 사용되고 있다. "책들과 사도들은 교회가 처음부터 존재했음을 선포하고 있다."

'성경'과 동의어인 '저작들/the writings' 혹은 '성경책들/the Scriptures(그리스어로는 *αἱ γραφαι*[하이 그라파이].)'이 신약에서 자주 구약 전부 혹은 부분을 가리키는 데 사용되고 있다. 예를 들면 마태복음 26:56은 대제사장들과 장로들이 보낸 자들에게 의해서 예수께서 폭력적으로 붙잡히게 된 것이 다 성경을 이루려 함이라고 말하면서 이것을 다음과 같이 표현하고 있다. "τοῦτο δὲ ὅλον γέγονεν ἵνα πληρωθῶσιν *αἱ γραφαὶ* τῶν προφητῶν. /이것들이 일어난 목적은 선지자들의 ***책들***이 성취되도록 하기 위함이라."

특히 디모데후서 3:16은 성경의 영감된 성격을 말해주면서 다음

37 이 단어의 단수형은 βιβλίον이며, βιβλίον은 모든 종류의 문헌, 특히 원래는 파피루스에 기록된 문헌을 가리키는 βίβλος의 지소사 혹은 약칭이다.

과 같이 표현하고 있다. "πᾶσα *γραφὴ* θεόπνευστος καὶ ὠφέλιμος πρὸς διδασκαλίαν, πρὸς ἐλεγμόν, πρὸς ἐπανόρθωσιν, πρὸς παιδείαν τὴν ἐν δικαιοσύνῃ, /모든 ***성경책***은 하나님이 숨을 내쉰 [God-breathed / inspired] 것으로서, 또한 교훈과 책망과 교정과 의로 훈육하는 데 유용하니라."

또 베드로후서 3:16에서 베드로 사도는, 하나님의 의가 가득 찬 새 하늘과 새 땅을 간절히 기다리는 중에 주의 오래 참으심을 오히려 구원으로 간주하라고 권면하면서, 바울의 서신들이 바로 이러한 권면들의 좋은 예가 된다고 지적한다. 그러면서 베드로 사도는 다음과 같이 이러한 바울의 서신들을 다른 성경책들 즉 아마도 구약의 저작들과 동일한 범주에 놓고 있다. "ὡς καὶ ἐν πάσαις ἐπιστολαῖς λαλῶν ἐν αὐταῖς περὶ τούτων, ἐν αἷς ἐστιν δυσνόητά τινα, ἃ οἱ ἀμαθεῖς καὶ ἀστήρικτοι στρεβλοῦσιν ὡς καὶ τὰς *λοιπὰς γραφὰς* πρὸς τὴν ἰδίαν αὐτῶν ἀπώλειαν. /이것은 (바울이) 모든 그의 서신들에서 이것들에 관해 말하고 있는 것과 같도다. 그런데 이 서신 중 어떤 것들은 이해하기 어려워, 이것들을 무지한 자들과 연약한 자들이 왜곡하나니, 이것은 그들이 ***나머지 다른 성경책들***을 (왜곡하여) 자신들의 파멸에 이르렀던 것과 같은 경우이니라."[38]

2) 구약과 신약

성경은 구약(舊約 Old Testament)과 신약(新約 New Testament)으로

38 이상의 설명은 다음에 근거한다. F. F Bruce, "The Bible" in *The Origin of The Bible*, ed. Philip W. Comfort (Tyndale House Publishers, 2012), 3-4.

구성되어있다.[39] 여기서 '약속'에 해당하는 영어 testament은 '유언'을 뜻하는 라틴어 testamentum에서 왔으며 라틴어 testamentum은 헬라어 *διαθήκη*의 번역이다. 그러나 헬라어 성경에서 *διαθήκη*는 '유언'을 뜻하기보다는 대개 '언약/covenant'를 뜻하기에 라틴어 번역은 그리 적절하다고 볼 수 없다. 예레미야 31:31은 하나님이 광야에서 이스라엘과 맺으신 것(cf. 출 24:7이하)을 대체할 새 언약에 대해 말하고 있으며, 히브리서 8:13은 하나님이 이 새 언약을 '새롭다' 부르심으로써, 첫 번째 언약을 무용지물로 만드셨다고 말씀한다. 신약의 저자들은 예수 그리스도의 사역을 통해 시작된 새로운 질서 가운데서 새 언약에 대한 예언의 성취를 보고 있으며, 예수 자신이 새 언약의 제정을 말씀하심으로써(cf. 고전 11:25) 신약 저자들의 이러한 해석에 권위를 제공하고 있다.[40] 이런 점에서 구약은 옛 언약의 역사와 밀접한 관계 때문에 '구약'이라 불리며, 신약은 새 언약의 근본을 이루는 저작들이기에 '신약'이라 불린다.

히브리 성경에 따르면 구약은 세 부분으로 이루어진다.[41] 율법서(the Law), 선지서(the Prophets), 성문서(the Writings)이다. 율법서는 모세의 다섯 개의 책인 오경으로 이루어져 있고, 선지서는 전-선지서(the Former Prophets, 여호수아, 사사기, 사무엘서, 열왕기서)와 후-선지서(the Latter

---

39 유대교와 기독교 모두는 성경은 하나님에 의해 영감되었다고 주창한다. 그렇지만 크리스천의 성경은 유대인의 성경을 포함하는 데 반해 유대인의 성경은 크리스천에게 고유한 신약을 포함하지 않는다. 유대인의 성경과 크리스천의 성경이 공유하는 부분은 크리스천들에 의해서 '구약'이라 불리며 유대인들에 의해서는 단순히 '성경'이라 불리며, 히브리 성경(the Hebrew Bible)을 뜻한다.

40 cf. F. F. Bruce, "The Origin of the Bible" in *The Origin of the Bible* (Tyndale House Publishers, 2012), 5.

41 구약의 정경에 관한 보다 자세한 설명을 위해 다음을 참고하라. 윌리암 클라인 외 2인, 『성경해석학총론』, 류호영 역 (생명의말씀사, 1997), 126-136.

Prophets, 이사야, 예레미야, 에스겔과 12 선지서)로 나뉘며, 성문서는 히브리 성경의 나머지 부분들, 즉 먼저 시편, 잠언, 욥기, 이어서 아가서, 룻기, 예레미야애가, 전도서와 에스더, 마지막으로 다니엘, 에스라서-느헤미야, 역대기 등으로 이루어져 있다. 히브리 성경은 전통적으로 총 24권으로 이루어진 것으로 간주되는데, 이 24권은 크리스천 전통의 구약성경 총 39권과 정확히 일치한다(12 선지서를 각기 한 권으로 취급하고, 사무엘서와 열왕기서, 역대기서와 에스라서-느헤미야를 각기 둘로 나누면 총 39권이 된다).

헬라어로 번역된 구약성경인 칠십인역(the Septuagint)은 다루어지는 주제의 유사점에 따라 책들을 배열함으로써, 히브리 성경과 다른 순서로 되어있으며, 현재 형태의 구약성경은 헬라어 구약성경의 책 배열을 따르고 있다. 즉 먼저 모세오경이 오고 그다음을 역사서들이 따라오며, 뒤이어 시편과 지혜 문헌이 오고 마지막으로 선지서들이 온다. 어떤 면에서 헬라어 구약성경의 책 배열이 히브리 성경보다 이야기 내용에서 연대기적 순서에 더 충실하다 할 수 있다. 예를 들면, 룻기가 사사들이 이스라엘을 다스리던 시대에 일어난 일을 다루고 있다는 점에서 사사기를 바로 뒤잇고 있으며, 역대기 저자의 저작들은 역대기 에스라서와 느헤미야의 순서로 되어 있다.

히브리 성경의 삼중적인 구분은 누가복음 24:44에 반영되고 있으며(… 이것이 내가 너희와 함께 있을 때 내가 너희에게 말했던 나의 말이니, 곧 ***모세의 율법과 선지자들과 시편들***에 나에 관해 기록된 모든 것들이 반드시 이루어지리라는 것이라), 보다 일반적으로는 '율법과 선지자들'(cf. 마 7:12) 혹은 '모세와 선지자들'(cf. 눅 16:29)로 표현되고 있다.

여기서 구약이 담고 있는 신적 계시가 전달되는 두 가지 주요한 방식인 하나님의 강력한 역사와 선지자들의 예언적 말씀을 잠시 생각해 보고자 한다. 이스라엘을 향한 하나님의 자비와 심판의 행위들이 담고 있는 메시지들은 언제나 선지자들의 예언적 목소리 즉 그들의 해석을 통해서 주어졌다. 출애굽 사건의 의미가 모세의 목소리를 통해 드러났고, 사무엘을 통해 불레셋 시대의 하나님의 자비와 심판의 메시지들이 주어졌으며, 앗수르에 의한 북조 이스라엘의 침략 시대에 아모스와 같은 선지자들의 목소리를 통해 하나님의 메시지가 들렸고, 바벨론에 의한 남조 유다의 멸망 시기에 예레미야와 에스겔 같은 선지자들의 목소리를 통해 하나님의 자비와 심판 메시지가 주어졌다. 이런 점에서 구약 전반에 걸쳐서 역사와 예언은 서로 밀접하게 연계되어 나타난다.[42]

신약은 구약에 대해 약속에 대한 성취라는 관계에 놓여 있다. 다시 말해서 구약이 선지자들을 통해 하나님이 옛것들에 대해 선조들에게 말씀하신 것들을 기록하고 있다면, 신약은 하나님이 자기 아들을 통해 말씀하신 마지막 말씀을 기록하고 있는 것이다(히 1:1-2). 즉 신약에서 하나님이 아들을 통해 말씀하신 것에서 구약의 모든 계시가 요약되고 확증된다. 구약 계시가 담고 있는 하나님의 강력한 역사들이 예수 그리스도의 구속 사역에서 절정에 달하며, 구약 선지자들의 예언적 말씀들이 예수 그리스도 안에서 성취를 보게 된다는 뜻이다.

신약은 과거 1600년에 걸쳐서 대다수 크리스천에 의해서 27권의 책들로 구성된 것으로 받아들여져 왔다.[43] 신약의 27권의 책들은 네 가지로 구분된다. 1) 네 개의 복음서들, 2) 사도행전, 3) 사도들과 사도적 권위를 지닌 자들에 의해 기록된 21권의 서신들, 4) 요한계시록. 신약 성경책들의 이러한 배열은 논리적일 뿐만 아니라 책들이 담고 있는

42 F. F. Bruce, "The Origin of the Bible" in *The Origin of the Bible*, 7.

43 신약의 정경에 대한 보다 자세한 설명을 위해 다음을 참고하라. 윌리암 클라인 외 2인, 『성경해석학총론』 (생명의말씀사, 2008), 136-146.

주제들이란 관점에서 볼 때 대략 연대기적 순서로 배열되어 있다. 하지만 이러한 신약성경의 배열은 각 책이 기록된 저작 시기에 따른 배열과는 같지 않다. 가장 처음 저작된 신약 성경책은 바울의 초기 서신들이며, 대략 주후 48년에서 60년 사이에 기록되었다. 네 개의 복음서들은 대략 주후 60년에서 100년 사이에 기록되었으며, 이 시기에 또한 모든 다른 신약의 책들이 기록되었다.

신약의 책들은 기록되면서 바로 현재의 형태로 한데 모아진 것이 아니다.[44] 처음에 네 개의 복음서들은 각기 원래 기록된 지역 내에서 지역적이고도 독립적으로 존재했으며, 주후 2세기 초엽에 한데 모여 현재와 같은 사중적인 형태의 복음서가 되었다. 이때 원래 누가복음과 함께 두 권으로 이루어진 하나의 저작이었던 사도행전이 누가복음과 분리되었다.

바울의 서신들도 처음에서는 서신들의 수신자였던 공동체나 개인들에 의해서 보존되었으며, 주후 1세기 말엽까지 사라지지 않고 존재했던 서신들이 하나의 바울 서신 전집으로 모아졌고, 이 전집이 곧바로 교회들 가운데서 회람 형식으로 읽히기 시작했다. 처음에는 10개의 서신으로 이루어진 보다 작은 바울 서신 전집이 곧이어 세 개의 목회 서신이 포함된 13개의 보다 긴 바울 서신 전집으로 회람되었다. 바울 서신 전집 안에서 서신들은 연대기적 순서가 아니라 길이에 따라 긴 서신에서 짧은 서신의 순서대로 배열된 것으로 여겨지며, 이러한 배열은 현재의 신약성경에서도 그대로 나타나 있다. 즉 먼저 교회에 보내진 서신들이 오고 그다음 개인들에게 보내진 서신이 오며, 이 구조 내에서 긴 서신과 짧은 서신의 순서를 따르고 있다.

---

44 이하의 설명은 다음에서 기인한다. F. F. Bruce, "The Origin of the Bible," 9-10.

복음서가 사중적 형태로 모아지고, 바울 서신 전집의 형태가 이루어지고 사도행전이 이 둘 사이를 연결하는 역할을 함에 따라서, 신약성경 정경의 시작을 보게 된다. 히브리 성경(혹은 헬라어 구약성경인 칠십인역)을 자신들의 거룩한 경전으로 전해 받은 초대교회는 그리 오래지 않아 새로운 복음적이고도 사도적 성격을 지닌 저작들을 율법과 선지서들과 동일한 반열에 올려놓았으며, 이것들을 복음에 대한 변호와 선포, 그리고 크리스천 예배를 위해 사용했다.

3) 정경으로서의 성경

'성경'이란 용어와 이 용어가 지닌 성경-외적(extra-biblical)이며 성경-내적인(inner-biblical) 권위들에 대해 이상의 설명들이 있는데도, 정작 성경 문헌 발전 과정에서 '성경책'의 범주에 관한 뜨거운 논쟁이 이어졌다. 이것은 성경의 정경화-과정(canonization)이 비공식적으로 이루어졌음을 단적으로 보여주며, 한 걸음 나아가 어떠한 특정한 외적인 전통이나 기관도 정경작업을 주도적으로 이끌지 않았고 오직 하나님의 신비로운 섭리를 통해 정경화-과정이 진행되었다는 점을 강력하게 암시한다. 동시에 이러한 비공식적인 정경화-과정은 하나님의 주권적인 역사와 인간의 책임 사이의 역동적 관계를 축약적으로 보여주는 것이라 할 수 있다.

하나님의 특별계시가 문헌 형태를 띤 후에도 이러한 문헌 전승 중에서 어떤 문헌 전승이 '정경으로서의 성경책'으로 간주될 것인가에 대한 오랜 과정이 존재했다. 정경이란 영어로 'canon'으로서 '무언가를 재거나 측정하기 위한 표준(a standard for measurement) 혹은 잣대를 뜻한다. 성경과 관련해서는 정경의 표준을 충족시킴으로써 성경책에 포함될 자격을 갖춘 것을 뜻하며, 주후 4세기 이후로 정경은 크리스천들에 의해서 구약 혹은 신약에 속하는 권위있는 책들의 목록을 가리키는 데 사용되었다.

구약의 경우 정경의 범주에 대한 논쟁은 간략히 다음과 같이 정리할 수 있다. 1) 기독교 이전 시대의 사마리아인들의 경우는 오직 오경만을 정경으로 인정했으며, 주전 2세기 이후로 묵시론적 성격의 공동체들(예를 들면 쿰란 공동체)은 묵시론적인 저작들을 영감된 저작들로 받아들였고, 랍비 시대에는 에스겔과 잠언, 아가서, 전도서 그리고 에스더의 정경성이 문제시되었고, 교부시대에는 그리스어와 라틴어로 된 외경들에 대한 정경성 여부가 논란의 대상이었다. 종교개혁 시기에 로마-가톨릭 교회는 이 외경들의 정경성을 주창했지만, 프로테스탄트 교회는 정경성을 부정했고, 특히 프로테스탄트 교회는 구약 정경은 오직 유대인들이 주창하고 신약성경의 가르침이 인정하는 히브리어 성경의 책들(현재의 39권)로만 구성된다는 데에 의견의 일치를 보고 있다.[45]

이러한 '성경책'의 범주에 관한 오랜 논쟁의 시간이 분명 존재하지만, 중요한 점은 정경화-과정을 어떤 제도나 기관이 주도한 것이 아니며 이 과정은 하나님의 신비로운 섭리를 통해 진행되었다는 점이다. 또 현재 '성경책'으로 간주된 것들은 오래되었거나 혹은 도덕적 교훈이나 유익을 지녔거나 또는 하나님의 백성들에 의해서 오랫동안 읽히고 소중히 여겨졌기 때문에 '성경책'으로 간주된 것이 아니라, 그것들이 말하는 데 있어서 하나님의 권위를 지니고 있다는 점에서 '성경책'으로 받아들여진 것이다. 이런 점에서 형식적인 차원에서 정경으로 받아들여지기 전에

45 cf. R. T. Beckwith, "The Canon of The Old Testament" 51-52.

'성경책'들은 이미 정경적인 성격을 지니고 있었다고 볼 수 있다.

이 점을 B. M. 메츠거는 다음과 같이 잘 표현해주고 있다. "정경은 (권위 있는) 본문들의 권위 있는 모음집이 아니라, 권위 있는 본문들의 모음집이다."[46] 쉽게 말하자면, 성경의 현재의 정경적 형태가 권위가 있다거나 영감된 것이 아니라, 성경책들의 저작이 권위가 있고 영감된 것이라는 뜻이다.[47]

성경을 바르게 읽는 일과 관련하여 주목해야 할 더 중요한 점은, 구전 전승이든 기록 전승이든 전해 내려온 이야기는 '페리코피'(*pericope*)라는 특정한 단락의 형태를 취했다는 점이다. 전승 내용들이 이러한 페리코피의 형태를 갖게 된 것은 암기하기에 쉬울 뿐만 아니라, 보다 중요하게 그 자체로서 완결성을 지님(a self-contained unit)으로써 즐겁게 하거나(to entertain) 교육하기 위한(to educate) 전승의 고유한 목적을 충족시키기 위함이었다. 어떤 경우이든 '페리코피'는 원래 최종적 형태의 성경 기록(inscripturation)에 이르는 전승 과정에서 독립된 형태로 놓여 있던 구전 혹은 문서 형태의 개별적인 단락을 가리킨다.

이 페리코피들은 성경 기록으로 나타나기 이전에 이미 신적 권위(divine authority)를 지닌 경건한 문헌들로 간주되고 있었다. 이 페리코피들이 특정한 신앙 공동체의 일원인 성경 저자에 의해서 신적 권위의 자료들로 받아들여졌고,[48] 성경 저자는 페리코피들을 특정한 하나의

---

46 B. M. Metzger, *The Canon of the New Testament: Its Origin, Development, and Significance* (Oxford: Clarendon, 1987), 282-284.

47 cf. 윌리엄 클라인 외 2인, 『성경해석학총론』, 류호영 역 (생명의 말씀사, 1997), 154.

48 전승 단위들인 페리코피들의 기록 단계에서 뿐만 아니라 이 페리코피들의 구전 전승 단계에서도 성령은 능동적으로 역사하셨는데, 이 점을 전승 단위들인 페리코피의 양식 형태를 연구하는 양식비평가들은 인정하지 않는데, 그 이유는 이들은 신학자가 아니라 역사가로 자신들의 일을 수행하기 때문이다 (cf. 조지 래드, 『신약과 비평 외』 [크리스챤다이제스트, 2003], 140).

독립된 완전한 저작으로 저술하였다. 이러한 저술 과정에서, 성령에 의해 감동된 저자는 특정한 페리코피들이 본래적으로 지닌 의미를 자신의 특정한 신앙 공동체의 맥락에서 신학적 성찰(theological reflection)과 신학적 상상력(theological imagination)을 통해서 하나님 중심적 의의(God-centered significance)를 찾아내어 이 의의를 중심으로 최종적 형태의 성경책으로 저술하였다. 그리고 다시 특정한 신앙 공동체는 이러한 성경 저자들의 저작들을 자신들의 신앙과 삶의 절대적 표준으로 생각하여 정경으로 받아들였다. 정경으로 받아들이는 과정에서 특정한 성경 저작이 담고 있는 의의는 본문의 본래 의미인 역사적-문법적 의미(original meaning//historical-gramatical meaning)로 정착된다. 이러한 과정 전반에 걸쳐서 성경은 성령으로 감동되어 기록된 영감된 하나님의 말씀으로(Inspired Word of God) 간주된 것이다.

중요한 점은, 똑같은 과정이 우리의 성경해석 과정에서도 반복되고 재현되어야 한다는 점이다. 첫째로, 우리가 성경 본문을 해석하기 위해서 본문을 대할 때마다, 우리는 먼저 성경의 신적 권위를 인정해야 한다. 둘째로, 우리는 본문이 우리의 신앙과 삶의 절대적 잣대임을 인정해야 한다. 셋째로, 성경 본문은 성령의 영적인 감동으로 기록된 것임을 인정하고, 동일한 성령의 조명 가운데 읽고 해석할 수 있다는 점을 인정해야 한다.

성경을 읽고 해석하는 일과 관련한 보다 중요한 사실이 있다. 본문을 읽고 해석하는 사람 역시 특정한 신앙 공동체의 일원이었던 성경의 최종 저자가 신학적 성찰과 상상력을 통해서 원래의 페리코피들의 신학적 의의를 발견하여 본문의 의미로 정착시켰듯이, 그렇게 신학적 성찰과 상상력을 통해 본문의 의미를 자신의 특정한 신앙 공동체의 문맥에서 어떠한 현재의 의의/중요성을 지니는가를 중심으로 읽고 해석해야 한다는 점이다. 물론 특정한 신앙 공동체의 일원이었던 성경 저자의 경우는 원래 페리코피가 지닌 *의미*를 *의의*로 전환하였고, 이 *의의*가 최종적 형태의 현재 본문의 의미로 자리 잡게 되는 과정을 거쳤다. 그러나 우리의 경우는 우리가 신학적 성찰 가운데 본문의 의미 가운데서 찾아낸 현대적 *의의*는 본문의 의미가 아니라 단지 *의의*로 머물러 있다는 중요한 차이점이 존재한다. 그렇지만, 우리의 해석은 반드시 성경 저자가 거쳐 갔던 과정을 그대로 따라야 한다는 점은 중요한 사실로 여전히 남아 있다.

또 성경 저자가 거쳐 갔던 과정을 그대로 따라야 한다는 점은 또 다른 중요한 함의를 지닌다. 즉 해석자인 우리가 성경 본문의 의미를 찾는 일과 이 의미를 현대적 의의로 전환하는 작업은 모두 하나님 중심적 관점에서 이루어져야 한다는 점이다. 하나님 중심적 관점이란, 하나님의 창조와 구속의 행위와 관련한 하나님의 주권과 은혜의 관점을 말한다. 이런 점에서 성경을 바르게 읽고 해석한다는 것은 성경 본문을 하나의 따라야 할 바른 도덕적인 모델이나 모범으로 보는 것이 아니라, 하나님의 창조-구속의 원리를 밝히는 일과 관계된 것이다. 이러한 하나님의 창조와 구원 역사적인 관점의 성경 읽기는 특별히 내러티브 본문들의 경우에 매우 중요하며, 여타 다른 유형의 본문들의 이면과 기저에도 역시 이러한 하나님의 창조-구속의 원리가 근본적 요소로 깔려 있다고 할 수 있다.

3. 성경의 영감(Inspiration)

영감(inspiration)이란 단어는 라틴어 *inspiratione*에서 기인하며 그 근거는 디모데후서 3:16의 '*θεόπνευστος* /테오프뉴스토스'에 두고 있다. 디모데후서 3:16은 성경의 영감을 다음과 같이 표현하고 있다. "모든 ***성경책***은 ***하나님이-숨을-내쉰***(God-breathed 혹은 inspired) 것으로서, 또한 교훈과 책망과 교정과 의로 훈육하는 데 유용하니라. /πᾶσα *γραφὴ θεόπνευστος* καὶ ὠφέλιμος πρὸς διδασκαλίαν, πρὸς ἐλεγμόν, πρὸς ἐπανόρθωσιν, πρὸς παιδείαν τὴν ἐν δικαιοσύνῃ."

여기서 이슈가 되는 것은 두 가지이다. 하나는 *θεόπνευστος*를 어떻게 해석할 것인가? 라는 점이다. 능동의 의미로 '영감을 주는(inspiring)'으로 해석할 것인가 아니면 수동의 의미로 '영감된(inspired)'으로 해석할 것인가라는 점이다. 또 한 가지는 원문에는 없는 동사 영감 '된(to be)'를 어디에 넣어서 읽어야 하는가? 라는 점이다. 즉 '모든 영감된 성경책들이 … 유용하다'는 뜻인지, 아니면 '모든 책이 영감되었기에 … 유용하다'라는 뜻인지.

먼저 15절은 14절에서 바울이 디모데에게 "너는 네가 배운 것들과 확신하는 것들 안에 계속 머물러 있으라(Σὺ δὲ μένε ἐν οἷς ἔμαθες καὶ ἐπιστώθης,")고 명령한 뒤에 이 명령에 대한 첫 번째 이유를 디모데가 누구로부터 배운 것을 알고 있기(εἰδὼς παρὰ τίνων ἔμαθες,)라고 밝힌 뒤에 이어 두 번째 이유를 밝히고 있다. "또 어려서부터 네가 ***거룩한 책들***, 곧 예수 그리스도로 말미암아 구원에 대해 너를 지혜롭게 할 수 있는 거룩한 책들을 알고 있었기 때문이라(καὶ ὅτι ἀπὸ βρέφους *τα ἱερὰ γράμματα* οἶδας, τὰ δυνάμενά σε σοφίσαι εἰς σωτηρίαν διὰ πίστεως τῆς ἐν Χριστῷ Ἰησοῦ)." 여기 15절에서 '거룩한 책들'이란 표현은 유대전통의 율법을 구성하고 있는 권위 있는 책들을 가리키는 기술적인 용어로서, 신약의 다른 부분에서는 사용되고 있지 않지만, 당시 주후 1세기의 팔레스타인과 헬라 전통의 두 명의 위대한 역사가인 요세푸스와 필로에 의해서 사용되었다.

이런 맥락에서 바울은 16절에서 '모든 성경책이 하나님이 숨을 내쉰' 것이라고 말하고 있다. 이런 점에서 여기서 자연스럽게 '모든 성경책'은 디모데가 어려서부터 알아 왔던 15절의 '거룩한 책들'을 가리킨다. 이런 맥락에서 '모든 영감된 책이 … 유용하다'라고 번역하기보다는 '모든 책이 영감되었고 그래서 … 유용하다'라고 번역하는 것이 더 적합하다.

16절의 문장에는 동사가 없다. 이런 점에서 '영감된'이란 단어가 명사를 수식하는 한정적 용법으로 사용되고 있는지, 아니면 서술적 용법으로 쓰여 보어의 역할을 하는지가 이슈이다. 이 문장이 어떤 성경책들은 영감되지 않았다는 것을 암시하고 있다고 해석하지 않는 한, 둘 사이의 차이는 강조의 차이일 뿐 다른 차이는 없다고 할 수 있다.

끝으로 θεόπνευστος의 해석의 문제가 있다. 간단히 말해서 이 단어는 하나님이 숨을 불어넣은 결과로서의 영감을 지닌 혹은 영감을 주는 이란 능동의 의미를 지닐 수 있다. 마치 하나님의 숨이 아담에게 생명을 불어넣은 것 같이 성경은 성격상 생명을 주는 것 즉 참된 생명의 말씀이라는 의미이다. 그러나 이 표현이 담고 있는 더 개연성 있는 이미지는, 어떤 선지자가 여호와에게서 온 말씀을 받아서 그 말씀을 말할 때 그 선지자에게 성령이 임한 것을 묘사하는 것들과 같은 이미지이다. 이런 의미에서 마치 사람이 숨을 내-쉼으로써 말이 표현되듯이, '하나님의 숨이 들어간(God-breathed)'이란 수동의 의미를 지닌다고 보는 것이 타당하다. 기독교 교회는 오늘날 칼 바르트의 경우를 제외하고선 이 단어를 전통적으로 수동의 의미로 받아들여 왔다. 즉 성경이 사람들에게 영감을 불어넣어 준다는 능동의 의미가 아니라, '하나님이 숨을 내쉰' 이란 수동의 의미로 받아들였고, 이런 점에서 성경의 신적 권위를 인정했다.

어떤 경우이든 주목할 점은, 디모데후서 3:16-17절은 주된 관심이 성경의 기원이 아니라 그 역할에 주어지고 있으며, 또 성경을 통해 우리가 배울 수 있는 생명과 교리의 탄탄한 건강성을 강조하려는 데 주안점이 있고, 더 중요하게 '하나님이-숨을-내쉰'이란 영감의 표현을 어떻게 성경이 만들어졌는가에 대한 기계적인 의미에서 문자적으로 표현하고 있는 것으로 취급하는 어원론적인데 관심이 없다는 점이다.[49]

두 번째로 성경의 영감을 지지하는 본문은 베드로후서 1:20-21이다. 이 본문은 성경의 영감을 다음과 같이 표현하고 있다. "20 이는 먼저 너희가 이것을 알고 있기 때문이니, 곧 성경의 모든 예언은 한 사람의 개인적인 해석의 문제가 아니라는 점이라. 21 왜냐하면 예언은 언제나 사람의 뜻에 따라 주어진 것이 아니라, 사람들이 성령에 의해서 이끌리어, 하나님에게서 받아 말한 것이기 때문이라([20]τοῦτο πρῶτον γινώσκοντες ὅτι πᾶσα προφητεία γραφῆς ἰδίας ἐπιλύσεως οὐ γίνεται· [21]οὐ γὰρ θελήματι ἀνθρώπου ἠνέχθη προφητεία ποτέ, ἀλλὰ ὑπὸ πνεύματος ἁγίου φερόμενοι ἐλάλησαν ἀπὸ θεοῦ ἄνθρωποι.)."

이상의 20-21절은 앞서 19절이 말하는 요지 즉 변화산 상에서 분명하게 천명되었기에 더욱 확실하게 된 구약의 예언인 '이는 나의 사랑하는 아들이요, 그를 내가 기뻐하였다'(시 2:7과 사 42:1의 인용)를 염두에 두면서, '어두운 곳에서 환히 비추이는 등불과 같은 이 말씀에, 날이 새고 샛별이 너희 마음에 떠오를 때까지 귀를 기울이라'는 요지에 대한 이유를 나열하고 있다.

베드로후서의 구절에서 이슈는 베드로가 염두에 두고 있는 것은 계시의 형태로서의 예언인지 아니면 성경의 예언서 부분을 가리키고 있는 것인가 하는 점이다. 여기서 생각할 점은 다음과 같다. 계시의 형태로서의 예언은 이제 오직 성경을 통해서만 알려진다는 점이다.

49 M. Bird, *Evangelical Theology*, 639.

이런 점에서 비록 이 구절이 계시의 형태로의 예언을 가리킨다고 해도, 여전히 이 예언을 오직 성경을 통해서만 알려진다는 점에서 큰 차이가 없다. 심지어 성령을 통해서 선지자들이 말했다 해도, 선지자들은 이제 성경을 통해서 말할 뿐이다.

동시에 이 구절은 성경의 기원이 분명 인간을 도구로 한 성령에게 귀속됨을 분명히 하고 있다. 성령에 의해 이끌려진 사람들이 하나님에게서 기원한 말씀을 말한 것이 성경이라는 뜻이다.

이같이 분명 성경은 하나님의 영감된 말씀이 분명하지만, 영감의 성격에 대한 이해가 필요하다. 대략 영감의 성격에 대한 논쟁은 다음과 같이 요약적으로 설명될 수 있다.[50]

1) 직관으로서의 영감(The Intuition Theory)

자유주의 신학자들이 일반적으로 받아들이는 영감 개념으로서, 이 견해에 따르면 성경 저자들은 다른 철학적 사상가나 종교적 사상가들이 예술가들의 철학적 혹은 예술적인 능력에서 발견되는 일반적인 직관을 따라 자신들의 책을 저작했다는 것이다. 여기서 영감은 종교적 경험의 고양된 의식을 가리킨다. 그러나 분명 이러한 견해는 성경이 담고 있는 절대적인 진리-주창들(truth claims)을 부정한다는 점에서 바른 영감 교리라 할 수 없다.

50 이하의 설명은 다음에 기인한다. Robert L. Plummer, "Who Wrote the Bible- Humans or God?" in *40 Questions about Interpreting the Bible* (Kregel, 2010), 31이하 //『성경을 여는 40가지 질문』(CLC, 2011), 49이하.

2) 조명으로서의 영감(The Illumination Theory)

이 견해에 따르면 하나님의 영이신 성령이 어떤 점에서 성경 저자들의 의식 가운데 자신을 객관적으로 각인시키셨는데, 이러한 성령의 각인은 성령이 모든 사람과 대화하고 관계하시는 방식과 근본적으로 다르지 않다는 것이다. 이 둘 사이의 차이가 있다면 성령의 영향의 질적 차이가 아니라 정도의 차이가 있을 뿐이라고 한다. 그러나 이러한 영감 이해는 성경이 자체적으로 말하는 성경의 영감 그리고 권위와 분명 다르다(cf. 딤후 3:16).

3) 역동적 영감이론(The Dynamic Theory; 축자 영감과 대비)

이 영감 개념은 영감을 성경 저작 과정에서 신적 요소와 인간적 요소가 조화를 이룬 것으로 본다. 이 이론에 따르면 하나님은 성경 저자들에게 결정적이고도 특정한 인상들이나 개념들을 주셨지만 동시에 저자들이 이 인상들과 개념들을 자신의 언어로 의사소통할 수 있도록 허락하셨다는 것이다. 즉 성경의 구체적인 표현들과 표현방식들은 인간 저자의 선택이며 내용의 주된 취지와 대지만을 하나님이 결정하셨다는 것이다. 여기서 영감은 주로 개념적이다. 이것은 개혁주의 전통의 성경관, 특히 영감 교리에 맞지 않는 견해이다.

4) 구술/기계적 영감이론(The Dictation/Mechanical Theory; 유기적 영감 대비)

이 이론은 17세기에 널리 퍼져있던 영감 교리로서, 하나님이 정확한 단어나 표현들을 성경 저자에게 구술하셨다고 주장한다. 마치 법정의 속기사들처럼 성경 저자는 자신들의 책들을 저작할 때 그 어떠한 인간의 의지를 사용하지 않았다는 것이다. 이 영감 교리의 문제는 인간 저자의 인격성, 문제 혹은 역사적인 정황을 전혀 고려하지 않고 단순히 기계적인 하나의 기계로 전락시킨다. 구술/기계적 영감은 성육신 사건과 유비 관계에 있는 인간의 언어로 기록된 하나님의 말씀이라는 성경의 근본적 성격에 반(反)하며, 성경의 신적 저자인 하나님과 인간 저자가 유기적인 관계 속에서 성경을 기록했다고 믿는 개혁주의 전통과 교회의 믿음에 배치되는 이론이다. 불행히도 개혁주의 전통이 주장하는 축자-완전 영감이 실상 이러한 기계적인 구술의 영감을 믿는다고 비난받고 있다.

5) 축자-전체 영감 이론(The Verbal-Plenary Theory; 사상-부분 영감과 대비)

이 견해는 성경은 이중적인 저작권(dual authorship)을 갖는다고 믿는다. 성경의 인간 저자들이 인간으로 사고하고 느끼면서 저작을 했을 때, 하나님이 이 저작의 과정을 신비롭게 관리 감독 지휘하셔서 인간 저자의 모든 단어와 표현들이 하나님이 의도하셨던 바로 그 단어와 표현이 되었으며, 이런 점에서 성경은 오류가 없다는 것이다. 이 견해는 하나님의 영감은 표현하려는 사상들에 국한되지 않으며 이 사상들이 실제로 표현되고 있는 수단인 단어들에까지 관계한다고 믿으며 이런 점에서 어떤 사상이 다양한 방식으로 다르게 표현될 수 있다는 것을 인정한다. 그리고 이 견해는 성경의 영감은 어떤 부분이나 요소들에만 국한되지 않으며 성경 전체에 해당 된다고 믿는다. 이 견해가 개혁주의의 전통의 교회가 정통의 영감 교리로 받아들이는 견해이다.

이상의 영감 이론을 마치며 전통적으로 전통적인 기독교 교회에서 정통 교리로 받아들이는 축자 영감설이 지닌 위험한 함의를 마이클

버드는 다음의 몇 가지로 설명하고 있는데 이것은 주목할 만한다. 축자 영감은 공감되는 바가 크지만(cf. 마 5:18; 요 10:35-36), 첫째로, 정확히 역동적인 영감 이론과 어떻게 차이가 나는지가 분명하지 않다는 점이 문제로 부각된다. 이 두 영감 이론은 엄격히 같지는 않지만, 차이는 영감의 형태가 아니라 정도의 문제라는 점에서 별반 차이가 없다.

두 번째로, 베드로후서 1:20-21을 표면적 가치로 받아들인다면, 하나님은 직접적인 성령이라는 실행자를 통해서 책이나 페이지를 영감한 것이 아니라 사람들을 영감하신 것이다. 축자 영감은 그 강조점에서 하나님에게서 성경책으로 너무 빨리 건너뜀으로써 하나님의 말씀을 기록된 말씀으로 전환되는 과정에서 가장 중요한 성경 저작의 주체인 저자를 간과하는 경향이 있을 수 있다.

세 번째로, 만약 하나님이 성경의 '모든' 말씀을 영감하셨다면, 하나님은 성경에서 인용된 부분의 원자료까지 영감하셨다는 것을 의미하는지 궁금해 하지 않을 수 없다. 특히 여기서 원자료가 이교 문헌이거나 비-정경 자료들일 경우에 문제가 될 수 있다.

네 번째로, 축자-영감 이론은 성경의 파격 문장을 적절히 설명하기 어렵다. 즉 바울은 고린도전서 1:15-16에서 자신이 누구에게 세례를 베풀었는지를 기억하지 못하겠다고 하다가 곧이어 세례를 베푼 자를 열거하는데 이것은 하나님이 바울의 망각을 영감했다는 의미인가?

다섯 번째로, 신약 저자들이 구약을 인용할 때 많은 경우 원래 히브리 본문과 다르게 혹은 이 본문을 부정확하게 인용하는데, 축자 영감은 이러한 히브리 본문의 수정이나 부정확한 인용을 영감했다는 뜻인가?

여섯 번째로, 축자영감은 몇몇 책들이 보여주는 문법적인 오류들의

문제와 모순된다.[51]

이상의 축자 영감이 지닌 모순된 함의를 기초로 버드는 가장 좋은 영감 교리 모델은 역동적 영감 이론이라고 주장한다. 즉 그는, 영감은 기본적으로 개념적인 차원에서 일어나고 있다고 주장한다. 그렇지만 버드는 개념이 말 없이는 표현될 수 없기에, 역동적 영감과 축자 영감이 중복되며 바른 영감 이론은 이 둘 사이의 적절한 지점에서 찾는 것이 바람직하다고 주장한다. 그의 결론적인 말을 들어보자.

> 인간 저자의 문법, 문체 그리고 말들에서 들리는 것은 분명 하나님의 말씀이다. 그러나 인간 저자들은 개념, 틀, 세계관, 그리고 아이디어 차원에서 영감되었다.[52]

이즈음에서 성경의 이중적인 저작권(신적 저작권과 인간 저작권)에 대해 간단히 생각해 볼 필요가 있다.[53] 예를 들어, 바울은 황홀경의 상태에 들어가서 그의 비서에게 고린도서를 구술했고 구술이 끝난 다음에 완결된 서신을 보면서 '보라 하나님이 기록하신 말씀을'이라고 말하지 않았다. 도리어 그는 자신의 가르침이 온전한 순종과 믿음의 대상이 되고 하나님의 말씀 그 자체로 받아들여지기를 원했다. 다음과 같은 본문들이 이를 잘 예증하고 있다. 고린도전서 7:40, 14:36-37; 고린도후서 2:17, 4:2; 골로새서 1:25[54] ("나는 [이 교회의] 사역자가 되었으니 너희를 위해 네게 주

---

51 cf. M. *Bird, Evangelical Theology*, 641.

52 상게서, 641-42.

53 R. L. Plummer, "Who Wrote the Bible- Humans or God?" in *40 Questions about Interpreting the Bible* (Kregel, 2010), 32-33.

54 24절은 다음과 같이 되어있다. "이제 나는 너희를 위한 고통 가운데 기뻐하며 또한 그리스도의 고난의 부족한 것을 나의 육체로 온전하게 하나니, [이것은] 교회인 그리스도

신 하나님의 관리직분에 따라서 [된 것이요], 하나님의 말씀을 성취하기 위한 목적에서 [사역자가 되었느니라]/ἧς ἐγενόμην ἐγὼ διάκονος κατὰ τὴν οἰκονομίαν τοῦ θεοῦ τὴν δοθεῖσάν μοι εἰς ὑμᾶς πληρῶσαι τὸν λόγον τοῦ θεοῦ,"); 데살로니가전서 2:13 ("또 한 이 때문에 우리가 하나님에게 항상 감사하니, 이는 우리로부터 하나님의 선포된 말씀을 받아들일 때, 너희가 사람의 말[로서] 받아들이지 않았고, 대신 그것이 진실로 하나님의 말씀인 것으로서 또한 믿는 자들인 너희 안에 역사하는 [하나님의 말씀]으로서 받아들였기 때문이라 /Καὶ διὰ τοῦτο καὶ ἡμεῖς εὐχαριστοῦμεν τῷ θεῷ ἀδιαλείπτως, ὅτι παραλαβόντες λόγον ἀκοῆς παρ' ἡμῶν τοῦ θεοῦ ἐδέξασθε οὐ λόγον ἀνθρώπων ἀλλὰ καθώς ἐστιν ἀληθῶς λόγον θεοῦ, ὃς καὶ ἐνεργεῖται ἐν ὑμῖν τοῖς πιστεύουσιν."); 데살로니가후서 3:14.

마찬가지로 시편 95는 예배로 다른 고대 이스라엘 사람들을 초청하는 한 예배자에 의해 기록되었음이 분명하다(cf.1-2절). 그러나 수백년 후에 히브리서의 저자는 이 시편을 인용하면서 "성령이 말씀하신 것같이/καθὼς λέγει τὸ πνεῦμα τὸ ἅγιον"라고 말하고 있다(cf. 히 3:7).

이러한 외견상의 불일치들, 곧 인간 저자의 말과 신적 저자인 하나님의 말씀 사이의 불일치들은 성경이 이중적 저작권을 갖고 있다는 깊은 진리를 보여주고 있다. 더 중요하게 성경의 모든 말들은 분명한 자신의 의식을 지닌 인간 저자의 말(the word of man)이지만 동시에 하나님이 자신의 계시를 위해 의도하셨던 정확히 바로 그 말씀(The Word of God)이라는 뜻이다.

이러한 이중적 저작권의 근저에는 하나님은 특정한 역사적 정황 가운데서 자신을 계시하셨으며, 동시에 성경의 상당 부분은 상황적

의 몸을 위한 것이라/Νῦν χαίρω ἐν τοῖς παθήμασιν ὑπὲρ ὑμῶν καὶ ἀνταναπληρῶ τὰ ὑστερήματα τῶν θλίψεων τοῦ Χριστοῦ ἐν τῇ σαρκί μου ὑπὲρ τοῦ σώματος αὐτοῦ, ὅ ἐστιν ἡ ἐκκλησία,"

문헌으로서 우리에게 주어졌다는 사실이 전제되어 있다. 이런 점에서 성경을 바르게 읽으려면 어떻게 상황적 문헌이 무시간적인 하나님의 말씀이 될 수 있었는가에 대한 질문이 반드시 선행되어야 한다.

하나님은 반복적이고도 일관되며 미래를 예측하는 방식들로 자신을 역사 가운데 계시하셨다. 즉 하나님은 자신의 백성들에게 반복적으로 말씀하셨으며, 그의 메시지는 일관되었다. 하나님이 특정한 역사적 정황 속에 있던 자신의 백성들에게 말씀하셨을 때, 더 앞선 시기의 하나님의 자기-계시는 보다 절정의 계시나 하나님의 극적인 개입을 예기했다는 뜻이며, 이러한 결정적인 최후의 개입은 궁극적으로 그리스도의 삶과 죽음 그리고 부활을 통해 온 것이다. 어떤 경우이든 하나님의 말씀은 추상적인 시나 지혜, 혹은 철학의 형태로 온 것이 아니라 일상의 삶이란 실체 가운데 온 것이다. 놀랍게도 하나님의 말씀이 육신이 되었을 때(성육신)에 역시 하나님의 성육신은 외견상 삶의 일상 속에서 일어났던 것이다.

4. 성경의 무오성(Inerrancy)과 무류성(Infallibility)

기독교 전통은 성경은 영감되었고, 권위가 있으며 믿을만 하다는 성경 증언을 다양한 방식으로 확증해왔다. 유명한 로잔 협약에서 선언된 성경 무오에 관한 시카고 선언은 다음과 같다. "우리는 구약과 신약 모두의 신적 영감과, 신뢰성 그리고 권위를 확언하며, 구약과 신약은 그 모든 전체성에서 하나님의 유일한 기록된 말씀으로 성경이 확언하는 모든 것에서 오류(error)가 없으며, 믿음과 실천에 대한 유일한 오류

없는(infallible) 믿음의 규칙이다."[55]

성경은 오류를 담고 있는가? 성경 자체의 증언과 기독교회의 역사적 견해에 따르면 성경은 성경 자체가 말하는 모든 것에서(의도적인 주창이나 비-의도적 주창들, 신학적 주창들이나 비-신학적 주창들 모두에서) 오류가 없다. 그러나 성경은 어떤 점에서 오류(error)가 없는가? 란 질문에 대해선 다소 논란이 있다. 성경이 오류가 없다는 것은 과학적인 정확성 혹은 정밀성을 포함한 완전한 의미에서의 무오(inerrancy)을 의미하는가? 아니면 말하려는 바에 있어서 잘못이 없으며(infallible), 절대적으로 믿을 만하다(trustworthy)는 점에서, 즉 성경은 참되다(truthful)라는 의미에서 무류(infallibility)를 말하는가?

무오와 무류에 관한 제임스 패커의 다음과 같은 진술은 주목할 만한다.

> 복음주의자들은 하나님의 말씀이 무류하고(infallible) 무오하다(inerrat)고 말하는 데 익숙해 있다. 그런데 무류하다고 말하는 것이 오래된 순수 전통의 표현으로서, 종교개혁자들이 그랬고 웨스트민스터 신앙고백서도 성경의 '무류한 진리'(infallible truth)에 대해 말한다. 그러나 무오라고 말하는 것은 19세기 이전 까지는 성경의 무오성과 관련해 규칙적으로 사용되었던 용어는 아닌 것처럼 보인다.[56]

기본적으로 성경이 하나님의 말씀이라는 점에서 성경은 오류가 없다는 전제를 지닌다. 이 점에 대한 성경 자체의 증언을 들을 필요가

---

55 다음에서 인용됨. M. Bird, *Evangelical Theology*, 643.

56 J. I. Packer, *"Fundamentalism" and the Word of God: Some Evangelical Principles* (Eerdmans, 1958), 94-95.

있다. 민수기 23:19, 시편 12:6, 디모데후서 3:16, 베드로후서 1:21, 요한복음 10:35, 히브리서 1:1-2. 그러나 동시에 성경이 인간의 언어로 기록된 하나님의 말씀이라는 점에서 성경이 오류가 없다는 점을 보다 바르게 이해할 필요가 있다. 하나님은 자신을 낮추어서 역사적 예수를 통해서 인간의 몸을 입으셨다. 이 예수는 전적으로 신이시며 전적으로 인간이셨다. 동일한 맥락에서 하나님은 인간의 언어와 문화를 수용하셔서 자신의 말씀을 계시하셨다는 점이다. 이런 점에서 성경은 인간 저자의 저작이지만 하나님의 신비로운 간섭을 통해서 전적으로 하나님의 말씀으로 보존된 것이다.

성경에 대해 제기되는 오류성은 크게 나누어 과학적인 오류, 문법적인 오류 그리고 역사적 오류로 대변된다. 첫째로, 일출과 일몰에 관한 표현들을 과학적 오류로 볼 수 있는가 하는 문제다. 이것은 천동설을 반영하고 있는 것이 아니다. 이런 표현들은 공통의 일상적인 경험의 언어들이며, 여전히 지금도 일기예보 중에 사용하는 언어들이다. 이런 점에서 소위 말하는 과학적 오류는 문제의 핵심이 아니라 할 수 있다.

둘째로, 문법상의 오류인데, 여기서 문제의 핵심은 무슨 근거로 무슨 기준에서 어떤 척도로 문법적인지, 비-문법적인지를 판단할 수 있겠는가 하는 점이다. 분명히 소설의 문법과 문체와 과학적인 논문의 문법과 문체에는 차이가 엄연히 존재한다. 한 저작이 다른 저작보다 우아하고 세련될 수도 있다. 문헌의 성격과 저작 스타일과 문체를 문법적 오류와 혼동해서는 안 된다.

셋째로, 역사상의 오류와 지리상의 오류의 문제이다. 이 점에 대해서도 의견의 차이가 존재하는 이슈들과 성경의 신뢰성에 관계된 이슈들을 구분할 필요가 있다. 더 중요하게는 성경이 이스라엘의 단순한 역사나 예수의 단순한 전기가 아니라는 점을 인식할 필요가 있다. 성경의 모든 역사는 창조와 타락 그리고 구속이라는 신학적 틀 가운데서 해석된 역사이다. 그러기에 성경 저자들은 여러 사건 중에서 선택적으로 사건들을 사용해서 이러한 핵심적 주제를 중심으로 자신들의 책을 저작한 것이다.

성경이 무오하다는 점을 바르게 이해하고 나아가 성경 무오에 대한 잘못된 이해를 교정하기 위해서 로버트 플러머는 성경 무오에 대한 일반적인 견해를 성경적으로 보완하고 수정하여 적절하게 설명하였다.[57]

1) 무오는 오직 성경 원본에만 적용되어야 한다. 물론 사본들에서 발견되는 필사상의 오류들은 엄정한 사본학과 본문비평을 통해 교정되어 고도의 정확성을 갖고 원본의 독법들을 재구성할 수 있다.

2) 무오는 본문이 담고 있는 저자의 의도와 저자가 저작 당시에 놓여 있던 문학적 관행들을 존중한다.

3) 무오는 성경 저자의 부분적인 보고나 의역 그리고 요약을 받아들이고 존중한다.

4) 무오는 현상적인 언어를 인정한다. 즉 객관적이며 과학적인 설명이 아니라 저자들이 사용하는 경험적인 차원의 표현으로서의 언어의 역할을 인정한다는 뜻이다.

57 상계서, 41-44.

5) 무오는 어떤 말이나 대화를 언급하면서 그 말의 옳음이나 신뢰성을 인정하지 않고서도 그 말을 인용하는 것을 허용한다(cf. 시 14:1).

6) 무오는 성경이 모든 토픽에 대해 결정적이고도 완결된 정보를 제공한다는 것을 의미하지 않는다(예를 들면 연체동물의 분류나 원자 물리학에 관한 정보들).

7) 무오가 성경이 담고 있는 일상의 구어체나 비-표준적인 문법 혹은 철자법들에 의해 무효화되지 않는다. 이런 부분들에 있어서 이슈는 말하고 있는 것이 과연 참된(truthful)가 하는 점이다.

5. 네덜란드 개혁주의 전통의 성경관 이해

1) 성경의 무류성

칼빈과 아브라함 카이퍼 그리고 헤르만 바빙크로 이어지는 네덜란드 개혁주의 전통의 성경관에 따르면, 성경의 권위는 성경 자체의 목적과 특성에서 찾을 수 있다. 성경의 권위는 이성적 판단으로 증명할 수 있는 과학적 사고에 있지 않으며, 성경의 자체적인 증거와 성령의 내적 증거에 기초한다. 칼빈과 카이퍼에게 하나님의 말씀과 성령은 내재적인 결속의 관계가 있다. 과학적이고 이성적인 연구가 성경의 역사적인 사실들을 이해하는 데 도움을 주는 것은 사실이지만 믿음의 확신을 제공하지는 못한다. 거듭난 이성을 지닌 자에게 오직 성령의 내적 증거를 통해서만이 이성적인 과학적인 성경의 연구가 도움이 된다.

성경 무오는 성령께서 성경 저자의 성격, 경험, 문체 등을 사용하여

(유기적 영감) 인간의 구원을 위한 계시의 목적에 부합되도록 성경의 전체와 부분, 그리고 형식과 내용을 모두 영감하셔서 완전히 하나님의 말씀이 되도록 하셨다는 것을 뜻한다. 성경은 성경이 말하고자 하는 모든 것에서 권위를 가진다. 분명히 성경은 인간 지식의 모든 분야를 취급하지 않는다. 성경은 한 가지 중요한 목적을 가지고 있다. 그 목적은 사람들이 그리스도 안에서 믿음으로 말미암아 구원에 이르는 지혜를 가지게 하는 것이다. 성경은 그리스도를 증거 하며 하나님께서 그를 통해 계시하신 구원의 길로 사람을 인도한다.

성경의 무오를 나타내는 용어인 무류(infallibility)와 무오(inerrancy)의 차이에서도, 앞서 패커의 인용을 통해 지적했지만, 무류가 전통적으로 개혁주의 교회에서 성경의 권위를 설명해온 입장이다. 무류의 의미는, 성경이 목적한 바에 있어서 성경은 정확성을 지닌다는 의미에서의 무오(inerrancy)와 성경은 절대 속이지 않는다는 의미에서의 비-기만성(non-deceptivity), 그리고 결코 실수함이 없다는 의미에서의 비-결함성(non-failingness)을 포함한다. 또 개혁주의 전통의 교회에서 성경의 권위는 정확하게 과학적인 의미에서 사실 여부에 초점을 두지 않으며, 구원을 위해 필요 충분하다는 점에서 충분성(sufficiency)과 포괄적으로 오류가 없다는 점에서의 무류성(infallibility)에 두고 있다.

과학적인 정확함 혹은 정밀성이라는 의미에서의 무오성(inerrancy)은 다음과 같은 세 가지 점에서 성경의 성격과 일치하지 않는다. 첫째로, 이러한 의미의 정밀성은 영감의 범위와 특성과 목적, 그리고 성경 계시의 특성에 초점이 맞지 않는, 성경 문맥을 떠난 외적인 의미이다. 둘째로, 과학적 의미의 정밀성을 뜻하는 무오성은 포괄적인 무류성에 담겨 있는 비-기만성과 비-결함성이란 요소를 배제한 축소된 의미이다. 셋째로, 이러한 의미의 무오성은 사람의 증명을 거쳐야 옳다고 판단되는 경험주의에 빠지기 쉬운 위험성을 지니고 있다. 이런 점에서 과학적인 정확성을 뜻하는 무오성을 주장하는 것은 성경의 무오를 믿음으로 전제하지 않고 경험의 증거를 통해 증명해야 할 가정으로 보는 것과 같다.

결론적으로 만약 무오성이 성경은 구원에 관한한 절대 실패함이 없고 마침내 믿음의 공동체를 잘못된 길로 인도하지 않는다는 점을 확언하는 것이라면, 이러한 확언은 디모데후서 3:16이 확언하는 것에 가깝다고 할 수있다. 성경이 믿을 만하다는 것은, 성경이 지닌 우리와 관련한 하나님의 구원의 뜻에 관해 성경의 신적으로 의도된 관계에 놓여 있는 것으로 이 뜻은 다양한 종류의 오류를 포함해 인간 강화나 담화가 지닌 한계들에 의해 절대로 실패하거나 좌절될 수 없다는 점에 관한 것이다.[58]

2) 성경의 정확성

성경 기록의 정확성 혹은 정밀성(precision)은 사진과 같은 정밀성이 아니라, 초상화 같은 정밀성이다. 왜냐하면, 성경 기록은 순수 역사의 기록이 아니고 인류의 구원에 초점을 맞추어 기록된 역사와 이 역사의 해석이기 때문이다. 성경은 이러한 고유한 목적상 '사진'과 같은 정밀성으로 기록할 필요가 없었다. 이러한 성경의 성격과 문맥을 이해한다면 성경에서 성경이 필요로 하지 않는 그 이상의 정밀성과 정확성을 요구하는 것은 어디서나 사실인 것을 진리로 취급하는 것과 같다 할 수 있다. 이러한 진리의 범주에는 산술적이거나 기하학적이거나

58 Sandra M. Schneiders, "Inspiration and Revelaton" in *NIB* (Abingdon, 2008), 63.

단순한 경험상의 참이 포함된다. 이런 것들은 인간의 이성이나 경험의 범주에 속한 것에만 적용된다. 따라서 기독교가 말하는 죄, 하나님의 구원계획, 예수의 부활, 성령의 역사는 이러한 진리의 범주에서 제외된다. 이렇게 형성된 진리와 오류의 개념을 가지고 성경을 보는 것은 성경적 시각이 아니다. 성경은 성경이 기록된 시각과 성경의 고유한 문맥이라는 관점에서 보아야 한다.[59]

6. 성경과 '하나님의 말씀'의 관계

성경이 무엇인가에 대한 정의를 내리기 전에, 성경과 하나님의 말씀 사이에 관계를 살펴 보고자 한다. 성경과 하나님의 말씀 사이의 관계는 세 가지 기본적인 입장으로 설명된다. 첫째로, 성경은 하나님의 말씀을 담고 있다(Scripture contains the Word of God)는 입장인데, 일반적으로 진보진영의 입장을 반영 한다. 이 입장에 따르면, 성경은 신적 요소와 인간적 요소를 지니며, 이때 인간적인 요소들은 특정한 역사적-문화적 정황에 국한된 것들이고 신적 요소들은 이러한 정황에 제한을 받지 않는 무시간적인 혹은 영속적인 진리에 관한 것들이다. 이런 점에서 이 입장은 성경을 바르게 읽는 일은 인간적인 요소에 둘러싸여 있는 신적인 요소인 영속적인 진리를 발견해 내는 일과 관련이 있다고 본다.

둘째로, 성경은 하나님의 말씀이 된다(Scripture becomes the Word of God)라는 입장이 있다. 이 입장은 하나님과 만남을 강조하는 신-정통주의의 입장으로서 2차 세계대전을 경험하면서 인간의

59 이 부분은 "G," "2"에서 자세히 설명할 것이다.

타락상을 깊이 깨달은 칼 바르트에 의해서 특별히 피력된 견해이다.

마지막으로 성경은 하나님의 말씀이다(Scripture is the Word of God)라는 입장이 있다. 이 입장은 처음부터 기독교회 역사 전반에 걸쳐서 유지되어 온 입장으로 구-자유주의 이래로 의문시되어 왔고, 주로 신-정통주의의 신학자들에 의해서 오늘날 배척받는다.

그러나 성경의 바른 해석에 중요한 성경에 대한 더 의미 있는 정의는 성경은 하나님의 말씀이되 인간의 언어로 기록된 하나님의 말씀이다'(The Bible is the Word of God written in words of man)라는 것이다. 보수주의 전통의 교회는 '하나님의 말씀'이라는 측면만을 과도하게 강조하는 경향이 있고, 진보주의 전통의 교회는 '인간의 언어로 쓰인'이란 측면을 과도하게 강조하는 경향을 보인다. 그러나 개혁주의 전통의 교회라면 성경의 신적인 측면과 인간적인 측면을 함께 정당하게 취급해야 한다.

이러한 성경 이해는 예수가 인간의 몸을 입고 우리 가운데 오신 하나님이시라는 성육신과 유비 관계에 있다. 하나님은 자신을 낮추시어 인간-됨을 기꺼이 수용하셨고, 이를 통해 진정한 의미의 인간구원이 이루어진 것이다. 이와 마찬가지로 하나님은 인간의 언어와 문화를 수용하사 자신을 계시하기로 작정하신 것이다. 자신을 이해시키시기 위해 특히 자신의 창조와 구속의 의미를 의사소통하기 위해서 하나님은 자신의 계시의 대상인 인간의 관습과 조건들로 자신을 낮추어 적응하신 것이다.[60] 성경은 결코 신비로운 영적 기록이나 부적과 같은 대상이

---

60 성경 기록이 지닌 이러한 신적 수용의 원리 즉 인간의 언어와 문화를 수용하시기까지 자신을 철저히 낮추신 하나님의 자기-희생적 사랑에 관한 방대한 저서는 다음과 같다. Gregory Boyd, *Crucifixion of the Warrior God: Interpreting the Old Testament's Violent Portraits of God in Light of the Cross*, Fortress Press, 2017, xxxv, xl, 291, 304, 397, 399-400, 403-6, 408-14, 433, 437-42, 466, 472-73, 477-78, 485, 488-

아니다. 먼저 하나님은 이스라엘의 역사를 통해 성육신하사 구약을 기록하게 하셨고, 그 후 주후 1세기의 유대의 역사와 그리스-로마의 문화와 환경을 통해 성육신하사 신약을 기록하게 하셨다.[61] 이런 점에서 성경을 바르게 읽으려면 마땅히 성경의 특정한 역사-문화적 배경과 저작 목적 그리고 장르 등에 대한 이해를 분명히 할 필요가 있다.

7. 바른 성경관

1) 역사적 개관(성경의 주제들에 대한 역사적 논쟁과 이들의 계시적 차원의 문제)

먼저 성경 주제들(biblical themes)에 대한 역사적 논쟁과 이 주제들이 지닌 계시적 차원의 문제를 잠시 생각해 보고자 한다. 소위 진보진영의 성경해석자들은 성경적 주제들(언약, 인자, 율법 등등)을 자연법적인 사고(원인과 결과)에 근거하여 역사 발전의 부산물들로 이해한다.

예를 들어, 마태의 율법 이해는 당시의 유대교와의 끊임없는 논쟁 속에서 발전된 개념이라고 생각하든지, 언약이란 주제는 여러 가지 역사적 상황과 문맥 속에서 발전되고 진화된 개념으로 본다. 다시 말해 이러한 성경적 주제들이 인간적인 정황 속에서 발전된 것으로 생각하고 있다는 뜻이다.

이에 반해 보수 진영의 성경 해석자들은 이런 주제들에 대해 계시적 차원만을 강조함으로 이 주제들이 구체적인 인간-이스라엘 역사란

90, 494, 536, 547-48, 552, 590, 634, 642, 650, 660, 673, 682, 688-89, 691-92, 698, 702-3, 720-22, 772, 867-68, 880, 889, 971, 1123, 1145, 1227, 1237-38, 1242, 1252-56, 1264, 1271, 1295 (근간 그레고리 보이드, 『전사 하나님의 십자가에 죽으심』 [기독교문서선교회, 2021]).

61 cf. 피터 엔즈, 『성육신의 관점에서 본 성경 영감설』 (CLC, 2006), 152.

문맥 내에서 구현되었다는 사실을 간과함으로 이 주제들을 대단히 추상적이며 그런 점에서 피상적으로 이해하는 약점을 갖고 있다.

예를 들어, 노아 언약이 맺어지는 상황을 생각해 보자. 창세기 9:1-17의 상황은 하나님의 창조세계가 하나님 자신의 심판을 통해서 사라진 상황에서 창조 시에 축복으로 주어졌던 약속들을 반드시 이루겠다는 하나님의 특별한 확신으로 볼 수 있다. 그리고 창세기 15:4-5과 17:2-16, 22:16의 아브라함의 언약은 창세기 12:1-3에서 주어진 은혜로운 약속에 대해서 아브라함과 그를 둘러싼 환경들이 이 약속에 대한 의문을 제기하고 약속을 못 미더워할 상황에서 주어지고 있음을 주목할 필요가 있다. 시내산 언약이 주어지는 상황을 서술하고 있는 출애굽기 19장은 이미 광야 여정을 시작하면서 이스라엘 백성들이 보여주는 하나님의 약속에 대한 불신으로 인한 원망과 불평들이 노출되던 상황이었음을 주목할 필요가 있다. 다윗언약을 담고 있는 사무엘하 7장 역시 다윗이 노년에 들어 그의 왕국과 왕좌에 대한 불확실성이란 문제를 안고 있던 상황을 보여주고 있다. 새 언약을 담고 있는 예레미야 31:31-34의 문맥은 바벨론 포로라는 상황에서 하나님이 불신의 이스라엘을 향하여 베푸시는 은혜로운 언약 갱신의 모습을 보여주고 있다.

결론적으로 바른 성경적 개혁주의 성경해석은 성경 주제들의 계시적 차원을 철저히 인정하고 전제하는 동시에 성경 주제들의 역사적 문맥에 관한 관심에 귀를 기울임으로써 각각의 주제들을 역사적 문맥 내에서 정당하게 평가하는 노력을 게을리하지 않는다.

2) 그림으로서의 성경과 내러티브 세계로서의 성경

성경 진리에 대한 심각한 왜곡 현상 중 하나는 성경에 기록된 역사적 사실들을 사진처럼 이해한다는 점이다. 이런 경우 관심은 오직 성경이 진술하는 사건들이나 사실들의 역사적 진정성 여부일 뿐이다. 잠시 역사적 사실과 역사기술 혹은 서술(historiography)의 차이점을 생각해 보고자 한다.

예를 들어, 기원전 2-3천여 전의 이집트 문헌들에 보면 히브리 노예들의 탈출에 관한 기록들이 존재한다. 또 주후 1세기의 요세푸스의 저작들에 보면 나사렛 예수의 행적들에 대한 기록들이 존재한다. 엄밀한 의미에서 이것들은 역사적 언급으로서, 이것들이 지닌 주요한 역할은 히브리 노예들의 탈출이나 나사렛 예수의 행적들이 역사적으로 실제 있었던 일이라는 것을 보여주는 그 이상의 역할을 하지 못한다.

그러나 이들과 달리, 출애굽기와 복음서는 동일한 사건 즉 히브리인들의 탈출과 나사렛 예수의 행적을 담고 있지만, 이것들에 대한 단순한 언급이 아니라, 이것들에 대한 특정한 서술 즉 역사서술의 형태를 띠고 있다. 즉 이 성경책의 저자는 이 사건들의 의미를 전달하려고 역사서술이라는 작업에 착수하고 있으며, 이 작업은 특정한 목적을 위해 사건을 기술하고 있다.

이 점에서 역사적 사실과 역사기술 혹은 서술(historiography)의 차이점을 분명히 이해할 필요가 있다. 이 차이를 피터 엔즈는 고대의 메사 비문을 통해 잘 예증하고 있다.[62] 엔즈는 이스라엘의 왕정에 대한 기록인 사무엘서와 열왕기서를 고대 근동 문헌인 텔단 비문과 실로암 터널 비문 그리고 메사 비문과 각기 비교한다. 그는 텔단 비문에는

62 더 자세한 설명을 위해 다음을 보라. 피터 엔즈, 『성육신의 관점에서 본 성경 영감설』 (CLC, 2006), 49-50.

다윗 왕조에 대한 언급이 실려 있고, 실로암 터널 비문에는 히스기야의 수로에 대한 언급이 실려 있는데, 이 점은 이스라엘 왕정 시기에 대한 구약성경이 지닌 기본적인 역사성을 지지하는 데 도움을 줄 뿐이지만, 더 중요하게 이들의 역사적 사실에 대한 언급은 단지 언급일 뿐 역사서술은 아니라고 말한다.

반면 메사 비문은 주전 830년경의 고대 모압의 왕으로서 열왕기하 3:4-5에도 언급되고 있다. 메사 비문 혹은 모압 비석은 메사가 자신의 업적을 알리기 위해 세운 기념비이다. 중요한 점은 이 비문은 앞서 두 개의 비문과 달리 역사적 사실에 대한 언급이 아니라 자신의 치적과 왕적인 명예의 회복이란 목적을 갖고 오므리 왕과 관련한 역사를 의도적으로 기술하고 있다는 점이다(cf. 메사 비문 lines 5-9).

엔즈는 이 점에서 앞의 두 비문은 역사적 사실에 대한 중요한 증거일 뿐 역사서술은 아니라고 말한다. 그러나, 메사 비문은 오므리 왕에 대한 언급은 역사적 사실에 대한 증거이지만, 비문 전체는 이러한 역사적 사실에 대한 증거로 쓰인 것이 아니라 메사가 위대한 왕이요 자신의 통치의 중요성을 전달하려는 특정한 의도로 쓰였다는 점에서 고대 근동 세계의 전형적인 역사서술로 분류할 수 있다고 주장한다.

피터 엔즈는 역사서술에 공통되는 세 가지 요소 즉 역사적 사실이나 사건과 역사서술 그리고 사건에 대한 기록 목적 사이의 상호작용을 중시한다. 그는 이 점을 다음과 같이 표현하고 있다.

> … 사건들이 매우 오래전에 일어났던 일이어서 역사가는 그 사건에 대한 오랜 해석의 전통을 통해 그 사건을 접하게 될 수도 있다. 역사가가 이 사건들의 의미를 전달하려고 시도할 때 그는 역사서술이란 작업에 착수하는 것이다. 즉 역사서술이라는 작업은 어떤 목적을 위해 사건을 기술하는 것을 의

미한다.[63]

더 중요하게 엔즈는, 모든 역사서술은 문학작품이라고 주장한다. 즉 역사서술을 통해서 저자는 역사를 자신만의 버전 혹은 설명으로 기록한다는 것이다. 이런 점에서 역사서술은 해석 작업이라 할 수 있다. 예를 들어, 엔즈는 '다윗이라는 사람이 있었다'는 진술은 해석이 관여한 것이 아니지만, 그의 생애에 관한 진술은 사건들에 대한 해석의 작업이라 말한다. 이런 점에서 역사기록이 하나의 문학작품처럼 보이는 이유는 저자가 특정한 목적을 염두에 두고 역사적 사건을 서술하기 때문이다. 이러한 재구성된 역사서술은 역사적 사건과 분리되는 것이 아니다. 다만 역사적 사건들을 특정한 목적을 위해 재구성한 것일 뿐이다. 즉 모든 역사기록은 역사적 사건에 기초에 문학작품으로서, 역사기록에서 역사적 사건들은 저자의 의도와 목적에 부합되도록 재구성되었다는 것이다. 결론적으로 피터 엔즈는 모든 역사서술은 사건 기록 그리고 목적 사이의 상호작용을 나타내며, 해석적인 요소가 없는 역사서술이란 존재하지 않는다고 주장한다.[64]

성경의 역사서술 특히 고대 근동 지방의 사회적-문화적 배경 아래서 기록된 이야기체의 구약 본문뿐만 아니라[65] 고대 그리스-로마의 사회적 문화적 배경 아래서 기록된 이야기체의 신약 본문들 역시 이상의 역사서술과 궤적을 같이한다. 물론 성경은 하나님의 말씀이기에 보통의 역사서술과 다소 다를 수 있다. 그러나 모든 역사서술에

---

63 상게서, 85.

64 상게서, 85-86.

65 구약 특히 하나님에 대한 폭력적 묘사들에 대한 고대 근동 배경에 관한 방대한 저서는 앞서 언급한 다음 책을 보라. 그레고리 보이드, 『전사 하나님의 십자가에 죽으심』 (기독교문서선교회, 2021).

해당하는 진실은 성경의 역사서술에도 해당된다. 엄밀한 의미에서 객관적인 역사서술이라는 것은 존재하지 않으며, 역사적 사건의 의미를 전달하려는 모든 역사서술은 저자의 목적에 의해 이루어진다는 점에서 그렇다. 이런 점에서 성경의 역사서술 역시 가치-중립적이며 객관적인 것이 아니다. 성경의 역사서술이 하나님의 말씀인 것은 그것이 하나님의 말씀이기 때문이다.[66]

중요한 것은 모든 역사서술은 문학적인 저작이라는 점이다. 저자는 역사서술을 통해서 역사를 자신만의 버전 혹은 설명으로 기록한다는 점에서 그렇다. 문학적 저작이란 역사적인 사건을 해석해서 그 메시지를 가장 효과적으로 전달하기 위해서 책으로 구성한 것이라는 뜻이다. 이런 점에서 역사서술은 해석 작업이라 할 수 있다. 예를 들어, 예수는 부활하셨다는 진술은 해석이 관여한 것이 아니지만, 부활에 관한 복음서의 진술은 부활 사건에 대한 해석 작업이라 할 수 있다. 복음서 저자는 특정한 목적을 염두에 두고 부활 사건을 서술하고 있기에, 복음서의 부활서술은 역사서술이요 동시에 문학적 저작인 것이다. 이렇게 재구성된 역사서술로서의 부활 기사는 부활 사건과 분리된 것이 아니라, 다만 부활 사건을 특정한 메시지를 전달하기 위해서 재구성한 역사서술이다. 한 마디로 해석이란 요소가 없는 역사서술은 존재하지 않으며, 성경의 모든 역사적 사건들은 특정한 목적을 위해 해석되어 문학적 저작으로 구성된 역사서술 혹은 역사기록이라 할 수 있다.

모든 역사서술에 해당하는 이러한 진리는 성경의 역사서술에도 해당된다. 즉 엄밀한 의미에서 객관적인 역사서술이라는 것은 존재하지 않으며, 역사적 사건의 의미를 전달하려는 모든 역사서술은 저자의

66 엔즈, 『성육신의 관점에서 본 성경 영감설』 (CLC, 2006), 91-92.

목적에 의해 이루어진다. 이런 점에서 성경의 역사서술 역시 가치-중립적이며 객관적인 것이 아니다. 성경의 역사서술이 하나님의 말씀인 것은 그것이 하나님의 말씀이기 때문이다. 더 정확히 말해서 역사적 사실들에 대한 성경의 기록은 영감된 성경 저자들에 의해 특정한 목적을 위해 신학적으로(하나님-중심적으로)[67] 해석되고, 해석된 의미가 가장 잘 전달되도록 문학적으로 구성되어 고도의 문학적인 장치들을 사용해 표현한 문학적 저작이라 할 수 있다. 이런 점에서 성경이 말하는 역사적 사실들은 사진으로서가 아니라 그림으로서의 의미를 지닌다.[68]

중요한 점은, 여기서 그림이란 허구(fiction)라는 것이 아니라 그림을 위해 대상을 화가가 해석하고(감상), 해석된 대상을 화폭에 담고자 구도를 짜고, 명암을 넣고, 색상을 정하는 일들을 모두 포함하는 해석 대상에 대한 회화적 표현이라는 뜻이다. 사진은 논-픽션(non-fiction)이고 그림은 픽션(fiction)이라는 등식은 잘못된 인식이다. 또 사실(facts)이 진리(truth)라는 등식도 잘못된 것이다. 특히 사실이 진리라는 등식은 이성을 중심으로 체계화된 헬라 철학과 그 후계자인 계몽주의가 가져온 사상으로서 이러한 사고는 성경의 진리 주창에 대한 근본적인 도전이며 폐해라 할 수 있다. 오직 사실에 대한 영감된 해석만이 진리이다. 이렇게 성경의 역사적 사실들을 그림으로 이해한다면 비로소 성경은 해석자가 다시 해석해야 할 대상으로 볼 수 있게 되는 것이다. 이러한 점에서 성경에 대한 문학적-신학적 해석은 성경 해석자인

67 필자는 거의 전부 '신학적'이라는 말을 '하나님-중심적'이라는 뜻으로 사용한다. 이렇게 하는 이유는 '신학적'이라는 표현이 너무 진부하고 너무 모호하기 때문이다. 이런 점에서 필자는 '신학적' 곧 '하나님-중심적'의 반대는 '인간-중심적' 혹은 '세속적'이라 생각한다.

68 특별히 예수에 대한 복음서의 묘사와 관련하여 사진이 아니라 초상화로 볼 것을 제안하는 다음의 책을 참고하라. Robert A. Guelich, "The Gospels: Portraits of Jesus and His Ministry," *Journal of the Evangelical Theological Society 24*(1982), 117-125; J. 그린, 『어떻게 복음서를 읽을 것인가?』 (IVP, 1988), 77이하.

우리가 무엇을 해야 하는지 곧 해석 작업이 무엇인지를 분명하게 드러내 준다고 생각할 수 있다.[69]

성경, 특히 역사적 사실들이나 사건들을 담고 있는 문학 양식인 내러티브로 이루어진 성경 본문의 경우 사진으로서의 이해가 아니라 그림으로서의 이해가 필요하다. 왜냐하면, 성경이 제시하는 역사는 순수 역사가 아니라 메타-역사(meta-history) 즉 하나님-중심적(신학적) 관점에서 기록된 거대한 역사이기 때문이다.

이 점은 두 종류의 세계를 통해 효과적으로 설명할 수 있다. 먼저 성경이 역사적 사실 세계에 관한 것이 아니라 내러티브 세계에 관한 것이라는 점을 지적할 필요가 있다. 일반적으로 성경해석과 관련하여 세계는 크게 둘로 구분할 수 있다. 하나는 역사적인 사실 세계(real world), 다른 하나는 내러티브 세계(narrative world)이다.[70] 역사적 사실 세계는 성경에 기록된 사건이나 사실들이 실제로 일어났던 삶의 정황이나 역사적 문맥을 가리킨다. 그러나 내러티브 세계는 성경 저자에 의해서 구성된 세계, 다시 말해서 성경 저자들이 있는 그대로를 보여주는 역사적 사건들이나 사실들에 대한 프레젠테이션(presentation)이 아니라, 그들이 이것들을 새롭게 표현하고 구현한 재현(re-presentation)이다.

예를 들어, 애굽 바로의 경호대장인 보디발 집에서 일어났던 사건을

69 여기서 성경의 삼중적 요소인 역사, 신학, 문학 중에서 역사를 언급하지 않은 이유는 역사는 이미 '해석된 역사로서의 신학'이라는 말에 포함되어 있기 때문이다. 성경해석에서 역사가 필요한 것은 성경이 역사를 잘못 제시할 수 있기에 실제로 무슨 일이 일어났는가를 발견하고 발굴해서 성경 사건을 바르게 재구성하려는 역사-비평학의 관심 때문이 아니라, 현재 문헌 형태로 표현된 해석된 역사 곧 신학을 좀 더 잘 이해하기 위한 노력 때문일 뿐이다.

70 다음을 참조하라. Paul J. Achtemeir, Jeol B. Green, M. M. Thompson, *Introducing The New Testament: Its Literature and Theology*, "The World of the New Testament," (Eeerdmans, 2001), 17-21.

담고 있는 창세기39장은 요셉에게 일어난 객관적인 사건의 현장인 사실 세계가 아니라, 본문이 말하려는 바 곧 본문의 의미를 중심으로 해석되어 표현된 내러티브 세계이다. 간단히 이 점은 39장이 처음인 2-3절과 끝인 23절이 모두 "여호와께서 요셉과 함께하셔서"라는 표현과 "여호와께서 요셉의 범사를 형통하게 하셨다"라는 표현으로 시작하고 끝을 맺어 39장 전체를 이 표현으로 둘러싸는 문학적 장치인 수미상관(inclusio) 구조를 띠고 있다는 점에서 알 수 있다. 이러한 문학적 구성을 통해서 창세기 39장은 요셉이 어떻게 보디발의 아내의 유혹을 이겼는가에 관해 말하려는 것이 아니라, 요셉의 삶이 어떻게 여호와의 섭리적인 보호와 인도하심을 통해서 이끌리는가, 그리고 결국은 만민의 생명을 구원하는(cf. 창 50:20) 소명을 이루는 데 사용될 이스라엘이 창조되는가를 보여주고 있다고 할 수 있다.

저자는 이러한 내러티브 세계를 통해서 '고난 중에 꿈을 갖고 인내하면 반드시 목적으로 이루리라'는 독자들의 기존 인식과 사고에 대해 강력한 도전을 제기하며 그들의 인식 전환을 요구하게 된다. 즉 요셉의 내러티브 세계인 창세기 39장은, 하나님의 함께 하심을 통한 삶의 형통이라는 새로운 대안적 인식을 제시하고 있으며, 요셉의 역사적인 사실 세계 혹은 현상적인 세계가 보여주는 진리체계들에 대해서 의문을 제기하며 이것들이 부적합하다고 주장한다. 그리고 그들의 새로운 표현 혹은 구현을 통해서 새로운 대안의 세계를 제시하고 이 세계에 들어갈 것을 요청하고 초청하는 것이다.

내러티브 본문들의 저자들은 역사적 사실들이나 사건들을 가치-중립적으로 보고하고 있는 것이 아니라 특정한 관점에서 이것들을 해석하고 그 해석에 비추어 대상들을 새롭게 구성하여 하나의 새로운 세계, 즉 역사적 사실 세계에 대한 대안인 내러티브 세계를 구성하여 독자들에게 제시하고 있다. 그렇다면 이들의 내러티브 세계는 이미 해석된 세계며, 특정한 가치와 세계관을 중심으로 새롭게 구성되고 표현된 세계이다. 이런 점에서 내러티브 세계를 사진으로서가 아니라 그림으로 이해해야 한다는 것이다.[71]

8. 바른 성경 읽기를 위하여

1) 서론

현재의 성경 읽기는 두 가지 점에서 잘못된 경향을 보인다. 첫째로, 성경을 철저히 영적인 문헌으로 이해해서 소위 '영적으로' 읽어야 한다는 생각들이 지배적이다. 성경의 이러한 '영적 읽기'는 '성령의 조명'을 전인적인 역사가 아닌 단편적이고 몰인격적인 주관적-신비적 차원으로 이해하는 잘못과 어우러져 성경 읽기의 폐해가 더 커지는 형편이다. 성경은 영적인 진리를 담고 있다는 점에서 영적인 저작이라 할 수 있으나, 이것이 곧 성경을 '영적으로' 읽어야 한다는 것을 뜻하지 않는다. 성경이 영적인 진리의 말씀이라고 말하는 것과 성경을 영적으로 읽는다는 것은 전혀 별개의 일이다. 성경이 담고 있는 영적인 진리는 특정한 역사적-문화적 배경에서 인간의 언어로 표현되고 있기에, 성경의 인간적인 요소들 즉 역사적-문화적 배경과 저작 목적 그리고 문학적 장르에 대한 이해 등에 대한 이해가 필수적으로 선행되어야 한다. 이러한 이해를 통해 성령의 조명을 따라서 성경의 영적인 진리가

71 특별히 복음서를 이렇게 예수에 대한 자의식적으로 그려진 네 개의 묘사와 해석들이라는 주장에 대해선 다음을 보라. 조나단 T. 페닝톤, 『복음서 읽기』, 류호영 역 (CLC, 2015), 236-238.

파악될 수 있는 것이다.

두 번째로, 현재의 성경 읽기는 소위 '내게 주는 메시지'를 중심으로 매우 개인적 차원에서 읽어가는 잘못된 경향을 보인다.[72] 이러한 성경 읽기는 인간의 보편적인 정서인 자기-중심적 사상과 결부되어 있으며, 이러한 보편정서를 더욱 강화한다. 물론 이러한 성경 읽기는 성경을 매우 주관적이며 감성적인 차원에서 읽어가는 오류를 범한다.

이 두 가지의 잘못된 성경 읽기를 교정하기 위해서 우리는 성경이 ***인류 공동체***를 향한 하나님의 자기-계시라는 점을 인식할 필요가 있다. 비록 개인의 신앙고백을 통해서 구원 곧 엄밀히 말해서 이 공동체의 일원이 된 것이 확증되지만, 일차적으로 성경 계시가 지닌 공동체적인 차원을 간과하는 것은 매우 비-성경적이라 하지 않을 수 없다.

특별히 주목할 점은 독특한 히브리 사상이자 성경적 사상인 개인은 집단을 대표하고 개인을 통해 집단이 구현된다는 점인데, 우리는 이러한 사상과 함께 구약에 계시된 하나님과 이스라엘의 관계가 근본적으로 하나님의 은혜로운 주권을 근간으로 하는 ***언약적 성격***을 지닌다는 점을 염두에 둘 필요가 있다.

옛 인류의 대표인 한사람 아담의 불순종을 통해서 죄와 온 인류에게 미친 것처럼, 새 인류의 한 분 예수의 순종을 통해 많은 사람이 의롭게 된다(롬 5:12, 19)는 대표성의 원리와 하나님은 언약 공동체로 이스라엘을 부르셨고, 예수를 통해 교회인 보편적 인류 공동체를 세우심으로써 이스라엘에 대한 언약을 성취하셨다는 점은 성경 계시를 사적으로 혹은 개인적으로 취급하는 것이 비-성경적임을 강력히 암시한다.

---

72 기독교 신앙과 성경의 공동체성에 관한 좋은 참고문헌을 다음을 참조하라. 게르하르트 로핑크, 『예수는 어떤 공동체를 원했나-그리스도 신앙의 사회적 차원』(분도출판사: 2017), 특히 "제7장: 대조사회인 교회."

더욱이 성경은, 하나님은 개인 구원 자체가 목적이 아니라 이를 통해서 궁극적으로 하나님의 다스림/나라를 이 땅에 구현하시기를 원하신다고 말하고 있음을 귀 기울일 필요가 있다. 이 땅에 하나님의 나라/다스림이 구현되는 것이 바로 인간이 하나님의 형상대로 지음을 받았다는 말이 뜻하는 바이다.[73]

특별히 성경 계시의 이러한 공동체성은 신약에서 분명하게 강조되고 있다. 물론 신약 특히 서신서를 읽는 일반적인 경향은 개인의 내적 갱신이나 도덕적 무장이라는 방향으로 이루어지는 것이 현실이지만, 바울 서신에서 강조하는 바울의 초점은 예수 그리스도의 사건을 하나님의 묵시론적-종말론적인 사건으로 이해하고 있으며 이 사건은 옛 질서를 끝내고 새로운 질서 곧, 옛 시대 정신인 사탄의 지배와 힘을 통한 속박과 경쟁으로 공동 파멸에 이르는 옛 시대가 끝나고, 하나님 나라의 새로운 질서 곧, 하나님의 의의 다스림과 자기-내어주심의 사랑으로 이뤄지는 해방과 화목 그리고 공생에 이르는 새 시대가 시작되었다는 점이다.

이런 점에서 서신서가 말하는 구원 혹은 구속은 이제 그리스도와 하나된 자들이 천국으로 들려 올라갈 것이라는 점을 뜻하지 않는다. 정반대로 이 땅의 삶에서 철저하게 세상과의 분리 곧, 힘과 권세가 지배하는 속박의 세상에서 구별되어 의와 사랑과 기쁨의 하나님의 나라(cf. 롬 14:17)인 대안의 세계로 옮김을 받았다는 것을 뜻한다. 바울은 이 점을

---

73 하나님의 형상이 뜻하는 바는 앞으로 자세히 다루겠지만 간단히 여기서 지적하고자 하는 것은, 전통적으로 하나님의 형상은 존재론적인 차원으로 해석해서 우리가 하나님의 특정한 성품(진리, 거룩함, 의, cf. 엡 4:24)을 닮는 것에 관한 것으로 해석하는데, 본서 전반에 걸쳐서 필자는, 하나님의 형상을 기능과 역할의 관점에서, 특별히 창조 목적 즉 하늘에 있는 하나님의 나라/다스림을 이 땅에까지 확장하여 하나님의 다스림과 나라가 이 땅에 충만하기를 원하신 하나님의 창조 목적을 이루기 위해 인류에게 주어진 소명이라는 관점에서 하나님의 형상을 이해한다(참조. 존 H. 월튼, 『고대근동 사상과 구약성경』 [CLC, 2017], 302-303; 존 월튼, 『아담과 하와의 잃어버린 세계』 [새물결플러스, 2018], 72-73).

갈라디아 1:4에서 분명하게 표현하고 있다. "그리스도께서 하나님 곧 우리 아버지의 뜻에 따라 이 악한 세대에서 우리를 건지시려고 우리 죄를 위하여 자기 몸을 드리셨도다 / τοῦ δόντος ἑαυτὸν ὑπὲρ τῶν ἁμαρτιῶν ἡμῶν, ὅπως *ἐξέληται* ἡμᾶς ἐκ τοῦ αἰῶνος τοῦ ἐνεστῶτος πονηροῦ κατὰ τὸ θέλημα τοῦ θεοῦ καὶ πατρὸς ἡμῶν,"

여기서 '*ἐξέληται*'는 '자유하게 하다,' '구출해내다,' '끄집어내다'라는 뜻을 지니는데, 여기서 구출된 곳은 '현재까지 현존해왔던(cf. *ἐνεστῶτος*) 악한 세대'이다. 즉 그리스도의 사건이 있기 직전까지 사탄이 지배해 왔던 현세대에서 우리가 구출되어서 이제 하나님이 다스리는 세대인 새 시대로 옮겨져 왔음을 뜻한다. 여기서 강조되는 것은 개인의 구원 곧 죽음 후의 천국 가는 것이 아니라, 그리스도 안에 있는 자들은 통치 질서의 변화 곧 주권의 변화를 통해 새로운 공동체의 일원이 되었다는 것이다.[74]

예수 역시 '대제사장의 기도'에서 동일한 사상을 피력한다. "내가 요청하는 것은 당신께서 그들을 세상에서 데려가는 것이 아니라, 그들을 악으로부터 지켜달라는 것입니다/οὐκ ἐρωτῶ ἵνα *ἄρῃς* αὐτοὺς ἐκ τοῦ κόσμου, ἀλλ' ἵνα *τηρήσῃς* αὐτοὺς ἐκ τοῦ πονηρου."(요 17:15). 특별히 예수는 다음 구절에서 "그들을 진리 안에서 거룩하게 하소서. 당신의 말씀이 진리입니다/ἁγίασον αὐτοὺς ἐν τῇ ἀληθείᾳ· ὁ λόγος ὁ σὸς ἀλήθειά ἐστιν"(17절)라고 말씀함으로써, 악으로부터 지켜달라는 것은 다름 아닌 진리 안에서 그들을 거룩하게 해달라는 것과 같음을 암시한다.

여기서 '말씀'은 요한복음 1:1-3, 14이 보여주듯이, 성육신하신 하나님 곧 예수를 뜻하며 이분이 진리라는 뜻이다. 성육신하신 하나님 예수는 하나님의 은혜와 진리의 구현이시며, 이 하나님은

74 cf. 로핑크, 『예수는 어떤 공동체를 원했나』 (분도출판사, 1985), 214.

결국 십자가에서 자기를 온전히 내어주신 사랑이시다. 이것인 요한이 말하는 진리이다. 그렇다면 예수의 기도는 제자들이 하나님의 사랑에 의해 구출되어 새로운 공동체를 이루며 이 공동체는 악의 세력이 아니라 사랑의 질서를 따라 운용되는 참된 생명과 영원을 사는 공동체임을 뜻한다. 이 점은 두 구절 사이에 있는 16절에서 "그들은 내가 세상으로부터 기인하지 않았듯이 세상으로부터 기인하지 않습니다"라는 말씀에서도 분명히 드러난다. 이 말씀은 그리스도를 통해 기존 사회 기존 질서에 속하지 않는 전혀 새로운 질서 새로운 사회가 이 땅에 도래했다는 뜻이다. 이들은 악의 지배를 따라 살지 않고 오직 진리이신 예수 곧 성육신하신 말씀인 하나님의 사랑의 원리와 능력을 따라 사는 자들이라는 뜻이다. 여전히 개인의 구원 혹은 성화가 핵심이 아니라 공동체의 구별됨 곧 성화가 핵심이다.[75]

2) 성경 읽기와 관련한 믿음과 이성 그리고 성령의 조명의 문제

기독교 역사 이래로 계속되어 온 질문 중 하나는 '은혜//자연' '믿음//이성' '계시//역사'[76] '하나님의 주권//인간의 책임'들 사이의 관계를 어떻게 볼 것인가? 이 관계를 어떻게 정의할 것인가? 하는 점이었다. 이들 두 요소 사이의 긴장 관계는 여전히 기독교 사상의 기저에 흐르고 있으며, 모든 기독교 사상과 기독교 신앙의 해설들은 이러한 긴장 관계를 어떻게 풀 것인가 혹은 어떻게 설명할 것인가를 최고의

75 상게서, 218-19.

76 '계시와 역사'는 '신학과 역사' '텍스트와 역사' '내러티브와 신학' '내러티브와 역사' 등으로 표현될 수도 있다. 특별히 '텍스트와 역사'에 관한 명쾌한 개관을 위해 다음을 보라. 페닝톤, 『복음서 읽기』 (CLC, 2015), 188-257.

목적으로 삼았다 해도 과언이 아니다.[77]

그렇지만, 이 두 요소 사이의 긴장 관계는 해소되어야 할 문제가 아니다. 초월적 존재이신 하나님(God of transcendence)이 인간의 몸을 입고 역사 가운데 들어오셨다(God of immanence)는 성육신(incarnation)의 교리는 비-플라톤적인 유대-크리스천 전통의 기독교가 플라톤 전통의 헬라적인 문화와 철학적 환경 속에서 당시 세상을 향해 선포했던 가장 핵심적 화두였기 때문이다. 이런 점에서 이러한 요소들의 긴장 관계는 성경적으로 건강성을 유지하며 지속적으로 성찰하고 반성해야 할 철학적-신학적인 질문의 대상이다. 이러한 진지한 철학적-신학적 성찰이 없다면, 기독교는 하나님의 계시가 벽안시 되고 도외시되어 결국 윤리적 가르침의 도덕 종교로 전락하거나, 아니면 초월적 존재에 대한 무절제한 매우 비성경적인 신비한 체험을 강조하는 무속 종교로 전락할 수밖에 없을 것이다.

이 요소들 사이의 긴장 관계에 대한 이해는 기독교 역사의 세 번에 걸친 커다란 분수령인 종교개혁(Reformation), 계몽주의(Enlightment, 후-계몽주의를 포함), 현대주의(modernism)와 후-모더니즘(Post-Modernism)이란 분기점들과 그 궤적을 같이한다. 종교개혁 이전의 시대는 진리에 대한 이해와 접근이 오직 계시, 은혜, 믿음이란 관점에서 설명된 시대였다면,[78] 종교개혁과 함께 계시, 은혜, 믿음이 각기 역사, 자연, 이성과 분리되어 이해되었던 종교개혁 이전 시대의 이원론적인

77 이와 관련해 보수적 신학 전통과 진보적 신학 전통의 차이는 결국 은혜와 자연, 믿음과 이성, 계시와 역사, 하나님의 주권과 인간의 책임 사이에서 어느 쪽을 강조하는가에 달려 있다. 보수적 신학 전통은 전자의 요소들을 강조하는 데 반해 진보적 신학 전통은 후자의 요소들을 강조하는 경향이 짙다.

78 물론 종교개혁 이전 시기에도 크게 기독교는 이성 중심의 신학을 주창하는 학문적 혹은 철학적 노선의 토마스 아퀴나스 전통과 신앙 중심의 신학을 주창하는 고백적 노선의 아우구스티누스 전통의 커다란 두 부류가 존재했다.

접근이 극복되고, 보다 성경적이며 보다 통합적인 이해가 이루어지기 시작했다. 성경해석 분야에서도 종교개혁 이전의 해석이 영적인 의미를 중심으로 성경의 역사적 국면이 간과되고 오직 교회의 전통을 따라 성경을 교리적으로 읽어감으로써 초-역사적인 의미를 찾는 풍유적인 해석방법이 주도적이었다면, 종교개혁 시기는 성경이 성육신한 하나님의 말씀이라는 바른 이해에 따라 특정한 역사적 정황성을 지닌 성경의 신학적 의미를 찾는 역사적-문법적 해석방법이 자리를 잡게 되었다.

그러나 자연과학의 발달과 함께한 계몽주의의 도래는 진리를 판단하는 최종적 권위는 계시가 아니라 인간 이성임을 주창하면서, 다시 계시, 은혜, 믿음이 각기 역사, 자연, 이성과 분리되게 되었으며, 성경해석 역시 역사-비평적 관점에서 이루어졌다. 이 시기에 성경은 역사적 실체를 반영하는 것이 아니라 역사적 실체에 대한 하나의 해석적인 창으로 이해되었고, 이런 점에서 계몽주의 시대는 하나의 해석 창으로서의 성경은 역사적 실체를 밝히는 가치-중립적이고도 객관적인 성격을 지니는 것이 아니라, 역사적 실체에 대한 주관적 해석으로서의 신학적인 성격을 지니는 것으로 판단했다. 이런 맥락에서 계몽주의 시대 이후의 역사-비평적 성경해석은 아이러니하게도 성경의 역사적 실체를 밝혀낸 것이 아니라, 성경이 신학적 메시지를 전하고자 하는 신학적 허구라는 점을 드러내는 데 집중하였다.

현대주의와 포스트 모더니즘의 시대는 진리를 판단하는 최종적 권위가 이성이라는 계몽주의에서 한 걸음 더 나아가 절대적 진리 자체에 대한 회의와 의문을 제기한다. 진리는 계시나 이성을 통해 배타적으로 결정되는 것이라기보다는 텍스트와 해석자 사이의 상호관계에 대한 이해에서 기인한다고 본다. 보다 극단적으로 계시나 이성에 의해 결정된 기존의 구조와 체계를 와해시켜서 텍스트 해석과 관련한 그 어떠한 고정된 혹은 고착된 의미에 집착하지 못하게까지 진력한다.[79]

이상의 고찰, 특히 종교개혁 시기의 관점에서 볼 때 성경을 읽고 해석하는 일과 관련하여 믿음과 이성의 관계는 결코 대립적인 것이 아님을 알 수 있다. 성경을 읽고 해석하는 사람은 성경이 하나님의 말씀(the Word of God)이라는 믿음을 갖고 이 말씀이 특정한 역사적 정황에서 인간의 말(words of man)로 선포되고 인간의 말로 표현되었다는 점을 바로 인식하면서 구속된 이성을 통해 성경을 바르게 읽고 해석하는 것이 개혁주의 전통과 궤적을 같이 하는 것이다.

(1) 성경 읽기에서 이성과 믿음의 관계

앞서 지적했듯이 이성과 믿음의 관계는 기독교 지성사에서 오래된 문제이지만, 초기 기독교 교부 아우구스티누스는 이 관계를 매우 요약적으로 진술하고 있다. 'faith seeking to understand/(이해를 추구하는 신앙).' 이것이 개혁주의 신앙전통의 기초를 놓는 진술이며, 이러한 전통에 따르면 신앙과 이성은 서로 상충하는 대립적인 관계의 문제가 아니다. 오히려 진리에 대한 크리스천의 자세는 신앙을 출발점으로, 그 후 지속적으로 이해하려는 이성적 성찰과 반성의 자세여야 한다는 것이다. 진리를 추구하는 크리스천의 핵심적인 덕목이 있다면 그것은 '의혹의 해석학(hermeneutics of suspicion)'[80]이라

---

79 이상의 설명에 대한 보다 자세한 설명을 위해 다음을 참고하라. N. T. Wright, 『신약성서와 하나님의 백성』 (크리스챤다이제스트, 2003), 97-114. 윌리엄 클라인 외 2명, 『성경해석학총론』 (생명의말씀사, 1997), 818-843.

80 이 표현은 원래 프랑스 철학자로서, Hans-Gerg Gadamer와 함께 현대 해석학 분야의 대가인 Paul Ricoeur가 사용했다. 현대 해석학은 최초 F. Schleiermacher와 그의 학

불리는 신학적-철학적인 성찰이다. 믿음을 갖고 과연 자신이 믿는 바가 참인가, 달리 표현하자면 과연 성경적인가를 지속적으로 의혹의 눈으로 성찰하고 반성하는 진리 추구의 자세를 말한다. 바른 개혁주의 신학 전통에 따르면 신앙과 이성은 상충되는 대립적인 요소들이 아니다. 신앙을 기초로 혹은 출발점으로 삼아 구속된 이성을 사용하여 텍스트와 삶, 그리고 자신이 믿는 바들을 지속적으로 성찰하기 때문이다.

개혁주의 전통의 이러한 신앙과 이성의 통합적 이해에 반하는 이분법적인 사고가 많은 현대 크리스천들의 성경 읽기에서 매우 자주 발견된다. 이런 사람들은 다음과 같이 주장한다. '성경 독자에게 믿음은 필수다. 믿음으로 성경을 읽는 것과 믿음 없이 성경을 읽는 것은 근본적으로 다르다. 믿음이 없는 불신자도 성경을 읽고 연구할 수 있을 것이다. 그러나 그런 사람은 결코 성경의 진정한 의미에 도달할 수 없다. 왜냐하면, 성경은 믿음으로 읽지 않고는 해석 불가능한 영적 측면들을 무수히 갖고 있기 때문이다. 불-신앙적으로 성경을 읽는 것은 그 누구도 계시의 심층부에까지 결코 도달할 수 없다.'

이러한 믿음과 이성의 분리는 성경을 읽는 크리스천들 대부분에게서 일어나는 일반적인 현상이다. 이 점을 부인할 사람은 별로 없을

문적 시도, 즉 저자의 마음을 이해함으로써 의미를 얻고자 하는 시도와 함께 시작되었고, Gadamer와 그의 주창, 곧 본문 지평과 독자 지평 사이의 변증법적 방식에 대한 주창으로 커다란 영향력을 보이고 있으며, 오늘날에 이르러서는 점증하는 독자-반응 비평을 통해 급진적인 형태를 띠고 있다. 이런 현대 해석학의 맥락, 특히 해석학의 스펙트럼 상에서 독자-반응적 지향점에서 기본적으로 자신의 해석학 연구를 시작한 Paul Ricoeur는 이 해석학이 지닌 본질적인 주관성에 이의를 제기하며 본문 자체에 근거한 객관성과 본문이 말하려는 바에 대한 열린 자세 사이에서 균형을 잡고자 했다. 이런 점에서 리코의 의혹의 해석학은 해석학이 지닌 과학과 예술의 두 성격을 모두 유지하려는 시도를 보여준다. 이에 대한 보다 자세한 설명을 위해 다음을 보라. http://www.gongfa.com/robinsonlike.htm; http://greatliteraryworks.blogspot.kr/2008/08/paul-ricoeur-and-hermeneutics-of.html

것이라고 생각한다. 이것은 기독교를 하나님의 계시인 성경에 기초하여 중생한 이성을 통해 하나님이 그리스도 안에서 행하신 일들에 대해 지속적으로 성찰해 나가는 전인적인 신앙의 삶이 아니라, 한 극단의 이성적 전통을 따르는 도덕 종교나 다른 한 극단의 감성적 전통을 따르는 무속 종교와 동일시하는 매우 위험스러운 일이라 하지 않을 수 없다.

믿음으로 성경을 읽는 것과 이성으로 성경을 읽는 것 사이의 이러한 대조는 신앙과 이성의 분리를 대변할 뿐만 아니라, 특별히 성경을 읽고 해석하는 일과 관련하여 일종의 유비적 오류를 범하고 있다 할 수 있다. 믿음으로 읽는 것과 이성으로 읽는 것 사이의 대조를 유비적 오류라는 관점에서 더 자세히 설명하고자 한다.

(2) 유비적 오류로서의 '학문적 독법과 믿음의 독법'

학문적 글을 쓰는 사람들이 범하기 쉬운 오류 중 하나는 논리의 일관성을 결여(logical fallacies)한다는 점이다. 이와 함께 매우 자주 일어나는 오류 중 하나는 어떤 유비란 관점에서 서로 비교하거나 대조할 수 없는 대상을 비교하거나 대조하는 유비적 오류(analogical fallacies)이다.

성경을 읽거나 해석하는 일이란 차원에서 볼 때 믿음의 성경 읽기(faithful readings 혹은 readings of faith)와 학문적인 성경 읽기(scientific readings)는 서로 비교의 대상이 될 수 없다. 만약 믿음의 성경 읽기가 믿음으로 읽어간다는 것을 뜻하고, 학문적인 성경 읽기가 학문적으로 읽어간다는 것을 뜻한다면, '믿음의'와 '학문적인' 모두 각기 하나의 방법으로서 성경을 읽는 일 곧 '성경 읽기'가 이루어지는 방식을 말하고 있다고 이해할 수 있다. 그러나 정작 성경을 어떻게 믿음으로 읽고 어떻게 학문적으로 읽을 것인가라는 질문을 한다면, 곧바로 믿음으로 읽는 것이 결코 성경을 읽는 방법/방식의 문제가 아니라, 성경을 읽는 태도 혹은 자세, 더 정확히 말해서 성경을 읽는 자가 가져야 할 덕목을 가리킨다는 것이 분명해진다. 물론 성경을 학문적으로 읽는다는 것(scientific readings)은 여러 가지 해석방법이나 비평이론들을 사용하여 성경을 읽어간다는 점에서 분명 성경을 읽는 자의 태도가 아니라 방법의 문제를 다루고 있음이 분명하다. 누구라도 방법론적인 차원에서 믿음으로 성경을 읽을 수 없음이 분명하다. 물론 누구나 성경을 학문하듯 그렇게 성경을 ***대할*** 수 있지만, 이것은 여전히 성경을 하나님의 계시로 대하지 않는 것의 대비는 될 수 있어도, 결코 성경을 믿음으로 대하지 않는 것의 대비는 될 수 없다.

즉 ***성경 읽기라는 점에서 볼 때*** 학문의 대상으로서 성경을 보는 것과 하나님의 계시로서 성경을 보는 것 사이의 대비는 어떤 점에서 성경을 대하느냐는 태도의, 혹은 어떤 점에서 성경을 보느냐는 관점의 대비는 될 수 있어도, 학문의 대상으로 성경을 대하는 것과 믿음의 대상으로 성경을 대하는 것은 성경의 독법이란 차원의 대비로서는 적절치 않다. 오히려 앞선 대비, 곧 성경을 대하는 태도나 관점이라는 차원의 대비로 보는 것이 더 적절하다.

분명 믿음의 성경 읽기는 믿음을(믿음의 관점이나 자세를) 갖고 성경을 읽는다는 것을 의미하지, 믿음의 방식으로 성경을 읽는다는 것을 의미하지 않는다. 성경 읽기, 즉 성경을 읽고 해석하는 일(task as a biblical interpretation)은 관점의 문제와 함께 방법의 문제를 반드시 동반한다. 해석의 관점은 바른 믿음이 필요하다. 물론 이 믿음은 성경이 하나님의 계시의 말씀이라 사실을 전인적으로 받아들이는 것이다. 이와 아울러 성경을 바르게 읽으려면 어떻게 또는 어떤 점에서 하나님의 계시/말씀이 인간의 언어로 표현된 글이 되었는가에 대한 적절한 이해와 함께, 바른 해석이 이루어지려면 어떠한 바른 해석의 원리와 전제가 있어야 하는가에 대한 이해, 그리고 어떠한 성경-신학적 관점이 일관되게 성경 전반에 걸쳐 흘러가고 있는가에 이해가 필요하다. 이 모든 것은 성경을 읽는 데에 필요한 해석의 관점에 관한 것들이다. 한마디로 성경에 대한 보다 포괄적인 의미에서의 바른 믿음이 성경의 해석 관점에 필수적 요소 중 하나이다.

이러한 포괄적인 바른 믿음이란 요소 이외에도 몇 가지 해석의 관점 또한 성경을 대하는 해석자의 태도나 자세 혹은 자격이 열거될 수 있다.[81] 이 중 분명 성령의 조명이 제일 먼저 제기될 수 있다고 본다. 성경이 성령의 감동(영감)으로 기록된 말씀이기에 동일한 성령의 조명이 없이 성경을 읽고 해석한다는 것은 불가능하다는 것이 자명하기 때문이다. 성령의 조명이란 믿음의 필연적인 결과이다. 우리가 예수를 구주로 믿고 받아들여 삶을 그리스도에게 전폭적으로 헌신함에 따라 하나님은 성령을 통해 믿는 자들에게 역사한다. 이러한 내적인 역사는 믿는 자들이 영적인 진리를 깨닫게 하는데, 이러한 능력은 불신자들에게는 주어지지 않는 능력이다(cf. 고전 2:6-16, 고후 3:15-18). 이런 점에서 성령의 조명은 믿음을 갖고 성경을 읽고 해석하는 자들에게 부여되는 배타적인 자격과 같다.

---

81 이에 대한 보다 자세한 설명을 위해 다음을 참조하라. 윌리엄 클라인 외 2명, 『성경해석학 총론』, 류호영 역 (생명의말씀사, 1997), 178-187. 여기서 저자들은 성경해석자의 자격요건으로 믿음, 순종, 성령의 조명, 교회의 구성원 됨, 적절한 방법론을 제시하고 있다. 이들의 지적을 중요한 암시를 지닌다. 성경해석자는 반드시 교회 공동체의 구성원으로서 믿음을 지녀야 하고 성령의 조명을 받아야 하며, 동시에 적절한 방법론을 알고 있어야 한다는 점이다. 이런 맥락에서 필자는 신대원에서 성경을 강의하면서 바른 해석이 이루어지려면 반드시 해석자에게 해석의 관점(성경-신학적 관점)과 해석의 방법이 조화를 이루어야 한다고 일관되게 가르치고 있다.

그렇다면 성령의 조명 없이도 성경을 읽고 해석할 수 있는가? 이 질문에 대한 대답을 통해서 성령의 조명이 해석자가 지녀야 할 자격 또는 전제, 어떻게 성경을 읽고 해석할 것인가에 대한 방법의 문제가 아님을 알 수 있을 것이다. 혹자는 성령이 원래 성경 저자들을 영감했다면, 성령은 분명히 역사적-문법적 연구와 같은 구체적인 해석방법들을 통하지 않고서도 자신의 의미를 드러낼 수 있을 것이라 생각한다. 이것은 매우 영적인 것처럼 들리지만, 사실상 가장된 자기 본위의 자만이며 성령의 영감과 성령의 조명을 혼동하는 것이다.[82] 성령의 조명은 새로운 계시를 부여하지 않기 때문이다. 성령이 내주하신다는 것이 정확한 성경해석을 보장하지 않는다. 성령은 믿음을 지닌 해석자에게 본문에 대한 필수적인 이해를 마련해 주시는데, 이러한 이해는 적법한 해석의 방법의 범주 내에서 그리고 이러한 방법을 통해서 주어진다.[83]

성경을 읽을 때 성령의 역할과 관련해 한 가지 덧붙일 것이 있다. 사람들이 성경을 읽으면서 의미를 아는 것과 의미가 마음에 와닿는 것을 혹시 혼동하고 있는 것은 아닌지 궁금하다. 분명히 이 둘은 서로 다르다 할 수 있다. 본문의 의미를 아는 것을 혹시 지적인 이해라고 생각하고, 본문의 의미를 절감하는 것을 성령의 역사 즉 본문의 의미를 전인적으로 받아들이는 것이라고 생각한다면, 이 둘 사이에 차이가

82 성경관에 대한 현대 신학의 혼란은 계시, 영감, 조명 사이의 관계에 대한 잘못된 이해에서 기인한다. 프로테스탄트 신학에 따르면 계시는 하나님의 행위로서 이를 통해 하나님은 자신과 자신의 뜻에 관한 지식을 인간에게 의사소통하셨다. 영감은 성경 저자의 마음에 미친 성령의 역사로 이를 통해 성경 저자는 하나님의 계시의 무오한 의사소통을 위한 하나님의 살아있는 유기체가 되었다. 조명은 성령께서 인간의 마음을 깨우시는 것으로 이를 통해 인간의 마음은 하나님이 계시하시고 의사소통하신 진리를 이해할 수 있게 된다. 이에 대한 보다 자세한 설명을 위해 다음을 보라. R. A. Finlayson, *Reformed Theological Writings* (Mentor, 1999), 222.

83 cf. 윌리엄 클라인 외 2명, 『성경해석학총론』 (생명의말씀사, 1997), 182-185.

있을 수 있기 때문이다.[84] 아마 이런 맥락에서 성경을 읽을 때 성령의 조명과 역사를 이해하는 것은 적절하다고 본다. 지적인 이해는 성경을 읽는 사람이 본문의 의미를 이성적으로 수긍하며, 그 본문의 의미가 이성적인 차원에서 설득력이 있는 것으로 받아들이는 것을 가리킨다면, 전인적으로 받아들이는 것은 성령의 역사로서, 이를 통해 성경을 읽는 자는 성경을 읽으면서 '이 말씀이 과연 그렇구나!'라는 전인적인 동의를 하고 이렇게 전인적으로 동의한 바를 삶을 살아낼 수 있게 하는 차원을 지니기 때문이다. 이런 점에서 본문의 의미를 지적으로 이해하는 것과 전인적으로 받아들이는 것 사이에는 어느 정도의 구별이 있다 할 수 있다.

그렇지만 분명한 사실은 믿음이 그렇듯이 성령의 이러한 역사 또한 아무도 '프로그램화'해서 임의로 조작할 수 없다는 점이다. 믿음과 성령의 조명은 전적인 하나님의 은혜요 선물이기 때문이다. 성경해석과 관련한 믿음과 성령의 조명이 성경해석방법에 관한 강의나 신학교육을 통해서 주어질 수 없음은 명백한 사실이다.

분명 성령의 조명은 성경 해석의 방법에 관한 것이 아니다. 성령의 조명은 믿음을 지닌 해석자가 바른 성경해석 방법을 사용해서 성경을 읽고 해석하게 하는 혹은 이러한 해석의 전 과정을 이끄시는 성령의 역사를 가리키며, 이런 점에서 성경 해석의 방법이 아니라, 해석자가 반드시 갖추어야 할 덕목이라 할 수 있다. 더 정확하게 표현하자면, 성경을 바르게 읽는 일은 말씀의 영인 성령과 인간의 구속된 이성 사이의 만남을 통해 이루어진다 할 수 있다. 이 점을 W. 스워틀리는

84 물론 필자는 이러한 구별조차 성령의 전인적 역사라는 점에서 성경적이라고 보지는 않는다. 또 필자는 지적인 이해를 말할 때도, 성령의 역사를 통해 구속된 이성(redeemed heart)을 통한 이해라고 믿기에 크리스천의 지적인 이해가 성령을 통한 전인적인 이해와 구별된다고도 보지 않는다.

다음과 같이 잘 표현하고 있다.

> 말씀의 영과 인간 정신이 함께 하는 창조적인 순간에, 성경 본문과 해석자는 성령의 능력에 의한 삶을 경험하게 된다. 이러한 경험이 없다면, 해석자는 해석이 지녀야 할 궁극적인 잠재력과 목적을 상실케 된다.[85]

성경을 읽으면서 사람들은 종종 '믿음이 없거나 약할 때 성경을 읽을 경우는 무슨 말인지 잘 몰랐는데, 믿음이 생겨나고 믿음이 강해지니까 말씀을 읽을 때 말씀의 의미를 알게 된다'고 주장하기도 한다. 아마 이런 사람은 동일한 맥락에서 성령의 조명 없이 읽으니 무슨 의미인지를 몰랐던 말씀이 성령의 조명을 따라 읽게 되니 말씀의 의미를 알게 되었다고 강변할 수 있을 것이다. 그렇다면 믿음을 지닌 성도가 성령을 읽을 때 어떤 때는 성령이 조명하기도 하고 어떤 때는 성령이 조명하지 않을 수도 있다는 뜻이다. 아마 이런 점에서 혹자는 반드시 성령의 조명을 기도하고 성경을 읽으라고 말하는지 모른다.

정말 혹은 실존적으로 성경을 읽을 때 믿음으로 읽으면 깨달아지고 그렇지 않을 때는 깨달을 수 없는가? 좀 더 자신에 대해 솔직해질 필요가 있다. 성경을 읽을 때 읽는 다양한 여러가지 요소 혹은 요인들이 복합적으로 작용하여, 성경을 읽는 자의 이해도를 달리하게 만든다는 매우 단순한 사실을 간과하는 것이다. 성경을 읽거나 해석할 때, 해석자의 지적 이해의 정도, 개인적 정서의 상태, 그의 물리적인 태도의 문제, 외부적 환경 요인 등등이 작용하는데, 이것들을 모두 '믿음'의 문제로 혹은 성령의 조명의 문제로 치부하거나 과도하게 영적인 문제로

---

85 W. Swartley, Salvery, Sabbath, War, and Women (Herald Press, 1983), 224. 다음에서 재인용함. 월리엄 클라인 외 2명, 『성경해석학총론』 (생명의말씀사, 1997), 184.

환원하는 것은 정당하지 못한 것이다.

우리는 여기서 소수의 성경해석 전문가들이 말하는 '성경해석'에 관한 이야기를 하는 것이 아니라, 일반적인 독자의 입장에서 '성경을 읽고 이해하는 것'에 대해 말하고 있음을 상기하면서 다음 본문을 생각해 보기로 하자. 이 본문 읽기가 필자의 논지를 좀 더 분명히 해줄 것이라 생각한다. 이하의 세 가지 성경 본문을 통한 예증의 목적은 본문을 바르게 읽는 일이 믿음과 성령의 조명의 문제라기보다는 본문의 논리 혹은 본문의 수사적 성격에 대한 올바른 이해의 문제라는 것을 보여주기 위한 것이다.

(1) 갈라디아서 2:14-16을 예를 삼아 보자. 여기서 16절이 '율법의 행위가 아니라 예수의 믿음으로 의롭게 된다'[86]는 유명한 진술을 하고 있지만, 16절을 바르게 해석하기 위해서도 그렇고, 더 중요하게는 14절에서부터 흘러가는 저자의 논리를 잘 따라 읽는 것이 16절을 바르게 읽는 데뿐만 아니라 저자의 논지를 바르게 파악하는 데 중요하다.

(2) 고린도전서 4:8 "너희가 왕처럼 행동하는 구나"는 빈정댐(sarcasm)이란

86 이 구절은 원문 '예수의 믿음'에 대한 해석과 관련한 엄청난 논쟁이 있다. 간단히 말해서 논쟁은 '예수의'를 주격적 속격으로 해석해서 '예수의 신실하심'으로 해석할 것인가 아니면 '예수의'를 목적격적 속격으로 해석해서 대부분의 번역 성경이 채택하고 있듯이 '예수를 믿음'으로 해석할 것인가의 문제이다. 간단히 지적하고 싶은 것은, 율법의 행위이든 예수를 믿는 것이든 행동의 주체는 둘 다 인간이고 그런 점에서 모두 공로가 있다면 인간에게 주어지는 것인데 구태여 하나님이 율법을 행하는 것의 대안으로 예수를 믿는 것으로 주셨을가 라는 아주 단순하지만 근본적인 질문을 할 필요가 있다는 점이다. 그러나 성경에 전편에 흐르는 사상은 하나님의 언약적 신실하심이며, 이 신실하심이 십자가에서 예수의 신실하신 대속의 죽음 가운데 결정적으로 나타났다고 볼 때, '예수의 믿음'은 분명 '예수의 신실하심'이라고 해석하는 것이 타당하다고 본다. 이에 대한 자세한 설명을 위해 다음을 보라. 리처드 B. 헤이스, 『예수 그리스도의 믿음: 갈라디아서 3:1-4:11의 내러티브 하부구조』 (에클레시아북스, 2013).

비유적 표현(figure of speech)을 인식하여 읽는 것이 본문을 바르게 읽는 것이다.

(3) 창세기 39:1-22절의 경우는 이야기 전개 혹은 문학적 구성 차원의 수미상관을 이해하는 것이 본문을 바르게 읽는 것이다.

성경을 바르게 읽고 해석하는 일과 관련한 이러한 예들은 그 수를 헤아릴 수 없이 많다. 이러한 예들은 분명 성경을 바르게 읽고 해석하는 일은 믿음과 성경의 조명의 문제라기보다는 저자의 논리를 따라가거나 본문의 이야기 전개를 자세히 살피는 일과 관계되어 있음을 분명히 보여주고 있다. 해석자가 본문의 논리나 이야기 전개를 잘 따라가지 못해서 본문의 의미를 파악하지 못해 놓고 그것을 믿음과 성령의 조명이 없어서 그랬다고 말하는 것은 매우 무책임한 일이며, 더 중요하게는 성경을 무속의 대상과 같은 것으로 전락시키는 심각한 오류이다.

이미 하나님의 자녀로서 믿음을 가진 해석자가 성경을 읽고 해석하는 데에 또 다른 의미의 믿음이 필요하다면 이 믿음은 어떠한 믿음을 의미하는가? 이미 성령의 역사와 조명 가운데 살아가는 하나님의 자녀인 자가 성경을 읽을 때 특별한 성령의 조명이 필요하다면, 이러한 성령의 조명은 어떠한 성령의 조명을 의미하는가? 특별하게 달리 역사하는 성령을 가리키는가? 무엇보다도 실존적으로 현실적으로 그렇게 성령의 조명을 느끼고 경험하며 성경을 읽고 해석하고 있는가? 그렇게 특정하게 역사하는 성령이 과연 성경적이라 할 수 있는가? 그리스도와 함께 죽고 사는 모든 사람에게 성령이 내주하시는데, 이런 자들에서 성령이 간헐적으로 그것도 요청에 의해서만 역사한다면, 이것이 다른 무속 혹은 이방 종교가 말하는 신적 체험과 무슨 차이가 있겠는가? 우리가 성경을 매일 읽고 해석하고 사는데, 언제는 믿음이 작동되고 성령이 조명하며, 다른 때는 믿음이 작동되지 않고 성령이 조명하지 않는단 말인가? 이것은 성령의 역사에 대한 바른 이해가 아닐 뿐만 아니라, 성령을 매우 주관적으로 이해하는 매우 비성경적 성령 이해이다. 자신이 더 집중해서 읽게 되어 성경을 더 잘 이해하게 되었음에도 (물론 더 집중해 읽는 것 역시 성령의 보편적인 역사의 일환이지만) 그것을 특정한 성령의 조명이나 특정한 믿음의 문제라고 갖다 붙이는 것은 성령에 대한 무속적인 이해나 세속적인 신념과 확신으로서의 믿음의 이해와 다를 바 없는 것이다.

또 사람들은 종종 성경 다독을 강조하면서 무조건 성경을 많이 읽게 되면 어느 날 성경이 꿰뚫리게 된다고 주장하기도 한다. 이러한 주장의 이면에는 성경이 어떤 내적인 신비한 힘(아마 성경이 영적 문헌이기에 이러한 내재적인 힘이 있다고 생각하는 듯함)이 있다고 믿거나, 아니면 성경이 성령의 저작이기에 많이 읽게 되면 성령이 역사해서 의미들을 자동으로 알게 하신다고 믿는 매우 순진한 믿음이 놓여 있다. 이것은 일견 믿음이 좋아 보이는 말처럼 들릴지 모르지만, 성경 문헌의 성격에 대한 이해가 별로 없는 데서 연유한 무지의 소치이며, 성령에 대한 매우 왜곡된 이해를 보여준다.

지금의 성경 통독 운동에서 볼 수 있듯이, 아무리 성경을 많이 읽어도 바르게 읽지 않는다면 그것은 백해무익하다. 성경은 결코 부적이 아니다! 성경은 결코 부적처럼 다루어지거나 읽히도록 기록되지 않았다는 점을 기억해야 한다. 무조건 많이 성경을 읽으라고 주장하는 것은 여전히 하나님의 직통 계시를 믿는 것과 다를 바 없다. 더 중요하게 성경은 하나님의 뜻을 전달하는 수단이나 통로가 아니다.[87] 성경은 그

87 앞서 다룬 성경에 대한 세 가지 이해를 생각할 필요가 있다. 1) 성경은 하나님의 말씀을 담고 있다. 2) 성경은 하나님의 말씀이 된다. 3) 성경은 하나님의 말씀이다. 1)은 구-자유주

자체로 하나님의 인류 창조와 구속에 관한 명료하고도 충분한 계시이기 때문이다.[88]

(3) 바른 유비로서의 경건한 읽기와 비평적 읽기 사이의 대비

앞서 성경을 읽고 해석한다는 차원에서 보면, 믿음의 독법이라 할 때 믿음은 해석자의 전제이며, 학문적 독법이라 할 때 학문적이라 하는 것은 태도보다는 방법 또는 접근 방식을 가리킨다는 점을 지적하며, 이런 점에서 학문적 독법과 믿음의 독법은 적절한 대비가 될 수 없다고 주장한 바 있다. 그렇다면 성경의 독법 곧 성경을 읽고 해석하는 일에 있어서 적절한 대비는 경건한 읽기와 비평적 읽기라 할 수 있다. 경건한 읽기란 믿음의 관점에서 영적 성숙을 위해 성경을 경건하게(piously) 읽어가는 것을 가리키며, 비평적 읽기란 학문적 대상이란 관점에서 성경이 말하는 바 곧 성경의 메시지를 찾기 위한 목적에서 성경을 비평적으로(critically) 읽어가는 것을 가리킨다. 이런 점에서 어떤 관점이

의로부터 시작되어 현재 진보진영의 성경 이해의 근간을 이루는데, 성경 말씀을 인간 저자의 말과 하나님의 말씀으로 나누는 매우 잘못된 이해이며, 2)는 실존주의적 전통에 놓여 있던 Karl Barth의 이해로서 일견 의미가 있는 이해이지만 이것 역시 위험한 성경-관이다. 우리는 3)의 견해를 지지하며, 이것은 단순히 성경이 하나님의 말씀이란 문자적 표현을 액면 그대로 받아들인다는 것을 뜻하지 않으며, 성경은 하나님의 말씀을 전달하는 통로나 수단이 아니며, 성경을 읽으며 하나님의 음성을 듣겠다는 것도 잘못된 것임을 암시하는 보다 근본적인 성경 이해이다. 성경은 창조와 구속에 관한 하나님의 최종적 계시이며, 그 자체가 하나님의 말씀이다. 이런 점에서 성경을 통해 하나님의 음성을 듣는다거나, 하나님의 뜻을 발견한다는 것은 일견 옳아 보이지만, 매우 위험한 발상이 숨겨져 있다. 성경 자체가 하나님의 음성이요 하나님의 뜻의 최종적 결정판이기 때문이다.

88 개혁전통에 따르면 성경의 속성에는 성경의 권위(the authority of Scripture), 성경의 필요성(the necessity of Scripture), 성경의 명료성(the perspicuity of Scripture), 성경의 충분성(the sufficiency of Scripture)이 있다. 특별히 성경의 명료성은 구원에 필요한 지식이 성경 전반에 걸쳐서 간결하고도 이해할 만한 형태로 사람에게 전달되었기에 진지하게 구원을 추구하는 자는 성경을 읽고 공부함으로써 성령의 인도하심 아래서 스스로 이 지식을 얻을 수 있으며, 따로 교회나 특정한 교회지도자들의 도움이나 인도가 필요하지 않다는 뜻이다. 성경의 충분성이란 성경과 더불어, 동일한 권위와 양심에 동일한 구속력을 지닌 기록되지 않은 하나님의 말씀이 따로 없다는 것을 의미한다.

아니라 어떤 방식으로 읽어갈 것인가에 천착하는 성경 읽기와 해석에서 진정한 대비는 경건한 읽기와 비평적 읽기 사이의 대조이며, 더 중요하게 하나님에 관한 학문을 체계적으로 수행하는 신학생들이 놓여 있는 신학교라는 ***공적인*** 학문의 장은 주로 하나님과의 교제와 개인적인 영적 성숙을 추구하는 일상적인 크리스천의 ***사적인*** 삶의 문맥과 구별되어야 마땅하다. 이런 점에서 신학교에서 신학생들이 성경을 읽어가는 방식은 비평적 읽기가 되어야 바람직하다.

'비평적 읽기'가 구체적으로 어떻게 이루어지는가를 설명하기 전에 이 표현에 대한 바른 이해를 잠시 생각해 볼 필요가 있다. '비평적'이라 하면 기본적으로 이성을 중심으로 한 지적인 작업을 떠올린다. 또 '비평적'이라 하면 성경해석과 관련한 다양한 역사-비평적 접근 방식들을 떠올리게 된다. 그러나 필자는 기본적으로 '믿음이란 토대 위에서 이성적으로 이루어지는 지적인 작업'을 비평적인 작업으로 이해한다. 더 정확하게 말하자면 '비평적'이라 하면 성령의 역사를 통해 인간-주도적인 이성으로부터 하나님-주도적인 이성, 곧 구속된 이성을 통한 사고(reasoning of redeemed heart)의 패턴과 형태를 가리킨다.

이러한 필자의 이해는 N. T. 라이트가 주장하는 비평적 실재론과 그 맥을 같이한다. 라이트는 스코틀랜드 전통의 상식실재론[89]을 기초로

---

89 18세기 후반과 19세기 초엽에 스코틀랜드에서 융성했던 철학 사조로서 대표적인 인물은 Dugald Stewart, Thomas Reid, 그리고 William Hamilton이 있으며 특히 Hamiltion은 Reid의 철학적 방식을 Immanuel Kant의 철학과 연결 짓는 시도를 했다. 이 철학 사조의 관심은 철학적 역설과 회의론에 대항하여 '상식(commen sense)'를 변호하는 데 있다. 이 학파의 창시자인 Thomas Reid은 이 철학 사조를 다음과 같이 정의한다. "우리의 본성의 근간이 우리로 하여금 믿도록 이끌거나, 또한 삶의 일반적인 맥락에서 우리가 당연한 것으로 받아들일 수밖에 없는 특정한 원리들이 존재한다면, 비록 우리가 이 원리들에 대한 이유를 설명할 수는 없을지라도, 이것들은 상식의 원리들(principles of common sense)이라 불린다" (cf. Wikepedia, http://en.wikipedia.org/wiki/Scottish_School_of_Common_Sense).

비평적 실재론을 주창한다. 먼저 라이트는 비평적 실재론을 계몽주의 이후의 실증주의라는 배경에서 주창한다. 라이트는 실증의 대상이 될 수 없는 모든 것은 모두 주관적이며 상대적인 가치를 지닐 뿐이라는 실증주의의 주장에 대한 반박에서 자신의 실재론을 주장하며, 동시에 이러한 실증주의 시대에 사는 사람들 대부분은 자신들이 대상을 '똑바로' 알고 있다고 상정하는데, 이것은 소위 상식적인 차원에서 알고 있는 것이며, 이런 점에서 라이트는 사람들의 이러한 철학적 사고를 '순진한 실재론(naive realism)'이라 부른다. 이러한 상식 차원의 '순진한 실재론'에 대한 대안으로, 라이트는 비평적 실재론을 주창한다. 그에 따르면 비평적 실재론은 다음과 같다. "비평적 실재론은 앎의 과정을 기술하는 하나의 방식으로, 이 방식은 알려진 대상(thing known)의 실재를 인정하되, 이 실재를 앎의 주체인 자신(knower)과 별도로 존재하는 타자적인 실재로 인정한다(이런 점에서 실재론이라 함). 동시에 이 방식은 우리가 이 실재에 다가갈 수 있는 유일한 길은 자신과 알려진 대상 사이의 적합한 대화 혹은 교류(이런 점에서 비평적이라 함)라는 나선형의 길을 따라 걷는 데 있다는 점을 인정한다."[90]

우리는 오직 믿음으로만 인정하고 받아들일 수 있는 객관적인 실재가 존재함을 인정한다. 그러나 동시에 이 실재에 다가서는 길은 맹목적인 신앙이나 주관적인 체험이 아니라, 객관적인 실재와의

---

90 N. T. Wright, 『신약성서와 하나님의 백성』 (크리스챤다이제스트, 2003), 74. 이상의 인용은 필자가 이 책의 원서인 *The New Testament and the People of God*(SPCK, 1992)에서 해당 부분(35페이지)을 개인적으로 번역한 것이다. Wright의 이러한 비평적 실재론은 예수에 대한 이해를 위한 실제적인 1세기 유대적 배경을 재구성하기 위한 제2성전 시대의 유대 문헌들에 대한 연구의 관점을 제공하고 있다. 이러한 비평적 실재론에 근거하여 Wright는 역사적 문헌들이란 증거와 신앙/신학적 이해가 함께 갈 수 있다는 것을 보여주고자 했으며, 이런 맥락에서 역사와 신학은 실제에 있어서 본질상 통합적으로 연결되어 있기에, 이 둘은 함께 취급할 필요가 있다는 바른 주장을 펼친다. 이에 대한 보다 자세한 설명을 위해 다음을 보라. J. T. Pennington, *Reading the Gospels Wisely*, 75.

지속적인 대화와 교류 가운데 놓여 있음을 인정해야 한다. 이러한 대화와 교류는 속성상 나선형의 구조, 즉 상호적인 성격을 지니기에, 인식 혹은 앎의 주체로서의 해석자는 끊임없이 구속된 이성(redeemed reason)을 사용해 객관적 실재와 상호작용을 해야 한다. 이것이 기독교 신앙, 즉 성육신하신 하나님을 믿는 신앙의 참된 성격이며, 나아가 이것이 크리스천의 비평적 읽기, 즉 성육한 하나님의 말씀(incarnate Word of God)인 성경을 읽고 해석하는 자의 해석 작업의 참된 성격이라 할 수 있다. 이런 의미의 비평적 읽기가 없다면 우리는 결국 자신이 주관적으로 만들어낸 신앙의 대상을 믿고 사는 어리석음을 범할 수밖에 없을 것이다.

특히 학문의 장인 신학교에서 이러한 일을 계속적으로 강화한다는 것은 매우 무책임한 일이다. 신앙은 가슴으로 또 목회는 무릎으로 하고, 신학은 머리로 한다는 것은 매우 비성경적인 이원론의 소치이다. 머리와 가슴을 나누는 것은 헬라적인 전통의 이원론적 사고이며, 히브리적인 전통의 인간 이해는 언제나 전인(全人)에 관한 것이기 때문이다. 전인(the whole person)으로서의 성경 독자가 하는 일이 신앙과 신학으로 양분될 수는 없는 것이다.[91] 전인으로 하는 신앙생활과 신학을 하는 것은 언제나 상호보완적이거나 둘 사이에 유기적인 일관성이 있을 수밖에 없다.

---

91 아마 1980년대 말로 기억되는데, 당시 모 신학대학원의 원장으로 있던 모 교수가 교수직을 사임하고 한 지역 교회의 청빙을 받아서 그의 얼마간의 교수 사역을 마치면서 '지금까지 신학교육은 머리로 한 것이었으며, 이런 점에서 잘못된 것이고, 이제 목회는 가슴으로 하는 참된 것이라'고 말한 적이 있다. 당시 그의 말에 매우 분개한 적이 있다. 자신이 잘못된 방식으로 한 신학과 신학교육은 생각지 않고, 정황상 떠날 수밖에 없었던 신학과 신학교육을 그렇게 폄하하는 것은 온당하지 못할 뿐만 아니라, 자신이 처했던 상황에 대해 매우 정직하지 못한 행위였다고 생각했기 때문이다.

Ⅲ 성경 해석의 관점(Interpretive Perspective)

1. 서론: 점진적 계시의 원리를 따라서

하나님의 계시의 말씀인 성경의 근본 구조는 창조-타락-구속-성취-완성으로 이루어져 있다. 달리 표현하자면, 성경에 따르면 하나님은 자신의 주권과 은혜의 창조적 행위를 통해 온 창조세계를 자신의 왕국으로 만드셨고, 이 땅 위에 인류를 만들어 왕국의 백성과 자녀로 삼으셨다(Creation/창조). 그리고 인류의 시조는 이 왕국의 왕이신 창조자 하나님의 왕권에 대해 반역하였고(The Fall/타락), 이에 따라 하나님은 타락한 인류를 구속하기 위해서 아브라함을 불러내어 온 인류의 복의 근원이 되게 하셨다. 또 하나님은 아브라함을 통해 이스라엘을 만들어 어둠에 앉아 있는 이방에 대한 빛이 되게 하셨고(Redemption/구속), 메시아 왕이신 예수를 이 땅에 보내서 그의 대속의 죽음과 악에 대한 최종적 승리의 사건이었던 부활과 하늘 보좌로의 오르심을 통해 사탄의 세력의 압제와 구속으로부터 인류를 구출해 내심으로써 하나님의 구속을 근본적으로 이루셨다(Fulfillment/성취). 그리고 하나님은 이러한 구속과 화목의 사역에 하나님의 새로운 백성의 구성원들에게 참여하도록 초청하시고 성령의 역사와 함께 이들의 자발적인 창조 사역의 회복을 통해서 자신의 창조목적을 그 정점에 이르게 하실 것이다(Consummation/완성). 이처럼 성경은 이러한 하나님의 이야기요 그의 백성들의 이야기라 할 수 있다.

이처럼 성경은 하늘에서 갑자기 떨어진 초역사적인 진리체계가 아니다. 성경은 하나님의 창조세계에 대한 하나님 자신의 '창조-구속-성취-완성'의 이야기이다. 보다 축약적으로 말하자면 성경은 역사적으로 구현된(history) 하나님의 자기-계시가(theology) 성령으로 영감된 저자들에 의해서 하나의 통일된 문학적 저작으로(literature) 표현된 것이다. 이러한 성경 이해는 성경에 계시된 하나님은 어떠한 하나님인가를 극명하게 잘 보여준다. 크리스천은 성육신의 하나님(God Incarnate)을 믿는 자들이다. 초월적인 존재로 머물러 있으며 절대적 진리체계들을 초역사적으로 전해주는 그런 하나님을 믿는 자들이 아니라, 점진적인 계시 가운데 때론 멀리, 때론 친밀하게, 때론 인간 공동체 가운데, 때론 인간 내면 가운데 역사하셔서 창조세계의 창조와 구속 역사를 역동적으로 이끌어 가신 하나님을 믿는 자들이다. 그러기에 이 하나님은 자신의 창조세계 가운데 한 번도 역사적 실체로 구현된 적이 없는 진리체계들을 연역적으로(deductively) 추론하여 얻어낼 수 있는 그런 하나님이 아니라 점진적 계시 가운데 자신의 피조물과 함께 하시고 그들과 씨름하시는 생생한 자기-계시인 창조-구속의 역동적 이야기를 귀납적으로(inductively) 정리하고 체계화하여 더 확실한 이해에 이를 수 있는 하나님이다.

이런 점에서 성경은 순수 역사의 기록이라기보다는 역사적 사건들이 담고 있는 실체를 가장 잘 설명해 주는 방식으로 저작된 메타-

역사 혹은 메타-이야기(meta-narrative)라 할 수 있다. 어떻게 성경이 이러한 하나의 거대담론(grand story or discourse)으로 형성되었는가를 보여주고자 성경을 개략적으로 나누어 나누어볼 수 있는데, 이를 통해서 성경이 주제상으로 연결되어 하나의 커다란 이야기를 형성하고 있음을 쉽게 개관해 볼 수 있다.[92]

성경의 거대 담론은 첫째로, 세상과 인류의 **창조**(Creation)로 시작된다. 이것은 세상과 인류의 기원에 관한 문제라기보다는 만물의 피조물-됨(createdness)에 관한 그리고 더 중요하게 이 땅에 사는 인류와 이들의 삶에 관한 하나님의 절대적인 주권과 은혜로운 섭리에 관한 선포적인 진리를 천명하고 있다.

둘째로, 성경 이야기는 **위기**(Crisis)에 대해 말한다. 즉 인간은 사탄의 유혹으로 하나님에 대한 순종이 아니라 자신의 욕망을 만족시키기로 작정하여 하나님에 대한 반역의 길(죄의 핵심)로 들어선다. 죄는 인류와 이 땅에 고난과 고통 죽음 그리고 하나님과의 분리를 가져왔다.

셋째로, 성경의 거대담론은 **언약**(Covenant)에 대해 이야기한다. 하나님은 인간의 반역으로 생겨난 죄와 사망의 문제를 해결하시고자 아브라함을 선택하시고 그와 언약을 맺으심으로써, 그가 하나님을 경배하는 백성의 아비가 되게 하셨다. 나아가 하나님은 아브라함을 한 나라로 만들고 많은 후손과 복들을 향유하는 땅을 주시기로 작정하셨다. 더 중요하게 하나님은 아브라함을 통해 세상의 모든 나라를 복 주시기를 원하셨고, 그의 나라를 사용하셔서 세상의 온 나라가 하나님과 관계에 들어가기를 원하셨다.

92 이하의 열세 가지 요소들은 다음에서 기인하며, 각각의 요소들에 대한 설명은 필자에 의해 수정되고 보완되었다. *The Baker Illustrated Bible Handbook* (BakerBooks, 2011), ed. by J. Daniel Hays and J. Scott Duvall. 20-21.

네 번째로, 성경의 이야기는 **불러냄**(Calling Out)에 대해 말한다. 하나님은 아브라함을 메소포타미아에서 불러내셨고, 아브라함의 후예들을 이집트로 이주케 하셨으며, 모세를 통해 이집트의 속박에서 불러내어 출애굽 시키셨다. 이 출애굽 사건(the Old Exodus)은 하나의 성경적 모형(biblical type 혹은 pattern)으로써 하나님이 예수 그리스도의 죽음과 부활을 통해 인류를 죄와 사망의 영적 속박으로부터 궁극적으로 구출해 내실, 새 출애굽(the New Exodus)을 전조하고 있다.

다섯 번째로, 성경의 거대 담론은 하나님의 **명령들**(Commandments)에 관해 이야기하고 있다. 하나님은 이집트의 속박 아래 있던 이스라엘 백성을 이집트에서 불러내신 그들과 언약 관계에 들어가시면서, 그들에게 십계명으로 요약되는 율법을 주신다. 이 율법은 이스라엘 백성이 언약 백성으로서 다른 열방들과 구별된 삶을 살아내는 구체적인 방식이요 하나님의 거룩함을 구현하는 매우 특정한 방식이다.

여섯 번째로, 하나님은 여호수아를 사용하셔서 가나안 땅을 **정복**(Conquest)하게 하시고 이스라엘 백성을 약속의 땅으로 인도하셨다. 이 땅과 땅이 담고 있는 모든 복을 향유할 수 있는 조건은 하나님의 백성으로서 선물로 주신 거룩함(holiness)을 유지하며 동시에 하나님의 의를 그 땅에 드러내는 삶이었다.

일곱 번째로, 하나님은 비록 이스라엘의 요청에 의해서지만 자신의 의로운 통치를 구현하여 열방에 대한 빛의 역할을 할 자들로 이스라엘의 왕들을 세우시고 이스라엘을 **왕국**(Kingdom)으로 만드셨다.

여덟 번째로, 이스라엘 왕국은 의의 구현이라는 왕국의 사명을 망각하고 더 중요하게는 하나님과 맺은 언약에 대한 충절을 버림으로써, 북조 이스라엘 왕국과 남조 유대 왕국으로 **분열된다** (Kingdom Divided).

아홉 번째로, 하나님의 백성으로서의 이스라엘은 하나님에 대한 배타적인 충절(fidelity)과 섬김을 포기함으로써 열방 중 하나가 되어 약속의 땅의 손실과 아울러 바벨론 **포로유형**(Captivity)을 겪게 된다. 북조 이스라엘은 주전 722년에 앗수르에 의해서 멸망되고, 남조 유다는 주전 586년에 바벨론에 의해서 멸망되어 포로가 된다.

열 번째로, 이스라엘은 마침내 에스라와 느헤미야의 지도하에서 바벨론에서 **예루살렘으로 귀환**(Coming Home)하게 된다.

열한 번째로, 예루살렘으로의 귀환 이후 약 400년 지나서 하나님은 자신의 아들 예수 **그리스도**(Christ Climax to the Grand Story)를 이 땅에 보내서 죄로부터 자신의 백성들을 구원하신다. 예수는 자신의 가르침과 사역을 통해서 하나님의 나라/다스림이 이 땅에 도래했음을 선포한다. 특히 예수의 죽음과 부활이 성경의 거대담론의 절정을 이룬다.

열두 번째로, 예수의 하나님 나라/다스림 도래 선포를 믿고 자신을 따라 이 다스림의 세계로 들어가는 자들을 하나님의 새로운 공동체인 **교회**(Church)의 일원으로 삼으셨다. 이 교회는 하나님의 나라/다스림의 복음인 구원의 메시지를 선포하고 이 복음을 삶으로 살아내는/구현하는 자들의 종말론적인 공동체이다.

마지막 열세 번째로, 하나님은 현재 하나님의 보좌 우편에서 세상을 다스리시는 예수의 재림을 통해서 악에 대한 최종적인 승리를 이루심으로써 인류 창조와 구속의 역사를 **완성**(Consummation)하신다.

이러한 성경의 거대 담론은 삶의 기본적인 문제점들에 대한 최상의 대답들을 제공한다. 첫째로, 성경의 거대 담론은, 우리는 하나님에 의해 창조되고 하나님에 의해 지탱되는 세상 속에 놓여 있음을 알게 한다. 우리는 우리 자신의 운명을 스스로 통제하는 자율적인 존재가 아니라는 점이다. 둘째로, 성경 이야기는 우리는 하나님과 사람을 포함한 다른 피조물들과 사랑의 관계 속에 놓여 있기 위한 목적에서 하나님의 형상으로 창조되었다고 말한다. 세 번째로, 성경의 거대 담론은 인간과 세상의 근본적인 문제는 죄라고 말한다. 즉 인간은 창조자이신 하나님에 대한 반역을 선택했고 이로 인해 모든 관계가 깨어지고 치명적인 손상을 입게 되었다고 말한다. 네 번째로 죄로 인한 이러한 문제는 오직 창조자이신 하나님만이 고치실 수 있으며 인간은 자신을 스스로 구원할 수 없으며 외적인 구원의 도움이 절대적으로 필요하다. 이에 하나님은 예수 그리스도의 삶과 죽음 그리고 부활을 통해 우리를 구속하시기 위해 오셨고, 그리스도를 통해 하나님에 이르는 길 즉 하나님의 백성의 일원이 되게 하셨다. 마지막으로 우리는 이러한 성경의 거대 담론 어디에 속해 있는가? 이 성경 이야기가 우리에게 어떠한 영향을 미치는가? 그리고 이 이야기에서 우리는 어떠한 역할을 하는가? 라는 질문들에 각자가 전인격적으로 반드시 대답해야 할 위치에 놓여 있다.[93]

2. 성경-신학적인 성경 해석의 관점: 하나님 나라의 운용의 신비[94] *하나님의 사랑*에 기초한 하나님 나라의 시작과 교회의 제정

1) 서론: 하나님 나라와 하나님의 임재의 시작으로서의 창조

93 상게서, 21-22.

94 하나님의 신비의 요약은, 빌라도 법정에서 무죄판결을 받고 나오는 시는 "가시면류관을 쓰고 자색옷을 입고 나오시는"(요 19:5) 예수의 모습으로 축약된다(cf. 빌라도 외침. "보라! 이 사람[이 참 인간이시요 동시에 하나님이도다]/ ἰδοὺ ὁ ἄνθρωπος."). 온 인류를 위한 왕적인 소명을 가시면류관을 쓴 모습에서, 온 인류를 위한 제사장적인 소명을 자색 옷을 입은 모습에서 볼 수 있다. 이러한 왕적-제사장적 소명을 추후 자세히 설명할 것이다.

1-1) 십자가를 내포한 하나님 나라

하나님은 이 땅의 인류를 구속하시는 시점에서 이렇게 말씀하신다, "하나님이 ***세상을*** 이처럼(모세가 광야에서 놋-뱀을 든 것이 인자가 십자가에 달리심) 사랑하사 독생자를 주셨으니, 이는 그를 믿는 자마다 멸망치 않고 영생을 얻게 하려 하심이라"(요 3:16). 그렇다면 아마도 이 땅의 인류를 구속하신 하나님은 이 땅에 인류를 창조하셨을 때, 동일한 사랑으로 천지를 창조하셨음이 분명하다. 그래서 창조에 대해 이렇게 말할 수 있을 것이다. "하나님이 세상을 이처럼(자신을 낮추어 우리 중에 거하시고 싶을 만큼) 사랑하사 천지를 창조하셨으니, 이는 이러한 창조와 창조의 목적을 믿는 자마다 멸망치 않고 하나님의 자녀와 백성이 되어 하나님과 영원히 함께 살게 하려 하심이라."

바울은 이러한 하나님의 사랑에 의한 창조를 이렇게 표현하고 있다. "우주 만물을 만드시고 하늘과 땅의 주님이신 하나님은 사람의 손으로 지은 성전에 거하지 않으시며, 또한 마치 ***무엇이 필요한 듯*** 그렇게 사람들의 손에 의해 섬김을 받지 않는다"(행 17:25a 사역). 즉 하나님은 스스로 자족하신 분으로서 무엇이 부족해서 인간을 필요로 하시기에 인간을 창조하신 것이 아니며, 오히려 하나님은 친히 자신의 사랑 때문에 모든 사람에게 생명과 호흡과 모든 것들을 주신 분이라는 뜻이다(cf. 행 17:25b). 이런 점에서 하나님의 나라 창조는 인류와 함께 살고자 하시는 하나님의 순수한 열망 가운데, 근본적으로 하나님 편에서의 자기-낮춤 혹은 자기-내어줌을 통해 이루어지고 종국적으로는 그리스도의 '십자가'에 온전하게 드러난 하나님의 사랑에 의한 창조라는 것이다.

이렇게 하나님의 사랑에 기초한 창조와 구속(새-창조)의 유기적인 통일성은 성경적인 토대를 지닌다. 하나님은 사람을 자신의 형상대로 창조하시고 이 땅에 생육하고 번성하고 충만하고 땅을 다스리고 모든 생물을 다스리라는 왕-적인 소명을 주셨다(창 1:26-28). 또 하나님은 아담을 에덴동산에 두시고 동산을 '섬기고 지키라'는 제사장-적인 소명을 주셨다(창 2:15). 그러나 인간의 왕-적 소명은 선악을 알게 하는 나무가 암시하듯이, 하나님에게서 오는 지혜를 통해 이루어져야 할 일이었다. 그런데 인간의 대표 아담은 선악을 알게 하는 나무의 열매를 따 먹음으로써, 자신의 지혜를 통해 자신의 왕국을 이루려 했으며, 이것을 성경은 인류 타락의 근본적인 죄로 보고 있다. 이런 점에서 죄의 근본은 단순한 불순종이 아니라, '한계 내에서 왕-적 소명'을 이루라는 하나님의 뜻에 대한 반역이며 그 성격상 우상-숭배적이라 할 수 있다.

아담의 타락으로 이 땅과 인류에게 저주가 임했고 인류는 복을 누리며 사는 삶(은혜로 사는 삶)에서 수고하며 사는 삶(수고로 사는 삶)으로 전락하게 되었다. 그리고 하나님은 하나님의 다스림의 의와 평화와 기쁨(cf. 롬 14:17)이 아닌 불의와 폭력과 슬픔이 가득한 세상(창 6:11)을 홍수를 통해서 모든 생물과 함께 쓸어버리신다(창 7:23). 그러나 하나님은 심판 중에도 그에게 은혜를 입었던(cf. 창 6:8) 노아와 그의 모든 생물을 기억하시고(창 8:1), 홍수의 심판을 멈추신다. 그리고 노아에게 아담에게 주어진 최초의 복, 즉 생육하고 번성하고 땅에 충만하며 땅을 다스리라는 복을 주신다(창 9:1-2). 또 하나님은 아브라함을 불러내시고 그에게 동일한 형태의 복을 약속하신다. 즉 그의 후손이 온 땅에 충만할 것이며 땅의 모든 민족이 그를 통해 복을 받게 될 것이라는 약속이다(창 12:1-3). 여기서 우리는 아담에게 주어졌던 이 땅에 대한 왕적 소명의 복이 아브라함에게 주어진 약속의 성취에 달려 있음을 보게 된다.

이어서 하나님은 모세를 통해 아브라함의 후손인 이스라엘의 구속의 사명을 주시기 전에, 이스라엘이 애굽의 속박 때문에 울부짖기 이전에 이미 모세에게 자신은 모세의 선조의 하나님, 즉 아브라함과 이삭과 야곱의 하나님이라고 자신을 밝히신다(출 3:6). 이러한 하나님의 자기 계시는 출애굽을 창세기 이야기 맥락 안에 확고히 위치시킨다. 또 하나님은 이스라엘을 불러내어 자신의 제사장 나라와 거룩한 백성을 삼으려 하실 때(출 19:6), 하나님은 모세에게 자신을 너의 선조들의 하나님은 여호와, 즉 스스로 있는 자 곧 영존하시는 참 하나님이라고 계시하신다(출 3:14-15). 이를 통해 분명 창세기와 출애굽기는 천지를 창조하신 하나님이 이스라엘을 구속하신 여호와이시며, 이스라엘을 구속하신 여호와가 유일하신 참 신으로서 천지를 창조하신 하나님이라고 천명하고 있다.

하나님의 사랑에 기초한 이러한 창조와 구속의 유기적인 통일성은 신약의 두 본문인 요한 문헌과 빌립보서의 본문을 통해서 더욱 분명하게 드러난다. 요한복음은 "태초에 말씀이 계시니라"(1:1)라고 시작한다. 이것은 분명 창세기 1:1의 원래 창조를 상기시킨다. 한 걸음 더 나아가 요한은 "이 말씀이 육신이 되어 우리 가운데 성막을 치셨다/ὁ λόγος σὰρξ ἐγένετο καὶ ἐσκήνωσεν ἐν ἡμῖν"(1:14)고 선언한다. 이것은 원래 창조가 지닌 하나님의 뜻과 목적을 근본적으로 이룬다는 점에서 새 창조(New Creation)의 시작이라 말할 수 있다. 요한복음에서 예수께서 이루시는 이러한 새 창조는 하나님의 사랑의 절정의 구현인 십자가 사건이 곧 하나님의 영광의 현현임을 보여준다.

요한은 요한복음 1:14에서 하나님의 성육신을 유일하신 하나님의 영광으로 묘사하고 있으며 이어서 요한복음 전반에 걸쳐서 예수를 영광과 연결 지어 묘사하고 있다(cf. 2:11; 5:41, [44]; [7:18]; 8:50; [9:24]; 11:40; 12:28, 41, 43; 17:1, 4, 5, 22, 24). 특별히 예수께서는 '때'를 자신이 영광스럽게 되는 시간이면서, 동시에 아버지 하나님이 영광스럽게 되는 시간이라고 말한다. 요한복음에서 이 '때'는 예수께서 십자가에서 죽는 때를 가리킨다. 그러므로 요한은 예수께서 십자가에서 죽는 것이 자신과 하나님이 한 가지로 영광스럽게 되는 것이라고 말한다. 이런 점에서 십자가는 하나님의 영광의 절정이며, 하나님의 영광은 성육신으로 드러난 하나님의 은혜와 진리의 충만함 곧 하나님의 사랑의 종말론적인 현현 사건이라 할 수 있다. 하나님은 자기-비움의 사랑으로 우리와 함께 거하시고자 천지를 창조하셨으며, 이 사랑의 절정의 사건이 바로 십자가에 나타난 하나님의 희생의 사랑이며 이것을 요한은 하나님의 영광의 최종적인 현현이며, 이것이 바로 에스겔의 미래 성전(cf. 43:1-5)의 궁극적인 성취라고 강력히 암시하고 있다(cf. 요 1:14).

두 번째로 빌립보서 2:6-11 역시 하나님의 사랑에 의한 창조와 구속의 유기적인 하나-됨을 잘 보여주고 있다. 이 본문은 예수의 성육신과 그를 통한 구속과 새 창조의 역사를 자기-비움(cf. 6절 "그는 자신을 비웠다")의 사건으로 묘사하고 있다. 이 본문은 예수 그리스도의 본성뿐만 아니라, 하나님에 대한 통찰을 제시한다. 왜냐하면, 앞서 요한이 주목했듯이, 하나님은 태초에 말씀이셨고, 이 말씀으로 천지가 창조되었으며(요 1:1-2), 이 말씀이 성육신하신 것이 예수이기 때문이다(요 1:14). 여기서 예수는 육신의 몸을 입기 위해서 무엇을 '비웠는가?'에 대한 논쟁이 있지만, 극단적인 비움의 신학자들이 주장하듯이 하나님의 신적인 여러 속성(예를 들어, 전지, 전능, 무소, 부재, 불변등)을 비웠다고 보기보다는, 단순히 '비웠다'는 동사 앞과 뒤에 놓여 있는 두 동사의 맥락에서 이해하는 것이 더 바람직하다. 즉 예수는 하나님과의 동등되는 것을 붙잡아야 할 그 무엇으로 *생각지 않으셨고, 자신을 낮추셨다*, 그 결과 예수는 사람의 형태로 이 땅에 나타나셨고(성육신), 또한 십자가의 죽음에 이르기까지 순종하셨다. 이것이 바로 예수께서 비웠다는 말의 의미일 것이다.

주목할 점은 하나님의 사랑에 기초한 이러한 예수의 자기-비움과 낮아짐을 통한 성육신과 인류의 구속은 하나님의 이야기의 끝이 아니라는 점이다. 하나님은 이러한 예수의 자기-비움을 통해서 자신의 모든 창조세계에 대한 다스림 곧 아담에게 주어졌던 소명(cf. 창 1:28)이지만 이루지 못한 소명을 이루신다는 점을 주목할 필요가 있다(cf. 9-11. 여기서 "하늘에 있는 … 땅에 있는 … 땅 아래 있는 …"이란 표현은 창 1:26, 28를 상기시킨다). 분명 여기서 아담에게 주어졌던 피조물에 대한 왕권을 보게 되며, 무엇보다도 이 왕권이 십자가를 통해 온전하게 이루어짐을 보게 된다. 그렇다면 분명 하나님의 창조와 새 창조는 처음부터 끝까지 인간의 지혜와 인간의 능력이 아니라, 십자가의 그리스도 가운데 극명하게 드러난 하나님의 지혜와 하나님의 능력(cf. 고전 1:23-24)을 통해 이루어지는 사건임을 알 수 있다.

동일한 원리가 시편 8편[95]에서도 잘 나타난다. 시편 8편은 처음과 마지막에서(수미상관 구조) 하나님의 장엄하심과 그의 영광이 하늘과 땅에 충만함을 선포한다(1절, 9절). 그리고 이러한 장엄함과 영광은 놀랍게도 오직 아이들과 유아들의 입술로만이 찬양으로 고백되도록 제정됨으로써, 세속적인 힘을 숭상하여 사는 모든 자을 침묵하게 하셨다고 말씀한다(2절). 동일한 맥락에서 하나님의 장엄하심과 영광의 천상의 반영인 하늘 피조물들에 비해 볼품없는 사람/인자 즉 하나님보다(מֵאֱלֹהִים)[96] 조금 부족하게 만들어진 인간에게 영광스럽고도

95 이 본문은 신약에서 예수의 기독론에 관한 함의 때문에 가장 많이 인용되는 본문으로서, 최초 인류의 대표 아담— 인류의 집단적 구현인 이스라엘 —다니엘 7장의 인자와 성도들— 새 인류의 대표이신 인자 예수 (복음서의 인자, 특히 마 28:18-20을 보라)를 연결 짓는 핵심 본문이다.

96 이 표현은 칠십인-역과 시리아-역본, 탈굼-역본 등에서는 '천사들'로 번역되고 있다. 이런

존귀한 다스림의 역할을 부여하셔서 하나님의 모든 피조물을 다스리게 하셨다고 말씀한다(3-8절). 여기서 '사람'과 '인자'는 동의어로서 비천함(lowliness)을 뜻하며, 언어적으로는 흙으로부터 온 존재를 가리킨다. 그런데 놀랍게도 이러한 비천한 존재가 하나님의 사랑에 의해서 하나님 보다 조금 못한 존재로 변화되고 있다. 이것은 정확히 죽을 운명을 상징하는 흙으로 창조된 인간[97]이 하나님에 의해서 만물의 통치자로 세움을 받았다는 창세기의 증언과 일치한다(창 2:7과 15; cf. 창 1:26). 분명 창조 본문과 시편 본문 모두는 자신 권세와 힘[98]이 아니라 하나님의 다스림에 의존하여 그 의의 다스림을 중재하는 인간을 통해서만 하나님의 창조세계가 하나님의 원래 질서대로 운용되며 이러한 세계가 하나님이 마침내 드러나게 하실 새 하늘과 새 땅의 근본 질서요 모습임을 천명하고 있다고 볼 수 있다(cf. 시 147:10-11).

1-2) 창조의 의미

하나님은 인류와 영원토록 함께 살면서 이들의 하나님이 되고 이들은 하나님의 백성이 되기를 원해서 천지를 창조하셨다. 이것은 성경 전편에 이르는 일관된 사상이다(레 26:11-12; 겔 37:26-28//고후 6:16; 계 21:3; cf. 창 17:7-8; 출 6:7; 겔 34:30; 렘 31:33//히 8:10).[99] 하나님의 이러한 일관된

번역은 '하나님'보다 조금 못한 인간이라는 표현이 갖는 여러 우려에서 나온 것으로 판단된다. 그러나 '하나님'보다 조금 못하게 창조된 인간이라는 표현은 창세기가 말하는 하나님의 형상으로 창조된 인간 그리고 인간에게 주어진 섭정의 소명과 잘 조화된다(cf. Peter Craigie, *Psalms 1-50*, WBC 19(Waco: Word Books, 1983), 108.

97 창 3:19은 "너는 흙이니 흙으로 돌아갈 것이라"고 말씀한다.

98 시편 8:2의 '대적들'은 분명 '아이들과 젖먹이들'과 대조되며, 이런 점에서 대적들은 자신의 힘, 즉 인간의 힘을 상징한다고 볼 수 있다(cf. Craigie, *Psalms 1-50*, 107).

99 존 H. 월튼은 다음의 저작에서 단호하게 "나는 하나님이 맨 처음부터 자신의 백성들 가운데 거하시기로 의도하셨으며 그들과 관계를 맺고자 하셨다는 점이 구약성서의 핵심이라고 주장하고자 한다"라고 천명한다. 월튼, 『교회를 위한 구약성서 신학』(새물결플러스,

바람은 창세기 1-2장과 요한계시록 21-22장이 성경 전체의 수미상관 구조를 이룬다는 점에서 특별히 잘 드러난다. 창세기 1-2장이 원래 창조 즉 옛 하늘과 땅의 창조에 관한 이야기라면, 요한계시록 21-22장은 새 창조 즉 새 하늘과 새 땅의 창조에 관한 이야기이며, 더 중요하게 새 하늘과 새 땅에 대한 묘사의 핵심은, 하나님이 영원토록 거하시는 곳인 새 예루살렘이 하늘에서 이 땅에 내려오고 "하나님의 장막/성막이 사람들과 함께 있으매 하나님이 저희와 함께 거하시리니, 저희는 하나님의 백성이 되고 하나님은 친히 저희와 함께 계셔서"[100]라는 천명이다.

먼저 주목할 점은 새 창조의 장면에서, 요한은 처음 하늘과 처음 땅이 없어졌고, 바다도 다시 있지 않다고 말씀한다(21:1). 이어서 두 번째로 하늘 보좌의 음성은 "하나님의 *성막*(σκηνὴ)이 사람들과 함께 *있으며*(σκηνώσει)[101] 하나님이 저희와 함께 거하시매/성막을 치시며, 그들은 하나님의 백성이 될 것이요, 하나님 자신은 그들과 함께 있을 것이라" 말씀한다. 마지막으로 주목할 점은 보좌에 앉으신 하나님이 "내가 만물을 새롭게 하노라"라고 말씀하신다는 점이다. 새 창조에 관한

2021), 25.

100 여기서 "하나님이 친히 저희와 함께 계셔서"는 다른 사본들에서는 "하나님이 그들의 하나님이 되실 것이라"로 대체되고 있다. 이 경우 창조는 하나님이 우리 중 영원히 거하시려는 목적뿐만 아니라, 우리가 하나님의 백성이 되고 하나님은 우리의 하나님이 되신다는 목적을 지닌다는 점이 명시적으로 드러난다.

101 여기서 '장막'과 '계신다'는 표현은 서로 동족어이며 더 중요하게는 이 표현이 요 1:14에서 '말씀이 육신이 되어 우리 가운데 *거하신다*'에서 '거하신다'라는 표현과 같은 표현이다. 엄밀한 의미에서 하나님이 우리 중에 *성막을 치신다*라는 표현이 더 적합하며, 이것은 고대 근동 배경에서 볼 때 창조를 하나님의 우주 성전을 지으신 것으로 보는 것과 놀라운 일치를 보인다. 이것은 하나님의 창조가 우리가 중에 거하시는 하나님 즉 우리 중에 성막을 치시는 하나님을 단적으로 보여주는 강력한 예라 할 수 있다. 창조를 하나님의 우주성전의 창조로 보는 견해를 위해 다음을 보라. 존 월튼, 『아담과 하와의 잃어버린 세계』(새물결플러스, 2018), 85이하.

이러한 세 가지 기술은 분명 옛 창조 즉 첫 번째 창조와의 상관관계를 염두에 둔 진술이라 할 수 있다.

먼저 새 창조세계에는 바다가 없다는 기술은 창세기 1:2의 말씀인 "땅이 혼돈하고 공허하며 흑암이 깊음 위에 있고, 하나님이 신이 땅의 수면에 운행하시니라"라는 말씀과 상관한다. 즉 창세기 1:2은 하나님의 창조 곧 질서를 세우심이 혼돈을 뜻하는 깊은 흑암과 땅의 수면으로부터 창조적 능력이신 성령에 의해서 이루지고 있다면, 새 창조에서는 이러한 혼돈의 물질이었던 깊은 흑암이 사라지고(cf. 22:5. "밤이 없겠고 해가 쓸데없으니 주 하나님이 비취심이라") 또한 혼돈의 바다 역시 사라질 것이다.

두 번째로, 새 하늘과 새 땅에서는 하나님의 성막이 사람들과 함께 있고 하나님이 사람들과 함께 거하시며 사람들은 하나님의 백성이 되고 하나님은 그들의 하나님이 될 것이다. 이것은 원래 창조 시에 하나님의 바람 역시 이와 동일했다는 것을 분명히 보여준다.

이런 점에서 세 번째 주목했던 점인 "내가 만물을 새롭게 하노라"는 하나님의 최종적 선언이 의미를 지닌다. 원래 창조 시에 있던 혼돈의 세력이 완전히 사라지고, 하나님이 인류와 함께 거하시며 인류의 하나님이 되시는 일이 완벽하게 이루어진 일이 다름 아니 새 창조이기 때문이다. 이렇게 창세기 1-2장의 원래 창조와 요한계시록 21-22장의 새 창조 사이의 수미상관 구조는 우리가 창세기 1-2장의 원래 창조의 목적에 대한 이해를 갖게 하는 결정적인 열쇠이다.

(1) 하나님 나라의 시작(하나님의 왕적인 형상을 중심으로)

하나님은 하늘과 땅을 자신이 거하시는 장소 즉 자신의 왕국 또는 자신의 처소인 성전으로 만드시고자 창조하셨다. 이것은 창조의 의미가 한편으로는 창조세계 특히 이 땅을 하나님이 다스리시는 나라 즉 하나님의 ***의***로 가득 찬 세상을 만드셨다는 점이요 다른 한편으로는 하나님이 자신의 임재로 가득 찬 성전 즉 하나님의 ***거룩함***으로 가득 찬 세상을 만드셨다는 뜻이다.[102] 물론 이 두 의미는 결국 하나님은 우리와 영원히 함께 살고 싶으신 열망으로 하늘과 땅을 만드셨다는 점에서 성경의 창조기사 자체를 통해서 서술될 수 있다. 고대 근동 지방의 창조 설화들에 따르면, 당시 왕들은 자신들을 자신들이 섬기는 신들의 형상이라고 생각했고, 또한 자신들은 신의 지상적 대리인이라고 믿었다.

이 땅의 창조가 지닌 왕적인 함의는 첫째로, 고대 근동 지방의 창조 이야기들을 통해서 분명해질 수 있다. 고대 근동지역의 왕들은 자신들의 형상들을 자신들의 영토 특히 나라 간의 경계선 곳곳에 세워 놓았는데, 이 형상들은 형상들이 세워진 지역에 대한 왕들 자신의 주권적인 임재와 통치를 대변했다.[103] 이러한 고대 근동의 사상은 고대 근동의 언어와 문화권의 일원이었던 고대 이스라엘이 창조 사건을 기술할 때 어떤 식으로든 영향을 미쳤음을 암시한다. 동시에 이 점은 하나님이 아담을 자신의 형상/모양대로 땅이란 영역에 창조하신 것은 하나님 자신의 천상의 왕권을 지상에 반영하라는, 즉 이 땅에 대한 하나님의 주권적 임재와 통치를 아담이 대변하게 하려함이었음을 강력히 암시한다.

---

102 이 두 단어, 즉 '의,'와 '거룩함'은 하나님의 창조 질서 곧 하나님의 나라가 유지되기 위한 필수 조건이기도 하다. 즉 이스라엘 백성에게 주어진 약속의 땅은 선물이지만, 이것이 유지되기 위한 필수 조건 역시 의와 거룩함이었음을 주목할 필요가 있다(cf. 레 18:25, 289[거룩함이 없는 땅 즉 더럽혀진 땅이 이스라엘 백성을 토해냄, 19:2[내가 거룩하니 너희도 거룩하라]).

103 cf. G. K. 빌, 『신약성경신학』 (부흥과개혁사, 2013), 48; 존 월튼, 『아담과 하와의 잃어버린 세계』 (새물결플러스, 2018), 164이하; J. 리차드 미들턴, 『새 하늘과 새 땅』 (새물결플러스, 2015), 63이후.

둘째로, 이 땅의 창조가 지닌 왕적인 함의는 창세기의 창조 기사 자체를 통해서 증명된다. 창세기 1:26-28의 문맥은 하나님의 형상과 인간의 다스림의 소명 사이에는 본질적이고도 유기적인 관계가 있음을 분명히 보여준다. 즉 하나님의 형상을 26절과 27절에서 언급 후에 28절에서 만물에 대한 다스림의 복된 약속을 주셨다는 사실은 하나님의 형상은 하나님의 천상의 다스림을 지상에 반영하여 하나님의 영광을 드러내는 다스림의 역할로 보는 것이 문맥상 매우 자연스럽다.

창세기 1:28의 생육하고 번성하라는 뜻은 하나님의 다스림의 형상을 이 땅에 반영하고 이 땅을 하나님의 영광스러운 다스림을 충만하게 할 인류 후손들을 풍성히 생산할 것을 말하며, 땅을 정복하고 다스리라는 뜻은 하나님의 천상의 의로운 통치를 이 땅에 온전히 구현함으로써 모든 피조물이 하나님의 다스림의 의를 경험하며 이로써 하나님의 영광이 드러나며 하나님의 임재가 실현되게 하라는 뜻이다. 이런 점에서 인류는 하나님의 순종하는 자녀들로 땅에 대한 하나님의 궁극적인 영광스러운 왕권을 드러내도록 위임받은 부-섭정(vice-regent)들과 같다.

이 점은 이사야 45장에서도 잘 나타나 있다. 45:7에서 하나님은 빛도 짓고, 어둠도 창조하며 평안도 짓고 환난도 창조하신다[104]고 말씀하시며 곧이어 8절에서 하늘과 땅을 향해 '의'를 쏟아붓고 '의'가 움 돋게 하라고 말씀하신다. 이것은 하나님의 창조는 하늘과 땅이 하나님의 의로 가득 차기를 원하셨으며 이런 점에서 인간을 하나님 자신의 형상대로 창조하시고 생육하고 땅에 충만하여 땅을 다스리라는

104 주목할 점은 여기서 창조에 관해 사용되는 세 단어(짓다, 창조하다, 빚다)는 모두 창세기 1-2장의 창조기사에서 정확히 모두 사용되는 단어라는 점이다. 그렇다면 7절과 8절은 한데 어우러져 하나님은 온 창조세계가 자신의 의로 가득하기를 원하셨다는 우리의 주장을 지지하며, 이러한 열망이 인간 대리인들에게 주어진 섭정이다.

복의 명령 역시 하나님의 의의 다스림을 이 땅에 온전히 구현하라는 뜻임을 잘 보여준다. 처음부터 하나님의 창조 의도는, 하나님의 영광의 형상-담지자로서의 인간은 땅을 가득 채우고 이곳에 영원히 거주함으로써 온 땅이 영원히 하나님의 영광스러운 형상-담지자들로 가득 차게 하고 결국 이 모든 것에게 대해 하나님께 영광을 올려드리는 것임을 잘 보여준다(cf. 시72:19).

(2) 하나님의 임재의 시작(제사장적 소명을 중심으로)

하나님은 창세기 1장에서 인류의 원형인 아담을 창조하셔서 자신의 천상의 의를 이 땅에 온전히 구현하도록 하셨다. 그리고 창세기 2장에서 하나님은 에덴동산을 세우시고(8절), 아담을 이끌어 에덴동산에 두시며, 동산을 '다스리고 지키게' 하신다(15절). 여기서 '다스리다'는 히브리어로 עָבַד인데 이 단어는 '섬기고 가꾸다'의 의미를 지니며 '지키다'는 히브리어로 '지키고 보존하다'를 뜻한다. 에덴동산을 일상적인 농원으로 생각한다면 아마도 이 두 단어는 동산을 경작하고 가꾸는 것을 의미할 것이다.

에덴동산은 하나님의 임재가 집중된 성소이며, 이런 점에서 이 두 단어는 아마도 제사장의 사명으로 이해하는 것이 바람직할 것이다. 이 경우 이 두 단어는 제사장이 성소를 '섬기면서' 악한 것이나, 더러운 것들이 들어오지 못하도록 성소의 거룩함을 '지킨다'는 뜻을 지닌다고 보는 것이 더 적합하다.[105] 이것은 또 다른 함의를 지닌다. 즉 에덴에서 아담에게 부여된 이러한 제사장적인 의미는 하나님은 우주를 자신의 성소로 만드셨고, 에덴을 자신의 임재가 집중된 장소로

105 그레고리 빌, 『성전신학: 하나님의 임재와 교회의 선교적 사명』 (새물결플러스, 2014), 89이하.

구별되게 하셨으며, 또한 하나님은 에덴에서 아담이 자신에게 주어진 제사장적인 소명을 잘 감당함으로써 하나님의 임재가 온전히 구현된 후에, 하나님의 임재가 에덴동산으로부터 온 땅으로 확장되기를 의도하셨다는 것을 뜻한다. 그렇다면 이러한 창세기 1-2장의 배열은 하나님의 천상의 왕권은 우주적인 왕국 형성에 관심을 두고 있으며, 특별히 이 일은 하나님의 최초 성전인 에덴으로부터 발원하여 우주적으로 확장되는 것임을 암시한다.

아담에게 주어진 이러한 왕적이며 제사장적인 소명은 아담의 타락으로 인해 결국 하나님이 의도했던 하나님의 나라의 의와 하나님의 성소의 거룩함 대신에 세상에는 불의와 폭력이 가득 차게 된다. 이에 하나님은 홍수로 세상을 심판하신다. 그러나 하나님은 노아를 선택하셔서[106] 그를 통해 아담의 소명을 이루게 하신다. 특별히 홍수 후에 노아가 하나님께 단을 쌓고 제사 드리는 모습은 그가 제사장적인 소명을 이루는 모습을 뜻한다.

하나님이 노아에게 복을 주시며 하신 말씀은 정확하게 아담에게 주셨던 복의 약속을 반복하고 있다. "하나님이 노아와 그의 아들들에게 복을 주시며, 그들에게 이르시되, **생육하고 번성하여 땅에 충만하라**. 땅과 바다 그리고 공중의 모든 생물이 너희를 두려워하며 너희를 무서워하리라"(창 9:1-2). 땅에 번성하고 충만하여 땅의 모든 생물을 다스리라는 소명은 아브라함의 언약 가운데 동일하게 반복된다. "내가 너를 심히 번성하게 하리니, … 열왕이 너로부터 올 것이라"(창 17:6). 땅에 대한 다스림의 섭정이 지속적으로 하나님에 의해서 선택된 자들에

106 노아에 대한 다음과 같은 묘사를 주목하라. "노아는 의로운 사람이요 … 하나님과 함께 걸었더라." 이것은 노아가 아담의 소명 즉 하나님의 의를 구현하며 하나님의 임재 가운데 살아감으로써 왕적인 제사장적인 소명을 이루고 있다는 것을 보여준다.

의해서 이어지고 있음을 볼 수 있다. 온 땅에 대한 이러한 다스림의 소명은 족장들로부터 족장들로 이어지며(cf. 창 22:17-18; [이삭]창 26:4; [야곱]창 28:3-4, 13-14; 창 32:12; 창 35:11; [요셉] 47:27, 출 1:6-7), 결국 아담의 소명은 이스라엘의 소명으로 이루어진다.

출애굽기는 이스라엘의 이러한 소명을 다음과 같이 주목할 만한 형태로 묘사하고 있다. 출애굽기 1:7은 아직 이스라엘이 하나님의 백성으로 자리 잡기 전 매우 초기 형태의 이스라엘을 이렇게 묘사하고 있다. "이스라엘 자손이 생육하고 심히 번성하고 창대하여 온 땅에 충만하였더라." 이 본문은 홍수 후에 노아에게 주신 축복(cf. 창 9:7)과 매우 유사하며, 이로써 아담에게 주신 소명(창 1:18)과 자연스럽게 이어진다.

물론 이스라엘 자손들이 이때 애굽의 속박에 있었기에 다스림과 정복의 소명은 기술되고 있지 않지만, 소명에 대한 나머지 기술들은 분명히 아담의 소명에 관한 기술을 연상시키기에 충분하다. 그리고 시내산에서 하나님은 모세에게 구체적으로 이스라엘이 자신에게 제사장 나라와 거룩한 백성이 될 것이라고 말씀한다(cf. 출 19:6). 결론적으로 이스라엘 선조들의 소명이 바로 아담 소명의 연장선상에서 이루어지며, 결국 이스라엘의 소명을 통해서 이러한 아담의 소명이 재천명된다. 이런 점에서 출애굽기 19장은 이스라엘을 왕 같은 제사장 나라로 부름을 받았다고 말한다(cf. 6절). 하나님은 이스라엘의 소명과 함께 본격적으로 성막과 성전을 통해서 자신의 하늘 성전을 이 땅에 구현하신다.

이스라엘은 광야를 거쳐서 에덴동산의 동편에서 이루어진 거룩한 땅이요 안식의 땅인 약속의 땅 가나안에 정착하게 된다. 이곳에서 그들은 하나님의 다스림의 의를 편만하게 하고, 하나님의 거룩한 임재를 구현해야 할 책무를 부여받지만, 그들의 불의와 폭력과 부정함으로 인해 결국 그 땅에서 추방된다. 이것을 에스겔 선지자는 하나님의 영광이 예루살렘 성전의 동문으로 떠나는 장면으로 묘사하고 있다(cf. 겔 10:18). 그러나 하나님은 이스라엘의 내적인 정화와(겔 36:25-26), 근본적인 새 창조를(겔 37장) 통하여, 예루살렘 성전으로 돌아오신다. 이것을 에스겔 선지자는 하나님의 영광이 떠났던 바로 동일한 성전의 동문을 통해 성전 안으로 들어오는 모습으로 묘사하고 있다(겔 43:1-5).

이것이 바로 에스겔의 미래 성전인데, 문제는 이 미래 성전이 그 후 이스라엘이 역사 가운데서 한 번도 구현된 적이 없다는 점이다. 이러한 역사적인 배경에서, 신약의 저자들은 예수의 오심이 바로 이 미래 성전의 종말론적인 구현이라고 말하고 있다(cf. 요 1:14). 정확히 말해서 에스겔의 미래 성전은 종말에 하나님이 이루실 성전 성취의 초기 형태를 묘사하고 있으며 동시에 에스겔의 미래 성전(참조, 겔 43장)은 예수 성전을 통해서 온전하게 구현되고 있다는 점이다(참조 요 1:14). 그러나 동시에 예수 성전, 즉 사람이 돌로 지은 성전이 아니라 하나님이 친히 예수의 죽음과 부활을 통해서 지으시는 성전(cf. 출 15:17) 곧 십자가에 달려 죽은 그리스도를 기초로 그를 따르는 자들을 재료로 하여 세워지는 하나님이 거하시는 성전은(cf. 고전 3:10-11, 16. 여기 11절에서 말하는 '기초' 곧 예수 그리스도는 문맥 상 고전 1:23에서 '십자가에 못 박힌 그리스도'를 가리킴이 분명하다), 종말 즉 요한계시록 21-22장에 나타나는 종말의 하늘 성전 성취의 시작이라고 할 수 있다.

특별히 종말에 나타날 하늘 성전은 우주 자체이며, 우주가 하나님이 거하시는 성전이요 몸의 부활을 통해서 완벽한 영과 육의 부활을 경험한 하나님의 종말론적 백성들이 이 성전에서 영원토록 하나님과 함께 거하게 된다. 특별히 요한계시록 21:3을 주목할 필요가 있다. "하나님의 성막이 사람들과 함께 있으매 하나님이 저희와 함께 거하시리니 저희는 하나님의 백성이 되고 하나님은 친히 저희와 함께 계시리라." 이 구절은 레위기 26:11-12, 에스겔 37:27, 고린도후서 6:16을 분명하게 반향하고 있다. 이 모든 말씀은 분명 창조 시에 에덴 성전을 통해 하나님이 뜻하셨고, 구약의 물리적인 성전이 늘 지향해왔으며, 예수 그리스도의 성육신(cf. 요 1:14)을 통해 이 땅에 근본적인 모습을 드러내기 시작했던 '우리 중에 하나님이 영원히 거하심'의 사건은 바로 최종적이고 영원한 성전이신 하나님 자신이라는 것을 뜻한다.

(3) 아담과 그리스도의 모형론적인 이해(대표성과 하나님의 원래 창조의 공동체적인 이해)

신약을 바로 이해하기 위해서 구약의 하나님을 살피는 것은 타당할 뿐 아니라, 당위적인 문제라 할 수 있다. '하나님은 인류와 역사에 대한 어떤 계획을 갖고 계셨기에 결국/종말론적으로 예수 그리스도를 통해서 행동하셨는가?'라는 질문은 필연적이다. 이렇게 구약과 신약의 관계에서 신약을 생각하는 것은 예수와 바울의 메시지를 플라톤 전통의 이원론적인 구원론, 종말론, 교회론을 극복할 수 있는 올바른 길이라고 할 수 있다. 즉 신약을 구약에 철저히 비추어 읽고 해석함으로써 우리는 예수를 믿어 영혼이 구원을 받고 죽은 후에 천국에 간다는 플라톤-화된 이원론적인 신앙이나 구원 그리고 종말에 대한 이해를 극복할 수 있다는 뜻이다.

하나님의 나라는 하나님 자신의 다스림을 통해서 원래의 창조세계와 인류의 청지기적 사명을 가능하게 하는 인류의 왕권 회복 곧, 원래 창조를 새롭게 하는 것을 근간으로 한다. 이렇게 새로운 창조를 근간으로 하는 하나님의 나라/다스림은 '하나님의 아들(최초 아담 - 족장들 - 이스라엘 - 하나님의 아들 예수로 사명이 이관되고 성취됨)로서의 그리스도(아담의 사명을 종말론적으로 이루시는 사역자)'(The Christ as the Son of God, cf. 마16:16; 막14:61)를 통해서 이 땅에 근본적으로 마침내/종말론적으로 성취되기 시작했다.

N. T. 라이트는 이러한 '아담-그리스도' 패러다임을 '존재론적-구원론적'이라기보다는 '아담-하나님의 나라에 관한 것'이요, '아담-이스라엘의 소명에 관한 것'이며, '기독론과 새-창조 프로젝트에 관한 것'이라고 주장한다.[107] 달리 말하면, 전통적으로 '아담-그리스도'의 문제는 존재론적-구원론적인 문제이다. 이 패러다임에 따르면 원래의 '선한' 아담이 타락해서 '악하게' 되었고, 그래서 그의 후예들인 인간이 '악하게' 되었으며, 그리스도의 오심은 '악한' 인류를 '바르게' 혹은 '의롭게 하여' 영원한 천국에 들어가게 하는 일에 관한 것이다.

그런데 창세기의 우주와 인류의 창조에 대한 이해의 관점에서 볼 때, '아담-그리스도'는 본질상 '하나님 나라의 창조-새로운 창조'라는 구조의 문제이며, 특히 이러한 구조에서 이들 각각이 차지하는 소명과 역할의 문제라는 것이다. 그런 점에서 예수 그리스도의 사역은 단순히 인류 구원에 관한 문제가 아니라 아담에게 주어졌지만 거절되었던 창조세계에 대한 섭정의 왕권을 종말론적으로 회복하는 일이다. 이러한 이해는 정작 바울이 이해했던 그리스도에 대한 이해(바울의 기독론)을 정당하게 평가하는 일이다. 다음의 구절이 이를 잘 예증하고 있다.

왜냐하면 한 사람의 죄로 인해 죽음이 한 사람으로 말미암아 ***다스렸음***이

107 이하의 설명은 다음에서 기인한다. N. T. Wright, "아담에 관한 바울의 언급에 대한 보충설명," 존 월튼, 『아담과 하와의 잃어버린 세계』 (새물결플러스, 2018), 322-337.

사실일진대,

훨씬 더 많이 은혜와 의의 선물의 풍성함을 받는 자들은

한 분 예수 그리스도로 말미암아 훨씬 더 많이 ***다스리게 될 것***이기 때문이라!(롬 5:17)

죄가 죽음 가운데 ***다스렸던*** 것처럼,

(하나님과 그리스도의) 은혜가 의로 말미암아 ***다스리게 되어서***,

결국 우리 주 예수 그리스도를 통해 영원한 생명에 이르게 됨이라(롬 5:21)

이 구절들에 주목할 점은 집중적으로 아담과 예수를 다스림 즉 왕권의 관점에서 제시하고 있다는 점이다. 이와 같은 아담-그리스도의 패러다임은 우리가 이 땅에 대한 하나님의 의의 다스림을 섭정하도록 소명과 재능을 받았으나 그 소명을 거절하고 대신에 자신의 왕국을 세우면서 주어진 재능을 사용함으로써 하나님의 의와 평화의 왕국이 아니라 사탄의 불의와 폭력의 왕국을 세우게 된 '아담'과, 아담으로 대표되는 타락한 인류를 회복해서 하나님의 소명을 이루게 하신 '그리스도'를 볼 수 있게 한다. 단순히 아담과 그리스도를 개인적인 구원의 관점에서 보는 것은 성경의 거대담론(the Grand Discourse)을 간과하는 일이며, 우리의 신앙을 매우 사적이고 개인주의적이며 동시에 '저 하늘의 천국'에 집착하게 하는 현실 도피적인 것으로 환원하게 만든다.

결론적으로 하나님의 아들로서의 그리스도는 단순히 우리의 구원자가 아니라, 타락하고 왜곡되고 망가진 하나님의 원래 창조를 회복하고 바르게 하여서 온전한 하나님의 나라에 이르게 하시는 분이시며, 더 중요하게는 이 나라에 살게 될 새로운 인류들을

창조하심으로써(부활[새 생명]의 첫 열매, cf. 고전 15:20-28; 골 1:15-20) 이들을 대표하는 분이시다. 아담이 옛 인류의 선조요 대표자이었듯이, 예수는 새 인류의 선조요 대표자라는 뜻이다.

(4) 플라톤 전통의 하나님에 대한 이해의 문제점

성경적 창조 관점과 관련하여 이를 왜곡하는 플라톤 전통의 하나님 이해를 잠시 살펴볼 필요가 있다. 하나님은 본성상 사랑이다(요일 4:8, 16). 특별히 하나님의 이 사랑은 자기 아들 예수 그리스도를 내어주신 사랑이며(요 3:16; 요일 4:9-10), 빌립보서 2:7-8의 용어를 빌리자면, 자기-비움/낮춤의 사랑이다. 하나님은 이 사랑으로 천지를 창조하셨고, 이 사랑으로 하나님은 창조의 완성을 향한 궤도를 이탈한 원래 창조를 정상 궤도로 올려놓으실 뿐만 아니라, 창조 완성의 근간을 이루신 새-창조를 행하셨다.

하나님의 원래 창조는 우리와 함께 거하시려는 목적의 발현이다. 앞서 주목한 대로, 하나님은 인류와 영원토록 함께 살면서 이들의 하나님이 되고 이들은 하나님의 백성이 되기를 원해서 천지를 창조하셨다. 이것은 성경 전편에 이르는 일관된 사상이다(레 26:11-12; 겔 37:26-28//고후 6:16; 계 21:3; cf. 창 17:7-8; 출 6:7; 겔 34:30; 렘 31:33//히 8:10).

이렇게 우리와 함께 영원토록 거하시는 것이 하나님의 원래 창조인 완성이 새 하늘과 새 땅의 궁극적인 목적이라면, 분명 하나님의 원래 창조 역시 우리와 함께 영원히 살고 싶은 하나님의 역사적인 행위임이 분명하며, 자신의 아들 예수 그리스도를 이 땅에 보내셔서 우리를 구속하사 새 창조의 일원이 되게 하신 것(cf. 고후 5:17) 역시 이 목적을 이루시는 하나님의 결정적인 행위임이 분명하다.

그런데 성경은 특별히 하나님이 아들 예수를 이 땅에 보내셔서 그로 말미암아 우리가 살게 하려 하신 것(cf. 요일4:9. ἵνα ζήσωμεν[108] δι' αὐτοῦ.)을 '하나님의 사랑'의 구현이라고 규정하고 있다(cf. 요일 4:9-10). 하나님의 사랑의 구체적인 표현이 바로 아들 예수가 이 땅에 오셔서 우리가 영원한 생명을 얻게 하신 것이라는 뜻이다. 하나님이 예수를 이 땅에 보내신 것은 우리가 하나님 자신과 영원히 함께 살 수 있게 하시려는 목적이다. 바로 이 목적은 최초 하나님의 천지 창조 특히 인류 창조에서도 동일하게 찾아 볼 수 있다. 하나님은 흙으로 사람을 지으시고 생기를 코에 불어넣어서 사람이 '생령'(נֶפֶשׁ חַיָּה)이 되게 하셨다(cf. 창 2:7). 여기서 생령은 원래 '살아 있는 존재 혹은 생명'(living being 혹은 living life)을 뜻한다. 그런데 인간을 가리키는 히브리어 נֶפֶשׁ(네페쉬)는 또 다른 히브리어인 בָּשָׂר와(바사르) 달리 초월적이며 그 어떤 것에 의해서도 통제되지 않는 생명을 가리키며, 더 정확히 말해서 하나님이 생명의 숨을 주셔서 살게 되는 사람의 생명 혹은 오직 하나님에게 복속된 영 혹은 숨이 거주하는 생명을 가리킬 때 사용된다. 이에 반해서 '바사르'는 살아 있는 것을 가리키며 더 정확히 혼과 육이 결합된 존재로서의 '나' 곧 육체라는 의미를 지닌다. 이런 점에서 하나님이 홍수로 폭력이 가득한 세상을 심판하실 때, 땅의 모든 인류를 ' בָּשָׂר 바사르'라고 부르고 있음을 주목할 필요가 있다(cf. 창 6:12, 19; 7:15[הַבָּשָׂר אֲשֶׁר־בּוֹ רוּחַ חַיִּים/그 안에 생명의 숨이 있는 모든 육체], 21).[109]

---

108 이 동사는 구약과 신약을 포함해서 성경전통에서는 참 생명, 곧 영원히 현존하시는 하나님께로부터 기인하는 생명을 가리키는 데 사용된다. 성경전통에 따르면, 죽음과 생명은 자연적인 현상으로 이해되지 않으며, 자명하지 않으며 필요한 것도 아니다. 단지 생명은 오직 하나님께 속해 있으며 죽음은 죄에 대한 형벌로 이해된다. 이런 점에서 이 구절이 담고 있는 '살려함이라'는 단어는 하나님께로부터 기인하는 참 생명 곧 영원한 삶을 뜻한다(cf. Bultmann, "ζαω, E. The Concept of Life in the NT," *TDNT* vol. 2. edited by Gerhard Kittel (Grand Rapids: MI, 1964), 861이하)

109 상게서, Bultmann, "4. The Concept of Life in the OT," in "B. Life and Death in the O.T,"849페이지.

여기서 분명한 사실은 하나님은 자신과 영원히 함께 살게 하시고자 자신의 참 생명이 거주하는 자들인 '생령'으로 인류를 창조하셨는데, 이 인류는 죄로 인해 결국 죽을 수밖에 없는 '육체'가 되었다는 점이다. 이런 점에서 하나님은 자신의 아들 예수를 이 땅에 보내셔서 그의 대속의 죽음과 부활을 통해서 인류를 하나님의 참 생명이 거주하는 '생령'이 되게 하신 것이며, 이 생령인 인간은 오직 하나님에게서 주어지는 참 생명을 향유할 수 있는 자들이 된 것이다. 그런데 성경에 따르면 이러한 하나님의 행위는 결국 사랑의 행위로서 사랑이 구현된 것이다. 이것은 하나님이 본성 상 누구인지를 극명하게 보여준다. 하나님은 근본적으로 사랑의 하나님이시다.

고대 초기 교회 시대의 마르키온이 그러했듯이 성경의 어떤 해석전통은 구약의 하나님을 군주적 모델의 하나님으로, 그리고 그의 창조를 군주적인 주권의 행위로 보지만, 예수의 십자가를 통한 새 창조 행위를 하나님의 사랑의 행위로 봄으로써 구약과 하나님과 신약의 하나님에 대한 이중적인 이해를 보인다. 그러나 이것은 구약의 증언과 신약의 증언 사이의 불일치를 주장하는 것이다. 왜냐하면, 십자가에 나타난 하나님은 갑자기 초월적으로 나타난 하나님이 아니라 구약이 증언하는 하나님의 성육신이요, 특별히 사랑으로 세상을 창조하시고 그의 창조세계에 대한 사랑 때문에 자신의 아들 예수 그리스도를 이 땅에 보내신 하나님이 사랑의 현현이 십자가이기 때문이다. 이러한 구약과 신약의 유기적 통일성을 간과하는 것은 헬라 전통의 플라톤 이원론적인 신관과 구원관을 반영하는 것이라 할 수 있다.

2) 하나님 나라와 교회

여기서는 하나님 나라와 교회의 관계를 복음서 몇몇 본문을 중심으로 개관해 보고자 한다. 먼저 마가복음 1:9-20을 중심으로 하나님 나라의 도래와 제자 공동체에 대해 살펴보고, 이어서 마태복음 16:16-19을 중심으로 하나님의 나라와 교회의 관계에 대해 살펴볼 것이며, 끝으로 고린도전서 3:10-11을 중심으로 십자가에 달린 그리스도와 교회 공동체의 관계를 살펴볼 것이다.

2-1) 창조 소명의 성취 관점에서 하나님의 나라 도래와 제자 공동체(막 1:9-20)

마가는 자신의 복음서를 하나님의 아들 예수 그리스도의 복음의 시작이라고 말한다(cf. 1:1). 그리고 이 복음은 이사야가 예언한 바 있던 복음이라고 규정한다(2-3절).[110] 이사야의 복음은 한 마디로 '하나님이 원래 자신의 통치 아래 있었던 왕국으로 귀환하신다는 것이다(cf. 사 40:10; 사 52:7). 마가복음 1:2-3은 이 복음을 "광야에 하나님이 자신의 종말론적인 통치의 좌소인 시온에 이르는 대로를 내는 것이며, 이 대로는 예루살렘에서 인류의 메시아로서 죽기 위해서 예루살렘을 향해 걸어가는 길이기도하다"라고 말한다. 이어서 마가는 1:9-11에서 예수의 수세 시에 일어난 하늘이 찢어지고 성령이 내려온 사건과 "너는 내 사랑하는 아들이요 내가 기뻐하는 자"라는 하늘의 음성을 기술한다. 하늘이 찢어지는 사건은 이사야 64:1을 암시하며 성령이 내려온 사건은

110 막 1:1-3을 읽는 방식에 관한 석의적인 논쟁이 있다. 전통적으로는 1절을 표제로 보고, 2-3절의 이사야 구절 인용을 4절 이하에 세례요한의 출현에 대한 증거자료로 보지만, 대안적 읽기는, 접속사 καθὼς(just as)가 이끄는 2-3절 전부를 4절이 아니라, 1절을 수식하거나 한정하는 접속사절로 취급하는 것이다. 이 경우 1-3절은 이렇게 읽는다. "이사야에 의해 기록되었던 바로 그 복음의 시작으로서의 하나님의 아들 예수 그리스도의 복음의 시작이라." 이렇게 1-3절을 읽는다는 것은 마가복음의 복음을 이사야가 예언했던 복음의 관점에서 읽는 유익이 있다.

이사야 63:11을 암시한다. 마가는 이러한 반향을 통해서 이사야의 예언이 예수의 수세 장면에서 성취되고 있음을 보여준다. 둘 다 하나님이 다스리시는 새 시대의 도래를 보여주는 묵시론적-종말론적인 사건임을 뜻한다.

여기서 한 걸음 더 나아가 예수의 수세 장면에서 일어난 사건은 창세기 1:1-2을 반향하고 있다. 창세기 1:1은 태초에 하나님이 하늘과 땅을 만드셨다고 하는데 하늘과 땅의 창조는 하나님이 하늘과 땅을 자신의 거처로 하나 되게 하는 사건임을 이미 주지한 바 있다. 그리고 이어지는 2절은 하나님의 신 곧 성령이 혼돈하고 공허한 땅과 깊은 흑암 중 곧 땅의 수면 위에(cf. 계 21:1) 운행하신다고 말씀하고 있다. 여기서 성령은 혼돈하고 공허한 땅을 인간의 거처이며, 또한 하나님이 임재하시는 땅으로 변화시키는 창조적인 능력을 보임과 동시에, 하나님의 임재의 시작을 나타낸다. 그런데 동일하게 예수 수세 장면에서 일어난 사건은 하늘이 찢어지고 하늘과 땅이 하나가 되는 것을 뜻하며, 태초에 창조적인 능력이었던 성령이 새로운 창조와 함께 이 땅에 하나님의 임재를 구현하고 있음을 보여준다.

하늘의 음성은 시편 2:7과 이사야 42:1의 결합된 형태를 띠고 있다. 시편 2:7은 하늘에 계신 분, 곧 여호와와 그의 기름 부음 받은 자를 대적하는 온 열방과 민족의 왕들에 대해서 여호와께서 그의 기름 부음 받은 자를 자신의 아들이라 부르시며, 그에게 온 나라들을 기업으로 주시며 열방을 철장으로 다스릴 것을 말씀하고 있다. 이사야 42:1은 하나님의 종에 대한 말씀으로 이 종에게 성령이 주어질 것이며, 그는 열방을 공의로 다스릴 것이요, 하늘과 땅을 창조하신 하나님에서 온 이방의 빛과 흑암에 앉은 자들의 구원자로 묘사되고 있다(5-7절). 이러한 구약 두 구절의 반향을 통해서 마가는 예수가 우주적인 악의 세력을 정복하시며 동시에 온 열방을 하나님의 의로 다스릴 자임을 강력하게 암시하고 있다. 이런 점에서 마가가 전하는 복음이나 이 복음의 정수이신 예수 그리스도는 아담에게 주어졌으며 이스라엘에게 이관된 창조 소명 곧 하나님의 의로 가득 찬 창조세계를 이루라는 창조의 소명을 이루시는 예수의 복음이라는 강력한 암시를 보여준다.

여기서 한 걸음 더 나아가 하늘의 음성은 하나님의 최초 창조 가운데, 인간을 창조하시고 인간에게 창조세계에 대한 왕적-제사장적 소명을 주신 일을 반향한다고 볼 수 있다. 기본적으로 하나님의 기뻐하는 아들은 이스라엘을 지칭한다(cf. 출 4:22; 호 11:1). 그런데 이스라엘과 이스라엘을 대표하는 자의 소명은 어둠 가운데 있는 열방에 큰 빛을 비추는 것이었으며(cf. 사 9:1-2) 열방에 공의를 행하는 것이었다. 이것은 정확하게 창조 시 아담에게 주어진 소명이었다. 아담은 하나님의 형상 곧 다스림의 형상을 따라 창조되었기에 하나님의 의의 다스림을 이 땅에 반영하고 구현하라는 소명을 받은 자들이다. 아담에게 주어진 소명이 이스라엘에 주어진 소명이요, 이것을 이루시는 분이 바로 종말에 나타날 메시아이다. 그런데 마가는 이러한 소명을 온전히(종말론적으로) 이룰 수 있는 분은 오직 하나님의 아들(the Son of God)이라고 천명하면서, "너는 내 사랑하는 아들이요 내가 기뻐하는 자라"고 말하고 있다. 즉 내가 기뻐하는 자 메시아는 소명에 관한 것이며, 하나님의 아들은 이 소명을 종말론적으로 이루는 분이라는 뜻이다.

이어서 마가복음 1:12-13은 예수의 시험 장면을 담고 있다. 이 시험 장면은 다른 공관복음서의 시험 장면들(마 4:1-11; 눅 4:1-13)과 달리 시험을 대폭 축소하여 기록하고 있으며, 특별히 성령, 광야, 내쫓음[마가의 독특한 표현], 사탄, 들짐승[마가의 독특한 표현], 천사 등과 같은 용어들을 사용함으로써, 예수의 시험이 단순히 사적인 또는 역사적인 사건 정도가 아니라, 우주적인 차원의 사건이요, 우주적인 사탄과의 결정에서 승리하시는 모습을 보여주며, 전반적인 분위기 역시 아담에 타락으로 인해 빼앗겨 버린 낙원의 회복을 보여준다.

이러한 우주적인 갈등에서의 승리는 이어지는 14-15절의 예수의 하나님의 복음 선포를 통해서도 지지를 받는다. 먼저 여기서 하나님의 복음이라는 표현은 1:1이 말하는 예수 그리스도의 복음과 수미상관 구조를 이룸으로써, 이 두 복음이 동일한 복음임을 뜻한다. 이것은 하나님의 최초의 복주심의 사건인 창세기 1:28 즉 하나님의 의의 다스림을 이 땅에 충만하게 하라는 소명과 이사야 52:7이 말하는 "하나님이 다스린다"는 의미를 반향한다고 볼 수 있다. 앞서 지적했듯이, 인간을 통한 하나님의 의의 통치 즉 섭정은 인간의 반역으로 이루지 못했고, 오히려 인류는 사탄의 지배로 들어간다. 이런 점에서 포로-후기 예언서들이 전하는 복음은 '하나님 자신이 친히 다스린다'는 천명을 통해서 하나님의 창조세계 특히 이 땅에 대한 다스림 곧 주권의 변화를 집중적으로 조명하고 있다고 할 수 있다.

이러한 의미는 곧 이어지는 15절이 말하는 바와 일맥상통한다고 볼 수 있다. 때가 찼다는 것은 사탄이 지배하는 시대가 그 부여된 시간을 꽉 채웠고, 이제 하나님이 다스리시는 시대가 이 땅에 동트기 시작했다는 것이다. 즉 세상을 창조하시면 하나님의 의의 다스림과 그의 영광스러운 임재가 가득 차도록 의도된 세상이 이제 온전한 회복의 길로 들어섰다는 것을 뜻한다. 이런 점에서 사탄의 지배로부터 돌이켜서 하나님의 다스림의 세계로 들어오라는 은혜로운 초청이며, 동시에 새 창조의 역사가 시작되었음을 선포하고 있다.

이어지는 본문인 제자를 부르시고 이들에게 소명을 주시는 사건(cf. 막 1:16-20 역시 원래 창조 시에 아담을 이끌어 에덴동산에 두시며 동산을 "다스리고 지키라/ לְעָבְדָהּ וּלְשָׁמְרָהּ"고 소명을 주셨던 것처럼, 예수께서 새로운 창조를 시작하면서, 제자를 불러서 그들을 하나님의 종말론적인 이스라엘로 만드시면서(cf. 막 14:28, 16:7)은, 이들을 통해서 이방 선교(cf. 마 28:18-19) 즉 하나님의 온 땅에 대한 왕적이며 제사장적인 직분을 감당하게 하신다(출 19:1-6; 벧전 2:9-10; 계 5:10)는 점을 강력하게 암시하고 있다.

2-2) 하나님의 나라와 교회의 관계(마태복음 16:16-19)

여기서는 하나님의 나라와 교회의 관계를 마태복음 16:16-19을 토대로 설명하고자 한다. 왜냐하면, 이 본문은 예수의 정체성에 대한 베드로의 고백 위에 교회를 세우겠다는 예수의 말씀과 이어서 천국 곧 하나님의 나라의 열쇠가 교회에게 주어질 것에 대한 말씀을 다루고 있기 때문이다. 베드로는 "나를 누구라 하느냐?"라는 예수의 질문에 "주는 그리스도시오 살아 계신 하나님의 아들입니다"(한글개역개정/헬라어 원문. "σὺ εἶ ὁ χριστὸς ὁ υἱὸς τοῦ θεοῦ τοῦ ζῶντος.")라고 대답한다. 즉 예수는 그리스도이며 동시에 하나님의 아들이라는 뜻으로 아마도 이 표현은 그리스도와 하나님의 아들이 동일하다는 뜻을 담고 있거나, 아니면 예수의 서로 다른 두 정체성을 뜻하고 있는 것 같다.[111]

그러나 문법적으로 이 두 단어의 관계를 달리 해석할 수 있다. 즉 예수가 그리스도라는 정체성에 대한 규명은 예수가 하나님의 아들이라는 규명을 통해서 한정되고 있고 이러한 한정을 통해서만

---

111 한글 번역 성경들 중에서 현대인의 성경은 개역개정과 마찬가지로 "… 그리스도시며 살아계신 하나님의 아들이십니다"라고 번역하고 있다. 흥미롭게도 개역개정과 현대인의 성경을 제외한 많은 한글 번역 성경들은 개역개정과 현대인의 성경과 달리 "… 살아 계신 하나님의 아들 그리스도십니다."라고 번역하고 있지만(cf. 표준새번역, 새번역, 공동번역) 여전히 '하나님의 아들'과 '그리스도' 사이의 정확한 관계가 무엇인지가 분명치 않아 보인다.

예수가 그리스도라는 의미의 참뜻이 드러날 수 있다는 뜻이다. 이러한 이해에 따르면 베드로의 고백은 예수가 그리스도라는 사실과 동시에 예수가 하나님의 아들이라는 두 개의 별도의 정체성을 갖고 있지 않다. 예수가 그리스도라는 의미는 너무 일반적이고 막연하기에 예수의 정체성을 나타내는 데는 별 의미가 없거나 오히려 오해의 소지가 있다는 뜻이다(cf. 막 8:29; 막 13:21-22). 하나님의 아들이라는 한정적 혹은 제한적 표현을 통해 그리스도라는 의미가 구체화 될 때 비로소 예수의 참다운 정체성이 드러나게 된다는 뜻이다.

쉽게 표현하자면 그리스도는 '이름'과 같고 하나님의 아들은 '성'과 같다. 그리스도는 일종의 일반보통명사의 역할을 하며 하나님의 아들은 메시아를 수식하거나 한정하는 고유명사의 역할을 한다. 더 쉽게 말하자면 철수라는 이름의 사람이 있는데 이 사람이 정확히 누구인가는 그 사람이 '김'이란 성을 가졌는가 아니면 '이'라는 성을 가졌는가에 의해 알 수 있다는 뜻이다. 이런 점에서 베드로의 고백은 예수가 그리스도는 그리스도인데 어떤 그리스도냐 즉 다윗의 아들 그리스도(Christ the Son of David)인가 아니면 하나님의 아들 그리스도(Christ the Son of God)인가 하는 중요성을 내포하고 있다 할 수 있다.

베드로의 고백이 담고 있는 중요한 질문인 '예수가 어떤 그리스도인가?'라는 점은 마태복음 22:41-45에 의해서도 잘 나타나 있다. 이 본문은 먼저 예수께서 바리새인들에게 "너희는 그리스도에 대해 어떻게 생각하느냐? 그가 누구의 아들인가?"라고 묻는다(42a). 이에 대해 바리새인들은 그리스도가 다윗의 아들이라고 대답한다("그들이 말하기를 **다윗의 아들이라** 하더라." 42b). 이에 대해 예수께서는 시편 110:1을 인용하여 다윗이 그리스도를 주라 불렀는데 어떻게 그리스도가 다윗의 아들이 되겠는가라고 말씀하심으로써 그리스도가 다윗의 아들 됨의 부적절함을 지적하신다("그러므로 다윗이 그를 주라고 부르고 있는데, 어떻게 그가 그[다윗]의 아들이겠느냐?" 45절). 여기서 중요한 것은, 예수께서 자신의 정체성을 규명하시면서 단순히 다윗이 그리스도를 주라고 불렀다는 점만을 환기시킨 것이 아니라, 시편 110:1 전체를 인용하고 있다는 점이다. 1절 전체를 인용함으로써, 분명 예수께서는 단순히 자신이 다윗의 아들인 그리스도가 아니라는 점만을 지적하는 것이 아니라, 더 구체적으로 어떤 점에서 다윗의 아들 그리스도가 아닌지를 말씀하고자 하는 의도를 담고 있다. 즉 자신은 하나님의 천상의 왕권에 참여하고 있는 자로서의 그리스도(the Christ-the Son-of-God)로서 지상의 왕권을 대변하는 다윗의 아들로서의 그리스도(the Christ-the-Son-of-David)가 아니라고 말씀하고 있는 것이다.[112]

하나님의 아들로서의 그리스도/메시아란 개념은 시편 2:6-8에 근거한다. 7절에서 여호와께서 "너는 내 아들이라"고 말씀하시며 이 아들에게 만국을 소유로 주고 만국을 철장으로 다스릴 권세를 주신다. 그런데 이 구절에 앞서 2절은 세상의 왕들과 통치자들이 여호와와 그의 '기름 부음 받은 자'를 대적한다고 말하고 있다. 이어서 6절은 여호와께서 '나의 왕'을 시온에 세웠다고 말하며 7절은 여호와는 칙령을 내리시며 "너는 내 아들이라"고 말씀하신다. 그렇다면 여기서 '너'는 앞서 6절의 '나의 왕'을 가리키며 이 '나의 왕'은 2절의 '기름 부음 받은자' 곧 '메시아/그리스도'를 가리킴이 분명하다. 더 중요한 것은 이 '메시아/그리스도'가 여호와의 천상의 왕권에 참여하며 천하만국을

---

112 cf. D. Hay, *Glory at the Right Hand: Psalm 110 in Early Christianity* (Abingdom, 1973), 116.

다스리는 대리 통치자라는 점이다.

또 시편 2장에서 보다 중요한 점은 여기서 '하나님의 아들로서의 메시아/ 그리스도'가 어떤 종류의 왕적인 다스림을 행사하는가? 라는 사실이다. 시편 2:7의 문맥이 말하는 하나님의 천상의 왕권에 참여한 하나님의 아들로서의 메시아의 왕권은 우주적 차원의 악한 왕적 세력들의 저항과 위협을 받는 왕권이요 동시에 궁극적으로 이들을 철장으로 깨뜨리고 질그릇같이 부술 왕권이란 점이다.

이어서 예수께서는 자신을 하나님의 아들로서의 그리스도, 즉 하나님의 천상의 왕권에 참여하여 그 왕권을 지상에 구현하는 분으로서의 그리스도라는 고백 위에 교회를 세우신다고 말씀하신다(18절). 18절의 헬라어 구문을 번역하면 다음과 같다. "너는 베드로라, 그렇다면 (and then) 내가 이 반석 위에 교회를 세울 것이다. 그래서 (and so) 음부의 문들이 교회를 이기지 못할 것이라." 이러한 구문 구조를 통해 예수의 첫 번째 말씀을 달리 표현하자면 다음과 같다. '너는 베드로다. 그러기에 결과적으로 내가 이 반석 위에 나의 교회를 세울 것이며 한 가지 중요한 사실을 덧붙이자면, 음부의 문들이 교회를 이기지 못할 것이라.' 반석 위에 세워진 교회이기에 이에 대한 논리적 귀결은 음부의 문들이 이기지 못한다는 점이다. 이러한 해석은 '네가 베드로라'는 표현의 뜻이 무엇인지에 대한 중요한 함의를 담고 있다.

이러한 새로운 중요성은 이어지는 '베드로'와 '반석의 관계'를 통해서도 분명히 드러난다. 먼저 베드로를 가리키는 용어인 'Πέτρος'와 반석을 뜻하는 'πέτρα'라 사이의 유사점을 주목할 필요가 있다. 이 두 단어는 동일한 어근 πέτρ-를 갖고 있다. 또 예수 당시에 이 두 용어는 보통 상호 교차적으로 사용되고 있었으며 예수께서 사용하셨을 것으로 추정되는 '베드로'란 이름의 아람어 형태가 *kephas*/게바였고

*kephas*는 단순히 '반석'을 뜻했다는 점을 상기할 필요가 있다. 그렇다면 예수께서는 베드로와 반석의 이러한 유비 관계를 기초로 두 단어 사이에서 언어유희(play on words)를 하고 계심이 분명하다. 즉 예수께서는 베드로가 반석으로 이 위에 자신의 교회를 세울 것이며 교회가 반석 위에 세워졌다는 점에서 음부의 문들이 교회를 이기지 못할 것이라고 말씀하고 있다는 뜻이다. 즉 '예수가 하나님의 천상의 왕권을 지상에 구현하시는 분으로서의 그리스도'라고 고백했던 바로 그 베드로가 반석이며 이 반석 위에 교회가 세워질 것이라는 뜻이다.

한 걸음 더 나아가 예수께서는 이러한 고백을 하는 베드로 위에 세워진 교회를 음부의 문들이 이기지 못할 것이라 말씀하신다. 한글 개역 개정이 '음부의 권세'라고 번역하는 헬라어 표현은 문자적으로는 '음부의 문들'을 뜻한다. 여기서 음부의 '문들'은 일종의 환유법으로서 음부의 악한 세력들을 상징한다고 할 수 있다. 이 악한 세력들이 음부의 문을 통해 나와서 교회를 공격하지만, 교회를 이기지 못할 것이라 말하고 있다.

엄밀한 의미에서 베드로의 고백은, 예수가 이 땅에 도래시키신 하나님의 나라 혹은 하나님의 천상의 왕적 다스림을 뜻한다. 지상에 구현되기 시작한 하나님의 천상의 왕적 다스림, 곧 하나님의 나라는 예수의 죽음과 부활 그리고 승천을 통해 이루어진 사탄에 대한 근본적인 승리를 뜻한다. 베드로의 고백이 담고 있는 이러한 하나님의 나라/다스림의 근본적인 승리의 토대 위에 교회가 세워질 것임을 예수께서는 말씀하고 있다. 이런 점에서 하나님 나라의 도래 이전에 이 땅에 창궐해 있는 음부의 악한 세력들이 교회를 대항하여 우주적-종말론적 전쟁을 수행하지만, 이미 승리의 토대에 세워진 승리를 구현하는 전투적인 교회가 악한 세력들과의 전쟁에서 이길 것이라는 예언적 성격을 담고 있다.

19절은 예수의 두 번째 말씀을 담고 있다. "내가 너에게 천국의 열쇠를 줄 것이니 네가 땅에 묶는 무엇이든 하늘에서 묶여 있을 것이요 네가 땅에서 푸는 무엇이든 하늘에서 풀려 있을 것이라." 먼저 '천국'을 풀어쓰면 '하늘의 나라'를 뜻한다. '하늘의 나라'는 마태가 하나님의 나라를 대신해 사용하는 표현으로 하나님에 대한 경외감 때문에 하나님에 대한 유대 전통의 완곡어법을 이어받아 사용하고 있음이 사실이다. 이런 점에서 여기서 천국은 장소 개념이라기보다는 하나님의 왕권 구현을 가리키는 역동적 개념이다. 그러나 마태가 '하나님의 나라' 대신에 굳이 '하늘의 나라'라는 표현을 쓴 것은 단순히 하나님에 대한 경외감에서 유래한 유대전통의 완곡어법을 사용하고 있는 것만은 아니다. 오히려 하늘나라의 열쇠를 준다는 표현을 통해 마태는 하나님의 주권적인 다스림과 왕권이 이 땅에 세워진다는 것을 의도적으로 강력히 암시하고 있음이 분명하다. 즉 하나님의 천상의 왕권이 땅이라는 영역에 투사되고 있다는 점을 하늘나라를 통해 은연중에 나타내고 있다는 뜻이다.

둘째로, '천국의 열쇠'를 이해하기 위해 앞에서 '문들'은 음부의 악한 세력들에 대한 환유법의 일환이라고 지적했음을 상기할 필요가 있다. 그러나 '문들'은 단순히 하나의 문학적 장치로서의 환유법의 일환일 뿐만 아니라 마태에 의해 의도적으로 사용된 단어임을 주지할 필요가 있다. 아마 음부의 '문들'이란 표현은 '천국의 열쇠'란 표현에서 '문'이 암시되고 있음을 전제하는 듯하다. '음부의 문들'이란 표현은 '천국의 문'의 열쇠를 이미 예견하고 있다는 뜻이다. 이런 점에서 베드로에게 주어진 것은 천국의 문을 열 수 있는 열쇠이다. 음부의 문이 죄와 사망의 영적 세력들이 물밀듯 지상으로 몰려나오는 공격적 세력을 상징하듯이 천국의 문 역시 하나님의 천상의 왕권이 지상으로 분출되어 내려오는 것을 상정하고 있다는 뜻이다. 이러한 일이 베드로의 고백 가운데 암시되었고 이제 예수를 통해서 또다시 강력하게 암시되고 있다.

통상적으로 이해되듯이 열쇠는 들어가는 일을 위한 것만이 아니라 나오는 일을 위한 것임을 상기할 필요가 있다. 더욱이 마태는 이미 주의 기도에서 "당신의 나라가 오고 당신의 뜻이 하늘에서 [일어난 것] 같이 또한 땅에서 일어나라"는 예수의 말씀을 통해 이미 하늘에서 일어나고 있는 하나님의 다스림이 땅에까지 확장된다는 것을 암시한 바 있다. 그렇다면 예수에 관한 참된 고백을 하는 베드로 위에 예수께서는 교회를 세우시며 이 교회에게 천국의 문의 열쇠를 주어 천상의 하나님 왕권이 이 땅으로 확장되어 오도록 하셨다고 충분히 상정할 수 있다.

예수는 베드로에게 천국의 열쇠를 주시면서 묶고 푸는 일을 말씀하신다. 이상에서 지적했듯이 교회에게 주어진 천국의 열쇠는 암시적으로는 천국의 문을 열어 하나님의 천상의 왕권을 이 땅에까지 확장하는 역할을 한다면 명시적으로는 이 땅에서 묶고 푸는 일에 관한 것임을 말한다. 묶고 푸는 것은 당시 랍비 전통의 유대교에 따르면 거의 언제나 무엇이 금지되고 무엇이 허용되는가에 관한 권위 있는 율법적 결정들과 관련된 관용어구들이다. 그러나 예수는 종말론적인 메시아로서 그의 율법 해석은 최종적인 권위를 지니며 보다 중요하게 그는 성취된 율법을 선포하시는 분이라는 점을 주목할 필요가 있다.

더 중요하게 문맥상으로 볼 때 묶고 푸는 일은 하나님의 천상의 왕권이 예수를 통해서 지상에 구현되고 있음에 대한 베드로의 고백에서 시작해서, 이 천상의 왕권이 지상에까지 확장되도록 천국의 열쇠가 주어졌다는 맥락에 놓여 있다. 그렇다면 여기서 묶고 푸는 일은 하나님의 나라/다스림의 구현과 관련된 예수의 복음 선포적/

케리그마적 선포들을 포함하고 있다고 보는 것이 더 적절하다. 특별히 하나님의 종말론적 구원을 중재하시는 예수의 독특한 위치와 관계된 케리그마적 선포들을 담고 있다고 할 수 있다.

이 묶고 푸는 일은 이 땅에 예수께서 선포하신 하나님의 천상의 다스림이 천국의 열쇠를 통해 지상에서 구체화 되며 이런 점에서 지상에까지 확장된 이 천상의 왕권이 땅의 모든 일에 대한 최종적 권위와 관계된 것임을 의미한다. 물론 이러한 권세에는 예수를 통해 드러나 율법의 참된 의미(cf. 5:21-6:34)와 동시에 예수를 통해 구현된 율법이 요구하는 의의 성취 (cf. 5:17-20)를 선포하는 일뿐만 아니라 죄와 사망으로 대변되는 사탄의 속박과 율법의 속박으로부터의 구속을 선포하는 일이 포함된다.

이러한 천상의 왕권의 지상적 구현이라는 '하늘로부터 땅이라는 움직임'은 땅에서 묶고 푸는 일이 어떻게 하늘에서 묶고 푸는 일과 연결되어 있는지를 살펴봄으로써 더 분명해질 수 있다. 먼저 19의 헬라어 원문은 조건절('땅에서 묶는다면' 과 '땅에서 푼다면') + 주절(완료형의 완곡형 분사구문 형태의 '하늘에서 이미 풀려 있어 그 상태로 지속되고 있다' 와 '하늘에서 이미 묶여 있어 그 상태로 지속되고 있다')의 형태를 띠고 있다. 이 구문 형태는 미래 특정한 시점에서 이루어질 베드로의 땅에서 묶고 푸는 행위는 그 이전에 하늘에서 이미 이루어진 묶고 푸는 행위의 결과이며, 이러한 행위는 지속적인 성격을 지닌다는 점을 강하게 암시한다.

그렇다면 19절 전체가 말하려는 바는 다음과 같다. 즉 향후 미래에 베드로에게 주어진 천국의 열쇠를 통해 열린 하나님의 천상의 다스림이 이 땅에 구현됨에 따라서 예수를 통해 드러난 율법의 참된 의미와 성취된 율법, 그리고 옛 시대에 속한 사탄의 속박과 율법의 속박에서 구속에 대한 선포가 이루어지되 이 모든 일은 이미 하늘의 실체인 하나님의 천상의 왕권의 지상적 구현 혹은 지상으로의 확장이라는 점이다. 이런 점에서 19절 전체는 베드로에게 부여되는 천국 복음 선포에 관한 권위에 대해 말하고 있을 뿐만 아니라, 이러한 선포를 통해 궁극적으로 하나님의 다스림이 온 땅에 편만할 것임에 대한 보증과 확신이라 할 수 있다.

결론적으로 하나님의 나라와 교회의 관계는, 교회가 하나님의 천상의 다스림을 이 땅으로 확장하여 충만하게 하라는 창조 명령과 하나님의 복음을 이 땅에 구현하는 성취의 장이며 동시에 이것을 선포하는 선교의 장이라는 점이다.

2-3) 십자가 형태의 하나님 나라: 십자가에 달린 그리스도 위에 세워진 교회 공동체(고전 3:10-11)

바울은 이 본문 앞에서 자신을 밭을 경작하는 심는 자(planter)로 묘사하고 있는데 여기서 바울은 자신은 건물의 기초를 놓는 거장 건축가로 묘사하고 있으며 다른 사역자들의 일은 이 기초 위에 건물을 세워가는 것이라고 말하고 있다. 그리고 이 건물의 유일한 기초는 예수 그리스도라 분명히 밝힌다.

11절에서 바울은 예수 그리스도라는 기초 외에 다른 기초를 놓을 수 없다고 말한다. 이것은 바울이 실제로 다른 기초를 놓을 수 있는가에 관한 관심이 아니라, 더 중요하게 그리스도 이외에 다른 기초 위에 세워진 건물은 본질상 하나님의 건물이 아니라는 매우 실제적인 교훈을 주려는 의도를 보여준다. 즉 바울이 이하에서 말하려는 바는 기초에 관한 것이라기보다는 기초 위에 어떻게 건물을 세울 것인가에 관한 보다 구체적이고도 실천적인 것이기에, 예수 그리스도라는 기초에 걸맞지 않게 세워진 건물은 본질상 하나님의 건물이 아니라는 점을 먼저 분명히 하려는 의도로 보인다.

그렇다면 본문에서 저자의 일관된 관심은 건물을 세우는 자들이 과연 기초이신 예수 그리스도에 걸맞게 건물을 세울 것인가에 있다고 할 수 있다. 고린도전서의 맥락 즉 이 구절에 이르기까지의 문학적 문맥을 살펴보면, 바울의 일관된 요지는 자신의 사도적 기원과 권위의 요체이며 고린도 교회 공동체의 존재 근거인 예수 그리스도, 즉 인간의 능력과 지혜를 무력화시키시고 어리석게 만드는 하나님의 신적 안티테제(divine antithesis)인 십자가에 달려 죽으신 예수 그리스도라는 케리그마임이 분명하다(참조 고전 1:22-24). 이뿐만 아니라 이러한 복음 선포는 하나님의 종말론적 공동체의 일원인 고린도 교회가 그리스도 안에서 하나 된 몸(bodily oneness in Christ)으로서 분열과 나뉨이 없어야 할 뿐만 아니라, 반드시 인간의 지혜와 인간의 능력의 대안인 하나님의 지혜와 능력인 십자가에 달려 죽으신 그리스도에 준하는 방식, 즉 그 성격에 절대적으로 부합하는 방식으로 세워져 가야 하는 공동체임을 강력하게 암시한다.

이런 점에서 고린도 교회의 기초가 그리스도라는 것은 인간의 지혜와 인간의 능력 위에 세워진 교회가 아니라 하나님의 지혜요 능력인 그리스도의 십자가라는 복음, 즉 더 구체적으로 말해서 십자가의 복음을 통해 온갖 형태의 세속적 속박에서 믿는 자들을 구속하신 하나님의 구원 위에 세워진 교회임을 암시한다. 그러기에 이 구절에서 사도바울은 '기초석이 그리스도라'는 표현을 통해 그가 앞서 1:23과 2:2에서 명시적으로 밝힌 바 있는 '예수 그리스도와 십자가에 달린 그 분'을 가리키고 있음이 분명하다.

이런 점에서 그리스도인들의 공동체인 교회는 분명 십자가로 세워진, 그리고 십자가 위에 세워진 하나님의 종말론적인 공동체임이 분명하다. 마치 창조 시에 만들어진 하나님의 나라가 하나님 자신이 우리와 함께 하시고자 자신을 낮추시는 사랑으로 세워진 나라였듯이, 교회 역시 하나님의 성육신이신 예수 그리스도의 죽음을 통해 그리고 그 죽음 위에 세워진 하나님의 공동체라는 뜻이다. 이상의 고린도전서 본문 바로 뒤이어 16절에서 바울은 이 공동체를 하나님의 성전 곧 하나님의 성령이 거하시는 공동체라고 천명한다(고전 3:16). 이 점 역시 천지 창조 곧 하나님의 우주적인 성전을 창조하던 때에 하나님의 영 곧 성령이 땅의 수면 위에 운행하던 모습(cf. 창 1:2)을 상기시킴으로써 하나님의 자기-비움의 사랑을 토대로 한 하나님 나라의 창조와 교회의 창조 사이의 유비라는 우리의 주장을 한층 강화한다.

3) 종말론적인 공동체를 지향하는 하나님의 나라와 교회

3-1) 종말의 시작과 완성 사이에 하나님의 나라와 교회

(1) 마태복음 5:1-12

마태복음 5:1-12은 팔복 혹은 지복 강화(the Beatitude)로 알려져 있으며, 더 큰 문맥인 산상수훈(the Sermon on the Mount)으로 알려진 마태복음 5-7장의 출발점이며 핵심이다. 여기서 이 본문을 다루려는 목적은 예수와 함께 이 땅에 펼쳐진 하나님 나라와 이 나라를 선포하고 삶으로 살아내는 하나님의 종말론적 공동체인 교회는 모두 종말론적인 완성을 지향하면서 현재 어떠한 모습을 보이고 있는지를 드러내고자 하는 의도이다.

산상수훈은 분명 예수와 함께 도래한 하나님의 나라에 대한 윤리적인 반응이다. 그런데도 산상수훈이 지닌 엄격함과 실천적인 어려움 때문에 산상수훈의 가르침을 수정하거나 쉬운 방향으로 재해석하려는 시도들이 교회 역사 전반에 걸쳐서 나타났다. 스캇 맥나이트는 이러한 재해석 시도를 다음과 같이 몇 가지로 잘 요약해 설명하고 있다.[113] 첫째로, 산상수훈은 최고 경지에 도달한 율법으로서 예수를 따르는 자들이 얼마나 비참한 존재이며 얼마나 그리스도의 의가 절실히 필요한지를 보여주려는 의도를 지닌다고 해석되어 왔다. 둘째로, 산상수훈은 크리스천들이 살아야 할 공적인 삶의 방식에 관한 것이 아니라 단지 개인적인 삶의 방식에 관한 내용이라고 해석되어 왔다. 세 번째로, 산상수훈은 철저히 헌신된 소수의 사람에게만 적용되는 가르침으로 여겨졌다. 마지막으로 오늘날의 해석 경향이기도 한 네 번째 재해석 시도는 산상수훈은 선행하는 혹은 전제되는 그 무엇이 있어야 실천이 가능한 교훈이며 그 전제는 복음 곧 개인적인 구원과 은혜라고 주장한다.

다른 차원이지만 네 번째 재해석 시도가 주창하는 산상수훈을 선행하거나 산상수훈이 전제하는 그 무엇이 있다는 점에 주목할 필요가 있다. 문학적 문맥상 산상수훈을 선행하거나 산상수훈이 전제하는 것은 예수 그리스도의 인성과 사역이다. 예수는 아브라함과 다윗의 아들이요, 하나님의 아들로서 구약의 약속들을 이루시는 분이다. 예수는 하나님 은혜의 선물로서 이분을 통해서 이스라엘의 새 창조와 이를 통한 온 창조세계의 새 창조가 이루어진다. 예수는 이스라엘의 집단적 대표자로서 이분을 통해서 그리고 이분 안에서 이스라엘에 대한 모든 약속이 성취되고 있다. 물론 이러한 새로운 이스라엘의 탄생을

113 스캇 맥나이트, 『산상수훈: 하나님의 이야기 성경 주석』 (에클레시아북스, 2016), 17-19.

통해 구약 약속들의 성취가 온 세상에 미치게 된다. 한 마디로 예수의 인격과 사역은 하나님의 신실하심의 현현이다. 예수는 '하나님이 우리와 함께하심'이신 임마누엘이다. 바로 이분이 산상수훈을 선행하며 동시에 산상수훈의 삶을 가능케 한다.[114]

이러한 문학적 문맥에 대한 이해와 함께 주목할 점은 산상수훈이 예수의 제자들에게 주어졌다는 점이다. 복음서에서 제자는 단순히 정적인 신분상의 지칭이 아니라, 예수의 죽음과 부활을 통해 하나님의 종말론적인 다스림을 실현하기 위해 향하시는 종말론적인 시온을 상징하는 예루살렘을 향한 예수의 길을 역동적으로 따라가는 자들을 가리킨다. 오직 *이 길에서* 예수를 따르는 자들에게만이 산상수훈이 의미를 지닌다고 할 수 있다. 또 하나 주목할 점은 산상수훈은 예수와 함께 이 땅과 인류 지평에 떠오르기 시작한 하나님의 나라/다스림이 아직 종말론적인 완성이 미래에 있는 상태에서 주어졌다는 점이다. 이런 점에서 종종 산상수훈은 중간 윤리(interim ethic)라고 불린다. 물론 이 표현은 잠정적이고 한시적이라는 의미를 지닌다는 점에서 산상수훈이 예수의 제자들에게 부여하고 동시에 예수의 제자들에게 요구하는 의의 항구적인 적법성을 간과하지만 말이다. 왜냐하면, 완성될 하나님의 나라는 하나님의 의로 가득한 세계이기 때문이다(cf. 사 45:8).

어떤 경우이든 예수의 인성과 사역을 통해서 하나님의 나라/다스림이 이 땅에 펼쳐지기 시작했지만, 아직 그 모습을 온전히 다 드러내지 않았다는 점에서 "이미 도래했지만 아직 완성되지 않은" 하나님의 나라라는 문맥에서 산상수훈을 이해할 필요가 있다. 더 중요하게 이러한 하나님의 종말론적인 나라와 다스림을 받아들이기로

114 데이비드 E. 홀베르다, 『예수와 이스라엘』 (CLC, 1993), 162-163.

헌신한 예수의 제자들의 윤리적인 삶의 반응이 바로 산상수훈이 담고 있는 진리체계요 요구들이라는 점이다. 이제 팔복강화를 보다 자세히 살펴보면서 하나님의 종말론적인 나라와 다스림을 받아들인 자들의 복된 상태를 주목하고자 한다.

① 본문의 구조 이해

먼저 팔복 혹은 지복 강화의 구조를 이해할 필요가 있다. 이 본문은 1-2절을 배경으로 하여, 3-12절의 지복 강화 자체로 이루어져 있다. 지복 강화 자체는 몇 가지 주목할 만한 특징들을 담고 있다.

첫째로, 여덟 가지 지복 모두는 '복된'이란 뜻의 서술어 μακάριοι로 시작되어, 복된 자라고 불리는 자들에 대한 3인칭 묘사와 복되다는 서술에 대한 이유 혹은 근거를 기술하고 있는 접속사 ὅτι로 이루어져 있다. 이러한 패턴은 11절에서 깨어지고 있다. 여기서 3인칭의 묘사는 2인칭의 묘사로 바뀌고 있고, 복된 자들에 대한 묘사 역시 가정법 형태의 관계-부사인 ὅταν이 이끄는 형태를 띠고 있을 뿐만 아니라, 앞의 3인칭으로 이루어진 묘사들보다 훨씬 길면서도 보다 직접적인 대화체의 성격을 띠고 있다. 그리고 복되다라는 서술에 대한 근거를 담고 있는 접속사 ὅτι 앞에 2인칭 명령법 동사들인 '기뻐하라'와 '즐거워하라'가 강조되어 나타나고 있다.

11-12절의 이러한 불규칙성은 이 부분이 원래의 지복 강화의 일부가 아니고 독립된 강화의 일부였을 가능성을 시사한다(cf. 눅 6:22). 즉 지복 강화는 3절의 첫 번째 지복과 10절의 여덟 번째 지복이 모두 "이는 천국이 그들의 것임이요"라는 동일한 표현으로 끝을 맺고 있다는 점인데, 이것은 하나의 수미상관 구조로 이해할 수 있으며, 이경우 11-12절은 핍박이란 주제를 다루고 있다는 점에서 10절에 대한 부가적

상술로 이해할 수 있을 것이다.

둘째로, 각각의 지복에 대한 서술이 전반부는 현재형을 취하고 있는데(비록 현재형 동사를 명시적으로는 사용하고 있지 않지만), 후반부는 명시적으로 미래형을 취해 현재 상황과 미래 상황 사이에 놓여 있는 역설적 관계를 극명하게 보여주는 특징을 드러내고 있다.

셋째로, 첫 번째 지복의 후반부와 일곱 번째 지복의 후반부는 모두 "천국이 그들의 것이다"라고 현재형으로 표현되고 있음에 비해서 이들 가운데 놓여 있는 모든 지복들의 후반부는 모두 미래형 동사들로 표현되고 있다. 이 점은 하나님 나라의 소유에 대한 확신을 보여주는 것이라고 볼 수도 있지만, 아마도 현재적 실체로서의 하나님 나라와 도래한 하나님 나라의 현재적 향유를 보여주는 중요한 암시로 이해할 수 있을 것이다.

넷째로, 각각의 지복이 모두 직설법의 형태를 띠고 있다는 점에 주목할 필요가 있다. 이것은 객관적 실체에 관한 서술의 의미를 지니는 것으로서, 지복들은 어떤 대상에 대한 주관적인 묵상이나 경험에 근거하여 이루어지는 도덕적 명령이 아니라, 도래하는 동시에 이미 현재 실체인 하나님 나라에 대한 확신 속에서 이루어지는 예언적 선포라고 볼 수 있다. 이처럼 팔복이 도덕적 명령이 아니라는 점은 각각의 지복이 조건절의 형태를 취하고 있지 않다는 점에서도 알 수 있으며, 이 점은 또한 각각의 지복이 무조건적인 서술임을 암시하고 있다. 이런 점에서 각각의 지복의 사람들을 서술하는 단어인 'μακάριος'는 주관적인 느낌의 '행복한'을 뜻하는 것이라, 이들의 복된 상태를 가리키며, 이런 점에서 'μακάριος'의 반대개념은 '불행한' 이 아니라 '저주받은' 혹은 '화가 미친' 상태라 할 수 있다(cf. 눅 6:24-26).

이러한 객관적 실체로서의 복된 상태에 관한 서술로 팔복을 이해하는 것은 팔복 강화가 어떤 공동체의 일원이 되기 위해 요구되는 출입요건(entrance requirement)들을 서술하지 않는다는 것을 의미한다. 오히려 팔복 강화는 명령법의 형태로 주어지는 도덕적 권면들에 대한 직설법 형태의 근간 혹은 기초를 이루고 있다. 즉 팔복 강화는 산상수훈의 교훈적 부분들에 대한 케리그마적 토대 곧 복음이지 결코 새로운 율법으로 의도된 것이 아니다. 마태의 공동체란 관점에서 보자면, 각각의 지복은 교회의 참된 표징들이라 할 수 있다.

즉 산상수훈은 하나님의 나라의 도래와 함께 주어지는 하나님 나라의 윤리를 담고 있으며, 특별히 팔복 강화는 이러한 하나님의 나라의 도래를 받아들여 그 나라에 참여한 자들의 지극한 복의 상태를 서술하고 있다는 점이다. 여기서 '복되다/μακάριος'의 히브리어 동족어는 'אַשְׁרֵי'로서, 이 단어는 이전에 부여된 축복으로 만들어진 조건을 설명하는 단어로서 놀라운 축복의 상태를 가리키는 데 사용된다. 이 점을 본문에 적용하게 되면, '복되다'라는 표현은 이미 하나님의 나라에 들어간 백성들이 경험하고 있는 축복을 의미한다고 볼 수 있다. 다시 말해서 이 표현은 지복 강화가 하나님의 나라에 들어가기 위한 조건들이라기보다는 하나님의 나라를 받아들인 자들이 드러내 보이는 특정한 특징들임을 분명히 암시하고 있다.

결론적으로 팔복 강화는 구조적으로 볼 때 도덕적 명령이나 요구라기보다는 은혜의 구조 속에 놓여 있는 지복의 선포 혹은 약속과 위로라고 볼 수 있다.

② 본문 해석

예수와 함께 도래한 하나님의 나라를 받아들인 자들의 현재 상태로서의 복된 상태인 팔복의 의미를 간략히 살펴보고자 한다.

a) 1-2절

이 부분은 단순히 산상수훈에 대한 역사적 배경, 즉 예수의 심리적 상태(무리들을 보고 그들을 피해 한적한 산으로 가셨다는 점에서)나 혹은 전기적 행적을 보여주는 것이 아니라, 더 중요한 신학적 함의, 곧 기독론적인 모세-모형론을 암시하고 있다. 옛 이스라엘의 지도자 모세가 계시의 장소인 시내산에 올라 언약의 두 돌판을 받았던 것을 상기시키듯이(신 9:9), 그렇게 예수는 계시의 장소인 산(cf. 마 28:16)에 올라, 새 이스라엘인 제자들과 마태의 교회 공동체를 향하여 하나님의 종말론적인 복들을 선포하고 있음을 보여준다. 또 산에 오를 뿐만 아니라 예수께서 '앉으셨다'는 표현은 그의 종말론적인 메시아의 권세를 보여준다.[115]

b) 3-10절

지복강화의 처음 네 복은 이사야61장의 약속의 종말론적 성취의 관점을 반영하고 있는 것으로 보이며, 이런 점에서 마태는 계속해서 예수 그리스도를 통한 구약 예언의 성취라는 관점을 견지하고 있다. 하나님의 기름 부은 종인 메시아로서 하나님의 종말론적인 백성들에게 약속했던 복을 선포하고 있다는 뜻이다.

첫 번째 지복(beatitude)은 심령이 가난한 자는 복된 자인데, 천국이 그의 것이기 때문이라고 말하고 있다(3절). 먼저 심령이 가난한 자에 대한 이해를 위해서 이사야 61장의 문맥을 생각할 필요가 있다. 이사야 61장은 바벨론 포로로부터 귀환한 회복된 새로운 이스라엘 공동체에게 주어질 복음을 선포하고 있다. 이 복음은 하나님의 신이 임하였고, 하나님이 기름 부으신 자에 의해 전해지고 있는데, 기본적으로 그

115 스캇 맥나이트, 『산상수훈』(에클레시아북스, 2016), 39-40.

내용은 모든 형태의 압제와 슬픔을 당하는 자들이 하나님의 은혜와 신원하심을 통해서 하나님의 구원을 경험하게 될 것이며 그의 의를 힘입게 될 것이라는 점이다.

특별히 '가난한 자들'을 뜻하는 복수형 형용사 'עֲנָוִים'는 문자적으로는 '가난한', '고통당하는', '온유한', '겸손한' 등의 의미를 지니며, 칠십인 역에는 'πτωχοῖς'라고 번역되어 있고, 이 번역이 마태에 의해서 그대로 사용되고 있다. 여기서 '가난한'은 하나님의 참된 백성의 특징으로 자신들의 삶이 자신들의 통제에 놓여 있지 않고 오직 하나님께만 달려 있다는 사실을 인정하여 하나님께만 전적으로 의지하는 것이다.

이들에게 주어지는 복을 3b에서는 '천국이 이들의 것'이라고 말하고 있다. 마태는 앞선 본문들에서 이미 예수를 하나님의 현재적이고도 다가올 왕국의 왕으로 제시한 바 있다 (cf. 마 1:1, 20; 2:1-2,6,11; 3:17; 4:11, 17). 즉 예수는 하나님의 참된 통치와 다스림을 구현하실 바로 그분이라는 점이다. 하나님의 나라/통치가 바로 예수의 메시지의 요약이자 초점이라 할 수 있다. 놀라운 사실은, 이어지는 5-7장이 보여주는 하나님의 나라의 성격과 삶은 모든 인간적 왕권의 성격과 삶에 대한 개념을 모두 뒤엎어 버린다는 점이다. 마치 마태는 이 나라의 왕은 "마음이 온유하고 겸손하니"(cf. 마 11:29), 이 나라에 속한 자들 역시 이러한 왕권의 뒤바뀜에 순응하고 순복하는 자들이라고 말하고 있는 듯하다.

두 번째 지복은 애통하는 자는 복된 자인데, 이들이 위로를 받을 것이기 때문이라고 말하고 있다(4절). 이사야 67:3은 애통하는 자들을 재와 슬픔과 절망이란 은유로 표현하고 있으며, 이것들 대신에 이들에게 주어질 것들을 아름다움, 기쁨, 찬양 그리고 의의 은유로 설명하고 있다. 특별히 이 이사야 본문은 세상 가운데서 고통당하는 하나님의 백성들에 의한 이들의 현재 상황에 대한 탄식은 바로 이것이 하나님의 참된 백성의 일환임을 보여주는 반증이라고 믿으면서, 동시에 하나님의 의로운 통치가 아직 도래하지 않았음에 대해서 그리고 하나님의 뜻이 아직 이루어지지 않았다는 사실에 대해 탄식하는 오랜 성경적 전통의 일환이다. 이런 맥락에서 마태는 애통하는 것이 하나님의 참된 백성의 특징적 요소라고 말하고 있으며, 이들이 궁극적으로 하나님의 위로를 얻게 될 것이라고 말하고 있다.

세 번째 지복은 온유한 자는 복된 자인데, 이들이 땅을 유업으로 받게 될 것이기 때문이라고 말하고 있다(5절). 앞서 첫 번째 지복에서 주목했듯이, 이사야 67:1절에 따르면 '온유한' 자는 다름 아닌 '심령이 가난한' 자를 뜻한다. 이런 점에서 온유는 한 사람의 특정한 덕목을 지칭한다기보다는 자신이 세상 속에서 하나님의 압제당하는 백성임을 자각하고 폭력적인 의미의 세상적인 힘의 방식들을 포기하는 자들을 가리킨다. 즉 자신들의 인간적인 힘과 노력으로 이루는 나라가 아니라 전적인 하나님의 은혜의 선물로 도래하는 하나님의 다스림을 받아들이는 자들이요, 이러한 하나님의 다스림에 전적으로 자신을 의탁하는 자들이라 할 수 있다. 다시 말해서 세속적인 의미의 왕권 개념을 포기하는 일이 바로 하나님의 참된 백성의 특징인 온유함이라 할 수 있다.

시편 37:11은 "온유한 자가 땅을 차지할 것이라"고 말하고 있다. 창조로부터 종말의 절정에 이르기까지 일관된 질문이 있다면 누가 땅을 유업으로 받을 것인가 하는 것이요, 이에 대한 성경의 일관된 대답은 바로 온유한 자, 곧 땅이 하나님의 선물임을 알고, 땅의 소유를 유지함에서 거룩함이 선결 요건임을 아는 자들이라 말하고 있다.

가난과 압제 가운데서도 모든 것이 하나님께로부터 올 것을 기대하며, 하나님에 대한 신뢰와 확신 가운데 사는 자들, 곧 온유하고 가난한 자들이 하나님의 왕국과 땅을 유업으로 얻을 자들이다.

네 번째 지복은 의에 주리고 목마른 자들은 복된 자인데, 이들이 채워질 것이기 때문이라 말하고 있다(6절). 먼저 "의에 주리고 목마른 자들"이란 표현에서 '의'는 이들이 스스로 이룰 수 없고 만들어 낼 수 없는 그 어떠한 의라는 것을 암시하고 있다. 이 점은 복됨의 근거로 제시하고 있는 '그들이 채워질 것이라"는 신적 수동태(divine passive)의 표현을 통해서도 잘 알 수 있다. 즉 이 의는 하나님에게서 오는 선물임을 말해주고 있다. 그렇다면 의에 주리고 목마른 자는 단순히 경건하게 선을 행하는 자들을 가리킨다기보다는 하나님의 다스림의 완전한 현현과 하나님의 선한 신원하심을 갈망하는 자들로서, 동시에 이러한 현현에 대한 소망 중에 하나님의 뜻을 행하는 자들을 가리킨다고 할 수 있다. 마태는 이들이 궁극적으로 하나님의 의로 채워질 것이기 때문에 복된 자들이라고 말하고 있다.

다섯 번째 지복은 불쌍히 여기는 자는 복된 자들인데, 이들이 불쌍히 여김을 받을 것이기 때문이라 말하고 있다(7절). 여기서 말하는 불쌍히 여김은 불쌍히 여기는 태도를 가리킨다기보다는 구체적인 자비의 행위를 가리킨다. 마태는 명시적으로 호세아 6:6이 말하는 바인 "내가 긍휼을 원하고 제사를 원치 아니한다"라는 구절을 두 번씩이나 인용함으로써(9:13; 12:7), 율법이 요구하는 근본 원리인 사랑과 자비의 정신을 분명히 하고 있다. 자비란 예수 그리스도와 함께 도래한 하나님의 의로운 통치를 경험하는 자들에게 요구되는 구체적인 윤리적 행동이라 할 수 있다. 이들에게 주어지는 궁극적 위로는 동시에 이들이 종말론적인 하나님의 위로에 참여할 것이라는 점이다.

여섯 번째 지복은 마음이 청결한 자들은 복된 자들인데, 그들이 하나님을 볼 것이기 때문이라 말하고 있다(8절). 여기서 마음이 청결하다는 것은 단지 더러운 생각들을 피한다는 것을 뜻하는 것이 아니라, 유일신에 대한 참된 믿음, 곧 하나님에 대한 온전한 헌신, 즉 두 마음을 품지 않는 정절의 상태를 가리킨다. 예수께서 사탄의 시험에 대한 대답 가운데 인용하셨던 신명기 6-8장이 말하는 바, 곧 "마음을 다하고 성품을 다하고 힘을 다하여 하나님만을 사랑하는" 것을 뜻한다고 할 수 있다. 마태의 표현을 빌자면, 눈이 밝아서 재물이 거짓된 주인이 아니라 오직 참된 주인인 하나님에게서 오는 선물임을 깨달아서 하나님만을 섬기는 것을 의미한다(cf. 마 6:21-24). 마태는 하나님에 대한 이러한 전적인 신뢰와 온전한 헌신의 마음을 지닌 자들은 하나님을 볼 것이라고 말하고 있다.

일곱 번째 지복은 화평케 하는 자들이 복된 자들인데, 그들이 하나님의 아들이라 불릴 것이기 때문이라 말하고 있다 9절). 여기서 화평케 하는 자들의 역사적 배경을 살펴보는 것이 유익하다. 로마에 의한 주후 70년경의 예루살렘 성전 멸망 이전 시기에, 예루살렘 성전은 무장한 유대-혁명론자들에 의해 점거되어 있었는데(cf. 막 11:17, "너희가 [나의 집을] 강도[116]의 굴혈을 만들었도다"), 이들은 성전을 이방 세력으로부터 정화한다는 명목 하에서 자신들을 하나님의 거룩한 전쟁을 수행하는 하나님의 아들들로 자처하여 당시 로마군에 대해 유대 전쟁을 수행했던 자들이다. 특별히 이러한 혁명론자들은 하나님 나라의 도래를 갈망하던 당시 다른 부류의 종교 집단들에게 끊임없는 위협적인

116 여기서 강도라는 말의 헬라어 표현은 λη σττής는 강도뿐만 아니라 폭도를 뜻하기도 한다. 이 단어는 요세푸스가 로마에 대항하여 대반란을 일으킨 유대 혁명가들을 지칭하는 통상적인 용어이다(Joel Marcus, "The Jewish War and the *Sitz im Leben* of Mark," *JBL* 111 [1992], 449-51).

존재였을 터이고, 동시에 이들의 무력 사용은 당시 억압받고 소외된 자들에게 끊임없는 유혹 거리였을 것이다.

이런 역사적 정황에 놓였던 마태의 상황과 특별히 예수 안에서 연약한 형태로 도래한 하나님의 나라에 대한 마태의 확신은 마태로 하여금 하나님의 나라는 인간적인 노력의 지평 너머에서 오는 하나님의 평화의 복음임을 선포하게 했을 것이다. 이런 맥락에서 일곱 번째 지복은 화평케 하는 자들을 하나님의 참된 아들이라 부르고 있으며 이들이 복된 자라고 명명하고 있다.

여덟 번째 지복은 의를 위하여 핍박을 받는 자들은 복된 자들인데, 천국이 이들의 것이기 때문이라 말하고 있다(10절). 이 구절은 3절과 함께 팔복 강화를 시작하고 끝을 맺는 수미상관 구조를 형성하고 있다. 그렇다면 심령이 가난한 자, 즉 억압받고 고난 당하는 자들은 단순히 일반적인 의미에서의 약자들을 가리킨다기보다는 의에 대한 헌신 때문에 부당하게 핍박받는 자들을 뜻한다고 할 수 있다. 이들은 연약한 방식으로 예수를 통해 도래한 하나님의 나라와 그의 의를 받아들인 자들로서, 당시 율법적인 의를 추구하거나 무력적인 방식으로 하나님의 나라를 도래시키려는 자들에 의해 미움과 질시의 대상들로 핍박을 받았을 것이다. 이들을 향해, 예수께서는 진정으로 하나님의 의로운 통치를 경험하는 대상은 바로 이러한 자들이라고 말하고 있는 것이다.

C) 11-12절

이 부분은 앞에 묘사된 팔복에 대한 서술과 달리 특이한 형태를 띠고 있다. 다시 말해서, 사람들이 너희들을 비난하고 핍박할 때에 너희들의 상태는 복된 상태인데, 그 이유는 이들의 상급이 천국에서 크기 때문이며, 이에 대한 중요한 예증은 이미 선지자들도 핍박을 받았고 이로 인해 그들이 하늘에서 큰 상급을 받았다는 사실이라고 말하고 있다는 점이다. 특별히 팔복들이 모두 직설법의 형태를 띠고 있는 데 반해서, 이 부분은 직설법과 함께 "기뻐하고 즐거워하라"는 명령법이 사용되고 있다. 주목할 점은 핍박에도 불구하고 기뻐하라고 말하고 있는 것이 아니라 핍박을 당하기에 복된 자들이요 기뻐하라고 말하고 있다. 핍박 때문에 기뻐하라는 것은 순교 정신을 표출하고 있다기보다는 핍박이 다름 아닌 종말론적인 믿음의 공동체의 표지임을 알기에 기뻐하라는 뜻이다. 이러한 사실의 중요한 성경적 예증이 바로 선지자들의 핍박이었다는 것이다. 끝으로 지복 강화를 뒤 있는 13-16절은 다름 아닌 팔복의 상태를 보이는 자들이 바로 세상의 빛과 소금이라고 분명하게 말씀하고 있다.

3-2) 주의 기도의 종말론적이며 공동체적인 성격(마 6:9-13)

예수와 함께 도래한 하나님 나라/다스림이 가져온 새-창조의 종말론적인 지향과 공동체적인 특성은 예수께서 가르쳐주신 '주의 기도' 가운데 극명하게 잘 나타나 있다. '주의 기도'는 "너희는 이렇게 기도하라"는 말씀이 보여주듯이 실제적으로는 주의 기도가 아니라, 제자들이 해야 할 기도이다. 더 정확히 말해서 예수와 함께 이 땅에 도래한 하나님의 나라/다스림을 구현하는 방식으로서의 제자들의 삶이 되기를 기도하는 것이다.

먼저 "하늘에 계신 우리들의 아버지"라는 표현은 단순히 하나님의 초월성과 내재성이라는 속성을 가리킨다기보다는 성경에 계시된 하나님의 근본적인 속성인 성육화하신 하나님(God Incarnate), 즉 우리 중에 거하시며 우리의 하나님이 되시고 우리는 그의 백성이 되는 것(cf. 레 26:12; 겔 37:27; 계 21:3)을 최종적인 목표로 삼고 계시는 하나님을 뜻한다.

주의 기도는 이러한 의미의 “하늘의 우리 아버지”를 서두로, 이어서 세 개의 청원들을 담고 있다. 이 청원들은 모두 ‘당신의’라는 표현을 담고 있기에 ‘You-청원’으로 알려져 있다. 주목할 점은 You-청원의 세 청원은 모두 성격상 종말론적인 지향을 갖는다는 점이다. ‘이미’ 예수의 인성과 사역을 통해 이 땅과 인류 역사의 지평에 떠오른 하나님의 나라/다스림은 ‘아직’도 완전히 그 모습을 드러내지 않고 있기에 이러한 세 청원이 주어진 것이라는 뜻이다. 주의 기도의 이러한 종말론적인 성격은 예수를 따르는 제자 공동체 즉 우리 크리스천 공동체 역시 ‘이미’와 ‘아직’ 사이에 사는 공동체로서 하나님의 종말론적인 현현을 청원하면서 동시에 그 과정 중에 실존적인 삶의 문제 즉 생존의 문제, 공동체적 삶의 문제, 그리고 악의 문제들을 어떻게 다룰 것인가를 잘 보여주고 있다. 이 문제들의 해결은 여전히 ‘아직’을 향해 나가는 하나님의 나라/다스림 곧 지속적으로 우리 삶에 다가오는 하나님의 나라/다스림을 통해서 해결될 수 있음을 강력하게 암시하고 있다.

세 개의 청원은 형식상으로는 세 개의 청원이지만 실제적으로는 배타적인 주권과 거룩함을 근본 성격으로 하는 하나님과 그의 나라/다스림에 관한, 서로 유기적으로 연결된 하나의 청원이라 할 수 있다. 첫 번째 청원은 하나님의 이름이 거룩히 여김을 받게 해달라는 것이다. 구약 전통에서 이름은 단순히 어떤 사람이 불리는 방식 혹은 수단의 문제가 아니라 그 사람의 존재 전체 즉 그 사람의 전인격(the whole person)을 대변한다.

하나님의 거룩은 배타적인 구별됨과 탁월성을 가리킨다. 즉 하나님은 절대적으로 주권적이시기에 그 어떤 것들과도 배타적으로 구별되시며 특히 이스라엘의 구속 가운데 하나님은 자신의 주권을 신원하신다는 점에서 구별된다는 것을 뜻한다. 이 점을 출애굽기 7:5이 잘 보여준다. "내가 내 손을 애굽 위에 펴서 이스라엘 자손을 그 땅에서 인도하여낼 때에 애굽 사람들이 나를 여호와인 줄 알리라." 또 구약 성경은 이스라엘을 구속하신 하나님 여호와가 인류의 참된 구속자이시며 동시에 인류 가운데 거하시기를 원하여 인류를 창조하신 분이라는 것을 말하고 있다(cf. 창 2:4). 이런 성경적 맥락에서 볼 때, 첫 번째 청원은 예수를 통한 하나님의 인류의 종말론적인 구속 가운데 하나님은 자신의 배타적인 주권이 지속적으로 드러나기를 청원하라는 예수의 권면의 말씀이다.

두 번째 청원은 하나님 아버지의 나라가 임하게 해달라는 청원이다. 이 청원의 핵심은 구약이 약속했고 성취가 예기되어왔던 복음 즉 하나님의 종말론적인 다스림이 하나님의 아들이신 메시아 예수를 통해 이제 이 땅에 드러나기 시작했기에, 제자들은 예수를 통해 이미 시작되었고 자신들 역시 참여하기 시작한 이 다스림이 온전하고도 충만한 형태로 경험되기를 기도하라는 청원의 말씀이다. 여전히 관심은 이미 도래한 하나님의 나라/다스림과 아직도 온전한 형태로 드러나지 않은 하나님의 나라/다스림 사이에 놓여 있는 하나님의 종말론적 공동체의 삶의 근본적인 특징을 보여주고 있다. 즉 이미 하나님의 통치를 받고 있지만, 아직 온전한 통치를 받고 있지 못한 자들의 삶의 염원과 열망을 보여준다.

세 번째 청원은 하늘에서 이루어진 것 같이 땅에서 하늘 아버지의 뜻이 이루어지게 해달라는 청원이다. 하늘에서 이루어진 하늘 아버지의 뜻은 온 창조세계에 대한 하나님의 초월적인 주권과 주권적인 다스림을 가리킨다(cf. 창 1:1의 천지창조의 의미). 이런 점에서 하나님의 뜻이 땅에서 이루어지기를 청원하는 것은 초월적인 하늘 영역에서 이루어진 하나님의 다스림이 이 땅에 도래함으로써 사탄의 지배 아래 있던 불의와 폭력의 옛 시대가 끝나고 이미 인류 지평에 떠오른 하나님의 의와 평화의 시대가 온전한 형태로 이 땅에 드러나는 새 시대가 도래하기를 청원하는 것이다. 현시대의 악한 질서가 완전히 타파되고 이 땅이 근본적으로 새로워지는(cf. 계 21:5. "내가 만물을 새롭게 하노라") 다가올 새 세계에 대한 청원을 담고 있다. 이런 점에서 세 번째 청원 역시 이미와 아직 사이에 사는 하나님의 종말론적인 공동체의 정체성과 삶을 반영하고 있다.

이어지는 세 개의 청원은 모두 '우리'에 관한 청원들로서 We-청원이라 불린다. 이 청원들은 하나님 나라의 '이미와 아직' 사이에 사는 하나님의 종말론적인 공동체의 삶 특히 우리 중에 거하시는 하나님과 우리의 삶은 어떠한 관계를 지니고 있는가에 관한 청원들이라 할 수 있다. 첫 번째 청원은 통상적으로 "오늘 우리에게 일용할 양식을 주소서"라고 번역되어 있다. 그러나 '일용할'이라는 단어 'ἐπιούσιον'은 1) '다가올 날을 위한', 2) '생존에 필요한', 3) '오늘을 위한' 이라는 세 가지 의미를 지닌다.

주의 기도의 '이미'와 '아직'이란 종말론적인 특성을 이해할 때, 특별히 이스라엘의 종말론적인 성취이신 예수와 생의 거룩한 예식 곧 삶의 성례전으로서의 만나의 종말론적인 성취로서의 예수의 죽음과 부활을 통해 이 땅에 도래한 메시아 시대와 그 시대의 완성에 대한 기대 가운데 사는 하나님의 백성들의 현 위치에 비추어 볼 때, '다가올 날을 위한' 양식 즉 하나님 나라의 완성에 때에 주어질 참 생명과 영원한 생명에 참여하는 메시아 잔치의 기쁨과 환희를 오늘 맛보고 누리며 살게 해달라는 청원으로 이해하는 것이 더 바람직하다고 할 수 있다. 어떤 경우이든 하나님의 새 이스라엘 백성인 우리 크리스천들은 결정된 미래를 오늘에 사는 자들이라 할 수 있다(cf. 고전 7:29이하). 우리는 현재를 통해 미래를 이루는 자들이 아니라 예수를 통해 결정된 미래를 오늘에 미리 맛보고(foretaste) 사는 자들이라 할 수 있다.

두 번째 청원은 "우리가 우리에게 빚진 자들을 용서한 것 같이 우리가 갚아야 할 것들/죄들을 사하여 주소서"이다. 여기서 두 구문의 관계는 두 가지 관점에서 이해할 필요가 있다. 첫째로, 공동체적인 관점이다. 즉 하나님의 종말론적인 공동체는 하나님의 용서를 경험한 자들의 모임으로서 공동체 구성원들 간의 용서를 근본적인 성격으로 하는 '용서의 공동체'라는 것을 뜻한다. 우선순위의 문제라기보다는 하나님 나라의 '이미와 아직' 사이에 사는 종말론적인 공동체로서 하나님의 용서와 구성원들 간의 용서를 근본 특성으로 하는 공동체라는 뜻이다. 둘째로, 종말론적인 관점이다. 하나님 나라의 '이미와 아직' 사이에 사는 하나님의 종말론적인 공동체의 삶에서, 하나님의 나라가 온전히 드러날 때 경험하게 될 하나님의 완전한 죄 용서는, 하나님의 공동체의 구성원들 간의 구체적인 죄 용서의 행위를 통해 경험되는 구체적인 하나님의 죄 용서의 형태로 지금 여기서 미리 경험하거나 맛볼 수 있다는 것을 의미한다.

세 번째 청원과 네 번째 청원은 사실상 하나의 청원에 대한 소극적/부정적인 표현과 적극적/긍정적인 표현으로 취급할 수 있다. 즉 "우리를 시험으로 이끌지 마소서"와 "그러나 우리를 악으로부터 구하여 주소서"는 구문상 그리고 의미상 분명 하나의 청원을 뜻하고 있다는 것이다. 먼저 '시험'으로 번역되고 있는 πειρασμός는 시련의 의미로 쓰인다. 즉 시험 혹은 시련은 하나님의 나라/다스림이 이미 이 땅에 도래했지만, 아직 온전한 형태로 드러나지 않았기에 하나님의 백성과 자녀들은 하나님의 나라와 그의 다스림에 대한 충절과 정절을 포기할 수 있는 상황들을 가리킨다. 이런 점에서 이 청원은 우리가 지속적으로 하나님의 다스림에 대한 배도 혹은 불신 또는 회의에 이르지 않게 해달라고 기도할 것을 가르치고 있다.

이러한 배도와 불신의 상황에 빠지지 않게 해달라는 소극적인 청원은 더 적극적인 청원으로 이어진다. 즉 "악으로부터 구출해 주소서"라는 청원이다. 하나님은 그의 백성들의 신실함을 테스트하신다. 이스라엘의 광야 경험이 그러했고(오직 신실한 자들인 여호수아와 갈렙만이 가나안 땅에 들어감), 예수님의 광야 시험이 그러했다(마4:1. 성령에 이끌리어 예수가 신실한 이스라엘인가는 테스트하기 위해 광야로 나가 마귀에 의해 유혹을 받는다). 욥이 하나님에 대한 경외의 온전성(integrity)을 테스트받기 위해서 마귀에 의해서 시험을 받는다. 하나님은 자기 백성의 신실함을 테스트하기 위해서 우리에게 환난과 시련을 허용하신다. 물론 이 시련의 실행자는 사탄과 그에 속한 악의 세력들이다.

그러나 반드시 주목할 점은 하나님의 종말론적인 백성인 우리는 이미 성취된 하나님의 나라/다스림과 아직 완성을 향해 나아가는 하나님의 나라/다스림 사이에 사는 자들로서, 더 중요하게 이 나라/다스림의 현재 증거요 표징이며 미래 보장이요 보증인 성령의 오심과 내주하심을 경험하는 자들로서, 하나님이 허용하셔서 사탄을 통해 이루어지는 배도와 불신의 상황들을 이겨낼 수 있는 것이다.

4) 결론

하나님 나라와 교회는 모두 하나님의 사랑 즉 하나님의 낮추심과 자기를 내어주심을 통해서 세워졌다. 구약에서 하나님은 하늘과 땅을 만들고 이 땅에 인류를 지으신 것은 하나님의 무슨 필요를 채우고자 행하신 일이 아니요, 인류를 자신의 백성으로 하나님은 인류의 하나님으로서, 인류와 영원히 함께 거하시며 교제하기를 원하셨기 때문이다. 이렇게 하나님의 사랑에 의해 창조된 이 땅과 이 땅의 인류는 기본적으로 하나님의 다스림이 실현되는 장소로서의 하나님의 나라이며, 또한 하나님의 임재가 온전히 실현되는 장소로서의 하나님의 성소이다. 놀랍게도 흙으로 창조된 인간이 이러한 하나님의 천상의 다스림과 하나님의 임재를 온 땅에 구현하라는 소명을 받는다. 이것은 하나님이 자신을 낮추어 인간과 함께 살기를 원하셨듯이, 인간 역시 자신의 소명은 오직 하나님께 전적으로 의존되어 이룰 수 있다는 점을 강하게 암시한다.

신약에서 교회는 하나님의 천상의 왕권이 예수 그리스도를 통해서 지상에 구현되고 있다는 것을 고백하는 자들의 모임이다. 이 고백의 핵심은 예수가 '하나님의 아들로서의 그리스도'라는 예수의 정체성이다. 예수는 아담의 사명이었던 하나님의 천상의 다스림을 이 땅에 드러내는 일을 온전히 이루시는 분이라는 뜻이다. 이런 점에서 교회는 이 점을 선포할 뿐만 아니라 예수를 통해 이루어진 하나님의 다스림을 따라 온전히 살아감으로써, 이 다스림을 구현하도록 부름을 받은 하나님의 종말론적인 공동체이다.

이러한 선포와 이러한 삶을 살 수 있는 길은 오직 교회가 십자가에 달려 죽으신 그리스도라는 기초 위에 세워진 공동체라는 사실을 전인적으로 인식하는 것이다. 십자가에 달려 죽으신 그리스도는 인간의 능력과 인간의 지혜를 무력화시키고 배제하는 하나님의 능력과 하나님의 지혜이다. 교회가 인간의 능력과 인간의 지혜를 의지해 하나님의 공동체를 세우고 운용한다면, 이 교회는 십자가에 달려 죽으신 그리스도라는 기초 위에 세워진 하나님의 공동체가 아니라 단지 인간의 공동체일 뿐이다.

하나님이 이렇게 자신의 낮추심 즉 자기-희생적인 사랑을 통해서 첫 창조 시에 하나님의 나라를 세우시고 새-창조 시에 교회 공동체를 세우신 것은 자기-희생적인 사랑을 통해 세워진 하나님의 나라와 하나님의 백성 공동체만이 영원할 수 있다는 것을 아셨기 때문이다. 자기-의(자기가 바르게 함)를 주창하는 자들의 모임, 즉 자기 주도적으로 살기에 힘의 원리로 지배되는 세상을 사랑하는 자들의 모임은 결국 파멸이며 공멸이다. 그러나 하나님의-의(하나님이 바르게 하심)만을 의지해 사는 자들의 모임, 즉 하나님-의존적으로 살기에 하나님의 사랑만을 먹고 사는 자들의 모임은 공생이며 하나님의 나라의 영원한 백성들로 살 수 있다. 이 점을 요한일서 2:15-17은 이렇게 표현하고 있다.

> 이 세상이나 이 세상에 있는 것들을 사랑하지 말라. 누구든지 세상을 사랑하면 아버지의 사랑이 그 자 안에 있지 않도다. 왜냐하면 세상에 있는 모든 것 곧 육신의 욕망과 안목의 욕망과 이생의 자랑은 모두 아버지께로부터 온 것이 아니요, 세상으로부터 온 것이기 때문이라. 세상과 세상의 욕망은 다 사라져간다. 그러나 하나님의 뜻을 행하는 자만이 영원히 남느니라.

3. 구약의 해석 관점

구약성경 본문을 바르게 해석하기 위해서는 분명 구약성경을 바르게 들여다볼 수 있는 창, 혹은 바른 해석관점이 필요하다. 이것은 어떤 신학적 주제나 사상이 성경의 다양한 책들을 하나의 통일된 저작으로 읽어갈 수 있게 하는가 하는 '성경 신학'의 이슈와 관련된 문제이기도 하다.

구약과 관련하여 말하자면, 어떤 구약의 주제들이 구약성경에 일관되게 흐르고 있는가? 하나님인가? 하나님의 은혜와 주권인가? 하나님의 신정정치인가? 하나님의 왕권인가? 하나님의 언약인가? 하나님의 율법인가? 혹은 그의 약속인가? 혹은 하나님의 창조와 구속인가? 여기서 우리는 개혁주의 신학 노선이 표방하는 구약의 두 가지 중심 주제인, 하나님의 나라와 하나님의 언약을 중심으로 구약을 들여다보는 창과 해석의 관점으로 설명하고자 한다.

1) 하나님 나라의 시작: 창조

하나님은 온 창조세계를 자신의 왕국으로 창조하셨다. 이 왕국은 하나님의 의에 의해 다스려지며 이 왕국의 모든 피조물은 하나님의 의로운 통치를 경험하고 하나님의 샬롬을 향유 하도록 지음을 받았다. 그리고 하나님은 자신의 왕국인 온 창조세계를 축복하시며 자신의 의로운 통치가 온 창조세계 가운데 구현되도록 생육하고 번성하고 온 땅에 충만하라고 말씀하셨다. 그리고 하나님은 이러한 왕국 설립에 뒤따르는 자신의 의의 왕국을 구현하시겠다고 언약 가운데 자신의 공약과 헌신을 천명하셨다.

하나님의 왕국을 구현하는 주체는 하나님으로서 자신의 주권적이며 은혜로운 섭리(providence)를 통해 왕국 구현을 이루어가시며 온 피조물에 대해 신실한(faith-ful) 그리고 책임성 있는(respons-ible) 반응을 요청하신다. 이런 점에서 하나님이 주권적으로 은혜롭게 이끌어 가시는 왕국 구현에 대한 인간 편의 근본적인 악이 있다면 불신(faith-less)과 무반응(ir-responsibility)의 자세일 것이다. 삶이 우연이나 운(luck)으로 운용된다고 생각하거나 혹은 인간 스스로 만들어가는 것이라고 생각하는 것이 바로 이러한 근본적인 죄와 악의 모습일 것이다. 이제 이런 맥락에서 우리는 세상과 이스라엘의 창조를 다루고 있는 창세기를 중심으로 구약의 해석 전망을 살펴보고자 한다.

(1) 하나님의 주권적 창조 행위인 세상과 이스라엘의 시작

창세기는 세상과 이스라엘의 시작/창조에 관한 책이다. 1-11장은 소위 시원적 역사를 다룬다는 점에서 세상의 창조에 관해 말하고 있고 12-50장은 이스라엘 국가의 모체에 해당하는 족장들의 역사를 다룬다는 점에서 이스라엘의 시작에 관한 책이라 할 수 있다.

그런데 이러한 세상과 이스라엘의 창조/시작에 관한 창세기의 서술에는 일관된 신학적 함의가 놓여 있다. 먼저 창세기는 하늘과 땅의 창조를 기술하면서 어떠한 설명이나 단서를 담고 있지 않고 단순히 '태초에 하나님이 천지를 창조하셨다'고 선언하고 있다. 이어지는 창조의 자세한 기술들에서 창조되는 모든 피조물은 하나님의 주권적 말씀, 혹은 부르심(calling)에 관한 결과로 존재하게 되는 형식을 취하고 있다. 이것은 피조물의 창조는 인간을 포함한 모든 피조물 편에서의 어떠한 역할의 가능성을 철저히 배제하는 것이요, 전적인 하나님의 주권적인 창조 행위를 보여주는 것이다.

동시에 이 선언은 하나님은 자신의 피조물에 대해 변치 않는 사랑 가운데 신실하게 관여하시고 은혜롭게 섭리하신다는 것을 암시한다. 이러한 하나님의 옛 창조의 주권과 은혜는 종말론적으로(근본적이고도 최종적으로) 그리스도 안에서 온 창조세계를 새롭게 하신 하나님의 재-창조 가운데 동일하게 역사했다는 유비 관계 속에 비추어 볼 때,

하나님의 원래 창조 역시 하나님의 복음의 선포라 할 수 있다.

또 이스라엘 시작의 모체가 된 아브라함을 그의 본토에서 불러내시는 장면에서도 동일한 하나님의 주권적인 부르심을 볼 수 있다. "여호와께서 아브라함에게 말씀하시되 너의 본토, 친척, 아비 집을 떠나 내가 네게 지시할 땅으로 가라!"(창 12:1). 이 명령은 아브라함 편에서의 어떠한 역할도 암시하고 있지 않으며, 아브라함의 삶에 대한 하나님의 새로운 창조를 암시하는 하나님의 주권적 부르심만이 배타적으로 부각되고 있다.

하나님의 주권적인 창조 행위로서의 세상의 창조와 관련하여 창조기사에서 언급되고 있는'생명의 나무/the Tree of Life'에 주목하고자 한다. 이 나무는 '선악을 알게 하는 나무/the Tree of Knowledge of good and evil'와 함께 나타나고 있다(cf. 창 2:9). 비록 이어지는 창조기사 내에서 선악을 알게 하는 나무가 주된 초점의 대상이긴 하지만, 생명 나무는 아담과 하와가 범죄 한 이후 이들에 대한 하나님의 심판 가운데 중요한 이미지로 사용되고 있다. 즉 하나님은 에덴동산에서 이들을 추방하여 생명 나무에 대한 접근을 막으실 뿐만 아니라 그룹들과 화염검을 두어 생명 나무에 이르는 길을 지키도록 하셨다(cf.창 3:22-24).

에덴동산에 생명 나무가 존재했다는 사실은 인간은 비록 영원불멸의 존재로 창조된 것은 아니지만 영원한 생명 즉 영원히 살 수 있다는 개연성을 보여준다. 그러나 인간과 별도로 생명 나무가 따로 존재했다는 사실이 암시하는 보다 더 중요한 사실은, 인간의 영원한 삶은 인간에게 내재된 그 어떤 특성이 아닐 뿐만 아니라, 인간은 계속적인 생명 유지를 위해서 자신 밖에 놓여 있는 그 무엇이 필요하다는 점이다.[117] 이것은 인간 생명의 기원만이 아니라 삶과 생존의 전부가 창조자이신 하나님께 전적으로 의존되어 있음을 암시하는 것이다.

(2) 세상의 창조와 이스라엘의 창조의 문맥인 하나님의 축복

이러한 하나님의 주권적 창조와 섭리적인 보호하심을 통한 피조물의 삶과 생존은 하나님의 창조 행위가 근본적으로 복음임을 암시한다. 이 점은 하나님의 창조 행위를 뒤따르는 일관된 표현을 통해서도 잘 알 수 있다. "וַיַּרְא אֱלֹהִים כִּי־טוֹב /하나님이 보시기에 좋았더라." 이것은 선한 창조를 의미할 뿐만 아니라 모든 피조물에 대한 복리(welfare)[118]가 하나님의 창조 의도였음을 암시한다.

세상의 창조와 이스라엘의 창조가 근본적으로 하나님의 복음임을 보여주는 보다 중요한 근거는 세상의 창조와 이스라엘의 시작 모두가 하나님의 축복(God's blessings)을 동반하고 있다는 점이다. 인간 창조와 함께 하나님은 "생육하고 번성하고 땅에 충만하라"(창 1:28)는 명령을 축복의 형태로 주고 있다.[119] 이 명령은 기본적으로 온 세상이 생명으로 가득하고 충만할 것을 목적하고 있다고 볼 수 있다. 이 점은 아브라함의 후손들이 하늘의 별과 같고 바다의 모래 같을 것이라는 하나님의 축복(창 15:5; 22:16-18) 가운데에 요셉의 후손들이 생육하고 번성하여 많은 백성이 될 것이라는 축복(창 48:4) 가운데에 명시적으로 암시적으로

---

117 cf. Terry L. Brensinger, ':חָיָה' *New International Dictionary of Old Testament Theology & Exegesis* Vol.2 (Grand Rapids: Zondervan Publishing House, 1997), ed. W. VanGemeren, 108-9.

118 여기서 'bAj'라고 표현되는 단어는 좋음, 선함 이익, 복지 등으로 번역될 수 있다.

119 이 구절의 히브리어 본문은 다음과 같이 되어있다. "וַיְבָרֶךְ אֹתָם אֱלֹהִים וַיֹּאמֶר/ 하나님이 그들을 축복하시며, 말씀하시기를… "

나타나 있다.

또 아브라함을 부르시는 장면에서도 아브라함에 대한 명령이 축복의 형태로 주어지고 있다(cf. 창 12:2-3).[120] 이것은 생명의 창조든 생명을 향유하게 될 하나님 백성의 창조든 모든 것이 하나님의 주권적이며 은혜로운 섭리 가운데 놓여 있음을 암시한다. 생명이 하나님 아래 놓여 있다는 것은 가장 지고한 복이며, 창세기는 지속적으로 이 점을 말하고 있다(cf. 창 9:1-5; 창 28:13-15[창 48:4]). 특별히 바울이 갈라디아서 3:8에서 아브라함에게 주어진 축복이 복음임을 명시적으로 말하고 있음이 아브라함에 대한 명령이 축복이며, 복음임을 분명히 보여주고 있다. "προϊδοῦσα δὲ ἡ γραφὴ ὅτι ἐκ πίστεως δικαιοῖ τὰ ἔθνη ὁ θεὸς, *προευηγγελίσατο* τῷ Ἀβραὰμ ὅτι ἐνευλογηθήσονται ἐν σοὶ πάντα τὰ ἔθνη·/ 성경은 하나님이 믿음으로 이방인들을 의롭다 하실 것을 미리 알았기에 아브라함에게 미리 복음을 선포했으니, 곧 너로 인하여 온 민족이 복을 받게 될 것이라는 선포라"(사역).

창세기는 이러한 아브라함에 대한 축복을 한 세대의 족장에서 다음 세대의 족장으로 넘어가는 전환기 때마다 특별히 강조하여 묘사하고 있음을 주목할 필요가 있다. 이것은 세상에 대한 하나님의 계획은 하나님의 축복이 세대에서 세대로 면면히 이어져 지속되는 것임을 암시한다. 구체적으로 말해서 아브라함의 부르심 가운데 주어진 축복은, 이삭의 결혼(창 24:60) 가운데 다시 언급되고 야곱이 고향 가나안을 떠나서 밧단 아람으로 가는 노중에서 상기되고 있으며(창 28:14-15; 48:4) 야곱이 죽음의 침상에서 자녀들에게 베푸는 축복 가운데

120 창 12:2-3에서 '복을 주다'라는 단어가 모두 5번 나타나고 있다. 신약의 바울 서신들은 여러 곳에서 창 12:2-3에서 아브라함에게 주어진 명령을 축복으로 말하고 있다 (cf. 갈 3:14, "ἵνα εἰς τὰ ἔθνη ἡ εὐλογία τοῦ Ἀβραὰμ γένηται ἐν Χριστῷ Ἰησοῦ/ 아브라함에게 주어진 복이 예수 그리스도로 인하여 이방인들을 위한 것이 되기 위함이라."

재삼 확인되고 있다(창 48:16).

여기서 주목할 점은 창조의 축복이 하나님에 의해 주어지고 있듯이, 아브라함에게 주어지는 축복 역시 하나님에 의해 주권적으로 시혜되고 있다는 점에서 이 두 축복 사이에는 긴밀한 관계가 놓여 있다는 점이다. 특별히 이 축복들이 온 세상이 생명으로 가득 찬 세상을 예기한다는 점에서 창조의 축복과 아브라함에 대한 축복은 긴밀하게 연결되어 있음을 알 수 있다. 이러한 연결 관계는 창조의 축복(1:22; 1:28; 2:3)이 노아를 통해 갱신되고(창 9:1-3) 아브라함에게(12:1-3), 이삭에게(26:1-5), 야곱에게(28:12-15) 이어져 전해지고 있음을 통해 확인되며, 또한 요셉에 의해 온 열방이 기근에서 구원을 받게 되는 사건 속에서도 동일하게 암시되고 있음을 알 수 있다.

(3) 인간의 타락/죄에도 불구하고 주권적으로 은혜롭게 시혜되는 창조의 축복

문제는 하나님의 선한 원래 창조세계가 인간의 반역적인 타락으로 인해 좌초의 지경에 이르게 되었다는 점이다. 더 정확히 말해서 선악과가 암시하는 바 즉 하나님-중심적 혹은 의존적으로 창조 소명(온 땅을 하나님의 의와 거룩함으로 충만하게 하라는 왕적-제사장적 소명)을 이루어가라는 하나님의 선악과 명령에 대해 인류의 시조가 거역함으로써, 인류는 하나님의 임재와 다스림에서 축출되어 사탄의 지배 아래 들어갔고, 또 하나님의 원래 창조세계는 하나님의 심판 아래 놓이게 되었다.

그러나 이 시점에서 하나님은 창세기 3:15에서 씨(the seed)의 예언을 통하여 이 축복을 지속적으로 이루어가실 것을 천명한다; “ תְּשׁוּפֶנּוּ עָקֵב׃
וְאֵיבָה אָשִׁיתבֵּינְךָ וּבֵין הָאִשָּׁה וּבֵין זַרְעֲךָ וּבֵין זַרְעָהּ הוּא יְשׁוּפְךָ רֹאשׁ וְאַתָּה / 내가 너와 여자 사이에, 즉 너희 씨(후손)와 여자의 씨(후손) 사이에 원수 됨(혹은 갈등

구조)를 놓을 것이니, 그가 너의 머리를 상하게 할 것이요, 너는 그의 발꿈치를 상하게 할 것이라"(사역). 이 구절은 일반적으로 메시아적으로 해석되어[121] 예수 그리스도의 사역, 즉 자신의 구속 사역을 통해서 사탄의 세력을 근본적으로 무력화시키실 그리스도에 대한 예언으로 해석되고 있다. 물론 이것은 신약이 동일하게 증언하는 바다. 즉 예수께서 사탄을 결박하시고 사탄이 지배하는 옛 시대(the old age)를 종료시키시고 하나님이 다스리시는 새 시대(the new age)를 도래케 하셨다는 복음 선포와 일치함이 분명하다(cf. 막 1:12-15; 막 3:27).

그러나 이 씨에 대한 예언은 창세기의 문맥에서도 그 의미를 지닌 예언으로 봐야 하며, 이런 점에서 이것은 아브라함에게 주어졌던 축복이 지속적으로 세대에서 세대로 이어지게 하는 중요한 예언적 말씀으로 의도되고 있다는 점에 주목할 필요가 있다. 여기서 후손으로 번역되는 히브리어 단어 'זֶרַע'라는 단수형으로서 '씨'의 의미를 지니는데, 창세기 문맥에서 볼 때 이 단수형은 집단적 대표를 의미하며, 더 정확하게는 하나님의 복된 약속을 받음으로써 축복을 이어가는 족장들을 가리킨다고 볼 수 있다.

반면 이런 맥락에서 볼 때 창세기 문맥에서 '뱀의 씨'가 명시적으로 암시적으로 나타나 있지 않기에 이것이 누구를 가리키는가에 대한 궁금증이 생겨난다. 그러나 창세기는 주도적으로 하나님의 능력에 의해서 그리고 하나님이 택하신 '씨'에 의해서 뱀과 그의 씨가 무력화되고 있음을 보여주고 있음에 비추어 볼 때, 뱀의 씨가 누구인가

---

121 여기서 사용되는 단어 'זֶרַע'는 단수형으로 표현되고 있으며, 또한 사도 바울도 갈 3:16에서 창 17:1-9을 해석하면서, 복수가 아닌 단수 'σπέρμα'가 사용되고 있음을 강조하여, 이 단어가 그리스도를 가리킨다고 명시적으로 밝히고 있는데 ("… τῷ σπέρματί σου, ὅς ἐστιν Χριστός./ …너의 씨, 곧 그리스도라," 이 모든 것들이 창 3:15을 메시아적으로 해석하는 데 중요한 역할을 한 것으로 보인다.

하는 점은 크게 문제가 되지 않는다.[122] 어떠한 경우이든 하나님의 최초 축복이 인간의 타락에도 불구하고 하나님의 주권과 은혜 가운데 세대를 걸쳐 중단 없이 이어져 감을 볼 수 있다.[123]

(4) 약속의 형태로 주어진 하나님의 축복

이 축복은 창세기의 문맥에서 약속의 형태로 혹은 명령의 형태로 주어진다. 먼저 약속의 형태로 주어진 하나님의 축복은 약속을 받는 대상의 믿음이 필요하며 이런 점에서 약속의 끝이 열려 있는 형태라고 볼 수 있다. 그러나 이 약속의 주체가 하나님이시고, 또한 약속이 축복의 문맥에서 주어지고 있다는 점에 비추어 볼 때 약속은 어느 의미에서 이미 성취가 보장된 약속이라 할 수 있다.

이 약속은 또한 명령의 형태를 띠고 있기도 하다. 그러나 이 명령은 강압적인 성격을 지닌다기보다는 명령을 받는 대상에게 명령의 주체가 하나님이시며, 그러기에 명령에 대한 신실한 반응인 순종이 참된 인간 피조물 됨의 본분임을 촉구하고 상기시킨다는 점에서 환기적(evocative)이라 할 수 있다.[124] 또 이 약속은 오직 미래에 하나님이 약속을 반드시 이루실 것이라는 믿음과 소망 가운데에서만이 그 끝을

---

122 cf. James McKeown, Genesis, The Two Horizons Old Testament Commentary(Grand Rapids: Eerdmans, 2008), 205. Gordon Wenham은 그의 주석에서 뱀과 그의 씨를 죄와 죽음 그리고 악의 세력을 상징하는, 하나님의 주권적-은혜로운 역사에 대한 대적으로 보고 있다. Wenham, *Genesis 1-15*. WBC 1 (Waco: Word Books, 1987), 80.

123 하나님의 창조의 축복이 세대를 따라 이어져 내려간다는 것은 창세기 내에서 10번 나타나고 있는 'תּוֹלְדוֹת'(톨레도트/대략, 사적, 후예 등으로 번역됨)를 통해서도 암시되고 있다. 2:4; 6:9; 10:1; 1:10; 11:27; 25:12; 25:19; 36:1; 36:9; 37:2.

124 하나님의 약속과 명령이 강압적이 아니라 환기적이라는 점은 창세기의 문맥 속에서 대개의 경우 하나님의 약속이나 명령이 지켜지지 않는 점에서도 잘 알 수 있다(cf. Walter Brueggemann, *Genesis*, Interpretation: A Bible Commentary for Teaching and Preaching [Atlanta: John Knox Press, 1982], 18).

볼 수 있다는 매우 성경적 특성을 가진다.

약속의 형태로 주어진 하나님의 축복은 하나님의 주권적이고도 은혜로운 개입, 그의 섭리적인 보호하심을 담고 있다. 먼저 아브라함의 부르심은 그 기원을 하나님의 주권적인 개입에 두고 있다(cf. 창 12:1-3). 또 이삭은 하나님의 주권적 개입이 없었다면 태어날 수 없었을 것이다(cf. 창 18:14). 야곱은 하나님의 주권적인 보호하심이 없었다면 밧단 아람에서 고향으로 돌아올 수 없었을 것이다(cf. 창 31:3, 24). 하나님의 은혜로운 섭리적 인도하심이 없었다면 요셉이 애굽의 총리가 될 수 없었을 것이다(cf. 창 39:2, 23; 창 41:38-39). 하나님의 은혜로운 섭리가 아니었다면 야곱의 가족은 기근 가운데 모두 죽었을 것이다(창 50:20). 결국 이 모든 하나님의 주권적이고도 은혜로운 섭리와 보호하심을 통해서 이스라엘이 탄생된 것이다.[125]

(5) 믿음의 반응을 요구하는 하나님의 창조와 부르심

온 창조세계의 창조/시작의 주체는 하나님으로서, 이 하나님은 어떠한 제약도 받지 않는 주권자로서 이분만이 생명 창조 가운데 나타난 새로움(newness)을 부여하실 수 있는 분이다. 이 새로움은 전적으로 하나님의 주권적이고도 은혜로운 창조 행위로부터 기인하는 것이다. 물론 우리는 이러한 하나님의 창조적 새로움의 종말론적인 형태는 하나님의 새로운 창조의 역사요 선물인 예수 그리스도 안에서 주어진 새 생명 가운데서 구현되었다고 본다.

창세기 내에서 창조 사건을 뒤잇는 모든 사건과 이야기들은 이러한 하나님의 창조 행위가 보여주는 새로움에 대한 믿음의 관점에서

125 cf. James McKeown, *Genesis*, 218.

전개되고 있다. 이런 점에서 일찍이 히브리서 저자는 아브라함에 대해 말하면서 히브리서 11:19에서 “아브라함이 하나님이 능히 죽은 자를 다시 살리실 수 있다고 생각했다”고 확언하고 있다.

하나님의 창조 가운데 나타난 새로움은 비록 주권적으로 선포되는 복음이지만, 아담으로 대표되는 인류의 믿음을 기초로 한 자발적인 순종과 헌신을 떠나서는 은혜롭게 시혜될 수 없음을 창세기는 말하고 있다. 즉 축복의 약속은 반드시 하나님의 주권적이며 은혜로운 섭리를 통해 성취되지만, 동시에 인간 편에서의 믿음을 기초로 한 자발적인 순종과 헌신을 요구한다(선악을 알게 하는 나무의 의미). 그러나 변치 않는 중요한 사실은 하나님의 주권적이며 은혜로운 섭리는 인간의 이해와 경험, 심지어는 믿음을 통한 새로운 깨달음까지도 언제나 뛰어넘는다는 점이다. 족장들의 삶의 전개는 우리를 지속적으로 당황케 하시는 하나님의 주권적이고도 은혜로운 섭리를 보여주는데, 이를 통해서 하나님은 인간 편에서의 더 큰 순종(greater obedience)과 더 큰 거룩함(greater holiness)을 이끌어 내고 있다고 말할 수 있다.

(6) 생명의 삶인 믿음의 삶

특별히 축복된 삶으로 표현되는 생명의 삶은 믿음의 삶으로 요약될 수 있으며, 이 점에 대한 창세기의 핵심적 예증이 창세기 22:1-12의 이삭을 희생제물로 바치라는 하나님의 명령 가운데서 발견된다.

이 본문은 전통적으로 아브라함의 믿음의 위대함을 말하는 본문으로 이해되었으나, 이 본문은 분명 하나님의 약속의 자녀를 바치라는 시험이 약속을 처음 주셨던 하나님 자신으로 시작되었다는 점, 하나님의 요구가 초-윤리적이라는 점, 하나님이 친히 준비하신다는 표현이 두 번 사용(cf. 8절과 14절)된 점, 시험이 하나님 자신에 의해 끝을 맺는다는 점, 하나님이 친히 준비하신 숫양을 통해 번제가 드려졌다는 사실, 끝으로 최초 아브라함에게 주어졌던 약속의 갱신으로 끝을 맺는 사실(cf. 창 22: 17-18)들을 진지하게 고려할 때, 12:1-3에서 하나님의 주권적인 약속 선포로부터 시작된 아브라함의 신앙 여정은 결국 동일한 하나님의 복된 약속으로 끝을 맺고 있음을 보여주는 본문이다. 이러한 시작과 끝 사이에서 창세기 저자는 '과연 하나님의 축복된 약속이란 구조 내에서 아브라함은 자발적인 헌신과 순종의 반응을 보이는가?' 하는 질문을 제기하고 있다는 점에 주목해야 한다. 아브라함은 자녀의 복된 약속을 자신의 주권적이고도 은혜로운 방식대로 이루시는 하나님에 대해 자발적인 순종과 믿음으로 응답했던 것이다.

(7) 믿음으로 의롭게 된 자가 생명을 얻게 됨

이같이 아브라함의 믿음과 순종의 삶은 하나님께 의롭다 여김을 받는 삶이며, 이러한 삶은 하나님의 축복을 지속적으로 향유하는 생명의 삶이라 할 수 있다.

창세기 저자는 이것을 다음과 같이 표현하고 있다. "아브람이 여호와를 믿으니, 여호와께서 이를 그의 의로 여기셨더라"(창 15:6). 물론 이 구절은 바로 앞서 주어진 하나님의 자손에 대한 축복의 약속에 대한 아브라함의 믿음과 의를 말하고 있지만, 이 구절을 바로 뒤잇는 7절은 또한 아브라함에게 하나님이 의를 부여하신 것과 아브라함이 가나안 땅을 기업으로 얻게 되는 일이 연관이 있는 것임을 암시하고 있다. 어떠한 경우이든, 이 구절은 이후 펼쳐지는 구약의 신앙전통의 중요한 패러다임으로 자리 잡고 있음이 분명하다. 즉 약속에 대한 믿음을 통해 의롭다 여김을 받으며, 의롭다 여김을 받은 자가 살리라는 점이다. 이 점은 하박국 선지자에 의해서 명시적으로 선언되고 있다. 합 2:4/ בֶּאֱמוּנָתוֹ יִחְיֶה׃

וְצַדִּיק / 의인은 그의 신실하심으로 살 것이라// ὁ δὲ δίκαιος ἐκ πίστεώς μου ζήσεται/ 의인은 나의 신실함으로 살 것이라(합 2:4). 이 구절은 사도 바울에 의해서 로마서 1:17에서 인용되고 있다. ὁ δὲ δίκαιος ἐκ πίστεως ζήσεται/ 의인은 믿음으로 살 것이라.

여기서 바울은 어떠한 믿음을 가리키는지에 대한 큰 논란이 있어왔다. 전통적으로 바울이 말하는 믿음은 종교개혁의 모토였던 '이신칭의(Justification by faith)'라는 전통에서 그리스도에 대한 믿음(목적격적 소유격: 그리스도를 믿는 믿음)을 가리킨다고 이해되었다. 그러나 또 하나의 해석전통에 따르면 바울은 '그리스도의 믿음'(주격적 소유격), 즉 그리스도께서 갖고 계신 믿음으로서, 그리스도의 신실하심을 가리킨다. 여기서 그리스도의 신실하심은 구약의 일관된 핵심 사상인 하나님의 언약적인 신실하심(covenantal faithfulness)을 근본적으로/궁극적으로(종말론적으로) 드러내 보이신 사건인 예수의 대속적인 죽음을 의미한다. 예수께서는 자기 죽음이 하나님의 언약적인 신실하심을 드러내는 것이라는 온전한 믿음/순종의 행위로 보았으며, 이런 점에서 예수의 대속의 죽음을 예수의 신실하심(믿음으로 가득 참)이라 칭한다.

이러한 바울의 믿음 이해는 바울의 서신들에 일관되게 나타나는 율법의 행위가 아니라 믿음으로 의롭게 된다는 사상에도 일관되게 적용된다. 율법을 행하는 것으로 인간이 의롭게 되는 것이 아니라 믿음으로 의롭게 된다는 점이다. 전통적인 믿음 이해에 따르면 구약은 율법을 행함으로 의롭게 됨에 대해 말하고 있고, 신약은 예수를 믿는 믿음으로 의롭게 됨에 대해 말하고 있다. 그러나 이러한 이해에 따르면 율법을 행하든 예수를 믿든 주체는 모두 사람이라는 점은 변함이 없다. 전에는 사람이 율법을 행함으로 의롭게 되었는데 이제는 예수를 믿음으로 의롭게 된다는 점에서 행동의 주체는 똑같이 사람이라는 뜻이다. 바뀐 것은 오직 사람이 행하던 일일 뿐이다. 즉 율법을 행하는 것에서 예수를 믿는 일로 바뀐 것뿐이다.

이러한 이해는 두 가지 심각한 문제를 지닌다. 첫째로, 의의 주체를 하나님이 아니라 인간이라고 본다는 점이다. 성경은 의를 말할 때 언제나 하나님의 선물로 말하고 있다. 인간이 이룰 수 있는 영역 밖에 있는 것이 성경적인 하나님의 의이다. 의는 인간 지평 너머에서 오는 하나님의 선물이라고 성경은 말한다(cf. 사 45:8). 예수 사역의 핵심도 하나님의 의를 이루신 것이다(cf. 마 3:15).

둘째로, 이러한 이해는 율법을 잠정적이고도 불안전한 것으로 이해한다는 점이다. 마태복음 5:17에 따르면 예수께서는 율법을 폐하러 오신 것이 아니라 율법을 성취하기 위해 오셨다. 한마디로 율법은 항구적인 적법성을 지닌다. 왜냐하면, 율법은 하나님의 의가 역사적인 실체로 구현된 것이기 때문이다. 물론 하나님의 의의 구현인 율법은 동시에 하나님의 의가 드러날 것을 요구한다. 이러한 율법의 요구 즉 의의 구현을 예수께서 성취하셨다고 신약은 말하고 있는 것이다.

그렇다면 바울이 말하는 믿음, 즉 율법의 행위로 의롭게 되지 않고 믿음으로 의롭게 된다는 것은 분명 우리가 믿는 믿음을 가리킨다기보다는 예수의 신실하심 즉 예수 그리스도의 대속의 죽음 가운데 나타난 하나님의 신실하심을 가리킨다고 보는 것이 더 적절하다. 이렇게 볼 때, 구약과 신약의 차이는 율법의 행위와 예수에 대한 믿음의 문제가 아니라, 인간 스스로 이룰 수 없었던 의를 하나님이 예수의 신실한 대속의 죽음으로 통해 이루셨다는 점이다. 이런 맥락에서 바울이 말하는 믿음은 예수의 믿음 곧 그의 신실한 대속의 죽음을 가리킨다고 할 수 있다.

구약과 신약을 관통하여 일관되게 흐르는 사상은 하나님의 의와 이 이를 반드시 이루신다는 하나님의 신실하심이다.[126] 하나님의 이러한 신실하심에 대한 우리의 반응은 언제나 믿음과 신뢰의 반응이다. 이런 점에서 하나님/예수의 신실하심과 우리의 믿음에는 유기적인 하나 됨의 관계가 존재한다.

(8) 결론적 고찰

하나님의 창조는 하나님의 의로운 다스림을 따라 사는 하나님의 다스림의 세계(하나님의 나라)를 만드신 것이다. 모든 피조물이 하나님의 의로운 통치를 따라 하나님의 샬롬을 향유하며, 동시에 하나님의 의로운 다스림을 받는 자들이 하나님의 의와 거룩함을 온 창조세계에 구현하도록 즉 하나님의 의로운 다스림과 배타적인 거룩한 임재를 삶으로 살아내도록 부름을 받았다.

이러한 하나님의 창조가 지닌 근본적인 다스림의 성격은 인류의 타락으로 인한 사탄의 지배로부터 인류를 구출한다는 점에서 구속적인 성격을 지니게 되었다. 언약으로 표현된 하나님의 다스림에 대한 하나님의 헌신과 공약은 타락한 인류를 사탄과 죄의 속박으로부터 반드시 구속하실 것을 전제하며, 이러한 하나님의 창조와 구속은 인간 편에서 믿음을 요구한다. 하나님의 창조와 구속에 대한 믿음을 통해서 하나님의 의가 이루어져 믿음의 반응을 보이는 인류에게 시혜되며, 이 의를 힘입은 자들에게 하나님의 참 생명 즉 영원한 생명이 부여된다.

126 하나님의 의와 신실하심이 일종의 짝으로 이루어 나타나는 중요한 예가 시89편이다. 특별히 이 시편의 14절은 "의(צֶדֶק/체데크)와 공의가 주의 보좌의 기초이며, 은혜(חֶסֶד/헤세드)와 신실하심(אֱמֶת/에메트)이 주를 앞서 행하나이다"라고 선포하는데, 이것은 하나님의 다스림의 근간이 "의"이고 이 의의 근본 속성 혹은 운용 원리가 언제나 은혜와 신실하심임을 강력하게 시사한다. 이 시편 전반에 걸쳐서 "은혜"와 "신실하심"이 짝으로 나타난다(1절, 2절, 24절, 33절, 49절).

이러한 창조와 구속을 구약은 약속의 형태로 제시하고 있고, 신약은 하나님의 아들이신 예수 그리스도의 죽음과 부활을 통해 성취의 형태로 제시하고 있다. 그러나 구약과 신약이 일관되게 관심을 갖는 것은 분명 하나님의 의의 다스림(하나님의 나라)이라는 점이다. 이런 점에서 성경해석이 지향하는 바는 구약과 신약에 계시된 하나님의 창조와 구속의 행위들을 통해 구현된 하나님의 다스림의 성격을 규명하는 것과 관계 한다 할 수 있다.

2) 하나님 나라(다스림)에 대한 공약으로서의 언약[127]

(1) 서론

미국 칼빈 신학교의 구약학 교수였던 존 스텍(John Stek)은 개혁주의 신학 전통이 언약이라는 신학적 주제에 의해 원래 마땅한 역할보다 더 큰 역할과 비중을 차지하게 되어 성경해석 전반에 걸쳐서 과도하게 채색되고 있음을 지적하며, 언약에 대한 보다 정당한 평가를 주장하고 나선다. 스텍에 따르면 개혁주의 조직신학 전통 내에선 조건과 벌을 동반한 약속이 있는 곳이면 언제나 언약이 존재하며, 왕권이 있는 곳이면 역시 언약이 존재하고, 사랑의 공약으로 서로 연결된 두 당사자의 관계가 존재하는 곳이면 거기에 언약이 존재한다. 이에 반해서 스텍은 고대 근동 사회를 살펴보면 언약이란 개념의 도입 없이 설명될 수 있는 수많은 인간관계와 약속, 그리고 공약들이 존재한다(부모와 자식, 주인과 종, 이웃과 이웃 등등). 언약이 요청되는 경우는 약속된 행동의

127 이하의 언약에 대한 기술은 필자의 신학교 시절 은사였던 존 스텍 교수의 다음 책에서 기인한다. 존 H. 스텍, *구약신학: 본문과 해석*, 류호준 편역 (솔로몬, 2000), 100-120.

진로가 불투명하여 의혹과 불신이 생겨나는 정황이다. 언약의 특별한 목적은 이미 설정된 공약에다 이 공약이 반드시 성취하리라는 확증을 부여하는 일이며 이러한 확증과 보장은 고대 사회 속에서 가장 강력한 보장의 형태이다. 스텍의 표현을 빌리자면 언약은 자기 저주의 맹세에 의해 강화된 구체화된 공약이다.

스텍에 따르면 이러한 언약 개념이 고대 근동 지방의 계약개념이었고, 하나님이 인간과 맺으신 언약이 바로 그 형태와 기능에서 이러한 근동 지방의 계약들을 따르고 있으며, 이들 중 영주-가신 조약(종주계약)과 왕의 하사(royal grant)란 계약형태가 특히 성경언약과 유사점을 갖고 있다. 종주 계약은 가신 편에 의무조항이 부여되기에 서약 당사자가 가신이지만, 왕의 하사는 왕에게 의무조항이 부여되기에 왕이 서약 당사자이며, 동시에 무-조건적이며, 왕의 하사는 영속적이다.

스텍은 언약에 대한 이상의 자신의 주장을 성경적으로 증명하기 위해 성경 상의 언약들을 언약의 발생 원인과 언약의 형태, 그리고 그 역할에 비추어서 고찰하고 있다.

(2) 노아언약

창조주되신 하나님의 창조세계가 가신된 인간들의 죄악과 무질서로 가득함에 따라 하나님은 그의 은혜로운 창조 질서를 무효화시키게 되는데, 이 중 한 사람 노아가 하나님의 눈에 합의한 자로 발견되고 그를 대홍수에서 살려두신다. 그리고 노아와의 언약을 약속하신다(창 6:18). 이후 창세기 9:8-11에서 친히 노아와 언약을 맺으신다. 이 언약은 형식상 왕의 하사(royal grant)이다. 하나님은 자신의 의에 따라 하나님의 눈에 합의한 자에게 장엄한 공약을 행하신다. 여기서 약속은 무조건적이면서 영속적이다. 여기서 언약을 인준하신 분은 바로 맹세로 서약하신 분이시다.

노아언약이 의미하는 바를 생각해 보고자 한다. 인간 죄악에 대한 심판으로서 하나님은 창조의 질서를 무효화 하셨으며, 모든 사람의 생각과 모든 계획이 항상 악하다는 점에 비추어볼 때 심지어 천둥과 번개만 쳐도 하나님의 노아 홍수 재개라는 전조로 비추어질 수 있다. 이러한 상황에서 하나님은 그와 동행하는 자들에게 "결코 물로 심판치 않으리라"는 은혜로운 확신을 제공하고 있다. 하나님의 창조목적에 대한 하나님 자신의 신실하심에 의문과 불신을 갖게 된 노아로 대표되는 인류에서 절대로 창조목적은 무효화 되지 않을 것이라는 확신을 제시하는 것이 바로 노아의 무지개 언약이 의미하는 바이다.

(3) 아브라함 언약

아브라함의 언약은 창세기 12장에서 시작되지 않는다. 창세기 12장은 명령("떠나라…")과 이에 따른 약속들("내가 너로 큰 민족 … 복을 주리라")과 함께 아브라함과 관계를 시작하시는 하나님에 관해 이야기하고 있다. 이에 대해 아브라함은 순종적인 행동을 통해 그의 믿음을 나타냈으며, 그의 미래를 전적으로 이 약속에 모두 걸었다. 그러나 그는 맹세가 동반된 확증을 요구하지도 않았으며, 어떠한 언약도 요구하지 않았다. 그러나 아브라함과 사라는 후사 없이 늙어갔으며, 엘람 왕과 그의 동맹국들이 가나안의 동쪽 지역을 침략하고 아브라함을 위협하게 된다. 이러한 상황에서 창세기 15:2의 질문이 생겨난다. "내가 무자하니 내게 무엇을 주시려나이까?…" 이 질문에 대해 하나님은 "네 후손이 별과 같으리라"는 대답을 주셨고, 이를 아브라함이 믿으니 이를 의로 여기셨다고 기록하고 있다.

아브라함의 두 번째 질문("내가 이 땅으로 업을 삼을 줄 어떻게 알 수 있으리요?")에 대해 하나님은 언약으로 대답하시는데, 동시에 맹세로 서원하신다(창 15:18ff). 두 번째 장면에서 나타나는 언약은 땅에 대한 약속을 보장하는 것인데 이는 아브라함이 여전히 "내가 어떻게 알 수 있으리요(창 15:8)" 라고 의문시하고 있는 동시에, 아브라함이 그의 생애 중에는 약속의 성취를 볼 수 없을 것이기 때문이다(400년의 이방의 객이 되기에). 여기서 하나님의 언약은 이러한 의심과 불신의 상황 속에서 당사자인 아브라함의 믿음을 고양하는 역할을 하고 있다.

또 한 번, 언약을 재가하는 사건이 나오는데 여기서도 약속에 대한 아브라함의 불신과 사라의 흔들림이 언약 재가의 주요인으로 작용하고 있다(창 16:2-4). 하나님이 다시 나타나 믿음을 요구함과 동시에(창 17:1) 여기서 하나님은 아브라함에 대한 그의 공약을 재확인하시고(4-8절), 아브라함과 그 후손에 대해 하나의 규정을 제정하신다(9-14절). 여기서 할례는 언약 재가의 맹세-저주의 표식이다. 창세기 16장에 나타나는 아브라함의 흔들리는 믿음에 직면하여, 창세기 17장의 언약은 창세기 15장에 나타나는 왕의 하사 형식의 무조건적인 언약에 함축되어 있는 의무를 공식화하고 있다.

창세기 22장도 동일한 방식으로 이해되어야 한다. 비록 22장에서는 명시적인 언약의 언급이 없지만, 언약 규정이 암시적으로 나타나고 있다. 이것도 왕의 하사 언약인데, 아브라함의 믿음을 보시고 하나님은 맹세를 통해 아브라함에게 약속하신 모든 바를 행하시겠다고 서약하신다. 이상에서 살펴본 대로 하나님과 아브라함의 관계는 12장에서 기술 되는대로 처음부터 언약 관계가 아니라 하나님의 일방적인 축복의 약속과 아브라함의 믿음의 관계였다. 그러나 여러 정황으로 인해 아브라함 편에서 의심과 불신이 생겨났을 때 하나님은 아브라함의 불신을 불식시키기 위해 언약을 주신다. 이것이 바로 아브라함의 언약이 지닌 역할이다.

(4) 시내산 언약과 다윗 언약

시내산 언약은 전통적으로 영주-가신(종주)언약으로 이해된다. 하나님은 시내산에서 이스라엘 백성과 언약을 맺으신다(참조 출 19:4-6). 출애굽기 24:3,7에 나타나는 장면은 자기저주의 맹세 규정을 담고 있다. 시내산 언약은 이스라엘 편에서 하나님 나라에 대한 충절과 순종을 증진하기 위한 하나님 나라 운영의 일환이다. 하나님은 이집트에 있는 아브라함의 후손들에게 복을 주심으로 이들을 자신의 백성으로 삼으셨다. 동시에 하나님은 이스라엘 백성을 압제하고 있는 이방 세력들을 저주하셨는데, 이는 족장들과 언약된 약속에 대한 신실함이면서, 이 약속의 성취로 나아가는 길이다. 그러나 약속의 성취에 앞서 애굽에서 살았을 때 이스라엘이 지녔을지도 모르는 우상숭배적인 잘못된 헌신과 신앙 그리고 당시 고대 근동의 여러 이방 신들의 유혹이라는 맥락에서 하나님은 이스라엘에게 맹세를 통해 자신의 충절과 순종의 백성이 되라고, 즉 이스라엘 백성이 하나님의 다스림에만 온전하고도 배타적으로 헌신하라는 의미에서 언약을 맺으신다.

이러한 시내산의 종주 언약은 뒤따르는 수 세기에 걸쳐 이스라엘에 대한 하나님의 나라와 다스림에 대한 기본적인 수단으로 머물게 된다. 하나님과 인간 사이에 만들어진 공약을 강화하기 위해 여러 언약이 존재하는데, 이들은 조상들과 세워진 무조건적인 왕의 하사 언약과 이에 대한 반응으로 나타나는 할례를 통해 대변되는 종주 언약이다. 가신에 해당되는 인간 편에서 맹세로 서원한 공약이라는 형태가 왕국 운용의 도구로 주어지고 있는가? 그렇지 않다. 역사를 통해 볼 때 이스라엘 백성들은 불신의 모습을 끊임없이 보여왔다. 이런 점에서 왕국 운영의 도구로서의 언약은 인간의 불신이라는 연약함을 다루는 역할을 한다고 이해된다.

시내산에서 체결된 언약 하에서 이스라엘에 대한 하나님의 왕권과 왕권의 운영을 통해 하나님은 뒤이어 왕국의 복리를 증진하고자 두 개의 추가적인 언약을 만드셨다(비느하스의 언약: 민 25:11-13/ 다윗 언약: 삼하 7:5-16). 특히 다윗언약이 나타나는 본문은 이를 언약이라 부르지 않고 있으며, 맹세에 대한 언급도 없다. 그러나 이 본문은 왕의 하사 언약으로서, 사울의 경우와 달리 다윗의 왕국이 영원하리라는 보장과 확신을 주고 있다. 다른 곳에서 하나님의 공약이 주어지는 이러한 경우가 언약이라 불리며, 맹세로 서약된 것으로 이해된다(참고: 삼하 23:5; 시 89:3-4, 28-29, 131:11-12).

그렇다면 여호와께서 세우신 모든 언약은 왕국 운영의 도구들이라고 할 수 있다. 언약들은 불확실한 상황에서 맹세로 이루어진 공약들이다. 이들 언약은 그 자체의 특정한 시기와 목적이 있기는 하지만 기본적인 역할은 가신인 인간 편에서 믿음이 흔들리고, 충절이 믿을 만하지 못할 경우 왕 되신 하나님에 대한 신뢰와 충성된 섬김을 강화하고자 하는 것이다.

(5) 새 언약

이러한 언약들에 대한 사람들의 반응이 실패하자 이제 하나님은 새 언약을 인류와 맺으신다(렘 31:31-34). 이 언약은 언약의 목적을 달성하는데, 돌판에 새겨진 규례와 명령을 제시함으로써가 아니라 하나님이 그의 뜻을 마음에 기록하심으로 이를 성취하며 이 점에서 새 언약이라 불린다. “우리 하나님 여호와가 우리 마음을 할례 하심으로써 우리가 마음과 뜻과 삶을 다해 하나님을 사랑하게 된다"는 의미이다. 이 언약은 분명히 하나님 나라의 이상을 완수할 목적의 하나님 나라의 운영 형태이다.

그러나 이 언약은 시내산 언약과 같은 영주-가신 언약의 형태를 갖고 있지 않다. 왕 되신 하나님의 가신들의 복종이 백성들의 자기-저주의 맹세로 제한되는 것이 아니라, 하나님의 성령이 새롭게 하시는 역사를 통해 가신들의 순종이 이루어진다. 새 언약은 옛 언약을 대치하는데, 그렇게 함으로써 아브라함과 그의 후손들에 대한 하나님의 맹세를 동반한 공약이 완전히 실현된다. 새 언약의 시작은 옛 언약의 폐지를 의미하지 않는다. 새 언약은 옛 언약을 완성시킨다는 점에서 옛 언약을 대체하고 있는 것이다(마 5:17). 이스라엘을 다루는 중에 하나님이 주신 모든 언약은 아브라함에게 주신 하나님의 맹세를 동반한 왕의 하사 언약에 대한 완전한 성취를 가져오는 기능을 해냈다.

(6) 결론: 언약의 성격과 기능

이상의 언약들에 대한 설명을 간략히 요약하자면 다음과 같다. 먼저 노아 언약이 맺어지는 창세기 9:1-17의 상황은 하나님의 창조세계가 하나님 자신의 심판을 통해서 사라진 상황에서 창조 시에 축복으로 주어졌던 약속들을 반드시 이루겠다는 하나님의 특별한 확신으로 볼 수 있다. 둘째로, 창세기 15:4-5과 17:2-16, 22:16에 나타나고 있는 아브라함의 언약은 창세기 12:1-3에서 주어진 은혜로운 약속에 대해서 아브라함과 그를 둘러싼 환경들이 이 약속에 대한 의문을 제기하고 약속을 못 미더워 할 상황에서 주어지고 있음을 주목할 필요가 있다.

시내산 언약이 주어지는 상황을 서술하고 있는 출애굽기 19장은 이미 광야 여정을 시작하면서, 이스라엘 백성들이 보여주는 하나님의 약속에 대한 불신으로 인한 원망과 불평들이 노정되던 상황이었음을 주목할 필요가 있다. 다윗언약을 담고 있는 사무엘하 7장의 문맥은 다윗 왕이 나이 많아 죽게 되면서 자신의 왕국이 어떻게 될 것인가에 관해 염려와 걱정을 하던 상황이었다. 새 언약을 담고 있는 예레미야 31:31-34의 문맥도 언약이 주어지는 상황은 하나님이 포로 유형 중에 있는 이스라엘의 원망과 불신에 대해서 이스라엘에게 베푸시는 은혜로운 언약 갱신의 상황을 보여준다.

이상의 고찰을 통해 나타난 언약의 성경적 성격과 기능을 다음과 같이 요약하고자 한다.

1) 언약은 하나님의 나라를 이끌어 나가는 데에 필요한, 매우 형식적인 수단이요 도구일 뿐이다. 언약은 하나님 나라를 건설하는 수단이 아니다. 마찬가지로 하나님의 다스림과 왕권은 언약에 종속된 것이 아니다. 또 언약은 하나님이 그의 왕국을 세우시고 이를 운행하시고 다스리시고자 하시는 하나님의 주요 수단이 아니다. 성경에서 하나님 나라와 언약은 상관어가 아니다.

2) 하나님 나라를 이끌어 나가는 형식적인 수단으로서의 언약의 특성은, 언약이 자기-저주의 서약 하에 만들어진 공약을 구현하고 있다는 데 있다. 언약을 어떤 식으로든 하나님과 피조 인간 사이의 관계라는 관점에서 이해하는 것은 성경적 언약에 대한 잘못된 이해이다. 성경에서 언약은 여러 형태의 관계 하에서 기능하고 있긴 하지만, 그러나 이러한 관계들 자체를 구성하지는 않는다. 성경에 나타난 언약은 어떤 형태의 관계라고 정의할 수 있기보다는 일종의 계약이나 뜻으로 정의할 수 있다.

3) 서약으로 이루어지는 하나님 나라의 공약으로서의 언약은 불확실성으로 가득 찬 상황에서 어떤 특정한 일이 미래에 이루어질

것이라는 점을 보장하는 기능을 한다. 이러한 불확실성은 하나님이 믿을 만하지 못해서가 아니라 인간의 오류성에서 생겨난다. 즉 인간들의 흔들리는 믿음과 강팍한 마음과 생활, 그리고 죄로 말미암은 하나님의 심판 그리고 하나님의 나라를 대항하여 포진 되어 있는 인간들과 모든 형태의 권력의 적대행위들로부터 이러한 불확실성이 기인한다.

4) 성경에 나타나는 모든 언약은, 하나님이 그의 나라를 이끌어 나가시는 역사 속에서 나름대로의 특정한 목적들을 지닌다. 동시에 노아에 대한 왕의 특혜를 제외한 모든 하나님의 언약들은 하나님이 아브라함을 갈대아 우르에서 불러내실 때 아브라함에게 주신 약속들, 곧 후에 가서 고대 조상들에게 하나님의 특혜로 서약을 통해 다시 맹세된 바 있는 약속들을 이루어가는 기능을 한다.

5) 왕의 하사와 영주-가신 형태의 언약들은 모두 언약의 하나님에 대한 신뢰와 충성된 헌신을 진작시키는 기능을 한다. 그러나 영주-가신 형태의 언약이 말이나 혹은 상징을 통해 불신과 불복종은 분명 심판을 받을 것이라는 사실을 공식화함으로써 이러한 기능을 행하고 있지만, 왕의 하사는 진실로 의가 상급으로 주어질 것이라는 확신과 함께 의를 보상으로 줌으로써 이러한 기능을 행한다.

6) 이런 연유에서 성경에 나타난 언약들은 하나님과 창조된 인간 사이의 관계에 기초를 이루지 않는다. 언약은 창조에 근간을 구성하지 않는다. 언약은 창조의 목표가 아니다. 언약은 하나님과 그의 이미지를 담고 있는 피조 인간 사이의 넘을 수 없는 거리를 연결해주는 다리도 아니다. 오히려 언약은 인간에게 확신을 제공하고 인간의 믿음을 진작시키며, 인류에게 하나님의 공약을 강화한다. 죄가 잠식하지 않은 세상에서 서약이 한 사람의 '예'와 '아니오'의 진실성 여부를 판단하는 데 필요하지 않듯이, 동일하게 이러한 세상에서는 서약을 통해 공약이

이루어질 필요가 없으며 언약이 필요하지도 않다. 성경에 나타나는 언약들은 인간의 연약함 때문에 생겨난 특별한 위기관리 수단이며 동시에 하나님의 나라가 온전히 도래할 그때까지 이러한 인간의 연약함을 다루고자 생겨난 것이다.

7) 결론적으로 언제나 성경에 나타나는 언약은 비틀거리는 피조 인간들 속에 하나님 나라의 목적들을 도래시키고자 하는 의도의 특별 위기 관리수단이었다. 하나님의 나라와 다스림만이 창세기 1장부터 요한계시록 22장까지 면면히 흐르는 성경의 제일 주제이다. 이제 하나님의 나라가 개혁신학의 중심적 주제가 되도록 해야 한다. 더욱이 예수님은 그의 제자들도 '언약이 임하옵시고'라고 기도하기를 원했던 것이 아니라 '나라가 임하옵시고'라고 기도하기를 원했다.

3) 하나님 나라의 운용 원리: 주권적이며 은혜로운 섭리

하나님은 근본적으로 자신의 왕국을 주권과 은혜로운 섭리를 통해 운용하신다. 이 점을 구약 본문 하나와 신약 본문 하나를 통해 설명하고자 한다. 먼저 창세기 22:1-19에 나오는 이삭을 제물로 바치라는 명령에 관한 기사이다. 이 사건은 하나님이 창조세계에 대해 행하신 축복의 약속은 오직 하나님의 방식인 주권과 은혜로운 섭리를 통해 이루신다는 점을 극명하게 보여준 사건이다. 이 본문을 중심으로 이 점을 간략하게 생각해 보기로 하자. 이 창세기 본문이 이스라엘의 시작과 관련한, 아브라함에 주어졌던 하나님의 약속 이행 방식에 관한 본문으로서 중요성을 지니고 있는데, 이에 대응되는 신약의 본문은 마태복음 1:1-17이다. 이 본문은 예수를 통한 새 이스라엘의 창조에 관한 하나님의 약속의 성취 방식에 관한 본문으로서의 중요성을 지니고 있기 때문이다.

3-1) 창세기 22:1-19(아브라함의 시험)

(1) 사건의 수미상관 구조

먼저 이 사건의 더 큰 문맥과 관련하여 중요한 사실을 주목할 필요가 있다. 아브라함의 이야기는 창세기 12:1-3에서 주어진 축복의 약속으로 시작되고, 실질적으로 이 본문인 창세기 22:1-19에서 동일한 복된 약속으로 끝을 맺고 있다는 점이다. 두 본문 사이의 유사점을 보면 다음과 같다.

① 12:1	"… **내가 네게 지시할 땅으로 가라**"는 명령으로 시작
22:2	"… 모리아 **땅으로 가라** … **내가 네게 지시할** 한 산에서 … 번제로 드리라."
② 12:2-3	**"내가 … 네게 큰 복을 주리라 … 땅의 모든 족속이 너를 인하여 복을 얻을 것이라."**
22:17-18	"내가 네게 큰 복을 주고 … 천하 만민이 복을 얻으리라."

분명히 이러한 유사점은 아브라함의 이야기와 그의 삶이 동일한 하나님의 복된 약속으로 시작되었고, 동일한 약속으로 끝을 맺고 있다는 결정적인 성경적 근거이다. 그렇다면 도대체 시작과 끝 사이의 과정 중에는 무엇이 문제였을까? 간략히 말하자면 하나님의 축복으로 시작했고, 하나님의 축복으로 끝을 맺고 있는 아브라함의 이야기와 그의 삶의 문제는 중간에 놓여있는 이삭을 제물로 바치라는 명령, 즉 시험이 문제였다는 뜻이다.

아브라함에게 주어진 명령이 '시험'이라고 명명되는 것은 크나큰 위로이다. 결코 이삭이 희생제물로 바쳐지지 않을 것이라는 보장이기 때문이다. 하나님의 축복 속에 시작된 삶이요, 동일한 축복 속에 마치게 될 삶인데, 그 중간 과정이 시험이라는 것이다. 이 말은 아브라함의 삶은 약속된 축복이 취소될 것인가 하는 의구심으로 가득 찬 삶이 아니라 과정 중에 나타나는 시험을 통과할 수 있을 것인가에 관한 관심으로 집중되어 있다는 뜻이다. 이런 점에서 시험은 커다란 위로라는 뜻이다.

그러나 "하나님이 시험하셨다"라는 표현은 이삭이 바쳐지지 않을 것이라는 위로의 보장이 되지만, 아브라함의 입장에서 본다면 이 시험은 여전히 이삭을 바쳐야 하는가 하는 실질적인 문제였다. 아브라함은 하나님의 약속에 대한 자신의 믿음과 이 약속을 취소시키려는 하나님의 명령 사이에, 그리고 자신의 독자 아들에 대한 사랑과 하나님에 대한 사랑 사이에 놓여 있었다.

또 아브라함이 이전에 살았던 고대 근동 문맥에서 본다면 아브라함이 직면한 시험은 하나님에 대해서 아브라함이 지녔을지도 모르는 그의 이전 고대 근동의 신들과 같은 하나님 개념 즉 신들은 자녀를 제물로 바칠 것을 요구한다는 개념으로 하나님을 이해하고 이러한 하나님에 대한 두려움과 의구심이 남아 있었을지도 모르는 상황에서 이 시험은 아브라함의 이러한 의구심을 결정적으로 시험하며 바람직하게는 이러한 의구심과 두려움을 떨쳐 버리게 만드는 결정적인 시험이었을 것이다.[128] 물론 아브라함의 이야기 문맥 내에서는 하나님은 과연 자신의 원래 약속(창 11:1-3)을 신실하게 지키실 것인가에 대한

128 cf. Gregory Boyd, *Crucifixion of the Warrior God* (Fortress, 2017), 1292 이하 (참조, 근간, 그레고리 보이드, 『전사 하나님의 십자가에 죽음』, 류호영 역 [CLC, 2021], "부록 IX: 아브라함의 시험).

아브라함의 신뢰와 헌신을 근본적으로 테스트하는 시험이었지만, 아브라함이 이전 속해 있었던 고대 근동의 삶이라는 역사적 문맥에서 보면 이러한 아브라함의 잘못된 여호와 하나님 개념을 근본적으로 떨쳐 버리게 하는 목적에서 이루어진 시험으로 볼 수 있다.

(2) 하나님에 대한 아브라함의 신뢰의 진정성

본문의 '이 일 후에'라는 표현은 12장 서두에서 주어진 후손의 약속이 하나님의 기적적인 역사로 정확히 이루어졌고, 그리고 삶이 풍요와 번성을 경험하는 시점에서, 하나님이 시험하셨다는 것을 암시한다. 아브라함이 하나님을 신뢰하고 순종하는 이유는 그렇게 하는 것이 이삭을 얻었던 것과 같은 보상을 가져오기 때문이었는가 라는 질문이 여기에 담겨져 있다. 독자 아들을 바치라는 명령의 이면에도 아브라함의 순종 여부를 보려는 그 이상의 근본적인 문제가 놓여 있다는 뜻이다. 독자 아들을 바치라는 명령은 12장의 약속의 근간을 취소할 수 있는 명령이기 때문이다. 무엇이 그토록 문제이기에 이러한 명령이 주어진 것일까, 아니면 단순히 순종하는가를 시험하기 위한 것이었을까?

(3) 독자 아들을 번제로 드리라!

아브라함 시험의 시작은 아브라함이 이삭을 바침으로써 하나님의 마음을 기쁘게 하려는 생각에서 생겨난 시련이 아니다. 하나님이 독자 이삭을 바치라는 명령에서 생겨난 시련이다. 이것이 다른 종교와 성경 계시와의 결정적인 차이이다. 이에 대한 우리의 반응은 시련이 하나님께서 왔다고 단순히 받아들이는 일이다.

(4) 하나님의 명령은 두 가지 면에서 시험적 성격을 띤다.

먼저 표면적이며 명시적인 측면에서는 아브라함이 과연 자신의 사랑하는 독자 이삭을 바칠 것인가 하는 점에서의 시험이지만 보다 근본적인 의미에서는 하나님의 약속의 신실성에 대한 하나님 자신의 시험이기도 하다. 달리 표현해서, 이 시험이 수반하는 고통과 아픔은 아브라함과 하나님 모두에게 있다는 뜻이다.

본문의 명령은 아브라함이 하나님의 명령에 순종하는가에 대한 시험과 동시에 이삭을 통해서 자손을 번창하게 하리라는 하나님 자신의 약속에 대한 신실하심이 시험을 받는 무대이다. 만약 오늘 이삭이 죽는다면 하나님의 이전 약속은 거짓말이 되는 것이고, 설령 다른 아들을 다시 주신다고 해도 이미 상처받은 아비는 어떻게 하며, 그런 하나님을 신뢰할 수 있겠는가 하는 심각한 문제가 놓여있다. 이런 위험을 무릅쓰고 이 일을 강행하시는 하나님의 뜻은 무엇일까?

(5) 신앙이 윤리보다 앞선다.

본문은 하나님의 명령과 그에 대한 순종 곧 하나님의 계시가 지닌 신본주의적인 믿음이 도덕 종교의 인본주의적인 도덕과 윤리를 앞선다는 것을 강력히 암시하고 있다. 다시 말하면, 하나님의 명령과 그에 대한 순종의 반응인 믿음이 삶에 가장 중요하고도 본질적인 요소라는 뜻이다. 이런 점에서 항상 그런 것은 아니지만 우리의 신앙과 세상이 말하는 윤리가 상충하고 모순이 될 때 우리는 그 우위를 인본주의적인 도덕적인 명령과 윤리에 두지 않고 하나님 중심적인 신앙에 둔다. 이 점이 바로 성경 계시를 다른 도덕 종교와 결정적으로 구분 짓는다.

여기서 성경이 말하는 시련이 생겨난다. 시련은 하나님의 명령이 우리가 배우고 듣고 따라왔던 도덕 윤리라는 관점에서 받아들여질 수 없는 일을 행하도록 요구할 때 그것이 우리에는 시련이요 시험이요, 그러기에 슬픔과 비극이 다가오게 된다. 그러기에 예수님이 주기도문 중에서 "우리로 하여금 시험에 들게 마옵시고"라고 기도하라고 가르치신 것이다. 가능하다면 우리의 신앙과 이 사회가 요구하는 도덕 윤리가 상충함으로써 우리가 시험에 들지 않도록 하나님께 기도해야 한다는 뜻이다.

(6) '하나님이 준비하심'이란 표현의 의미와 그 한계

이 표현은 본문 8절과 14절에서 두 번 나타난다. 8절의 "하나님이 친히 준비하시리라"는 표현은 신앙고백이나, 기도, 혹은 예언으로 볼 수 있다. 아마 기본적으로는 아브라함의 신앙고백일 것이다 (14절의 '여호와이레,' '여호와의 산에서 준비되리라' ['준비하신다'라고 읽을 수 있다]는 표현 역시 신앙과 헌신의 정상에 도달할 그 때, 하나님이 언제나 준비하시리라는 뜻으로 해석될 수 있다). 문제는 이러한 신앙고백이 아들을 죽음으로 내몰고 있는 상황을 중단하지 못하고 있다는 점이다. 바로 이 점이 우리의 신앙고백이 지닌 현상적인 한계이다. 끝내 아브라함은 손을 벌려 이삭을 결박하고 제단 위에 올려놓고 칼을 빼 이삭을 희생제물로 바치려고 한다.

(7) 하늘의 음성이 신앙고백의 한계 상황을 극복한다.

아브라함의 신앙고백에도 불구하고 마지막으로 치닫는 위기상황을 하나님 자신이 홀연한 개입으로 중단시키신다. "아브라함아 아브라함아, 손을 급히 멈추고 아무 일도 그에게 행하지 말라!" 우리가 믿음으로 살다가 막다른 골목에 다다랐고, 그래서 우리가 체념 속에서 아니면 믿음에서이든 '하나님이 알아서 하실 거야'라고 고백한다. 그러나 상황이 전혀 반전되거나 호전되지 않았고, 그래서 우리는 그저 우리의 관행대로 일을 해 나간다. 이때 이러한 절망의 위기를 멈추게 하시는 분이 하나님이시다. 하나님은 단순히 아브라함을 위기 상황에서 구출하신 것만이 아니라, 자신의 약속을 신실하게 이루신 것이다.

(8) 아브라함의 자원적인 헌신을 가능케 하는 하나님의 주권적이며 은혜로운 개입

이러한 하나님의 은혜로운 초자연적인 간섭과 개입이 아브라함의 근본적인 위기상황을 중단시킨다. 한 걸음 더 나아가, 이러한 하나님의 개입과 간섭은 아브라함의 자원하는 헌신과 희생을 가능케 한다. 본문 11-12절에서 하나님이 급작스럽게 개입하신 후에, 아브라함이 숫양을 잡아서 번제로 드리는 사건은 이삭을 바치라는 하나님의 명령과 달리 명령에 따른 행위가 아니라, 그의 자발적인 행위였다. 무엇을 말하는가? 하나님의 은혜가 우리의 헌신과 희생을 가능케 한다는 것을 암시한다.

(9) 결론

이삭을 바치라는 명령의 사건은 첫째로, 하나님은 자신의 약속을 인간적인 방식이 아닌 하나님의 방식, 곧 자신의 주권과 은혜로운 섭리를 통해 이루신다는 점을 보여주고 있다. 둘째로, 본문은 아브라함의 삶이 하나님의 축복으로 시작되어 동일한 축복으로 끝을 맺고 있음을 보여준다. 셋째로, 이 과정 중에서 하나님은 자원하는 헌신과 믿음의 반응을 촉구하신다.

더 중요하게 창세기 22장의 사건은 창세기 12장에서 주어진 이스라엘의 창조와 이에 따른 만국에 대한 축복의 약속은 결코 인간적인 방식으로 이루어지는 것이 아니라 자신의 약속에 신실하신 하나님의 주권적이며 은혜로운 섭리를 통해 이루어진다는 것을 극명하게 보여준다. 나아가 하나님은 자신의 왕국을 운용하심에서도 동일한 방식 곧 주권과 은혜로 운용하신다는 것을 강력히 암시하고 있다. 이러한 이스라엘의 창조와 운용의 원리는 새 이스라엘의 창조와 운용에도 동일하게 적용된다. 이 점을 다음의 복음서 본문을 통해 살펴보기로 하자.

3-2) 마태복음 1:1-16(예수의 족보)

(1) 새 이스라엘의 창조 원리: 하나님의 주권적인 은혜로운 섭리

앞서 창세기의 아브라함 이야기가 이스라엘을 창조하시기 위한 하나님의 주권적이며 은혜로운 섭리의 사건이었다면 이제 마태의 예수 이야기는 새 이스라엘을 창조하시기 위한 하나님의 주권적이며 은혜로운 섭리의 사건을 축약해서 보여주고 있다. 이런 점에서 신약의 처음이 마태의 예수 족보로 시작하고 있는 것은 시의적절하고도 의미심장하다고 할 수 있다.

이스라엘 역사 가운데서 하나님이 아브라함과 다윗과 맺으셨던 언약과 약속이 이제 하나님의 주권적이고도 은혜로운 섭리를 통해서 예수 안에서 최종적으로 성취되었다. 즉 아브라함과 다윗과 맺으신 하나님의 약속은 혈통의 유지라는 인간적 노력을 통하여 이루어질 수 있는 것이 아니며, 오직 하나님의 방식, 자신의 약속에 대한 신실하심 가운데서 약속을 주권적으로, 그리고 동시에 은혜롭게 섭리하시고 이끄시는 일을 통해서 이루어질 수 있다는 점을 강력하게 암시한다.

하나님은 자신의 의의 다스림/왕국이 보편적인 창조세계 가운데서 영속적으로 구현되기를 뜻하셨다. 하나님이 뜻하신 보편왕국으로서의 하나님 나라는 아브라함에게 주어진 창세기 12:1-3의 약속과 이 약속을 신실하게 이루시겠다는 하나님의 공약과 관계된 것이다. 이 나라가 영원할 것이라는 점은 다윗과 맺으신 사무엘하 7:13-14의 '네 아들'의 보좌와 왕국이 영원하리라는 하나님의 공약과 관계된 것이다. 하나님의 공약으로서의 이러한 아브라함 언약과 다윗언약이 바로 마태의 예수 족보 서두에서 그리스도의 출생과 엄밀히 말해서 예수 그리스도 사건(성육신, 사역, 고난, 죽음, 부활, 승천)을 통해서 근본적이기도 단회적으로(종말론적으로) 성취된 것이다. 하나님의 약속은 하나님 자신이 모든 장애를 극복하시고(죄의 용서와 의의 성취를 통해서) 친히 이루시는 하나님의 일이다. 이것은 공동체적으로 이 세상과 다가올 세상 그리고 개인적으로는 이생의 삶과 다가올 생애의 삶에 모두 적용되는 근본적인 성경적 원리이다.

(2) 마태의 족보는 하나님의 약속에 대한 신실하심을 보여준다.

예수를 통한 새 이스라엘의 창조는 역사 발전에 의한 결과가 아니고, 우연적인 일도 아니며, 하나님이 아브라함과 다윗과 맺으셨던 은혜로운 약속에 대한 신실한 이행에 따른 것이다. 즉 마태는 예수 족보를 통해서 신약의 이야기, 곧 예수의 출생, 사역, 고난, 죽음, 부활, 승천의 예수 사건(Jesus Events)이 구약의 이야기의 연장선 상에 놓여 있음을 강력하게 암시한다. 다시 말해서 하나님이 이제 예수 그리스도 안에서 행하시려는 일들은 다름 아닌 하나님이 구약의 신앙 선조들에게 주권적으로, 그리고 은혜롭게 베풀어 주셨던 약속들을 친히 신실하게 이행하시는 일들임을 암시하고 있다는 뜻이다.

바로 이러한 하나님의 신실하심은 '아브라함과 다윗의 자손 예수 그리스도의 계보'라는 표현 속에 나타나 있다. 이것은 하나님은 예수를 통해서 아브라함의 언약(창12)과 다윗 언약(삼하7)을 성취하고 있음을 말하고 있다. 첫째로, '아브라함의 아들'이란 아브라함에게 주셨던 축복의 약속, 곧 "내가 너로 큰 민족을 이루고 네게 복을 주어 네 이름을 창대케 하리니, 너는 복의 근원이 될지라"(창 12:2)는 약속이 이루어졌음을 의미한다. 열방과 만민에 대한 하나님의 복된 약속이 예수를 통해 지금 성취되고 있음을 보여준다.

두 번째로, '다윗의 아들'이란 표현은 하나님이 다윗에게 주신 "네 집과 네 나라가 영원히 보존되고 네 위가 영원히 견고하리라"(삼하 7:16)는 축복의 약속이 이루어졌음을 의미한다. 다윗 언약은 아브라함 언약을 이루는 근본적인 수단이다. 다윗의 약속된 아들은 그를 통해 만국이 복을 받게 될 이스라엘의 대표적 구현이다. 특히 다윗 언약과 예수를 통한 열방의 복된 상태와 관계를 다음 구절이 잘 보여주고 있다. "그날에 이새의 뿌리에서 한 싹이 나서 만민의 기호로 설 것이요, 열방이 그에게로 돌아오리니…"(사 11:10). 다윗의 아들은 참 이스라엘을 나타낸다. 예수의 족보는 비록 역사적인 이스라엘은 실패했고, 바벨론 포로로 인해 가시적인 왕국은 사라졌지만, 다윗과 맺으신 하나님의 언약은 실패하지 않았음을 보여주고 있다.

(3) 하나님의 축복의 약속은 하나님의 방식을 통해 이루어진다.

마태의 족보가 말하는 바는 분명하다. 즉 하나님의 약속은 하나님의 신실하심을 통해 이루어지지만, 약속이 이루어지는 방식은 자연적인 방식, 즉 이스라엘의 순수한 혈통을 지켜감으로 자동으로 이루어지는 것이 아니라 하나님의 주권적이며 은혜로운 섭리를 통해 이루어진다는 것을 극명하게 보여준다. 이 점은 족보 가운데 이스라엘의 거룩한 여인들이 아니라 거룩하지 않은 이방 여인들이 포함되어 있음을 통해 암시되고 있다. 가나안 족속의 다말, 라합, 모압 여인 룻, 헷 사람의 아내인 밧세바. 특히 이러한 하나님의 방식의 절정은 동정녀 탄생을 통해 드러난다. 마태의 족보의 초점은 옛 인류를 죄에서 구속하시고 새로운 하나님의 백성으로 만들기 위해 메시아를 통해 온갖 인간적인 장애와 역사적인 딜레마를 극복하시고 인간 역사를 친히 주권적이며 은혜롭게 운용하시고 있다는 점에 주어진다. 예수를 통한 구약의 복된 약속은, 성취는 인간 지평 너머로부터 오는 오직 하나님의 주권적이고도 은혜로운 방식을 통해 이루어진다는 사실을 극명하게 보여주고 있다고 볼 수 있다.

4. 신약의 해석 관점

구약의 해석관점에서 언급했던 것처럼 신약을 하나의 통일된 저작으로 묶는 일관된 사상을 무엇이라 생각하는가? 하나님 나라의 도래인가? 율법의 성취인가? 그리스도를 통한 구원인가? 어떤 것을 신약이라는 하나의 거대한 빌딩을 열 수 있는 마스터키인가 하는 점이다. 나아가 신약의 저자들은 이러한 일관된 주제를 의식하거나 염두에 두면서 자신들의 책들을 썼겠는가? 과연 다양한 신약의 저작들 중에서 일관된 신학사상이나 신학적 주제를 찾는다는 것이 가능할 것인가? 이러한 질문들이 '신약신학'이라는 용어가 내포하고 있는 중요한 문제점들이다. 여기서는 신약의 중심 주제를 '하나님 나라의 도래'(특히 복음서 경우)와 '구속적-종말론적인 사건으로 그리스도와 그의 현현'(Redemptive-eschatological Christology/ 바울 서신의 경우)으로 제시하고자 한다.

1) 하나님 나라/다스림의 도래

(1) 서론

예수의 성육신과 그의 사역, 그의 수난과 죽음 그리고 부활과 승천으로 이어지는 예수 사건은 하나님 나라의 종말론적인 현현과 도래의 사건이다. 이제 예수 사건을 통해서 하나님의 종말론적인 통치, 즉 구약에서 예언되었던 하나님의 의로운 통치, 즉 거룩함과 공의와 자비로운 다스림이 이제는 현재적 실체가 되었다는 점이다. 이러한 하나님 나라의 도래, 곧 하나님의 의로운 통치의 구현이라는 신학적 전망을 마가복음 1:1-15을 통해 예증하고자 한다.

(2) 마가복음 1:1-15

한글사역 본문

1 하나님의 아들 예수 그리스도의 복음,

2 곧 선지자 이사야에 의해

보라 내가 내 사자를 네 앞에 보내노니, 그가 너의 길을 준비할 것이요,

3 광야에 외치는 자의 소리가 있어 이르되,

너희는 주의 길을 준비하라, 그의 길을 곧게 하라고

기록되었던 그 복음의 시작이라.[129]

---

129 앞에서 언급한 바 있듯이, 위의 본문 사역은 1-3절에 대한 전통적인 읽기 즉 1절은 표제이고 2-3절은 4절로 연결하여 있는 읽기가 아니라 대안의 읽기 즉 2-3절의 이사야 인용구문을 4절이 말하는 세례요한의 출현에 대한 증거본문으로 간주하지 않고 1절을 수식하거나 제한하는 방식으로 읽는 것의 도식화이다. 이러한 읽기는 결국 마가의 복음은 이사야의 복음의 성취라는 해석으로 이어진다.

4 요한이 이르러,

광야에서 세례를 베풀며,

죄 사함에 이르게 하는 회개의 세례를 선포하니,

5 온 유대 지방과 예루살렘 사람들이 다 그에게로 나아와,

그들의 죄를 회개함으로써, 요단강에서 그에 의해 세례를 받더라.

6 요한은 낙타털 옷과 허리에 가죽 띠를 입고 있었으며,

메뚜기와 석청을 먹었더라.

7 그가 선포하여 이르기를,

내 뒤에 나보다 강한 이가 오시나니,

나는 굽혀 그의 신발 끈을 풀기에도 적합하지 않도다.

8 **나는 너희에게 물로 세례를 베풀었지만,**

그는 너희에게 성령으로 세례를 베풀리라.

9 그 날이 이르러

예수께서 갈릴리 나사렛으로부터 오셔서,

요단강에서 요한에게 세례를 받으셨고,

10 물에서 올라오시면서 즉시

하늘이 갈라지는 것과 성령이 비둘기같이 자기 위에 내려오는 것을 보았더라.

11 하늘로부터 소리가 있어,

너는 내 사랑하는 아들이라 내가 너를 기뻐하노라 하더라.

12 성령이 이 때에 즉시 예수를 광야로 몰아내신지라.

13 그가 광야에서 사십 일을 계시면서, 사탄에게 시험을 받으셨고

그가 들짐승과 함께 계셨으며,

천사들이 그를 돌보았더라.

14 그런데 요한이 붙잡힌 후에,

예수께서 갈릴리에 오셔서, 하나님의 복음을 선포하여

15 이르시되,

때가 찼고 하나님의 나라가 가까이 왔으니

회개하고 복음을 믿어라 하시더라.

① 이사야가 예언한 복음의 성취로서의 '예수'

이상의 도식화된 본문이 암시하고 있듯이 마가는 이 본문 서두를 "하나님의 아들 예수 그리스도의 복음의 시작"으로 장식하고 있으며 이 본문의 끝을 "복음을 믿으라"는 수미상관 구조로 형성함으로써 자신의 복음서를 복음으로 제시하고 있다. 특별히 마가는 복음서 서두에서 이 복음을 이사야 40장에서 예언된 바 있는 복음의 빛 아래서 제시하고 있다. 이 점은 이사야 40:3이 마가복음 1:2-3에서 직접적으로 인용되고 있을 뿐만 아니라, 이사야 40장에서 명시적으로 두 번에 걸쳐 '복음'이라는 말이 나타나고 있고(cf. 9절) 이사야 40장은 마가의 본문과 복음이란 주제 이외에도 죄 용서라는 점에서(cf. 막 1:4/사 40:2), 그리고 강한 자로 임하실 분에 관한 묘사(cf. 막 1:7/사 40:10)라는 점에서 매우 밀접하게 연결되어 있다는 사실을 통해 잘 알 수 있다.

마가는 이와 같이 이사야를 통해 예언되었던 복음, 곧 "복역의 때가 끝났고 죄가 용서되었다"(사 40:2)는 복음의 선포와 함께 예수를 통해서 하나님의 강력한 통치의 시대가 도래했다(cf. 사 40:10)고 선언하고 있다.

뿐만 아니라 마가는 이사야가 예언했던 광야에 나 있는 주의 길이 예수를 통해 구현되었다고 말하며, 이 길을 따라 걸어갈 것을 초청함과 동시에 이 길을 따라 걸어갈 것에 대해 준비하라고 말하고 있다. 이 길은 세례요한에게는 자신의 회개 선포와 그리고 순교자적인 죽음을 통해서 주의 길을 예비하고 있다(1:4과 14a 참조). 또한 이 길은 마가복음의 독자들에게는 예수의 지상 사역과 그의 수난 그리고 죽음과 부활을 통한 능력 가운데 이루어지는 하나님의 오심을 받아들이고 죽음을 통해 하나님의 다스리심을 성취하신 그 일을 구현하기 위해 동일하게 예수의 길을 따라 걷는 것을 말한다.

마가는 예수를 이사야가 예언한 바(사 40:10), 장차 하나님이 강한 자로 오실 것이라는 약속을 이루신 분으로 묘사하고 있다(cf. 7절). 이제 예수는 성령으로 세례를 베푸시는 분, 곧 근본적인 갱신을 가져오실 분이라 말하고 있다. 구체적으로 말해서 예수는 자신의 죽음과 부활을 통해 죄의 근원적 뿌리인 사탄을 결박하고, 하나님의 백성들을 죄의 속박과 억압에서 해방하고 자유롭게 함으로써 보다 근본적인 갱신과 회복을 가져온다는 뜻이다.

이사야가 전한 복음 성취의 또 다른 국면은 예수의 세례 사건 가운데 암시되고 있다. 예수의 세례는 예수가 인류의 '죄의 상태와의 결속'(in solidarity with the sinful human condition) 가운데 있음을 보여주고 있다.[130] 마가는 이 점을 예수에 대해 일관되게 인자라는 표현을 사용함으로써 암시하고 있다. 이러한 인류와의 결속은 마가복음 서두에서 나타나고 있는 세리와 죄인들과 식탁 교제 가운데 잘 나타나고 있으며, 마지막으로 예수의 십자가 죽음 사건의 장면에서 백부장이 최종적으로 예수의 신분에 대해 고백하면서 "**이 사람**은 진실로 하나님의 아들이었다"는 표현에서도 잘 드러나 있다.

여기서 백부장의 고백에 나오는 '이 사람'이라는 표현에 주목할 필요가 있다. 간단히 말해 이 표현은 예수의 인자-되심에 대한 마가의 일관된 관심의 축약으로써 예수는 새로운 시대의 도래와 함께

130 cf. John Donahue & Daniel Harrington, *The Gospel of Mark*, Sacra Pagina Series 2 (The Liturgical Press, Minnesota, 2002), 65.

자신의 죽음과 부활 가운데, 능력 가운데 나타난 하나님의 오심은 결국 '하나님-사탄'이란 대결 구도를 만들어 낸 것이 아니라 '하나님-인간'이란 구도를 만들었으며 이제 예수의 길은 자신의 죽음과 부활을 통해서 임한 하나님의 다스림이 어떻게 강퍅한 인간과 인류 가운데서 구현될 수 있는가를 중요 관심사로 삼고 있다는 뜻이다. 백부장이 예수의 죽음의 장면을 목격한 뒤 특별히 그의 죽음으로 옛 시대를 특징짓던 성전 휘장을 찢는 장면을 목격하고 그가 드디어 새로운 인류를 대표하는 이 인자는 정작 하나님의 아들이었다고 고백한 것으로 여겨진다.

또 마가는 그의 복음서의 중간 부분에 해당되는 예루살렘에 이르는 '노중이란' 여정을 벳새다에서 소경을 고치는 사건(8:22-26)으로 시작하고 소경 바디매오를 고치는 사건(10:46-52)으로 끝맺음으로 새 시대의 도래 방식에 대해 눈을 뜨는 것이 주의 길을 예비하고 주를 따르는 길임을 수미상관의 문학적 장치를 통해 보여줄 뿐만 아니라, 이 부분에서 아직도 이러한 눈을 뜨지 못한 강퍅한 마음의 소유자들을 대변하는 제자들과 씨름하시는 장면을 집중적으로 배치하고 있다. 특별히 이 중간 부분이 끝나는 지점에서 예수는 자신의 사역에 대해서 말하면서 "인자가 온 것은 … 자기 목숨을 많은 사람의 대속물로 주려 함이라"(10:45)고 밝히고 있다.

결국 예수의 길은 눈을 열어 새 시대의 도래 방식을 열도록 친히 자신의 제자들을 앞서 인도해 가시는 길임을 보여주고 있다. 이런 점에서 예수는 세례요한의 회개의 이르는 세례를 받으심으로써 죄악 아래 있는 옛 인류와 하나 되셨고 이들의 소경된 마음의 눈을 열고 강퍅해진 마음을 바꾸어 자신의 죽음 가운데 도래한 하나님의 다스림에 참여하라고 15절에서 촉구하고 있다.

이사야가 전한 복음의 성취는 예수의 시험 장면에서 또한 암시되고 있다. 마가의 예수 시험 장면은 다른 복음서의 시험 장면 기사와 달리(cf. 마 4:1-11; 눅 4:1-13), 매우 축약된 형태를 띠고 있지만, 성령, 광야, 내몰음(ἐκβάλλει cf. 마태와 누가 기사의 ἀναγω 혹은 αγω의 사용), 사탄(cf. 마태와 누가는 'διαβόλος'/ '마귀'를 사용), 시험, 들짐승, 천사 등의 개념들은 예수의 세례 사건의 묵시론적이고도 우주적인 차원들을 두드러지게 보여주고 있다.

다시 말해서 예수께서 광야에서 사탄에게 시험받는 장면은 사탄과의 시험이 지닌 우주적 차원과 묵시론적 차원을 보여주되 구체적인 사탄과의 우주적 싸움의 모습은 보이지 않으면서도 시원적인 낙원의 회복된 모습을 시사함으로써 사탄과 싸움의 최종적 승리를 암시하고 있다.[131] 이러한 최종적 승리의 암시는 곧바로 이어지는 예수의 복음 선포 가운데 잘 나타나고 있으며 바로 뒤이어 제자를 부르신 뒤에 행하신 최초의 일이 귀신을 내어 쫓는 일이었다는 점에서도 잘 나타나 있다. 구체적으로 마가는 예수의 바알세불 논쟁 기사 중에서 먼저 강한 자를 결박한 후에 집을 약탈할 수 있다는 말씀을 통해 예수의 사역이 사탄을 결박하는 일임을 분명히 하고 있다(cf. 3:27).

끝으로 이사야 예언의 성취는 명시적으로 14-15절의 예수의 천국 복음 선포에 잘 나타나 있다. 여기서 '때가 찼다'는 표현은 유대-묵시론적 표현으로서, 사탄이 지배하는 옛 시대가 질적으로 그 끝에 도달했다는 뜻을 담고 있으며 '하나님의 나라가 가까이 왔다'는 표현

131 이 본문의 도식화가 암시하듯이, 12-13절은 A (성령이 예수를 광야로 몰아넘)- B (예수가 광야에 40일 있으며 시험을 받음 // B' (예수가 들짐승과 함게 있음) - A' (천사가 예수를 시중듦) 즉 AB//B'A'의 교차대구법적인 구조형태를 띤다. 여기서 중요한 점은 바깥 틀인 A-A'가 안쪽 틀인 B-B'를 둘러싸고 있는 형태는 암묵적으로 예수의 시험 승리는 강력하게 암시하고 있다.

역시 이제 하나님의 통치가 이 땅에 도래하여 새 시대가 시작되었다는 뜻을 담고 있다. 이런 맥락에서 두 번째 행에서 '회개하라'는 표현의 의미는 사탄이 지배하던 옛 시대의 속박에서 벗어나라는 것이며, '복음을 믿어라'는 표현의 의미는 하나님이 다스리시는 새 시대를 받아들이라는 의미를 지닌다.[132]

② 결론

예수 그리스도는 이사야가 예언한 바 있는 복음의 시작이며, 이 복음은 복음에 걸맞는 회개를 통한 새 시대의 도래를 맞으라는 회개의 선포를 동반한다. 이어지는 예수의 수세 장면은 새 시대의 도래를 극명하게 보여주는 하늘이 갈라지는 사건과 성령이 내려오는 사건의 중심부에 예수를 위치시킴으로써 그가 새로운 시대의 주역이시며, 하나님의 의로운 통치를 실현하는 분, 즉 그의 지상 사역과 수난 죽음을 통해서 하나님의 의로운 다스림을 구현하는 분으로 묘사하고 있다. 계속 이어지는 예수의 시험 장면도 하나님의 능력 있는 오심은 사단과 피할 수 없는 결전을 의미하며, 이 결전에서의 궁극적인 승리가 암시되고 있으며 이를 14-15절은 이제 옛 시대가 종막을 고하고 새 시대가 시작되었다고 선포하고 있다.

이상의 구원의 장엄한 드라마를 묘사하고 서술하는 선언적 서막에 대해서 우리는 어떠한 개인적인 적용을 할 수 있을까? 일단 이런 질문을 할 수 있을 것이다. 이렇게 펼쳐지는 구원의 드라마에 우리는 어떤 기여를 할 수 있을 것인가?

펼쳐지는 드라마는 전적으로 하나님의 주권적이고도 은혜로운

---

132 Joel Marcus, Mark 1-8, The Anchor Bible Vol. 27 (Doubleday, 1999), 175.

섭리의 일환으로써 선포되는 이 드라마 전개에 관해 인간이 기여할 수 있는 것은 어느 것도 없음을 먼저 인식할 필요가 있다. 독자 편에서 할 수 있는 일이 있다면 이 새로운 시대의 선포를 받아들일 것인가 아닌가 하는 선택의 문제일 뿐이다. 성경 본문의 지평에서는 인간 편의 반응으로 저항과 믿음을 제시하는데 실제적인 역사적 문맥에서 나타나는 주도적 반응은 언제나 반항이었으며 성경 저자는 믿음의 반응을 요구하고 있다.

마가가 제시하는 길은 예수께서 친히 만드시는 길이다. 즉 예수의 오심은 하나님 나라의 도래, 즉 하나님의 왕적인 능력의 오심을 말한다. 인간은 이 종말론적인 구속-능력의 길을 만들어 낼 수 없으며 단순히 이 길에 초청받아 믿음으로 들어가는 것이다. 마가에게 중요한 사실은, 예수는 하나님의 나라에 이르는 새로운 길을 개척하시는 선구자라는 점이다. 이 길이 주의 길이며 이 길을 따라서 하나님은 비록 눈에 보이지는 않지만 그렇지만 능력 가운데서 억눌리고 고통당하는 자들을 위로하시는 분이며, 포로 된 자들을 해방하시는 분이며, 눈이 먼 자들의 눈을 열어주시는 분임을 보여주고 있다는 점이다. 이 길은 오직 믿음으로 소망 중에 참여하는 자들이 들어가는 영생의 길이다.

결론적으로, 이 길에 대한 일차적 중요성은 주님이 친히 만드시는 길이라는 점에 있으며 부차적인 중요성을 인간이 이 길을 따라가는 것이라는 점이다. 예수의 길은 하나님 나라에 들어가는 길이다(9:47; 10:15; 25). 여기서 하나님 나라에 들어간다는 것은 하나님 나라에 들어가는 인간적인 길이 아니라 하나님의 길, 즉 하나님이 자신의 왕적 능력을 스스로 확장하는 일, 곧 그의 다스림과 통치 영역으로 들어가는 것을 의미한다.

이 본문을 통해 우리는 삶에 무엇을 적용할 것인가? 주님이 친히 준비하시고 만들어가신 길에 대한 이러한 은혜로운 초청을 믿음으로 받아들일 것인가? 그리고 그의 인도하심을 따라 살 것인가? 하는 점이 성경을 통해 우리가 지속적으로 성찰하고 적용해야 할 중심 과제의 하나이다.

본문의 14절과 15절을 근거하여 회개와 믿음의 관계에 대해서도 생각해 볼 필요가 있다. 먼저 해석자는 이 구절을 '복음의 적용이 회개에 달려있다'라는 식의 일종의 인본주의적 해석을 해서는 안 된다. 즉 회개라는 인간의 책임 아래 복음의 개인적 사유(私有) 여부가 달려있다는 식으로 이해해서는 안 된다. 이 구절에 따르면 회개 역시 예수의 복음 선포의 일환임을 알 수 있다(참조, 4절의 "죄 사함에 이르게 하는 회개의 세례를 선포함").[133] 예수의 오심과 함께 사탄이 지배하던 옛 시대가 끝나고 하나님의 다스리심이 이제 현재적인 종말론적인 실체가 되었고 이런 구조 아래서 우리는 옛 시대의 삶의 방식으로부터 돌아설 수 있는 것이기 때문이다.

2) 구속적-종말론적 기독론(Redemptive-Eschatological Christology)

(1) 서론

바울 서신들을 관통하는 중요한 중심 주제는 예수 그리스도의 사건은 하나님의 구속 역사의 종말론적인 성취라는 것이다. 다시

133 이 구절에서 주목할 점은 회개의 세례가 베풀어진다고 말하지 않고 선포되고 있다고 말하고 있다는 점이다. 여기서 세례는 하나님의 복음 선포 행위인 선포의 대상으로 묘사된다. 마치 14절에서 예수께서 하나님의 복음을 선포하신 것과 같은 맥락의 선포 행위로 묘사된다는 점에서 양자 모두 하나님이 주체로서 행하시하는 종말론적인 복음 선포 행위이다.

말해서 그리스도의 사건은 율법으로 특징지어지는 옛 시대, 즉 율법의 속박을 받는 육신이라는 존재 방식의 옛 시대가 종막을 고하고, 하나님의 종말론적 구원이 원리적으로 이루어진 성령으로 사는 새 시대의 도래를 가져온 사건이라는 뜻이다. 그러나 동시에 그리스도의 사건은 옛 시대가 새 시대로 전환되는 시점에 놓여있는 사건이며, 그런 점에서 오직 십자가를 통해서 새 시대의 능력을 경험할 수 있는 두 시대의 교차점에 해당되는 시점이다. 이러한 전환점이란 특징은 '이미와 아직' 사이의 긴장으로 표현되기도 하는데 그러나 여전히 무게중심은 '이미'에 주어지고 있다는 점이 바울 서신들의 일관된 주장이다.

(2) 히브리 전통의 예언적 종말론과 유대-전통의 묵시론적 종말론

그러나 반드시 주목할 점은, 하나님의 종말론적인 백성인 우리는 이미 성취된 하나님의 나라/다스림과 아직 완성을 향해 나아가는 하나님의 나라/다스림 사이에 사는 자들로서, 더 중요하게 이 나라/다스림의 현재 성취의 증거와 표징이며 미래 완성의 보장과 보증인 성령의 오심과 내주하심을 경험하는 자들로서, 하나님이 허용하셔서 사탄을 통해 이루어지는 배도와 불신의 상황들을 이겨낼 수 있다는 점이다. 이러한 예수를 통한 하나님의 나라의 종말론적 성취/새 창조의 시작에 대한 역사적-신학적 배경으로서의 히브리적 전통의 예언적 종말론과 유대 전통의 묵시론적 종말론을 살펴보는 것이 적절하다.

구약성경 특히 예언서들은 '예언적-종말론"(prophetic eschaology)이라 불리는 특정한 신학적 세계관과 역사관을 갖고 있었다. 하나님이 마지막 때에 자신의 메시아를 보내셔서 악의 세력들을 진멸하고 이 땅에 자신의 의의 왕국을 세우시며 자신의 백성을 신원하시고 회복시켜서 이 땅에서 영원히 자신과 함께 거하게 하실 것이라는 사상이다. 이러한 종말론은 주로 포로-이전 시기의 선지자들에 의해서 주창되었으며, 비록 이스라엘이 하나님에 대한 반역으로 포로 생활을 하게 되지만 끝내 하나님이 이들을 돌아오게 하셔서 그들의 땅에서 하나님의 회복된 백성으로 살게 할 것이라고 예언했다. 이런 점에서 이들은 역사에 대한 낙관적인 견해를 가졌다.

그러나 포로 유형 시기와 포로-유형 이후 시기의 선지자들은 하나님의 이스라엘 회복과 그에 따른 종말은 특정한 이스라엘에 국한된 것이 아니며 그 성격상 보편적이며 우주적일 것이라고 예언했고, 또한 이들은 종말과 이스라엘의 회복은 역사 지평 내에서 이루어지는 것이 아니라 역사 지평 너머에서 오는 하나님의 묵시론적인 개입 혹은 침투를 통해서 이루어진다고 예언했다. 하나님의 이러한 초자연적인 역사개입은 보편적-우주적인 하나님의 나라에 관한 것이며 이에 따라 새로운 세계 질서가 세워지고 근본적인 새로운 방식의 삶이 가능하게 되는 세계가 도래하게 된다는 것이다(cf. 사 40-66장; 렘 30장 이후; 겔 30장 이후; 슥 9장 이후). 어떤 점에서 이러한 사상에 따르면 역사는 더이상 소망의 대상이 아니라 근본적으로 재편되고 개편되어야 할 대상이며 이런 점에서 이 사상은 역사를 비관적으로 본다. 이러한 종말 유형은 중간기 시대의 '유대 전통의 묵시론적-종말론'이라는 사상으로 표현된다.

먼저 '유대전통의 묵시론적 종말론'이 신약의 직접적인 역사적 배경이기에[134] 이와 관련해 이 표현이 지닌 몇 가지 요소를 잠시 언급하고자 한다. '유대'라는 표현과 관련한 이해가 필요하다. 구약

---

134 필자는 비록 포로-후기의 예언서들의 적자(嫡子)는 신약의 복음서 저자들이고 중간기의 유대 문헌들은 포로 후기 예언서들의 庶子(서자)라고 믿지만, 신약의 역사적인 배경은 분명 주후 1세기 유대문헌들과 유대사상이라고 본다.

시대가 끝나고 정확히 말해서 예루살렘과 예루살렘 성전이 멸망하면서, 유대민족은 기본적으로 자신들의 하나님과 그의 백성인 자신들의 정체성에 대한 근본적인 질문을 하게 된다. '이러한 포로 유형 상황에서 우리의 하나님은 어떻게 되신 것인가?' '하나님이 우리들의 열조 이스라엘과 맺으신 언약은 도대체 어떻게 된 것인가?' 이런 맥락에서 중간기 혹은 제2 성전기의 모든 유대전통은 나름대로 거대한 이 질문에 대한 답들을 주고 있으며, 이런 점에서 다양한 유대 운동과 종파들이 생겨나게 된다. 이러한 다양한 유대 운동과 종파 중에서 현저하고도 신약 저자들에게 심대한 영향을 미친 유대전통은 '묵시론적-종말론'이라고 표현되는 운동이었다.

둘째로, '묵시론적'이란 표현은 사탄이 지배하던 옛 세상을 전복시키고 새 세상과 새로운 질서를 세우시기 위해서 하나님이 초자연적으로 역사에 개입하시는 혹은 역사에 침투하시는 것을 뜻한다. 셋째로, '종말'이란 하나님이 뜻하시고 목적하신 바를 그 절정에 이르게 하고자 최종적으로 결정적으로 행하시는 것에 관한 것을 뜻한다. 이런 점에서 종말은 시간적인 개념이라기보다는 역동적인 개념이다. 즉 목적한 바가 완전히 이루어지는 시점을 종말이라고 할 수 있다. 그렇다면 '묵시론적-종말론'이란 하나님이 창조 시에 목적 하신 바 곧 그의 창조목적과 계획을 주권적이고도 초자연적으로 역사에 침투하셔서 결정적이고도 최종적으로 행하신 것에 관한 것이라 정의할 수 있다.

이러한 하나님의 묵시론적-종말론적 행위는 단순히 세상의 끝이나 예수의 재림에 국한되는 것이 아니라, 더 중요하게는 선포되는 복음과 복음이 만들어내는 믿음에 관한 것이다. 중요한 점은 이 복음과 믿음은 그 출발점을 그리스도의 죽음과 부활에서 찾고 있다는 점이다. 이런 점에서 복음과 믿음 그리고 그리스도는 모두 하나님의 묵시론적-종말론적인 행위라고 할 수 있다.

신약 저자, 특히 바울에게 있어서,[135] 그리스도의 죽음과 부활은 모두 세상에 대한 하나님의 묵시론적-종말적인 그리고 결정적인 침투의 사건이라 할 수 있다. 이제 우리가 기다리는 재림은 하나님의 종말론적이고 가시적이며, 자유하게 하시는 해방 행위의 나타나심을 온전하게 이루는 것이며 동시에 확언하는 것이다. 바울에게 있어서, 묵시론적-종말론은 인간이 필연적으로 결정하는 것들과 아무런 관련이 없으며, 하나님이 인간을 대신하여 예수의 죽음과 부활을 통해 행하신 결정과 전적으로 그리고 배타적으로 연관되어 있는 것이다. 예수 그리스도 안에 나타난 하나님의 종말론적인 구원 행위의 전부는 처음부터 끝까지 묵시론적이다. 이런 점에서 예수의 죽음과 부활의 사건은 하나님이 이미 시작하셨고 예수의 재림 시에 결말에 이르게 될 우주적인 드라마를 담고 있다.

여기서 중요한 점은 이미 예수의 죽음과 부활 사건 가운데 일어났던 하나님의 묵시론적-종말론적인 구속과 해방의 행위는 미래의 종말을 이미 결정하여 그 결정된 미래가 현재에 근본적인 영향을 미치고 있다는 점이다. 이런 점에서 하나님의 백성과 자녀들은 현재를 살아서 미래를 결정하는 자들이 아니라, 하나님의 묵시론적-종말론적인 행위를 통해 결정된 미래를 현재에 끌어당겨 미리 향유하며 사는 자들이라 할 수 있다.

135 이해의 글은 다음에 기인한다. Martinus de Boer, "Paul, Theologian of God's Apocalyse," Interpretation 56: 21-33(2002).

(3) 크리스천 전통의 종말론적 인식론(Christian tradition of Eschatological Epistemology)

예수와 함께 도래한 하나님의 나라와 이 나라를 통한 새로운 시대와 새로운 질서의 확립은 새 시대에 걸맞은 새로운 인식을 요구하며, 동시에 아직도 완성을 기다리고 있는 성취의 시대에서 오직 십자가를 통해서 이 새 시대의 능력을 경험할 수 있다는 점을 고린도후서 5:16-17이 잘 말해주고 있다.[136]

한글사역 본문

16 그러므로

우리가 이후로부터는 어느 누구도 육체를 따라 알지 않도다.

비록 우리가 그리스도를 육체를 따라 알아왔긴 했지만

그러나 이제는 더 이상 (그렇게) 알지 아니하니라.

17 그러므로

누구든지 그리스도 안에 있다면

그는 새로운 피조물이라.

즉 옛 것들은 지나갔고, 보라 새 것들이 되었도다.

① 새 시대의 도래는 새로운 종말론적 인식을 필요로 함

본문은 먼저 16-17절에서 본문의 논제의 기초를 제시하고 있다. 이 기초는 그리스도 안에서 새로운 창조의 질서가 이 땅에 섰다는 사실이고 다시 이러한 사실은 저자로 하여금 새로운 종말론적 인식론,

136 이하의 내용은 주로 다음 글에서 연유한다. J. Martyn, "Epistemology at the Turn of the Ages: 2 Corinthians 5:16," *Christian History and Interpretation* (eds. W. R. Farmer; Cambridge University Press, 1967), 269-87.

즉 이제는 더이상 옛 시대의 관점에서 그리스도를 보지 않는다는 인식론을 제시하게 한다.

특별히 바울 사도는 2:14-17에서 자신이 서 있는 위치를 '구원받고 있는 자들'(τοῖς σῳζομένοις)과 '멸망하고 있는 자들'(τοῖς ἀπολλυμένοις)이 함께 병존하는 시점으로 보고 있다. 즉 자신은 옛 시대와 새 시대란 두 시대의 전환점에 서 있다고 보고 있다(15절).

3:1-18에서 바울은 참된 사도권은 글로 쓴 문헌, 즉 의문에 쓴 추천서에 기초하지 않고, 새 시대의 능력인 성령을 통해 '마음에 쓰인' 고린도 교회 크리스천이라고 주장하고 있다. 계속해서 바울은 4:1-15에서 복음이 '멸망하는 자들'에게 감추어졌으며 '이 시대' 신이 불신자들의 마음을 '눈이 멀게 함으로써' 그리스도의 영광의 복음의 광채가 비추지 못하게 함이라고 전하고 있다(4-5절). 또 새 시대의 보물들이 질그릇에 담겨 있으며, 이는 복음의 능력이 사도들 자신들로부터 연유한 것이 아니라, 하나님에게서 온 것임을 보이고자 함이라 말하고 있다(7절). 이어서 새 시대에 속한 참된 사도의 정체성을 '우겨쌈, 당혹스러움, 핍박을 당함, 꺼꾸러뜨림을 당함' 등의 이미지로 표현함으로써 새 시대의 능력이 자신들의 외형적인 힘 있는 사역에 있지 않고 그들 속에 계시된 그리스도의 생명에 있음을 보여주고 있다(8-10절). 이것은 두 시대의 전환점 혹은 교차점이 의도하는 바, 즉 생명은 죽음 가운데 드러난다는 점이다. 그러므로 매일 우리가 그리스도를 위해 죽음에 내어줌으로써 그리스도의 생명이 우리의 죽음 속에서 드러나게 된다는 것이다.

이어서 4:16-5:10에서 바울은 참된 사도는 그의 시선을 현상적인 보이는 것에 두지 않고 참된 삶의 실체인 보이지 않는 것에 둔다고 전하며(4:18) 그는 보는 바를 따라 행치 않고 믿음으로 사는데(5:7)

이는 소망 중에 그리스도의 재림을 바라보며 사는 삶이기 때문이라고 이야기하고 있다.

계속해서 바울은 5:11-15에서 시대의 전환점에 서 있는 참된 사도는 사람들을 설득하나 자신들은 오직 하나님께만이 진정으로 아신 바 되는 자들이며, 자신의 외형적인 모습을 근거로 새 시대의 능력을 소유하고 있다고 자랑하는 자들에게 대답할 수 있는 근거를 제시할 수 있어야 한다고 말한다. 오직 새 시대의 능력은 그리스도의 죽음을 통해서만 가능하며 이 능력은 동시에 우리를 위해 죽으시고 부활하신 자만을 위한 것이라고 전한다. 신비한 체험이나 외형적인 찬란한 모습을 참 사도의 표식이라 주장하는 자들은 정작 옛 시대에 속한 자들이다.

5:16-21에서 바울은 그리스도의 죽음과 부활을 통해 도래한 시대의 전환은 이제 새로운 인식/가치관을 요구한다. 바울은 이제는 '육체대로' 사람을 판단하지 않는다고 말하고 있다. 다시 말해서 한때는 비록 자신이 그리스도를 '육체대로' 알았으나 이제는 더 이상 그렇지 않다고 말한다. 그러므로 누구든 그리스도 안에 있으면 새로운 창조세계의 일원이다. 옛 시대는 지나갔고 새 시대가 도래했다. 눈을 열어 보라! 이 모든 것은 그리스도를 통해 세상과 자신을 화목케 함으로 새로운 시대를 이 땅에 도래케 하신 하나님에게서 기인한다고 바울은 말하고 있다.

6:1-10은 옛 시대 방식의 앎이 이제는 지나갔으니 사도를 구별해내는 옛 기준들 역시 이제는 유효하지 않다고 말한다. 참 사도는 강력하기보다는 오히려 연약하다. 옛 시대에 속한 자들의 눈에는 새 시대의 능력들을 지니지 못한 무기력한 자들처럼 보인다. 그러나 역설적으로 이들이 참 사도이다.

② 시대의 전환점에서 십자가는 인식론의 위기

예수를 통한 새 시대의 도래(종말론의 문제)는 근본적으로 새로운 시각(인식론의 문제)을 요구한다. 바울은 여기서 두 시대의 교차점에서 주어지고 있는 앎의 방식에 대해 말하고 있다.

다시 말해, 바울은 자신이 서 있는 위치가 완전한 새 시대에 속한 것이 아니라, 두 시대가 만나는 영광스러운-고통스러운 전환점, 즉 어떤 이는 구원을 받고 있고, 어떤 이는 멸망 당하고 있는 교차점에 서 있다는 것을 알고 있기에 바울은 '이제 영으로 완전히 안다'라는 표현을 극도로 삼가고 있다. 이러한 시대의 전환점에 서 있는 바울을 이해할 때 또한 당시의 역사적-사회적 상황을 이해할 때 고린도후서 5:16 하반절에서 바울이 말하고자 하는 바는 '십자가를 통한' 앎이 시대의 전환점에 서 있는 자들의 인식이어야 한다는 것이다. 자신의 삶이 시대의 전환점에서 주어진 하나님의 선물이라는 것을 아는 자는 동시에 자신이 완전히 새로운 시대에 서 있기까지는 '영적인 앎은' 오직 '십자가를 통한' 앎의 형태 속에서만 이루어질 수 있다는 것을 아는 자이다.

다시 말해 예수의 재림 시까지 십자가는 '인식론의 위기'로 머물러 있게 된다. 바울이 직면한 지극히 큰 사도들/ 초-사도들(super apostles; cf. 고후 11:5, 13이하; 12:11)의 인식론의 문제는 이들이 십자가 이전에 사는가 아니면 이후에 사는가 하는 경색된 배타적 인식론을 견지하고, 십자가 안에 산다는 점을 망각했던 점이다. 십자가는 인식론의 위기이다. 왜냐하면 어떤 점에서 십자가는 부활을 앞서고 있지만 절대 부활에 의해 대치되고 있지 않고 오직 믿음에 의해 대치되었기 때문이다(고후 5:7). 두 시대의 전환점에 서 있는 자들에게 부활의 표식들은 예수를 따르는 자들의 매일의 죽음의 십자가에 감추어져 있으며 동시에 이 가운데서 이 표식들이 드러난다.

3) 예수 그리스도의 윤리(십자가를 통해 주어진 새 생명의 구현)

(1) 직설법과 명령법

기독교 복음에 대한 끊임없는 중대한 오해가 있다면 그것은 복음을 새로운 율법으로 해석함으로써 또 다른 형태의 무거운 짐이 되게 하는 것과, 복음을 도덕적 명령으로 받아들임으로써 복음을 윤리적 차원으로 전락시키는 것이라고 볼 수 있다. 특히 이러한 오해를 예수의 수난과 관련해 생각할 경우 많은 사람은 예수의 수난 사건을 우리가 따르고 배워야 할 삶의 모범 즉 겸손의 화신으로 이해하려는 것이다. 이러한 모범적인 성경 이해는 인간 모두의 보편적 정서를 즉 더 높은 차원의 도덕적 성숙에 이르고자 하는 자연인의 고유한 정서를 더욱 강화하는 일일 뿐이다. 이런 점에서 십자가 복음은 인간의 보편적인 종교적 본능을 정면으로 직면하고 도전한다는 말은 의미심장하다고 할 수 있다.[137] 십자가 사건은 바로 이러한 인류 보편정서를 정면으로 대면하면서 오직 구원은 하나님 자신의 죽으심을 통해서만 이룰 수 있다는 진리에 대한 계시적 선포인 동시에 이 진리의 역사적 구현이다.

예를 들어, '그리스도 찬송시'라고 불리는 빌립보서 2:6-11은 예수의 영원한 선재하심, 그의 성육신, 그의 수난과 십자가상의 죽음, 그리고 부활 승천에 대한 기독론적 요약이다. 문제는 이 구절에 대한 해석상의 논란이다. 해석상 이슈는 이 본문이 예수 그리스도를 우리가 따르고

---

137 디트리히 본회퍼, 『신도들의 공동생활』 (대한기독교서회, 2008), 10.

모방해야 할 겸손의 구현으로 제시하고 있는가 하는 점이다. 물론 본문의 문맥적 흐름 속에서 볼 때 '겸손으로 하나 되라'는 권면의 문맥 속에서 하나의 예증으로써 6-11절이 도입되고 있다는 것은 사실이지만, 크리스천이 겸손의 미덕을 배울 때에 따라야 할 모델로 예수의 사건을 제시하고 있다고 보는 것은 본문을 지나치게 단순하고 표면적으로 이해하는 것이다. 오히려 이기심과 허용과 다툼이 있는 빌립보 교회로 하여금 그들의 삶을 창조해내고 규명해 냈던, 즉 크리스천의 정체성과 삶에 대한 정의를 내려 주었던 이상의 예수 사건들을 상기시키고 있다고 보는 것이 적절하다.[138]

다시 말해 겸손 가운데 하나 되는 교회 공동체는 예수 그리스도 안에 연합되어 있다는 점을 지속적으로 성찰하는 데 있다는 것이다. 그리스도를 따르고 모방해야 할 대상으로 삼는 것은 결국 자기-확대에 이르게 할 확률이 크다. 그리스도는 본질상 새로운 공동체를 창조하시고 그것이 무엇인가를 규명하신 분임을 지속적으로 인식하고 그 공동체에 참여하는 것이 크리스천 윤리의 본질이다.

2:6-11에 대한 이러한 이해는 이 구절들을 도입하고 있는 5절에 대한 바른 해석을 통해 가능하다. 5절은 헬라어로 다음과 같이 표현되어 있다. "τουτο φρονεῖτε ἐν ὑμῖν ὅ καί ἐν Χριστῷ Ἰησου." 이것을 문자적인 영어로 번역하면 "Think this in you, which also in Christ Jesus."이다. 여기서 중요한 이슈는 이 구절의 후반부에 동사가

138 기독교는 예수가 행하신 일에 대한 상기와 성찰을 주요 관심으로 하지 예수를 모범으로 삼아 예수 따라 하기가 아니라는 점은 성만찬과 관련해 "나를 기념하여 이를 행하라"고 보는 것보다 "나를 기억하여 이를 행하라/τοῦτο ποιεῖτε εἰς τὴν ἐμὴν ἀνάμνησιν"(고전 11:24) 고 해석하는 것이 더 타당하다는 점에서도 잘 나타난다. 기독교는 예수를 기념하는 종교가 아니라 예수가 행하신 일이 근본적으로 세상과 우리를 바꾸었다는 점에 대한 계시이다.

없다는 점과 어떤 동사를 첨부해 읽어야 하는가 하는 점이다. 혹자는 to be 를 첨가해서 "그리스도 안에 있는 이 마음을 너희 안에 품으라"고 해석한다.

그러나 보다 자연스럽고 나은 번역이 있다면 후반부에 생략된 동사를 전반부에 나오는 '생각하다'란 동사로 채워 넣어 읽고 'in Christ'란 표현을 바울의 중심 주제인 그리스도와의 연합이란 관점에서 이해하는 경우이다. 이 경우 번역은 "Think this way among yourselves, which also you think in Christ Jesus. / 너희들이 예수 그리스도 안에서 생각하는 방식 그대로 너희들 간에도 그렇게 생각하라"가 된다. 이 말을 풀어쓰면 너희들이 그리스도와 연합하여 생각하며 사는 방식 그대로 그렇게 너희들이 서로 간의 관계 속에서 동일한 방식으로 생각하고 살라는 뜻이다.

이러한 번역의 차이는 보다 큰 해석의 차이를 가져온다. 전자의 번역은 뒤따르는 6-11절을 따르고 배워야 할 하나의 모범적인 예증으로 이해하고 있는 것이요, 후자는 성육신하시고 죽으시고 부활하신 주님에 대한 순종과 신앙을 통해 구원 공동체에 들어온 자들로서 '그리스도 안의 삶'에 반응하고 이 삶을 상기하라는 초청으로 보는 것이다.[139]

(2) 그리스도의 사건을 통해 결정된 미래

사도바울은 예수와 함께 도래한 하나님의 나라가 성취하기 시작한 인류의 미래 종국이 그리스도 안에서 이미 결정되어 현재 가운데 가용한 상태로 작동하고 있다고 말하고 있다. 그리스도를 통해 도래한

---

139 빌 2:6-11에 대한 '윤리적 해석'에 대한 자세한 설명과 비평을 위해서는, Ralph R. Martin, CARMEN CHRISTI: Philippians 2:5-11 (Eerdmans, 1983), 84-88과 Phillppians, Tyndale NT Commentaries, (IVP, 1987), 99-100을 보라.

하나님의 나라와 이에 따른 새 시대 그리고 그리스도를 통해 주어진 새 생명은 먼 미래의 일들이 아니라 성령 안에서 작동되고 있는 현재의 실체이며, 현재 경험의 일환이라는 뜻이다. 이 점은 고린도전서 7:29-35에 잘 나타나 있다. 먼저 본문을 살펴보고자 한다.

고린도전서 7:29-35

한글사역 본문

29 형제들아, 내가 이것을 말함은
때가 단축되었기 때문이라.
이런 연유에서
아내 있는 사람들은 없는 사람처럼 되고
30 우는 자들은 울지 않는 자처럼 되고
기뻐하는 자들은 기뻐하지 않는 자처럼 되고
물건을 사는 자들은 그것을 소유하지 않는 자처럼 되고
31 세상의 것을 사용하는 사람들은 다 사용하지 못할 자처럼 되어야 하니,
왜냐하면 이 세상의 현재적 형태는 모두 사라져 가기 때문이라.
32 그런데 나는 너희가 염려 없는 자가 되기를 바라노라(사라져가는 세상에 집착하는 일).
결혼하지 않은 남자는 어떻게 하면 주님을 기쁘시게 할까 하여
주의 일들에 관심을 갖지만,
33 결혼한 남자는 어떻게 하면 자기 아내를 기쁘게 할까 하여
세상의 일들에 관심을 가지니
34 그리하여 그들의 마음이 나뉘었도다.

결혼하지 않은 여자나 처녀는 주의 일들에 관심을 가지니
이는 몸과 영으로 거룩하게 되기 위함이요,
결혼한 여자는 어떻게 하면 남편을 기쁘게 할까 하여
세상의 일들에 관심을 갖도다
35 그런데 내가 이것을 말함은 너희 자신들의 유익을 위한 것이니
곧 너희에게 올무를 놓으려는 것이 아니라.
너희가 마음의 흐트러짐 없이 주께 드려질 만하고 헌신되도
록 하기 위함이라.

헬라어 본문

29 Τοῦτο δέ φημι, ἀδελφοί,
ὁ καιρὸς συνεσταλμένος ἐστίν· τὸ λοιπόν,
ἵνα καὶ οἱ ἔχοντες γυναῖκας ὡς μὴ ἔχοντες
ὦσιν
30 καὶ οἱ κλαίοντες ὡς μὴ κλαίοντες
καὶ οἱ χαίροντες ὡς μὴ χαίροντες
καὶ οἱ ἀγοράζοντες ὡς μὴ κατέχοντες,
31 καὶ οἱ χρώμενοι τὸν κόσμον ὡς μὴ
καταχρώμενοι·
παράγει γὰρ τὸ σχῆμα τοῦ κόσμου τούτου.
32 Θέλω δὲ ὑμᾶς ἀμερίμνους εἶναι.
ὁ ἄγαμος μεριμνᾷ τὰ τοῦ κυρίου, πῶς ἀρέσῃ τῷ κυρίῳ·
33 ὁ δὲ γαμήσας μεριμνᾷ τὰ τοῦ κόσμου, πῶς ἀρέσῃ τῇ
γυναικί,
34 καὶ μεμέρισται. καὶ

ἡ γυνὴ ἡ ἄγαμος καὶ ἡ παρθένος μεριμνᾷ τὰ τοῦ κυρίου,

ἵνα ᾖ ἁγία καὶ τῷ

σώματι καὶ τῷ πνεύματι·

ἡ δὲ γαμήσασα μεριμνᾷ τὰ τοῦ κόσμου, πῶς ἀρέσῃ τῷ

ἀνδρί.

35 τοῦτο δὲ πρὸς τὸ ὑμῶν αὐτῶν σύμφορον λέγω,

οὐχ ἵνα βρόχον ὑμῖν ἐπιβάλω

ἀλλὰ πρὸς τὸ εὔσχημον καὶ εὐπάρεδρον τῷ κυρίῳ

ἀπερισπάστως.

본문 29절은 독신으로 사는 것이 비록 강제 규범은 아니지만 선호되는 삶의 방식이라고 말한 이유를 '때가 단축되었다'고 말하고 있다. 이어서 저자는 때가 단축되었다는 사실에 기초하여 그 점에 걸맞은 삶의 양식들을 다섯 가지로 예증하여 말하고 있다. 즉 아내가 있는 사람은 없는 사람처럼, 우는 자들은 울지 않는 자들처럼, 기뻐하는 자는 기뻐하지 않는 자처럼, 물건을 사는 사람은 그것을 영구히 소유하지 않을 것처럼, 마지막으로 세상의 것들을 사용하는 자는 그것을 다 사용해 버릴 것처럼 살지 말하고 이야기하고 있다. 그리고 31절 끝에서 이렇게 살아야 할 이유를 현재적 형태의 이 세상은 사라져 가고 있기 때문이라고 말하고 있다.

그리고 32절부터 34절에서는 결혼한 자들의 걱정거리와 결혼한 자들의 걱정거리 없음에 대해 말하면서 걱정거리 없는 삶을 살기를 바란다고 말하고 있다. 그리고 끝으로 저자는 35절에서 이상의 모든 이야기가 수신자들을 걸려 넘어지게 하려는 의도의 올무가 아니라 흐트러짐 없이 일관되게 주님께 헌신된 삶을 살도록 하기 위함이라고 말하고 있다.

이 본문에 따르면 미래가 이미 결정되어 구동되고 있다. 본문은 독신을 선호해야 하는 이유 혹은 근거로 두 가지 사실을 제시하고 있다. 첫째로, 때가 단축되었다는 것이고 둘째로, 현재 형태의 이 세상은 사라져 버리고 만다는 것이다. 때가 단축되었다는 것은 기본적으로는 종말론적인 구원의 사건이 그리스도의 죽음과 부활, 그리고 성령이란 선물을 통해 가동되었다는 것을 의미한다. 다시 말해 새로운 미래, 오랫동안 기다려왔던 하나님의 나라와 하나님의 미래 비전이 그리스도와 함께 이미 성취되기 시작했다는 뜻이다. 이미 하나님의 백성들은 역사의 끝, 곧 종말에 서 있다는 뜻이다. 하나님의 미래가 성취되어 농축된 형태로 우리 앞에 서 있다는 뜻이다. 하나님의 인류를 향한 미래가 이제는 더이상 피안의 먼 장래의 일이 아니라는 뜻이다. 또한 '때가 단축되었다'과 관련해 먼저 여기서 '때'는 헬라어로 'καιρὸς'로 이 말의 뜻은 정한 기간을 가리킨다.[140] 이런 맥락에서 예수와 함께 도래한 현 시대와 이 시대의 미래 완성의 시대 사이의 기간이 단축되었다는 뜻이다.

이 말은 현재 우리 삶의 실존을 결정짓는 것은 불확실하고 불특정한 미래가 아니라 예수를 통해 그리고 예수 안에서 역사하고 있는 현재적 실체인 성령이란 것을 뜻한다. 또한 이것은, 우리의 현재의 삶은 이미 그리스도를 통해서 시작되었고 성령을 통해 이루어지고 있는 미래에 의해서 결정되어질 것이라는 뜻이다. 그리스도 안에서 우리는 이미

140 이 단어는 앞서 살펴본대로 막 1:15에서도 나타나는데, 이때 이 단어는 과거에서부터 예수와 함께 도래한 하나님의 나라 시점까지의 기간을 뜻한다. 막 1:15은 바로 이런 의미에서 '이 기간이 찼다'는 뜻이었다. 이에 반해 여기서는 예수와 함께 도래한 하나님 나라 시점에서부터 이 나라가 완성되는 미래 시점까지의 기간을 가리킨다. 바로 이런 의미에서 '이 기간이 단축되었다'는 의미이다.

시작된 하나님의 나라 곧 이 나라의 미래 종국에 의해서 전적으로 결정된 현재의 삶을 살아가고 있음을 말하고 있다.

우리가 세상과 삶에 대해 맺고 있는 모든 관계를 그리스도 안에서 결정된 하나님 나라의 미래 종국에 비추어 근본적으로 새롭게 이해하라는 말이다. 예수 안에서 도래한 하나님의 나라 때문에 이제 여타 모든 것들이 철저하게 상대화되었다는 뜻이다. 이 세상의 그 어떤 것도 절대적 가치를 지니고 있지 않다고 말하고 있다. 바울은 현재적 실체가 된 하나님 나라의 미래라는 실체가 이제 우리가 현재 어떻게 살 것인가를 결정짓는 요소라고 분명하게 말하고 있다. 희미한 미래, 애매모호한 미래는 우리의 현재의 삶에 아무런 영향을 미치지 못한다는 뜻이다.

또 우리 자신의 계획들로 장식된 미래 역시 현재의 삶을 바르게 살도록 하지 못할 것이라는 뜻이다. 오직 예수 안에서 현재 실체가 된 하나님의 나라의 미래, 곧 그리스도의 죽음과 부활을 통해 확실해진 미래만이 현재의 삶을 근본적으로 이끄는 동인이 되었다는 것이다. 막연한 미래, 피안의 세계에 대해 불확실한 미래가 아니라 그리스도를 통해 확정된 미래를 갖고 있고 그러한 미래를 분명하게 볼 수 있는 자만이 현재의 삶에서 무엇이 중요하고 무엇이 중요하지 않은가에 대한 근본적인 새로운 이해와 가치관을 갖고 산다는 뜻이다.

이제 하나님이 예수 안에서 자신의 구원의 때를 응축시켜서 이미 도래시키셨기 때문에 결과적으로 이제부터 우리는 세상과의 관계에 대한 완전히 새로운 시각을 가져야 할 것을 29b-31a는 말하고 있다. 새로운 시각에 대한 이하의 다섯 가지 예증은 결코 금욕주의자들이 말하는 세상과의 단절된 삶을 말하고 있지 않다. 또 당시 유대전통의 묵시론자들이 말하는 세상으로부터의 탈출을 말하고 있지도 않다.

앞서 22-23절에서 말했던 바, 즉 그리스도 안에서 종이 자유자이며 자유자가 종인 것과 같이 이제 우리의 존재가 하나님에 의해서 결정되었기에 우리는 세상으로부터 떨어져 있다기보다는 세상의 통제로부터 완전히 자유하게 되었다는 뜻이다.

이 예증들의 삶은 한 마디로 '… 아닌 것처럼' 사는 삶을 말한다. 간단히 말해서 세상과의 어떤 형태의 관계도 결정적인 요소, 혹은 변수가 되지 않는 삶을 말한다. 다시 말해서 우리가 다른 사람들, 곧 결혼하고 슬퍼하고 기뻐하고 물건을 사고 물건을 사용하는 자들처럼 살고 있지만, 그러나 이것들이 결코 우리의 삶을 결정짓지 않는다는 뜻이다. 우리는 이미 하나님에 의해서 결정된 미래에 의해 좌우되는 삶을 살고 있는 자들이지 다른 사람들의 존재를 좌지우지하는 이 세상의 독점적이고 강제적인 지배하에 놓여있지 않은 자들이다.

하나님의 확정하신 미래라는 관점에서 볼 때 결혼이든 독신이든 그 어떠한 것도 우리의 현재의 삶을 결정짓는 근본적 요소가 아니라는 뜻이다. 그 이유를 본문은 마지막으로 현재 형태의 세상은 사라져가기 때문이라고 말하고 있다. 결혼이든 독신이든 슬픔이든 기쁨이든 사는 일이든 그 무엇이든 모두 현재 형태의 세상에 속한 것들이며 그런 점에서 모두 사라져 가는 것들이다.

결정적인 사건은 예수 그리스도의 죽음과 부활의 사건으로 성취의 국면에 들어선 하나님의 나라이며, 이 일을 통해 하나님은 모든 만물의 행로를 이미 결정하신 것이다. 다시 말해 하나님은 현재 형태의 세상을 이미 종말론적인 심판 가운데 두셨다는 뜻이다. 이런 점에서 현재 형태의 세상은 사라져 간다고 말하고 있다. 결혼이든 독신이든 문제가 되지 않는다. 중요한 것은 하나님이 단축하신 때, 곧 분명해진 미래에 의해 결정된 자들의 삶을 사는가 하는 점이다.

5. 구약과 신약의 관계

구약과 신약이 동일한 하나님과 그의 나라에 관한 일관된 증언이라고 볼 때 구약과 신약의 관계를 살피는 것은 당연하고도 중요한 고찰이라고 볼 수밖에 없다. 이런 점에서 구약과 신약의 관계를 살펴보고자 한다.

1) 구약과 신약의 관계에 대한 고찰에 관한 역사적 개관

(1) 서론

신약성경이라 함은 구약성경을 전제한다는 뜻이다. 그렇다면 어떤 의미에서 우리는 구약성경 혹은 신약성경이라고 부르는가? 구약은 히브리인들의 성경(Hebrew Bible)이요, 신약은 크리스천들의 성경(Christian Bible)이라는 점에서 그렇게 부르는가? 그렇다면 히브리인들의 성경인 구약은, 크리스천 성경이 아니란 말인가? 구약도 크리스천 성경이라면 어떤 의미에서 구약이 기독교적인가? 구약이 오실 메시아에 대한 예언이었고, 신약은 오신 메시아에 대한 성취의 기록이란 점에서 기독교적인가? 이런 의미에서 많은 사람은 구약과 신약의 관계를, 특히 양자 사이에 놓여있는 연속성과 관련해 약속과 성취, 모형론, 단일한 구원 역사 등을 중심 주제로 제시하고 있다.

그러나 계속되는 질문은 성취된 예언이 무슨 의미가 있겠는가? 라는 질문이 남게 된다. 성취된 약속, 그리고 실체가 드러난 모형이 무슨 의미가 있으며, 완성된 구원의 역사가 더이상 어떤 의미를 갖는가 하는 점이다. 혹자는 구약은 여전히 하나님의 뜻을 보여준다는 점에서 의미가 있다고 주장하거나 여전히 도덕적 교훈을 담고 있기에 의미가 있다고 말할 수 있으나, 이러한 구약 이해는 구속과 복음을 집중적으로 말하고 있는 신약에 대해 열등한 자리매김을 할 수밖에 없다. 여기서 잠깐 기독교 신학 전통에 나타난 구약과 신약의 관계에 대한 논쟁을 축약적으로 개관해 보고자 한다.[141]

(2) 구약 우선설

첫째로, 구약이 신약보다 우선한다는 구약 우선설은 네덜란드의 Utrecht 대학의 교수이며 네덜란드 개혁주의 신학자인 아놀드 A. 판 룰러가 주도적으로 주장하는 이론이다. 그는 구약과 그리스도의 관계에 대해 논하면서 구약 해석의 문제는 현상적으로 구약 속의 그리스도란 문제로 귀착되고 있지만, 기독론적인 해석과 관계없이 먼저 하나님의 말씀으로서의 구약의 적법성을 세워나가야 한다고 주장한다. 구약의 계시는 이스라엘 가운데 나타나신 한분 하나님의 임재이며, 이 계시가 크리스천의 계시가 되려면 크리스천들이 이스라엘이 되어야 한다고 밴 룰러는 주장한다. 룰러의 질문은 구약을 사용해서 그리스도를 설교할 수 있겠는가 하는 것이다.

그는 다음 같은 이해가 선행된다면 구약에 대한 기독교적 이해와 설교가 가능하다고 본다. 첫째로, 룰러는 예수 그리스도를 이스라엘과의 자신의 역사 안에서 하나님이 행하신 ***하나의*** 구속행위라고 본다. 즉 구약 전체가 그리스도의 단일한 약속이 아니라 지속적으로 약속에서

141 이하의 설명은 David L. Baker, *Two Testaments, One Bible: A Study of the Theological Relationship Between the Old & the New Testaments* (IVP, 1991) (구속사적 성경해석학, 엠마오)에서 발췌 요약 했다. 구약 우선설의 룰러와 신약우선설의 불트만에 대한 적절한 비평을 위해서는, 구약해석학 (클라우스 베스터만, 크리스챤다이제스트)을 참고하라.

성취로 나아가는 ***하나의*** 역사를 담고 있으며 예수는 자신의 백성들과 함께 하시는 하나님의 역사내의 ***하나의*** 행위이며 이런 점에서 구약 자체 내에 있는 성취들과 유사한 방식으로 예수는 구약의 약속들을 성취하고 있다고 주장한다.

둘째로, 룰러는 이 행위는 이 역사의 새로운 국면, 그러나 아직은 최후가 아닌 국면을 도래하게 한다고 주장한다. 즉 예수 그리스도는 하나님의 유일한 한 행위인가? 혹은 특별한 성격을 지니고 있는가? 이스라엘을 다루시는 과정 중에 새로운 국면인가 아니면 마지막 국면인가? 신약은 구약의 연장 그 이상이다. 그 이유는 신약은 율법과 옛 언약의 마지막을 가져오고 예수를 역사의 중심에 불러들여서 종말을 시작케 하신 그리스도 안에서의 하나님의 새로운 행위에 대해 말하고 있기 때문이다. 그러나 다른 한편, 신약은 구약의 가치를 감소시키지 않고 있으며 약속과 대망이 여전히 중요한데, 이는 크리스천들이 역사의 절정을 향해 미래를 내다보고 있기 때문이다.

결론적으로 신약은 새로운 국면 그 이상이다. 그러나 자신의 백성들과 함께 하는 하나님의 역사의 마지막 국면은 아직 아니다. 이스라엘 백성은 구약 대망 속에 본질적인 위치를 점하고 있다. 구약 약속들의 성취가 이스라엘에게 속한 약속들을 영적화 시킴으로써 그리스도 안에서 언제나 발견되는 것은 아니다. 신약과 비교해 볼 때 구약에는 신약 성취 안에 있지 않는 요소인 '플러스 알파'가 존재한다. 죽음과 부활이 신약의 초점이기는 하지만, 이것들이 하나님의 계시의 근본 목적은 아니다. 근본적인 목적은 사람들이 바르게 살고 하나님의 영광을 위해 사는 것이다. 다음과 같은 진술이 반 룰러의 핵심적인 증언이다. "우리가 사람인 목적은 우리가 크리스천이 되기 위한 것이 아니요, 대신 우리가 크리스천인 목적은 우리가 사람이 되기 위한 것이다(We are not men in order that we might be Christians; we are Christians in order that we might be men)."

하나님의 나라가 룰러 사상의 핵심이다. 하나님의 계시의 목적은 단순히 구속만이 아니라 그의 왕국, 즉 신정정치를 세우시는 것이다. 그리고 신정정치가 세상의 마지막 대망이다. 신약의 관점에서 예수를 구세주로만 읽는 것은 메시아 개념 속에 있는 왕권의 문제를 잃어버리게 한다. 그래서 구약이 필요하다. 구약은 기독론적인 관점이 아니라 종말론적인 관점, 즉 신정(神政)적(Theocratically)으로 읽어야 한다.

룰러에 대한 간단한 비평적인 관점을 제시하고 한다. 룰러의 신정의 신학(theocratic theology)의 문제점은 그가 이스라엘의 신정정치에 대한 현저한 실패를 충분히 고려하지 않았다는 점이다. 예수의 강림 때까지는 하나님의 왕국이 도래하지 않았다는 사실을 주목해야 한다. 선지자들의 짐은 종말론적인 하나님의 나라, 즉 주의 날에 세워질 신정정치를 선포하는 일이었다(사 9:7; 겔 20:33; 37:24-28; 호 3:5; 옵 21; 슥 14:9, 16-17). 또한 예수의 선포의 핵심 중 하나는 하나님의 나라가 전혀 예기치 않은 방식, 즉 예수 자신의 죽음과 부활을 통해 온다는 점이다. 프리젠(Vriezen)의 말을 빌자면 구약이 보여주는 바는 신정적 설교(Theocratic preaching)는 이스라엘을 구원할 수 없으며 이스라엘은 하나님의 종의 고난과 희생의 죽음 없이는 신정정치로 변화될 수 없다는 사실이다. 신정정치는 오직 십자가를 통해서 만이 이스라엘에게 살아있는 실체가 될 수 있다.[142]

142 클라우스 베스터만 편집, 『구약해석학』 (크리스챤다이제스트, 1995), 225.

(3) 신약 우선설

신약이 구약보다 우선한다는 신약 우선설은 루돌프 불트만이 그의 두 글 '*The Significance of the Old Testament for the Christian Faith*'와 '*Prophecy and Fulfillment*'에서 주창하고 있다. 어떤 점에서 구약을 크리스천 신앙에 대한 계시로 다루는 것이 올바른가? 에 대한 대답으로 불트만은 율법과 복음의 관계를 보다 자세히 정의할 필요가 있다고 주장한다.

처음에 구약에서 율법 아래의 실존은 은혜 아래의 실존이다. 하나님의 부르심은 은혜를 통해 이루어졌다. 그러기에 구약에서 하나님은 도덕적인 행위를 요구하시는 것이 아니라 자신의 은혜에 대한 신뢰 즉 믿음을 요구하신다. 그렇다면 이스라엘의 죄는 불신이며 이것이 바로 선지자들의 메시지의 핵심이다. 불신은 반드시 하나님의 심판을 받게 되는데 이런 상황 아래 종말론적인 소망이 생겨나며 죄와 심판은 하나님의 은혜를 통한 용서와 구원의 가능성으로 이어진다. 그리스도를 통한 하나님의 종말론적인 행위는 하나님의 계시를 종족적인 역사로부터 개인적인 실존으로 전환케 된다.

그래서 크리스천은 과거 역사 속에서 하나님의 은혜를 찾지 않고 자신들에게 선포된 말씀 속에서 실존적으로 은혜를 만나게 된다. 구약의 은혜는 구체적으로 이스라엘에게 향해 있으며, 반면에 율법은 인간을 향한 하나님의 보편적인 도덕적 요구의 표현이다. 그러므로 구약은 크리스천들에게 오직 율법뿐이다. 구약역사는 유대인들의 경우와 동일한 방식으로 크리스천들에게 계시가 되지 않는다. 구약은 크리스천 삶에 규범이 되는 인간실존에 대한 이해를 담고 있다. 즉 율법에 의해 계시된 인간의 피조성과 죄성, 그리고 복음 가운데 나타난 하나님의 은혜를 규범적으로 보여준다.

불트만은 구약은 실패의 역사를 보여주고 있다는 점에서 종말론적인 백성들에 대한 약속으로 이해될 수 있다고 주장한다. 즉 구약의 예언은 내적인 모순과 실패로 성취되었다. 이스라엘의 역사의 흐름은 초월적인 하나님과 그의 활동을 지향하고 있다. 그러나 우리는 하나님과 그의 활동은 근본적으로 초월적이고 종말론적인 의미로 인식되는 것이 아니라 경험적인 민족의 역사와 맥을 같이 한다는 사실에서 모순을 발견하는데, 이러한 모순 속에 실패의 역사가 있다고 불트만은 주장한다.

하나님과 한 민족과의 계약이라는 사상은 역사 내에서 펼쳐질 수 없는 것임이 입증되었고 종말론적 사상이 되었다. 하나님의 통치라는 사상은 세상 내에서 실현될 수 없는 것임이 입증되었고, 그것을 실현하려는 시도는 율법주의적 신정이라는 기괴한 모습을 탄생시키는 부조리로 귀착되었다. 하나님의 백성이라는 사상은 역사적 존립을 위해 국가 조직, 법률, 권력기관을 필요로 하는 경험적인 민족 공동체에서는 실현될 수 없다는 것이 밝혀졌다. 그러므로 하나님의 백성을 이 경험적인 민족과 동일한 것으로 생각하는 한 그것은 끊임없이 하나님의 백성이라는 사상과 충돌할 수밖에 없다.

이러한 불가능성을 구약이 나타내 보여주었다는 점에서 구약의 실패의 역사는 실제로 약속에 해당된다. 자신의 방식의 실패 그리고 세상 내에서 자신의 역사 속에서는 하나님께 직접 다가가거나 자신의 역사를 직접 하나님의 활동과 동일시하는 것은 불가능하다는 인식을 보여준다는 점에서 최고의 약속이다.

물론 이 실패는 자신의 상황을 불가능의 상황으로 이해하는 자들에게 다가오는 하나님의 은혜와의 만남을 토대로 할 때만 약속으로 이해될 수 있다. 그러므로 성취는 역사적 발전 과정의 결과로 간주되어서는 안 된다. 왜냐하면 그 결과는 실제로 다름 아닌 실패이기 때문이다. 새로운 역사 발전 과정을 개시한 것이 아니라, 종말론적 의미에서 새로운 창조인 그리스도 안에서의 새로운 시작을 하나님이 만들지 않았다면 역사적 발전 과정은 실패 그대로 끝나버리고 말 것이다. 구약의 실패의 역사를 약속으로 보아야 하며, 또한 구약은 실패한 역사란 점에서 예언이며 그런 점에서 신약은 종말론적인 성취만이 바른 구약 약속의 성취임을 보여준다. 구약은 하나님의 종말론적인 활동을 세속 역사에서 일어나는 것과 동일시하려는 유혹과, 하나님의 백성을 경험적인 민족과 동일시하려는 유혹을 적나라하게 보여주고 있으며 동시에 이것이 인간의 상황을 실패로 이끄는 방식임을 보여준다.

불트만은 율법과 복음의 대조관계를 극대화 시킨다. 즉 그는 구원의 방법으로서의 믿음이 의미하는 것은 우리가 율법에서 발견하는 구원의 그릇된 방법을 아는 사람들만이 온전히 이해할 수 있다고 주장한다. 믿음은 의롭게 된 인간의 상황이 오직 율법을 통한 구원의 실패를 토대로 해서 생겨난다는 것을 알도록 하기 위하여 우리로 하여금 실패의 역사, 따라서 약속의 역사인 구약의 역사를 되돌아볼 것을 요구한다. 그러므로 진정으로 의롭게 하는 믿음이라면 그 믿음은 항상 율법의 방식을 이미 극복한 것을 자체 안에 포함하고 있어야 한다고 주장한다. 또한 믿음은 세속영역에서 일어나는 것을 종말론적으로 일어나는 것과 동일시하려는 시도를 극복한 믿음이어야 한다고 주장한다.

(4) 신구약 동일설

신구약을 하나의 성경으로 읽으려는 시도는 하나의 구원사, 모형론,

그리고 약속과 성취라는 신학적 패러다임을 통해 꾸준히 주창되어 왔다. 먼저 이들을 간단히 개관해 보고자 한다.

① 하나의 구원사로서의 구약과 신약

하나의 구원사로서의 구약과 신약이란 주장은 폰 라트(von Rad)가 그의 책 *Old Testament Theology*에서 제기하였다. 폰 라트의 주장은 '실현,' '세상과 인류,' '구원사건,' '율법'과 같은 용어들을 살펴봄으로 분명해질 수 있다.

먼저 폰 라트는 '실현'과 관련해 구약은 미래를 향해 있으며, 오직 언제나 점증하는 기대의 책으로만 읽힐 수 있다고 주장한다. 구약은 하나의 역동적인 종교를 제시하고 있으며, 이 종교는 결코 완성되거나 충족되지 않으며, 지속적으로 진보, 성취 혹은 새로운 형성을 위해 미래를 내다본다. 언제 어디서나, 종교는 보다 원시적인 형태의 종교를 지속적으로 받아들이고, 재해석하고 이를 실현하는 것의 일부이다. 신약의 핵심적인 사상은 새로운 구원 사건이 일어났다는 것이다. 약속된 그리스도이신, 예수의 인성과 사역 안에서 하나님의 나라가 시작되었다고 선포한다. 구약 전승들이 이제 성취된 약속들로 인용되어지며, 하나님의 초기 구원 행위들과 그리스도 안에 일어난 최고의 구원 행위 사이에서 상관 관계들이 주목된다.

둘째로, 폰 라트는 '세상과 인류'에 관해서 구약에 나타난 이스라엘의 세상 이해는 당시의 주변 국가들의 신화론적 견해와 달리 세속적이라고 주장한다. 이스라엘의 하나님은 신화의 영역이나 성스러운 영역에 제한되지 않고, 세상과 역사, 그리고 일상의 삶 중에 활동하신다. 마찬가지로, 신약의 메시지도 신화론적이거나, 교훈적이지 않으며, 이스라엘과 세상과의 관계를 새롭게 갱신하시는 역사속의 하나님의 행위에 대해 기술하고 있다. 결론적으로 구약의 언어와 사상은 신약 구원 사건의 표현에 있어 근본적인 요소이다. 하나님에 대한 이스라엘의 특별한 경험은 이스라엘로 하여금 그리스도 안에서 가능케 된 하나님에 대한 지고의 경험을 준비시키고 있다.

셋째로, 폰 라트는 '구원 사건'에 관하여 구약의 역사는 구원 역사인데, 이는 구약의 모든 부분이 구원을 자신의 뜻과 목적으로 삼으시는 하나님의 행위로서 제시되고 있기 때문이라고 주장한다. 신구약의 구원 사건들 사이에는 구조적인 유사점이 존재한다. 구약 사건들은 예수 그리스도 안에서 성취될, 역사 속에 하나님의 행위의 문맥 속에서 이해되어야 한다. 실제로 그리스도-사건 속에서만이 보다 초기 사건들과의 유사점들과 상관관계들이 진정 의미를 갖게 된다. 구약을 이해하는 데 그리스도가 필요하며, 그리스도를 이해하는 데 구약이 필요하다.

넷째로, 폰 라트는 '율법'에 관해서 율법은 이스라엘과 하나님의 관계의 일차적인 혹은 본질적인 차원이 아니라고 주장한다. 이것은 율법에 종속되어있지 않은 관계를 전제하고 있다. 또한 폰 라트는 일반적으로 율법이 성취되지 못한 것은 이스라엘의 불능(inability)에 있는 것이 아니라 율법에 순종하지 않으려는 반항(unwillingness)에 있다고 이해되어 왔다고 지적하면서 그러나 율법에 대한 선지자들의 이해에 따르면 율법에 대한 불순종은 하나님에 대한 이스라엘의 관계의 완전한 실패를 보여준다고 주장한다. 특히 예레미야와 에스겔은 이스라엘은 사실상 율법을 지킬 능력이 없음을 인식하고, 하나님이 친히 새로운 순종을 가능케 하실 것이라고 선언케 된다.

또한 구약에서 구원은 언제나 은혜에 기초한다. 마지막으로 구약 율법은 그리스도 안에서 근본적으로 성취되는데, 그리스도는 하나님 앞에서 완전한 삶을 살았고, 율법에 대한 다른 사람들의 불순종에 기인한 징벌을 담당했고 하나님과 사람들 사이에 보다 인격적 관계(personal relationship)을 가능케 했다고 주장한다.

② 모형론

현대에 와서 모형에 대한 정의는 크게 두 범주로 구분된다. 첫 번째 범주는 예시(prefiguration)란 개념에 중점을 둔 정의로, 20세기 전반부에 들어서 C. T. 프리취(Fritsch)에 의해서 주도적으로 주창되었다. 그에 따르면, '하나님에 의해 제정되거나 이루어진 제도(institution) 혹은 역사적 사건(historical event) 혹은 사람(person)이 하나의 모형으로서 기독교와 연관된 진리를 예시하고 있다.' 두 번째 범주 일치(correspondence)라는 개념에 중점을 둔 정의로서, 20세기 후반부에 들어서 G. W. H. 람페(Lampe)에 의해서 주로 주창되었다. 그에 따르면, 기본적으로 모형론은 '하나님의 언약 역사 전반에 걸쳐서 하나님의 목적의 연속성에 근거한, 역사적 해석의 한 방법이다.' 이 정의에 따른 모형론은 하나님의 목적의 성취 과정 속에 있는 다양한 단계들 사이의 일치점을 증명해 보이려고 진력한다.

먼저 간단히 모형론과 관련한 용어들을 정의하고자 한다. 1) 모형(type)이란 다른 사건들이나 인물들 혹은 제도들에 대한 하나의 예나 패턴의 역할을 하는 하나의 성경적 사건이나 인물 혹은 제도를 가리킨다. 2) 모형론(typology)이란 모형들에 대한 연구와 모형들 사이의 역사적 신학적 일치점들에 대한 연구를 말한다. 3) 모형론의 토대(basis)는 하나님의 선택된 백성들의 역사 가운데 나타난 하나님의 일관된 행동이다.

만약 모형론이 기괴하거나 풍유적인 성경해석에 이르지 않으려면 다음과 같은 두 가지의 기본적 원리가 유지되어야 한다. 첫째로, 모형론은 성격상 역사적이다. 다시 말해 모형론은 단어들에 관심을 두고 있는 것이 아니라 역사적 사실들인 사건들과 사람들 그리고 제도들에 관심을 두고 있다. 그러기에 모형론은 문헌적 연구나 본문상의 연구의 한 방식이 아니라 역사를 이해하는 하나의 방식이다. 모형론의 기저에 흐르는 근본적 확신은 하나님은 이 세상의 역사, 특히 그의 택한 백성들의 역사 가운데서 일관되게 역사하시며 그 결과 역사 속에 일어나는 사건들은 일관된 패턴을 따르는 경향이 있다는 생각이다. 그러기에 한 사건은 또 하나의 혹은 많은 다른 사건들의 전형적 패턴으로 선택될 수 있는 것이다.

둘째로, 모형론은 진정한 일치를 암시한다는 원리를 기억해야 한다. 모형론은 세부사항들의 평행적 관계에 관심을 두는 것이 아니라 오직 근본적인 원리들과 구조의 일치에 관심을 둔다. 그러기에 역사와 신학 속에는 반드시 하나의 일치가 틀림없이 존재하며, 그렇지 않을 경우 평행관계는 성경을 이해하는 데에 사소하거나 무가치한 일이다.

③ 약속과 성취

이 신학적 주제는 뒤에서 보다 상세히 다룰 것이기에 여기서는 간단한 역사적 개관과 관련된 용어들에 대한 정의와, 성취에 대한 중요한 이해 몇 가지를 정리해 보고자 한다. 첫째로, 역사적 개관으로 세 명의 학자들을 생각해 보기로 한다.

먼저 B. F. 웨스트코트(Westcott)는 히브리서의 해석을 중심으로 인류를 향한 하나님의 목적은 하나님의 안식에 들어가는 것인데, 이것이 구약에선 결코 완전히 성취되지 않았다고 주장한다. 이러한 하나님의 목적이 성취되는 데는 훈육을 통한 긴 준비가 필요했고,

이를 통해 도덕적인 성장을 거친 성숙과 잘못의 교정이 이루어진다고 보았다. 그에게 이스라엘은 특이한 수수께끼였고 그리스도는 이에 대한 완전한 해결책이었다. 결론적으로 구약은 그 성격상 '준비적'이며 신약은 '최종적'이라고 주장한다.

C. H. 도드(Dodd)는 자신의 논지인 실현된 종말론을 중심으로, 그리스도의 오심과 죽음 그리고 부활은 이스라엘의 역사를 구성하고 있는 심판과 구속이란 장엄한 드라마를 종결지은 사건이라고 주장한다. 하나님은 새 언약을 제정하셨으며, 이것은 옛 언약에 대한 단순한 보조 장치나 수정 혹은 대치가 아니라 성취이다. 선지자들과 묵시론자들에 의해서 예기되었던 역사의 절정의 사건은 예수 그리스도 안에서 실현되었다고 주장한다.

H. H. 로울리(Rowley)는 '*Prophecy & Fulfillment*'를 중심으로 사실상 배척받고 있는 예시(prediction)가 예언의 실질적인 한 요소라고 주장한다. 어떤 예시는 문자적인 성취로 결코 의도되지 않았고(사 40:4) 어떤 예시는 마음의 변화를 야기했기에 성취되지 않았으며, 어떤 예시의 경우 성취가 늦춰지거나 기대되었던 것과 다르게 나타난다(렘 4:23-28)고 주장한다. 어떤 경우이든 예시의 본질은 예시된 바가 성취된다는 기대이다. 신약에 따르면 이 성취가 예수 그리스도 안에서 최상으로 나타났다. 구약은 지속적으로 그 자체 너머에 있는 그 무엇을 가리키고 있고 신약은 구약을 회고하면서 구약의 기대에 대한 대답과 구약의 믿음과 소망에 대한 반응 그리고 구약의 약속에 대한 성취를 제공하고 있다.

다음으로는 관련된 용어 몇 가지를 정의해 보고자 한다. 1960년대에 들어서면서 예시(prediction)와 예언(prophecy)이란 개념들은 이면으로 사라지고 구약을 약속(promise)으로 이해하는 쪽이 폭넓게 자리하게 된다. 약속-성취라는 카테고리가 역사 속에서 실현된 자기백성을 위한 하나님의 계획을 표현하는 기본적인 성경적 카테고리로 자리 잡는다. 약속과 성취라는 패턴은 신약과 구약을 하나로 연결하게 되는데 그 이유는 구원과 왕국, 새 언약과 새 창조 등의 구약 약속들이 예수 그리스도 안에서 성취되었다는 확신 때문이다.

먼저 '예시(prediction)'란 구체적인 미래 장래들을 미리 말함(foretelling)을 가리킨다. 이와 관련해 세 가지 주의사항이 있다. 첫째로, 구약은 예시 훨씬 이상의 것들로 이루어져 있다. 둘째로, 구약 예시의 모든 것이 신약에서 성취되지는 않는다. 그 이유는 어떤 예시는 구약 자체 내에서 성취되고, 어떤 것은 신약 이후에도 여전히 성취를 기다리고 있으며, 어떤 예시는 결코 이루어지지 않는데 이는 이 예시들이 조건적이기에 조건이 충족되지 못할 경우 예시가 성취되지 않는다. 셋째로, 구약은 결코 신약의 모든 것을 예시하지 않는다(그리스도의 오심속의 몇몇 양상들은 전혀 예기치 못한 것들이다).

그 다음 '예언'이란 용어는 예시보다 훨씬 광범위하며 보통 밖으로 말함(forthtelling)으로 표현된다. 예언이란 하나님의 메시지를 받아서 전달하는 것으로 정의할 수 있다. 이런 측면에서 신약은 구약 예언의 성취일 뿐만 아니라 율법, 역사, 시편과 지혜문학 전체를 포함하는 구약 전체의 성취이다.

그리고 '약속(promise)'이란 용어는 미래에 어떤 것이 행해지거나 행해지지 않을 것에 대한 하나님의 확신(divine assurance)을 가리키는데 이러한 확신은 공식적인 선언이나 협약 가운데 명시되거나 아니면 어떤 행위나 태도 등에 암시된다. 그렇다면 구약에는 많은 약속들, 즉 명시적, 암시적; 구체적, 일반적; 긍정적, 부정적; 말씀을 통한, 사건들을 통한; 등등의 약속들이 존재하며, 이 모든 약속들은 하나님의 계획에 따라서 역사가 하나님이 의도하신 종국을 향해서 움직여 가는 과정(구원 역사)중의 여러 측면들이다.

여기서 한 가지 데이비드 클라인즈(Clines)의 약속 정의를 살펴볼 필요가 있다. 그에 따르면 약속은 소망 그 이상이다. 소망은 인간 실존의 핵심이나 약속은 소망을 초월하는 하나님의 말씀으로 이 분은 자기 백성의 역사를 시작하시고 동시에 이를 유지하시는 분이다. 소망은 현실적(realistic)이며 실제 세상 내에 내재하는 가능성들을 그려주는 데 반해서 약속은 약속의 하나님에게만이 가능한 가능성들을 그려준다.

마지막으로 그리스도를 통한 성취와 관련한 중요한 세 가지 이해를 생각해 보고자 한다. 먼저 C. H. 도드(Dodd)는 실현된 종말론(realized)을 주창하면서 예수의 사역을 통해 구약의 종말론이 그 목표와 성취를 발견했다고 주장한다. 즉 예수의 메시지의 정수를 '이미(already)'로 해석한다.

둘째로, A. 슈바이처(Schweizer)는 일관된 종말론(consistent)을 제안하며, 예수의 메시지는 전적으로 종말론적이며 약속들의 성취와 왕국의 도래를 위해 미래를 바라본다고 주장한다. 즉 예수의 메시지의 정수를 '아직(not yet)'으로 해석한다.

끝으로 오스카 쿨만(Cullmann)은 D-day & V-day를 사용해 시작된 종말론(inaugurated)을 주장한다. 오스카 쿨만은 예수의 종말론을 특징짓는 기본 양상은 하나님의 나라가 현재적이며 동시에 미래적이라고 선언되고 있다는 점이라고 생각한다. 예수의 죽음과 부활은 결정적 전투(Decisive battle)와 비견되되 여전히 이것은 아직 최종적 승리(final victory)가 아니다. 크리스천들은 결정적인 전쟁과 전쟁의 결말(재림) 사이 속에서 살고 있으며 그러기에 이미 성취된 것과 아직 완성되지 않은 것 사이의 긴장을 경험하고 있다. 예수의 초림은 종말을 시작케 했으며, 그의 재림은 종말을 완성케 할 것이다.

2) 구약과 신약의 유기적 관계에 비추인 성경 해석의 패러다임 전환

성경 해석과 관련한 두 가지 논쟁적인 대조적 관점들이 해석역사 전반을 통해 존재해 왔다. 하나는 하나님의 우주적 차원의 역사(cosmic readings)와 개인적인 구원(personal readings) 사이의 대조적인 관점의 논쟁이며, 다른 하나는 성경을 이교도적인 삶의 정황에서 해석하려는 경향과 '히브리-유대적인 전통'에서 해석하려는 경향 사이의 대조적인 관점의 논쟁이다.

두 번째 논쟁에 관해서는 성경은 당대의 역사적인 정황(언어와 문화)을 원래 독자들과의 의사소통 차원에서 사용하고 반영하지만, 더 중요하게는 이 정황에 대한 신학적 처방이며 동시에 이 정황 속에 사는 하나님의 백성들을 향한 신학적인 메시지라고 말하는 것으로 충분하다. 더 정확히 말해서 두 번째 논쟁은 다음과 같이 두 문장으로 축약될 수 있다. 첫째는 "The Scriptures speak to original readers for us"이다. 성경은 원래 독자들에게 주어졌지만 결국 모든 인류를 향하고 있다는 뜻이다.[143] 둘째는 "The Scriptures are embedded in but not indebted to their historical circumstances"이다. 성경은 특정한 역사적 정황에 뿌리를 내리고 있지만, 그러나 특정한 역사적 정황들에 빚을 지고 있지는 않다는 뜻이다. 이 두 문장 모두는 성경 이해에는 원래 독자들에게는 별로 필요하지 않았던 역사적 정황들(언어와 문화)에 대한 이해가 필연적으로 필요하다는 것을 뜻한다. 단순히 우리와 원래

143 참조. 존 월튼, 『교회를 위한 구약성서 신학』 (새물결플러스, 2021), 21.

독자들 사이에는 시간적이며 공간적인 간극이 존재하기 때문이다.

여기서 관심은 첫 번째 관점에 관한 것이다. 성경의 우주적 읽기와 개인적인 읽기 사이의 문제는 기본적으로 구약과 신약의 관계에 대한 이해와 긴밀하게 연계되어 있다. 간단히 말해서 구약과 신약의 유기적인 통일성을 간과하게 되면, 구약과 신약은 각기 매우 다른 방식으로 읽힐 수밖에 없고 또한 구약과 신약 모두는 사적이며 개인적인 차원에서 해석될 수밖에 없다. 구약은 신자들의 모범적인 삶에 대한 교훈으로서, 그리고 신약은 예수 그리스도를 통한 구원과 천국에 관한 교리로 읽힐 수밖에 없다는 뜻이다. 그러나 신약의 저자들을 정당하게 평가하는 방법 중 하나는 그들이 분명 예수 사건들(the Jesus Events) 속에서 구약의 이스라엘의 하나님이 마침내(종말론적으로) 자신의 창조세계에 대한 새로운 일을 시작하셨다고 확신했다는 점을 인식하는 것이다. 이러한 하나님의 새로운 일은 일차적으로 개개인들에게 적용되는 사적인 일이라기보다는 하나님의 창조세계에 대한 매우 공적인 일이며 더 정확히 말해서 하나님 나라에 관한 것이다. 그런 점에서 하나님의 새로운 일은 세상의 근본 토대에 관한 일이며, 세상의 근본 질서에 관한 일이라 할 수 있다. 이제 세상을 지탱하는 토대는 사탄과 그의 하수인으로 전락했던 인간 피조물이 아니라 '예수 그리스도'(In Christ가 의미하는 바임)이며, 이 세상의 새로운 질서와 운용 원리는 인간 피조물들의 힘과 지혜가 아니라 하나님의 지혜와 능력인 십자가로 대변되는 '하나님의 사랑과 평화'라는 뜻이다.

이런 점에서 신약을 바로 이해하기 위해서 구약의 하나님을 살피는 것은 타당할 뿐 아니라, 당위적인 문제라 할 수 있다. '하나님은 인류와 역사에 대한 어떤 계획을 지니고 계셨기에 결국 종말론적으로 예수 그리스도를 통해서 행동하셨는가?'라는 질문은 필연적인 질문이다.

이렇게 구약과 신약의 관계에서 신약을 생각하는 것은 예수와 바울의 메시지를 플라톤 전통의 이원론적인 구원론, 종말론, 교회론을 극복할 수 있는 올바른 길이라고 할 수 있다. 즉 신약을 구약에 철저히 비추어 읽고 해석함으로써 우리는 예수를 믿어 영혼이 구원을 받고 죽은 후에 천국에 간다는 플라톤적 이원론적인 신앙이나 구원 그리고 종말에 대한 이해를 극복할 수 있다는 뜻이다.

월튼에 따르면 창세기는 물질적인 차원의 우주나 인류의 기원에 관한 것이 아니고 신학적 차원의 인간 소명에 관한 것이다. 창세기 저자는 우주의 창조를 하나님의 성소의 창조로 보았고, 에덴을 하나님의 지성소로 이해했으며, 하나님은 에덴에 자신의 임재를 드러내셨으며 에덴의 임재가 온 피조세계로 확장되도록 의도하셨다.[144] 인간은 하나님의 형상의 지상적인 반영(cf. 창 1:26-28, 시 8:4-8, 시 110:1, 엡 1:10)으로서, 왕적인 제사장(the Royal Priesthood, cf. 창 2:15, 출 19:6, 벧전 2:9)의 소명을 받는다. 이러한 우주와 인간의 창조를 성소의 개념과 왕적인 제사장의 소명으로 이해하는 것은 창세기의 배경인 당시 고대 근동 지방의 우주론과 신관을 통해서도 지지를 받는다. 당시 왕들 자신은 자신들이 섬기는 신의 지상적 형상이라고 생각했고 그래서 자신의 왕국 중앙에 신전을 만들었으며, 또한 자신의 왕국 국경에 자신의 형상을 담은 표지석을 세웠다.[145] 이 모든 것은 창세기의 인간 창조를 신적 소명과 섭정으로서의 왕권으로 이해하는 데 적절한 배경을 제시한다. 물론 이러한 이해는 창세기 1-3장에 대한 언어-문화적인

---

144 월튼, 『아담과 하와의 잃어버린 세계』 (새물결플러스, 2018), 56-57, 72; 그레고리 빌, 『성전신학』 (새물결플러스, 2014), 88이하.

145 참조. 그레고리 빌, 『신약성경신학』 (부흥과개혁사, 2013), 47-48; J. 미들턴, 『새 하늘과 새 땅』 (새물결플러스, 2015), 67-68.

해석을 통해서도 지지를 받는다.

이런 점에서 특히 선악과 사건이 암시하듯이, 인간의 타락은 존재론적인 의미에서의 타락이 아니라 섭정으로서의 인간에게 주어진 왕적인 제사장의 사명을 거부했다는 점에서 우상숭배적이며 반역적인 사건이라 할 수 있다.[146] 즉 인간은 하나님의 창조세계에 대한 청지기적인 사명을 감당하도록 왕적이며 제사장적인 지위가 주어졌는데도 죄로 인하여 죽음의 다스림 아래로 전락하게 된 것이다. 아담은 죄로 인해 단순히 죽은 것이 아니라 창조세계에 대한 통치권을 빼앗겼고 종의 위치로 전락하게 되었다.

이런 맥락에서 하나님의 사역은 그의 다스림을 통해서 원래의 창조세계와 인류의 청지기적인 사명을 가능하게 하는 인류의 왕권 회복 곧, 원래 창조를 새롭게 하는 것을 근간으로 한다. 이렇게 새로운 창조를 근간으로 하는 하나님의 나라/다스림은 '하나님의 아들(최초 아담 - 족장들 - 이스라엘 - 하나님의 아들 예수)로서의 그리스도(아담의 사명을 종말론적으로 이루시는 사역자이신 하나님의 아들)' (The Christ as the Son of God)를 통해서 이 땅에 근본적으로 마침내/종말론적으로 성취되기 시작했다.

앞서 자세히 다루었듯이 N. T. 라이트는 이러한 '아담-그리스도' 패러다임을 '존재론적-구원론적'이라기보다는 '아담-하나님의 나라에 관한 것'이요, '아담-이스라엘의 소명에 관한 것'이며, '기독론과 새-창조 프로젝트에 관한 것'이라고 주장했다.[147]

또 하나 지적할 점은 하나님의 원래 창조와 예수 그리스도를 통한 새-창조 사이에는 중요한 상관관계가 존재한다는 점이다. 즉

146 참조. 그레고리 빌, 『예배자인가, 우상숭배자인가?』 (새물결플러스, 2014), 198.

147 톰 라이트, "아담에 관한 바울의 언급에 대한 보충설명," 월튼, 『아담과 하와의 잃어버린 세계』 (새물결플러스, 2018), 322-337.

이상의 '아담-그리스도 패러다임' 이해의 근간에 '십자가-형태의 하나님 나라'(the Cruciform Kingdom of God)가 놓여 있다는 점이다. 예수 그리스도의 십자가는 인간-왕조 즉 인간의 모든 권력 체계의 전복이며, 형이상학적으로 부풀려진 진화(evolution), 즉 인류가 진화와 발전을 통해 사탄적이며 우상숭배적인 자기-왕국 건립을 이루는 것이 원천적으로 불가능함을 근본적으로 드러낸다.

그런데 중요한 점은 이러한 십자가 이해가 이미 창조 시 하나님의 행위 가운데 잠재되어 있다는 점이다. 하나님은 우주와 인류의 창조를 통해서 창조세계가 그의 의의 다스림을 받는 세상이 되기를 원하셨으며 또한 인류 가운데 거하시기를 원하셨다(cf. 계 21:3, 5. "하나님의 성막이 사람들과 함께 있으며 하나님이 저희와 함께 거하시리로다. 저희는 하나님이 백성이 되고, 하나님은 친히 저희와 함께 계시리라 … 내가 만물을 새롭게 하노라").[148] 이러한 하나님의 다스림의 세계와 하나님이 함께 거하시는 세계의 창조는 근본적으로 하나님의 사랑의 행위 즉 자기-비움의 행위였다. 이러한 사랑의 행위의 삼위일체적인 유비가 빌립보서 2:6-11에 잘 나타나 있다("… 자기를 비워 종의 형체를 가져 사람들과 같이 되었고 … 하늘에 있는 자들과 땅에 있는 자들과 땅 아래 있는 자들로 모든 무릎을 예수의 이름에 꿇게 하시고 …"). 이 본문에 따르면 예수 그리스도는 자기-비움을 통해 이 땅에 성육하신(고난과 십자가를 포함) 하나님이시며, 이를 통해서 예수 그리스도는 만물에 관한 다스림을 얻게 된다. 분명 우리는 여기서 아담에게 주어졌던 피조물에 대한 왕권을 보게 되며, 무엇보다도 이 왕권이 십자가를 통해 온전하게 이루어짐을 보게 된다. 그렇다면

148 존 월튼은 언약이나 하나님의 왕권도 중요하지만 더 원대한 주제로 하나님의 임재를 구약성경의 핵심 주제로 제시한다. 다음을 보라. 월튼, 『교회를 위한 구약성서 신학』 (새물결플러스, 2021), 52이하.

분명 하나님의 나라는 처음부터 마지막까지 인간의 지혜와 인간의 능력을 통해서가 아니라, 하나님의 지혜와 하나님의 능력인 십자가의 그리스도(cf. 고전 1:23-24)를 통해 이루어지는 나라임을 알 수 있다

그렇다면 결론적으로 신약 메시지의 근간은 하나님의 아들로서의 그리스도를 통해 하나님 나라의 종말론적인 성취가 시작되었고, 이를 통해 아담에게 주어진 원래 사명 즉 하나님의 창조세계에 대한 왕적-제사장적인 사명이 이제 하나님의 종말론적인 백성들에게 가능하게 되었다는 복음의 선포이다. 이제 하나님의 의의 다스림을 통해 구속되어 새로워진 하나님의 백성들은 아담에게 주어졌지만 거절되었던 왕적-제사장의 사명을 감당함으로써 이 땅에 하나님의 의를 구현하며(왕적인 사명) 이를 통해서 하나님의 하나님-되심을 이 땅에 드러내어 하나님께 영광을 돌리는(제사장적인 사명) 사역에 부름을 받은 자들이라 할 수 있다.

중요한 것은 이 일은 오직 십자가에서 죽으시고 부활하신 예수 그리스도를 '길에서' 따라가는 일을 통해 가능하다는 점이다. 즉 인류와 우리 개인의 삶의 여정에서 예수 그리스도를 통해 이루어진 새 질서 즉 사랑과 평화의 왕국을 구현하고자, 그분과 하나되는 삶을 살아가는 일을 통해서 그리스도께서 이루신 왕국이 구현될 수 있다는 뜻이다. 이것이 바로 구약에서 하나님이 "너희를 위하여 싸우리니 너희는 가만히 있으라"(출 14:14. 거룩한 전쟁과 신적 전사 하나님을 근간으로 하는 옛-출애굽 모티프)고 말씀하신 바와 "광야에 [하나님의 종말론적인 통치의 보좌가 있는 시온에 이르는 대로인] 주의 길을 예비하라"(사 40:3, cf. 막 1:3. 새-출애굽 모티프)는 말씀, 그리고 예수께서 하신 "나를 따르라"(막 1:17, 새-출애굽의 성취의 시점에서 주어진 최초 복음 초청)와 "내가 부활한 후에 너희보다 먼저 갈릴리로 가리라"(막 14:28, 새 시대의 도래 후에 하나님의 종말론적인 새 공동체를 세우실 것임에 대한 복음 선포)는 말씀이

의미하는 바이다. 우리는 길 위에서 그분을 따라가며 하나님이 예수를 통해 이루신 바를 배우게 되고 동시에 그것을 구현하게 된다. 이것이 신앙/믿음이 갖는 궁극적인 의미(죽은 후에 천국 가는데 필요한 수단으로서의 믿음이 아니고)이자 역동적인(한 번 믿으면 천국 가는 일이 결정되었다는 점에서의 정적인 의미가 아니고 신실하게 지속적으로 따라간다는 점에서) 의미이다.

3) 구약과 신약의 주제상의 통일성

(1) 구약과 신약을 복음의 약속과 성취의 관점에서 보는 경우

구약과 신약이 어떻게 하나님의 인류를 향한 사랑 때문에 자기를 비워 우리 중에 거하시기로 작정하셨다는 성경적 복음의 내용으로 유기적인 연결을 이루는지를 보여주기 위해 아래 도표에서 원래 창조, 타락한 창조세계의 회복으로서의 새 창조의 시작, 그리고 이 새 창조의 완성이라는 세 가지 차원에서 주제 상의 연결성을 제시해 본다.

원래 창조 (창세기 1-2장)	새 창조의 시작 (요한복음 1:14, 3:16)	새 창조의 완성 (요한계시록 21:3)
하나님은 자기-비움의 사랑으로 천지를 (하나님의 형상의 담지자로 인간을) 창조하셨고 이 사랑을 받아드리는(믿는)자는 하나님의 -참 생명을 가지며 하나님과 영원한 교제 가운데 살 수 있다는 복된 약속	하나님은 자기-비움의 사랑으로 창조하신 이 세상을 너무도 사랑하셔서 드디어(마침내/종말론적으로) 자기-비움을 성육신으로 드러내셨고, 이러한 자기-비움의 사랑을 받아드리는(믿는)자에게 주어질 참 생명(영생)을 주셨고, 현재적으로 그와 성령으로 참 교제 가운데 들어가셨다(약속의 성취의 시작).	새 하늘과 새 땅에서 하나님의 성막이 사람들과 함께 있으매 하나님이 저희와 함께 거하시리니 저희는 하나님의 백성이 되고 하나님은 친히 저희와 함께 계시도다(약속의 완성).

을 하시고 우리를 이 복음으로 초청하셨다(복된 약속).		
창세기 2:10	에스겔 47:1, 8-9, 12	요한계시록 22:1-2
에덴(성소)을 적시는 강이에덴에서 흘러나와 네 원류로 나뉘었더라(ποταμός δὲ ἐκπορεύεται ἐξ Εδεμ ποτίζειν τὸν παράδεισον ἐκεῖθεν ἀφορίζεται εἰς τέσσαρας ἀρχάς)(발원한 물은 온 땅으로 흘러감).	성전에서 동방으로 흘러나오는 강물이 모든 생물을 소성하게 하며 이 강 좌우에 각종 과일나무가 있더라. 나무의 잎들은 치료를 위한 것이라(καὶ ἀνάβασις αὐτῶν εἰς ὑγίειαν)	하나님의 보좌로부터 생명수의 강이 큰 길 가운데로 흐르고 길 좌우에 생명 나무가 있어 열두 과일을 맺으며 나뭇잎들은 만국을 치료/소성케 하더라.(καὶ τὰ φύλλα τοῦ ξύλου εἰς θεραπείαν τῶν ἐθνῶν).

도표 하단에서 물을 중심으로 구약과 신약의 주제상의 연결을 나타낸 것은 물이 하나님의 참된 생명을 상징한다는 점에서 의미가 있다.

(2) 하나님의 참 생명의 시작과 끝에 관점에서 보는 경우

다음의 도표는 이러한 하나님의 참 생명으로서의 물이 다음과 같이 구약과 신약에서 일관되게 유기적으로 연결되어 있음을 보여준다.

① "목마른 자는 내게 와서 마시라"

창세기 2:10	이사야 55:1	요한복음 7:37-39	계시록 21:6
에덴에서 발원하는 강이 온 땅으로 흘러가더라	목마른 자는 누구든지 와서 돈 없이 마시라	목마른 자는 내게 와서 마시라. 나를 믿는 자는 성경이	내가 생명수 샘물로 목마른 자에게 값없이 주리라

	(οἱ διψῶντες πορεύεσθε ἐφ' ὕδωρ καὶ πίετε ἄνευ ἀργυρίου).	말한 것 같이, 그 배에서 생수의 강의 흘러나리라(ἐάν τις διψᾷ, ἐρχέσθω πρός με καὶ πινέτω. ὁ πιστεύων εἰς ἐμέ, καθὼς εἶπεν ἡ γραφή, ποταμοὶ ἐκ τῆς κοιλίας αὐτοῦ ῥεύσουσιν ὕδατος ζῶντος.). 이것은 믿는 자가 받게 될 성령을 뜻하더라(cf.요4:10 요3:5).	(ἐγὼ τῷ διψῶντι δώσω ἐκ τῆς πηγῆς του ὕδατος τῆς ζωῆς δωρεάν).

하나님의 생명을 상징하는 은유로서 물만이 아니라 다음과 같이 '생기/숨'이 또한 구약과 신약을 주제상 유기적으로 연결하고 있다.

② "생기를 불어 넣으시더라"

창세기 2:7	에스겔 37:5-6	요한복음 20:22
하나님이 흙으로 지으시고 생기를 불어 넣으시더라(καὶ ἐνεφύσησεν εἰς τὸ πρόσωπον αὐτοῦ πνοὴν ζωῆς καὶ ἐγένετο ὁ ἄνθρωπος εἰς ψυχὴν ζῶσαν)	마른 뼈들에게 생기를 두어 살게 하리라(ἐγὼ φέρω εἰς ὑμᾶς πνεῦμα ζωῆς καὶ δώσω πνεῦμά μου εἰς ὑμᾶς καὶ ζήσεσθε)	숨을 내쉬며 말씀하시되 성령을 받으라(ἐνεφύσησεν καὶ λέγει αὐτοῖς· λάβετε πνεῦμα ἅγιον·)

이상의 세 본문은 분명히 원래 창조와 새 창조의 예언 그리고 이

예언의 성취를 일목요연하게 보여주고 있다. 특별히 두 번째 본문인 에스겔 37장은 36장에서 이스라엘의 회복 특히 새 영과 새 마음을 주겠다(cf. 26절; 25절과 함께 26절은 요 3:5의 물과 성령으로 다시 태어나는 것을 전조하고 있음)는 새 언약의 핵심을 선포한 후에 주어진 이스라엘의 회복을 상징하며 이것이 유대 중간기 문헌을 거치면서 부활에 대한 은유로 해석되었다는 점을 주목할 필요가 있다. 또 세 번째 본문인 요한복음 20:22에서 주목할 점은 "성령을 받으라"는 예수의 말씀 이후에 제자들에게 주어진 죄 사함의 권세는 아담에게 주어진 왕적이며 제사장적인 소명을 암시적으로 반향한다고 볼 수 있다. 왕적인 소명이 의의 다스림, 곧 만물을 하나님의 다스림으로 바르게 한다는 의미와 제사장적 소명 즉 만물을 거룩하게 유지하여 이를 통해 이루어지는 하나님의 임재에 관해 하나님께 영광을 돌려드린다는 의미에서 그렇다.

4) 구약과 신약의 종말론적인 특성과 공동체적인 특성

하나님은 창조를 통해서 자신의 의가 온 피조세계에 충만하기를 원하셨다. 이사야 45:8은 이 점을 분명히 하고 있다. 하나님은 여기서 하늘과 궁창이 그리고 땅(온 피조세계를 가리키는 메리스무스라는 문학적 표현임)이 의를 내리고 의를 움돋게 하라고 말씀하신다. 이러한 하나님의 칙령이 창조와 관련이 있음은 바로 앞 구절인 7절에서 창세기1-2장에 나오는 창조의 세 용어들(바라, 아사, 야차르)이 모두 사용되고 있다는 점을 통해 지지를 받는다.

그리고 하나님은 이렇게 의로 충만하게 될 피조세계에 대한 자신의 사랑/은혜(חֶסֶד), 그리고 진리/신실하심(אֱמֶת)을 구약 성경 전반에 걸쳐서 밝히신다. 시편 57:3(cf. 10절)은 이를 잘 보여준다. "אֱלֹהִים חַסְדּוֹ וַאֲמִתּוֹ׃

יִשְׁלַח מִשָּׁמַיִם[4]"(MT Ps. 57:4). 여기서 사랑 혹은 은혜를 나타내는 '헤세드'와 진리 혹은 신실함을 나타내는 '에메트'는 이스라엘의 구속의 출발점에서 모세에 대한 하나님의 자기-계시 가운데 동일하게 나타난다(cf. 출 34:6 " וְרַב־חֶסֶד וֶאֱמֶת 사랑/은혜와 진리//신실하심이 풍성하시며"),

그런데 시편 57편에서 시편저자는 하늘로부터 와서 피조세계를 충만하게 하는 하나님의 은혜/사랑과 진리/신실하심을 기반으로, 하나님의 긍휼을 간구하며(1절), 무엇보다도 하나님에 대한 간구 중에 시편 저자는 하나님의 사랑과 신실하심을 가리고 있는 혼탁하고 어둠의 세력들을 열거하고(4절) 이들이 시편 저자들을 향해 놓은 덫과 올무와 웅덩이를 언급한다 (6절). 보다 중요하게 시편 저자는 이러한 상황에서 그는 "새벽을 깨우리라"고 노래한다(8절). 여기서 새벽은 물론 물리적 시간상의 새벽을 가리키지 않는다. 여기서 새벽은 어둠과 혼돈의 세력을 물리치시는 빛과 질서의 하나님의 현존에 대한 인식을 뜻한다. 자신의 피조세계와 이 세계의 완성에 대한 신실하신 하나님의 현존에 대한 인식과 이러한 인식의 끊임없는 내면화야말로 어둠과 혼돈의 세력들이 횡행하는 세상 속에서 진정 우리가 흔들리지 않고 우리의 시각을 하나님의 사랑과 신실하심에 고정시킬 수 있는 원동력이다.

특별히 주목할 점은 이와 같은 하나님의 피조세계에 대한 사랑과 신실하심을 종말론적으로 이루시어 새 창조의 역사를 시작하신 하나님의 아들 그리스도 예수의 성육신에서 이 표현이 나타나고 있다는 점이다(cf. 요 1:14 "πλήρης χάριτος καὶ ἀληθείας./은혜와 진리가 충만하시다"). 예수 그리스도는 하나님의 나라의 창조와 이스라엘의 구속의 하나님의 종말론적인 현현이시다. 그러나 예수 그리스도를 통한 새 창조는 완성이 아니라 시작이라는 점이다. 이런 점에서 예수 그리스도를 통한 하나님의 원래 창조의 새-창조는 근본적으로 종말론적인 지향과 공동체적인 특성을 지닌다. 이러한 예수의 새-창조의 사역의 종말론적인 지향과 공동체적인 특성은 예수께서 가르쳐주신 '주의 기도' 가운데 극명하게 잘 나타나있다.[149]

주의 기도는 "하늘의 우리 아버지"를 시작으로 모두 성격상 종말론적인 지향의 성격을 지닌 각각 세 개의 'You-청원과' 'We-청원'을 담고 있다. 특히 세 개의 We-청원들은 예수를 따르는 또는 예수를 통해 형성된 하나님의 새로운 인류 공동체를 뜻하는 제자 공동체 즉 우리 크리스천 공동체 역시 '이미'와 '아직' 사이에 사는 공동체로서 하나님의 종말론적인 현현을 청원하면서 동시에 그 과정 중에 공동체의 삶의 문제와 악의 문제를 다루고 있다. 그런데 이 공동체의 삶의 문제들은 여전히 '아직'을 향해 나가는 하나님의 나라/다스림 곧 지속적으로 우리 삶에 다가오는 하나님의 나라/다스림을 통해서 해결될 수 있음을 강력하게 암시하고 있다.

간단히 말해서, 첫째 청원인 '오늘의 양식'에 관한 청원은 이미와 아직 사이에 존재하는 하나님의 새로운 인류 공동체는 온전한 형태로 이 땅에 드러나게 될 하나님의 나라에서 먹게 될 영원한 양식을 오늘에 미리 맛보는 공동체임을 뜻한다. 둘째 청원은, 이 공동체가 이미 도래한 그렇지만 아직 온전하게 드러나지 않은 하나님의 나라 가운데 살기에, 이 공동체와 구성원들에 대한 하나님의 용서는 결국 공동체 구성원 서로간의 용서 가운데서 미리 맛보고 구현되는 것임을 보여 준다. 끝으로 세 번째 청원은 이미와 아직 사이에 놓여 있는 하나님의 종말론적인 공동체는 끊임없이 이미 도래한 하나님의 나라와 그의 다스림에 대한 충절을 시험받게 되는 공동체로서, 이러한 시험과

149 주의 기도는 앞서 '하나님의 나라와 교회'를 다루면서 자세히 설명했지만 여기서는 상기한다는 의미에서 간략히 재-진술하고자 한다.

유혹에 빠져들지 않고 오직 이러한 유혹의 배후에 있는 사탄의 악한 세력들로부터 구원해 달라는 청원을 뜻한다.

5) 구약과 신약의 관계를 단일한 체계와 근본적 구현으로 보기

5-1) 서론

이제 약속과 성취를 보다 구체적으로 개혁주의 전통의 성경-신학적 입장에서 고찰해 보고자 한다. 여기서 설명하는 약속과 성취에 대한 '새로운' 이해는 구약과 신약의 단일성, 즉 하나의 언약으로서의 구약과 신약이란 대명제를 중심으로 하고 구체적으로는 약속과 성취란 주제를 이스라엘이라는 정체성, 성전이라는 본질, 땅이라는 시간과 장소, 율법이라는 성취의 문제를 중심으로 설명할 것이다.[150]

구약과 신약이 '하나'인 약속과 성취라는 신학적 패러다임은 두 개인 책을 하나의 단일한 언약이라는 관점에서 이해하는 방식으로 매우 성경적인 구조다. 이 표현이 담고 있는 미묘한 뉘앙스, 즉 성취된 약속은 그 가치가 성취 그 자체보다 덜 중요하다거나 그 효력이 이제는 정지된 것으로 생각할 수 있는 가능성이 있다. 이런 점에서 구약을 상대적으로 신약에 비해 열등하게 여기는 현상적 이해를 염두에 두면서 구약의 약속과 신약의 성취라는 두 요소를 보다 긴밀한 유기적 관계로

150 이하는 저자의 신학교 은사였던 홀베르다의 『예수와 이스라엘』과 사상 전체를 자세한 각주 없이 저자가 이해한 대로 자신의 말로 쉽게 표현한 것이다. 홀베르다 교수의 가르침은 저자의 신학 형성과 현재 신학 프레임에 결정적인 영향을 미쳤다. 주목할 점은 뒤에서 간략히 신구약 중간기 시대를 다루면서 살펴보겠지만, 이 네 가지 중요 주제가 N. T. Wright의 주장, 즉 주후 1세기 유대교의 이야기와 특히 주요 상징들의 네 요소와 정확히 일치한다는 점이다.

이해하려는 새로운 노력을 하고자 한다. 이러한 노력이 새롭다고 하는 이유는 어떠한 신학적 주제의 저변에 흐르고 있는 중심 사상 혹은 원리는 구약에서든 신약에서든 근본적으로 변치 않고 동일하게 머물러 있다는 관점에서, 제시되는 신학적 주제를 새롭게 조명하려는 이유 때문이다.

어떤 신학적 주제에 대한 기존의 이해는 구약은 약속의 형태로 주어졌고 신약에서는 성취의 형태로 나타났다고 함으로써, 그 신학적 주제의 성취라는 특정한 면만을 과도하게 부각해서 이 신학적 주제의 기저에 놓여 있는 근본적 원리가 상대적으로 가볍게 취급되거나 간과되는 경향을 보인다. 그러나 우리는 구약의 약속 형태나 신약의 성취 형태로 주어진 신학적 주제를 언제나 동일하게 형성하고 있는 근본 원리와 기저 사상에 더 관심을 기울이고 이 점을 정당하고 제대로 평가하려는 것이다. 따라서 이러한 노력과 해석 시도를 새롭다고 할 수 있을 것이다.

예를 들어, 앞으로 다루게 될 '예수와 이스라엘'의 관계를 통해서 성경이 보여주는 이스라엘됨의 의미는 구약의 약속 가운데서나 신약의 성취 가운데 여전히 동일하게 변치 않는 원리로 머물러 있음을 주지하며, 이 원리가 무엇인가를 중심으로 구약의 약속과 신약의 성취라는 구조를 파악하려고 한다. 이 경우 구약의 약속과 신약의 성취 사이의 유일한 차이점이 있다면, 그것은 예수가 이스라엘 됨이 의미했던 바를 종말론적인 역사적 구현을 통해서 성취했다는 점뿐이다.

그러나 분명 동일하게 변치 않고 머물러 있는 원리는 이스라엘의 의미, 즉 하나님의 백성됨의 의미인 것이다. 하나님의 백성됨의 의미는 구약이든 신약이든 관계없이 그 존재와 생존을 하나님의 주권과 은혜에 온전히 두고 있는 대상을 말한다. 성경 특히 구약은 이스라엘을 창조하시고 이스라엘 됨의 의미를 지속적으로 규명하고 정의를 내리는 하나님의 행위의 기록이라 볼 수 있으며 이런 점에서 구약성경은 그 존재 전부를 그리고 생존의 전폭을 하나님의 주권적이며 은혜로운 섭리와 인도하심 가운데 두는 백성을 하나님의 참된 백성 즉 이스라엘이라고 말하고 있다.

또 다른 측면에서 말하자면 하나님의 주권과 은혜의 섭리와 인도하심에 대해서 전적으로 신뢰하고 순종의 반응을 보이며 사는 백성을 참된 이스라엘로 규정하고 있다고 볼 수 있다. 이러한 하나님의 백성됨의 원리는 구약이나 신약이나 전혀 변치 않고 동일한 원리라고 보는 것이 개혁주의 전통의 성경-신학적 이해다. 이러한 하나님의 백성됨의 의미가 예수를 통해서 단회적으로, 그리고 결정적으로 역사 가운데서 구현되었다는 점에서 우리는 예수 안에서의 성취를 종말론적인 성취 혹은 종말론적인 역사적 구현이라 부른다. 이제 아브라함에게 최초로 주셨던 이스라엘 백성됨에 대한 모든 약속과 축복들이 참된 이스라엘이며 순종하는 이스라엘을 역사 가운데 종말론적으로 구현하신 예수를 통해서만이 성취될 수 있게 되었다고 보는 것이다. 이것이 신약 특히 마태의 저자가 증언하는 바이다. 이제 앞에서 언급했던 주제들을 하나씩 다루면서 예수를 통한 구약의 신학적 주제들이 어떤 점에서 성취되었는지를 살펴보고자 한다.

5-2) 이스라엘: 정체성의 문제-하나님의 왕국 백성의 구현

누가 이스라엘인가? 하나님이 함께 언약을 맺으시며 동시에 언약의 모든 축복을 약속하신 이스라엘은 누구인가? 종족상의 문제인가(유대인), 종교상의 문제인가(유대교) 아니면 이 둘의 조합인가? 외견상 쉬운 질문 같으나 사실 그렇게 간단한 문제가 아니다.

이스라엘의 역사는 언제나 이 질문에 대한 답을 기다려 온 것이라 해도 과언이 아니다. 구약의 선지자들은 이스라엘 백성 중 누구라도 이스라엘을 고정되고 정적인 대상, 즉 혈연과 지연의 개념으로 생각할 때마다 이에 대해 강력한 경고를 했다. 이스라엘에게 주어진 약속들은 믿음과 순종을 떠나서 자동으로 얻게 되는 보장 같은 것들이 아니다.

결과적으로 이스라엘의 불순종 때문에 선지자들은 마지막 날에 구원을 받을 자들은 남은 자들이라고 선언하게 된다(사 10:20-23; 암 9; 미 7:18). 또 바울 사도는 "이스라엘에게서 난 자들이 다 이스라엘이 아니오"(롬 9:6)라고 말씀하고 있다. 아브라함이 자신들의 아버지라고 주장하는 것이 결코 언약의 약속을 받을 충분한 근거가 되지 못하는데 이는 "하나님은 능히 이 돌들로도 아브라함의 자손이 되게 하실 수 있기 때문이다"(마 3:9). 구약과 신약의 모든 성경은 이스라엘을 만드시고(creating) 이스라엘을 정의하시는(defining) 하나님의 행위의 기록이라 할 수 있으며 이런 점에서 마태는 '누가 이스라엘인가?'하는 질문에 답하고 있다. 마태복음은 구조와 주제 전개상 누가 이스라엘인가라는 질문에 대한 확장된 대답이라고 볼 수 있기 때문이다.[151]

(1) 마태의 족보를 통한 대답

신약의 첫 번째 책인 마태복음이 구약의 신앙 선조들에 대한 계보로 시작한다는 것은 매우 의미심장하면서도 적절하다. 즉 신약의 이야기, 곧 예수의 출생, 사역, 고난, 죽음, 부활, 승천의 예수 사건(Jesus Events)은 구약의 이야기의 연장선상에 놓여 있음을 강력하게 암시한다. 다시

151 상게서, 50.

말해서 하나님이 이제 예수 그리스도 안에서 행하시려는 일들은 다름 아닌 하나님이 구약의 신앙 선조들에게 주권적으로 그리고 은혜롭게 베풀어 주셨던 약속들을, 친히 신실하게 이행하시는 일들임을 암시하고 있다는 뜻이다. 이런 점에서 우리는 구약과 신약 사이의 연속성을 보게 된다. 그러나 예수의 계보 자체가 보여주듯이 하나님이 예수 그리스도 안에서 이루시려는 일은 이전의 일의 반복이 아니라 근본적으로 새로운 일이다. 이미 구약의 이야기 가운데 강력하게 암시되어왔던 그 일이 이제 예수를 통해 명시적으로 온 세상 가운데서 최종적으로 천명되고 구현되었기에 새로운 일이라 할 수 있다. 이런 점에서 우리는 구약과 신약 사이에서 단절성을 보게 된다. 이 단절성을 살펴보기 전에 먼저 족보가 지닌 연속성을 살펴보고자 한다.

① 연속성

마태의 족보는 '아브라함과 다윗의 자손 예수 그리스도의 계보'라고 시작하고 있다. 이를 통해, 예수는 아브라함의 언약(창 12)과 다윗 언약(삼하 7)의 성취임을 보여주고 있다. 첫째로, 여기서 '아브라함의 아들'은 하나님이 아브라함에게 주셨던 약속이 이제 예수를 통해 이루어졌다는 것을 암시한다. 아브라함 언약은 성경에 기록된 전 구원 역사의 토대를 이루고 있으며, 그래서 마태는 예수의 계보를 아브라함에서 시작하고 있다는 뜻이다. 하나님은 "내가 너로 큰 민족을 이루고 네게 복을 주어 네 이름을 창대하게 하리니, 너는 복의 근원이 될지라…"(창 12:2)고 아브라함에게 약속하셨다(창 17:7, 22:18절 참조). 이러한 아브라함과 맺으신 열방과 만민에 대한 하나님의 복된 약속이 예수를 통해 지금 성취되고 있음을 보여준다(마 2, 8:11, 28:19 등도 만국이 예수를 통해 하나님 나라의 일원이 되고 있음을 보여주고 있다).

만약 예수를 통해서 아브라함과의 약속이 성취되고 있다면 예수는 자신이 아브라함의 참 자손, 즉 아브라함의 자손이 의미하는 바, 자손이 행해야 될 바를 모두 행한 자라고 말할 수 있는 것이다. 하나님의 약속이 이스라엘을 통해 성취되지 못했고 도리어 이들에게 "바다의 모래 같을지라도 남은 자만 돌아오리라"(사 10:22)는 선지자의 예언이 주어지게 되는데, 이제 마태는 이스라엘에 대한 심판에 대한 해답이 예수의 탄생 가운데 나타나고 있다고 선포하고 있다(마 1:17). 예수는 선지자들에 의해 선언된 이스라엘의 소망을 나타내며 새로 태어난 이스라엘을 나타내는 남은 자이다.

두 번째로, 예수가 '다윗의 아들'이라는 것은 하나님이 다윗과 맺은 언약을 예수를 통해 성취하신다는 것을 암시한다. 사무엘하에서 하나님은 다윗과 언약을 맺으신다. "네 집과 네 나라가 영원히 보존되고 네 위가 영원히 견고하리라"(삼하 7:16). 비록 다윗 언약은 아브라함 언약에 종속되어 있지만, 다윗 언약은 아브라함 언약의 성취 수단이 된다. 다윗의 약속된 아들은 그를 통해 만국이 복을 받게 될 이스라엘의 대표적 구현이기 때문이다.

이사야 11장은 다윗 언약과 예수와의 관계를 좀 더 분명하게 보여주고 있다. "그날에 이새의 뿌리에서 한 싹이 나서 만민의 기호로 설 것이요, 열방이 그에게로 돌아오리니…"(사 11:10). 다윗의 아들은 참 이스라엘을 나타내준다. 그러기에 마태는 예수의 족보를 다윗의 계보로 표현하고 있다. 역사적인 이스라엘은 실패했고 바벨론 포로로 인해 가시적인 왕국은 사라졌지만, 다윗과 맺으신 하나님의 언약은 실패하지 않았는데 이는 예수 안에서 이 언약이 이루어지고 있기 때문이다. 이를 마태의 족보는 보여주고 있다.

결론적으로 마태의 예수 계보의 초점은 분명하다. 예수의 중요성은 구약 이스라엘 역사에 너무도 깊게 뿌리 내려있기에 구약 이스라엘에게 약속된 축복들은 오직 예수를 통해서만이 이루어질 수 있다는 것이다. 그만이 참된 이스라엘과 이스라엘의 왕의 대표적 구현이자 그가 바로 이스라엘이다. 이러한 예수 이해의 근거는 집단적 인물, 즉 한 개인이 전체를 대표하고 전체는 한 개인을 통해 집단적으로 구현된다는 성경적인 사상에 있다(아담의 죄/ 아간의 죄/ 그리스도의 의- 사 53:11).

② 단절성

마태 족보의 초점은 분명하나, 계보를 통한 마태의 주장의 근거는 사뭇 의외다. '누가 이스라엘인가?'라는 질문에 대한 답은 비록 왕의 계보일지라도, 족보를 통해서만 주어질 수 있겠는가? 이스라엘은 혈연적인 계보를 통해서 이루어질 수 있는 것이 아니다(마 3:9). 축복은 이스라엘의 순수한 혈통을 지켜감으로 자동으로 보장되는 것이 아니다. 바로 이 점, 곧 혈연의 단절성이 마태의 족보를 통해 시사되고 있다.

첫째로, 예수의 계보가 지닌 단절성은 여인들의 이름을 통해 암시되고 있다. 여자들의 이름이 족보에 열거된다는 것은 놀라운 일이다. 더 놀라운 사실은 여인들이 사라나 리브가, 라헬, 레아와 같은 가문을 이어간 이름 있는 여인들이 아니라 이방인이며 거룩하 지 못한 여인들이라는 데 있다(가나안 족속의 다말과 라합, 모압 여인 룻, 헷 사람의 아내인 밧세바).

한 마디로 마태는 아브라함의 참된 후손은 혈통의 순수성을 지킴으로 유지될 수 있는 것이 아님을 말하고 있다. 하나님의 백성으로서의 이스라엘은 종족, 또는 혈통상의 순결로 이루어지거나 제한되지 않는 보편적인 백성을 의도했다. 이 네 명의 여인은 이방인들을 이스라엘로 통합시키시는 하나님의 주권과 이스라엘의 소망인 왕 되신 메시아의 계보에 이 여인들을 위치시키시는 하나님의 신비로운 섭리를 보여준다. 그렇다면 마태 족보의 초점은 오실 메시아를 위해 인간적인 장애와 역사적인 딜레마를 극복하시는 하나님의 인간 역사 개입에 주어진다. 즉 누가 이스라엘에 속할 것인가를 하나님이 결정하신다.

단절성을 보여주는 두 번째, 그리고 더 중요한 요소는 마리아를 통한 예수의 출생에 대한 묘사에 나타난다. 마태복음 1:16은 "야곱은 마리아의 남편 요셉을 낳았고, 마리아에게서 그리스도라 칭하는 예수가 태어났다"라고 되어있다. 여기까지 계보 진술은 '누가 누구를 낳고'라는 방식이었는데, 주목할 점은 예수의 출생 진술에서는 능동 표현인 '낳고'가 수동 표현인 '태어났다'로, 그리고 주체인 '누가'가 '누구에게서'로 바뀐다는 점이다. 이러한 변화를 통해 요셉은 마리아의 남편이기에 그에게 예수에 대한 법적인 아버지-됨은 부여되지만, 정작 족보상 중요한 생물학적인 아버지-됨은 부여되지 않고 있다. 이것은 새 이스라엘이신 예수의 출현은 절대적으로 생물학적인 혈연의 단절성을 극명하게 보여주는 절정의 사례라 할 수 있다.

(2) 하늘로부터의 음성을 통한 대답

마태는 두 번에 걸친 하늘로부터의 음성을 담고 있다; "이는 내 사랑하는 아들이요 내가 기뻐하는 자이니라"(3:17; 17:5). 이러한 하늘의 음성을 어떻게 이해해야 하는가? 이 하늘의 음성은 구약의 구절을 반향하고 있는데 어떤 구절을 반향하고 있는가? 이 음성은 어떠한 정체성을 예수에게 부여하고 있는가?

먼저 이 음성이 주어진 맥락을 살펴볼 필요가 있다. 예수의 세례는 메시아 성취의 행위이기에 하늘의 음성은 예수의 세례에 대한 하나의 반응으로 나타난다. 요한의 세례는 하나님의 의의 기준을 상징하고 있기에 모든 죄인은 세례받기 전에 먼저 회개를 해야 한다. 그러나 예수는 죄가 없으시기에 회개의 필요가 없으며 대신에 예수는 그가 요한의 세례가 상징하고 있는 의를 이루신다고 선언하고 있다. 즉 예수는 그의 생애를 통해 이 의를 적극적으로 실행하시며 그렇게 함으로 이 땅에 하나님 나라의 의를 세우신다. 이러한 예수의 행위와 선언에 대한 반응으로 하나님은 성령을 보내어 예수의 메시아 사역을 인준하시며 동시에 하늘로부터 "이는 내 사랑하는 아들이요 내가 기뻐하는 자이다"라고 선언하신다.

하늘의 음성은 이사야 42:1 "내가 붙드는 나의 종, 내 마음에 기뻐하는 나의 택한 사람을 보라 내가 나의 신을 그에게 주었은즉 그가 이방에 공의를 베풀리라"는 구절을 반향한다(cf. 마 12:18). 하나님은 이사야 42장에서 이 종의 메시아 사역을 인정하고자 그가 그의 영을 이 종에게 두실 것이라 약속하고 있으며 이 종을 택한 자요, 의를 가지고 언약의 구원을 열방에 가져오도록 부름을 받았다고 선언하고 있다. 그러므로 예수의 세례 장면은 예수가 하나님의 기름 부음 받은 종임을 선언토록 의도된 이야기임을 알 수 있다.

이사야 여러 본문(사 42:1ff; 44:1ff; 52:13ff)은 이 종이 이스라엘인 동시에 이스라엘을 대표함으로 이스라엘을 새롭게 하는 자라고 밝히고 있다. 그렇다면 하늘의 음성이 이사야 42:1을 반향하고 있음에 비추어 볼 때 이 음성은 예수를 그가 성취하시는 의로 인해 하나님을 기쁘시게 하는 하나님의 기름 부은 종이요, 그의 사랑하는 이스라엘-종이라 밝히고 있다.

또 하늘의 음성은 시편 2:7 "… 너는 내 아들이라 오늘날 내가 너를 낳았도다," 라는 구절을 반향한다. 시편 2편은 만방과 열방을 다스리고자 왕좌에 오르는 이스라엘의 왕의 즉위를 선언하는 왕의 시편이다. 이 시편은 또한 사무엘하 7:14에 나타나는 다윗 언약을 반영한다. 만국의 지배자 되신 이 다윗 왕조의 왕은 하나님의 아들이시다. 이런 연유에서 하늘의 음성은 예수가 바로 이 다윗 족속의 왕이시며 그의 보좌는 영원하고 그의 왕국에 열방의 국가들이 속해있다고 선언하고 있다. 그러나 이 메시아 왕의 다스리심은 세례 요한이 생각했던 것처럼 진노와 불로 시작되는 것이 아니라, 의의 길로 걸어가시는 한 겸손한 종에 의해 시작된다.

(3) 예수의 광야 시험을 통한 대답

광야는 이스라엘의 역사 속에서 중요한 역할을 하는데 이는 그들이 여기서 시험을 받았기 때문이다. 이제 하나님의 언약의 새로운 파트너이며 참 이스라엘 되신 예수도 동일한 시험을 받으셔야만 한다. 이 시험은 하나의 동일한 근본적인 질문을 담고 있다. 하나님의 아들로서 예수는 마음과 성품을 다하고 힘을 다하여 하나님을 사랑하는가?(신 6:5). 예수는 하나님이 이스라엘과 맺으신 언약에 신실하여 하나님의 명령과 계명을 온전히 지킬 것인가? 이에 대한 대답을 찾아 성령은 예수를 광야로 몰아내신다.

예수님은 "그의 마음에 있는 바를"(신 8:2) 나타내 보이고자 이스라엘의 광야 경험을 다시 체험하게 된다 (광야에서 시험받으시는 장면의 중요한 배경은 마 3:17절에 나타나는 하늘의 음성이다). 이스라엘의 광야 40년을 회상하듯 예수께서는 40일을 금식하신다. 이스라엘이 약속의 땅에 들어가기 전에 시험의 40년을 거쳤듯이 예수님도 하나님의 나라가 그의 사역을 통해 나타나기 전에 유사한 기간의 시험을 겪는다. 예수님의 시험도 이스라엘이 겪은 광야의 시험처럼 그가 진정 순종하는 이스라엘, 즉 3:17에서 선언한 하나님이 기뻐하시는 아들인가를 보여주는 시험이다.

① 첫 번째 시험

첫 번째 시험은 참된 하나님의 아들은 어떻게 살아야 하는가에 관한 질문에 초점이 맞춰져 있다. 하나님의 아들은 계시된 하나님의 말씀으로 산다. 하나님의 입으로부터 나오는 모든 말씀으로 산다는 것은 모든 것에서 하나님에 대한 전적인(undivided, whole-hearted) 신뢰와 의존을 의미한다. 원래 광야의 만나는 바로 이러한 교훈을 가르치고자 한 의도였으나 이 교훈은 이스라엘이 전혀 이해하지 못한 교훈으로 남게 된다(신 8:3). 대신 이스라엘은 만나를 기적의 떡, 단순히 그들이 일상적으로 먹어왔던 떡의 대용품 정도로 이해했으며 불평의 근거 정도로까지 생각했다.

그러나 만나는 생의 성례전(sacrament of life)으로, 이를 먹는다는 것은 "사람이 떡으로만 사는 것이 아니요, 하나님의 입으로 나오는 모든 말씀으로 산다(8:3)"는 고백이 되도록 의도된 것이다. 예수는 바로 이러한 생의 성례전을 이해했다. 그는 첫 번째 시험을 신명기 8:3의 말씀을 통해 이겨내심으로 암시적으로 생의 모든 것에서 하나님에 대한 전적인 신뢰와 의존을 나타내 보이셨으며 그러므로 그는 하나님께 순종하셨다. 바로 이것이 이스라엘이 세상 속에서 살아야 할 모습이다.

② 두 번째 시험

두 번째 시험은 하나님이 자기 백성과 맺으신 언약의 약속을 신실하게 이행하는가를 시험하는 데 초점이 있다. 이처럼 시험의 방향을 하나님께로 바꾸는 것은 언제나 죄다. 하나님의 그의 자녀의 마음속에 있는 바를 보시고자 그들을 시험하실 수도 있다(출 16:4; 신 8:2; cf. 약 1:13- 어떤 상황이 어떤 사람에게 시험의 상황으로 바뀌게 되는 것은 하나님이 그를 그 상황에 두셨기 때문이라기보다 그 사람이 하나님을 의지적으로 불순종하기 때문이다). 그러나 하나님의 자녀가 하나님의 마음에 있는 바를 알고자 하나님을 시험해서는 결코 안 되는데 이유는 이러한 시험은 불-신앙과 하나님의 신실하심을 부정하는 데에 이르기 때문이다.

만약 예수께서 시편 91:11에 나타나는 하나님의 언약 약속에 의지해 뛰어내렸다 해도 그의 행동의 동기는 여전히 불-신앙이며 또한 그 동기는 그의 생애 가운데 하나님의 임재와 신실하심에 대한 불신일 수밖에 없다. 이스라엘도 광야에서 한때 하나님을 시험했다. 이스라엘 백성은 물이 없기에 모세에 불평하며 여호와께서 우리 중에 계신지 아닌지 시험하였다(출 17:7). 이스라엘 백성들은 하나님이 광야에서 그들과 함께하신다는 것을 더 이상 믿지 않았으며, 그러기에 하나님이 그들을 버리지 않았다는 어떤 증거를 요구했다. 사탄도 예수님께 유사한 증거 곧 하나님이 함께하심과 그의 신실하심에 대한 보이는 증거를 요구하도록 주문했다.

그러나 참 이스라엘 되신 예수는 "너희의 하나님 여호와를 시험하지 말라"(신 6:16)는 명령을 알아 이를 지켰다. 예수는 절박한 행동을 통해 그를 살려달라고 하나님께 도전하기보다는 그의 생명을 버릴 준비와 각오가 되어있음을 보이고 있다. 예수는 하나님이 기뻐하시는 이스라엘로 사셨다.

③ 세 번째 시험

세 번째 시험은 하나님의 경쟁자에게 경배함으로 세상에 대한 권세를 얻으라는 시험이다. 만약 예수께서 엎드려 사탄에게 경배했다면 이는 바로 이스라엘이 약속의 땅에 들어간 후에 행한 바들을 행하는 것과 같다. 이스라엘은 가나안 땅에서 바알을 그들의 번영과 축복의 근원으로 생각해 바알에게 경배했다(호 2). 그들은 이러한 거짓 신들을 섬기는 것이 땅을 소유하는 것이 아니라 멸망에 이르게 하는 것이라는 경고를 무시했다. 약속의 땅과 이 땅에서의 번영과 축복은 이스라엘의 조상들과 맺으신 언약 가운데 하나님이 약속하신 선물이다. 이스라엘은 하나님만을 섬겨야 한다(신 6:10-15). 하나님의 참된 아들이신 예수는 하나님만을 섬기고 경배함으로써 그가 세상과 세상의 나라들을 하나님에게서 오는 선물로 부여받을 수 있다는(마 28:18) 언약의 약속과 조건을 아셨다.

결론적으로 광야의 시험을 통해 예수는 이스라엘의 광야 40년의 시험을 축약해서 겪으셨다. 그러나 이스라엘이 실패한 것을 예수님은 성공하셨다. 시험을 받으심으로 예수는 자신을 하나님의 신실한 아들로 증명하셨고, 하나님은 시험을 받지 않으시고도, 천사를 보내어 예수를 시중들게 하심으로써 그의 아들에 대한 신실하심을 증명해 보이셨다. 예수는 그가 그의 마음과 성품과 온 힘을 다해 하나님을 사랑하는 참 이스라엘이심을 나타내 보이셨고, 이로써 한때 이스라엘에게 주어졌던 약속이 예수를 통해 이루어질 수 있게 되었다.

(4) 이루어진 구약의 약속들

천국이 가까이 왔다. 사탄이 패배한 후에 즉시 약속 성취의 소리가 들린다. 오랫동안 기다려왔던 약속된 축복들이 하나님의 백성들에게 쏟아질 수 있게 되었다. 예수의 사역은 인간의 손으로 만들어지지 않은 왕국 즉 다니엘서 2장이 말하는 영원히 설 평화와 공의의 왕국을 연다. 구약의 선지자들은 미래에 하나님이 다스리시며 질병이 치료되고 죄와 악이 사라질 것이요, 하나님의 백성이 한데 모아지고, 의가 만국 앞에 나타날 것이라 약속하고 있다(겔 34; 사 61).

예수는 바로 이 미래가 임했다고 선포하신다. "회개하라 천국/하나님의 나라가 가까웠느니라"(마 4:17), 내가 하나님의 성령을 힘입어 귀신을 쫓아내는 것이면, 하나님의 나라가 이미 너희에게 임하였느니라(마 12:28). 단순히 하나님의 나라가 가까이 온 것이 아니라 바로 여기에 있다. 왜냐하면, 예수님의 기적은 죄를 도말하시고 치료하시는 하나님의 임재를 나타내며 예수의 말씀은 말씀하신 바가 이루어지는 하나님의 말씀의 역동적인 능력을 보여주기 때문이다. 뿌려진 씨앗처럼 천국의 말씀을 통해 하나님 나라가 인간 역사의 토양 속에 뿌리를 내리고 있다(마 13:18이하).

그렇다면 아브라함과 다윗에게 주어진 약속이 예수에게서 성취되었다는 예수 자신의 증거를 받아들이지 않는 자들에게는 어떤 일이 일어나겠는가? 이스라엘이 예수의 가르침 가운데서 하나님 나라의 임재를 직면했으며(마 5-7장) 예수의 기적들 가운데 나타난 죄와 자연에 대한 이 나라의 능력을 보았고(8-9장) 제자들을 통해 이 나라에 초청되었건만(10장) 대부분의 이스라엘은 불신의 상태로 머물러 있다(12:39).

이러한 불신의 결과들이 마태복음 13장에 나타난다. 즉 하나님 나라의 신비와 비밀을 아는 것이 이들에게 허락되지 않았다(13:11절). 하나님 나라의 신비는 예수께서 도래시키신 하나님 나라가 처음에는 외견상 연약해 보이나 마침내 온전한 영광과 능력으로 나타날 것이라는 점이다. 이렇게 연약해 보이는 가운데 하나님 나라가 나타난 것은 하나님 나라는 사랑과 용서의 나라이며 하나님의 오래 참으심의 자비를 나타내기 때문이다. 이 신비를 알기 위해 믿음이 필요하다. 신비롭게 다가온 하나님 나라와 이 나라의 선포를 받아들이지 않고 이를 거부한 자들은 포도원 비유가 보여주듯이 이 나라로부터 상속권이 박탈될 것이며 이 상속권이 하나님 나라의 열매를 맺는 자들에게 주어질 것이다(마 21:43). 예수의 말씀을 받아들여 그 가르침을 따르는 자들이 바로 구약 이스라엘의 특권과 사명을 얻을 자들이다.

(5) 결론

아브라함의 문자적 후손이요 친히 유대인 되신 예수가 하나님의 사랑의 대상이신 이스라엘이다. 그는 하나님에 의해 부름을 받은 자요, 율법과 선지자들, 그리고 모든 의를 이루시면서, 온전한 순종을 나타내신 분이다(마 5:17). 예수는 이스라엘의 집단적 대표이기에 하나님은 이제 예수에게 계시된 하나님의 임재와 뜻에 믿음과 순종으로 반응하는 모든 자를 이스라엘로 인정하신다. 이스라엘에 대한 예수의 저주는 모든 유대인을 향한 것이 아니고, 오직 불신하는 자들에 대한 저주였다. 예수를 거절하지 않는 한 예수의 제자가 될수 있는 가능성은 열려있다.

그러나 이스라엘의 정체성을 결정하는 다음과 같은 질문에 대한 대답이 관건이다. 1) 이스라엘의 이러한 정의와 예수에게 계시된 약속들의 성취를 받아들일 것인가? 2) 예수의 인성과 사역을 통한 하나님의 임재와 왕국의 도래를 인정할 것인가? 3) 이와 같은 하나님의 나라의 신비를 이해할 것인가?

5-3) 성전: 본질의 문제-하나님의 속죄와 임재의 구현

성전이라는 주제는 하나님의 백성으로 산다는 것은 무엇인지를 보여주는 본질적인 질문이다. 즉 성전은 본질(essence)의 문제라고 볼 수 있다. 성전은 하나님의 영속적인 바람이었던 자신의 백성 가운데 영원토록 함께 거하시고자 하시는 하나님의 궁극적인 목적이 역사적으로 구현된 실체이다.[152] 하나님의 그의 백성의 하나님이 되고 그의 백성은 하나님의 자녀가 된다는 것은 하나님과 그의 백성과 사이의 영속적인 교제를 말한다. 이러한 우리들 중에 거하심, 즉 하나님의 임재라는 임마누엘의 주제는 구약의 성막제도 가운데 잘 나타나 있다. 문제는 거룩한 하나님의 임재, 즉 그의 백성 중에 함께 하시는 일은 백성 편에서의 거룩함을 전제하고 있으며 이런 점에서 속죄의 필요성이 제기된다. 그러기에 성전은 하나님의 임재의 장소이며 동시에 속죄의 장소이다. 성전에서 하나님의 임재를 경험하고 여기서 하나님의 속죄를 경험할 수 있다는 뜻이다.

(1) 구약과 유대교의 성전

이러한 성전의 본질적인 의미가 아이러니하게도 구약의 실제 역사 속에서는 끊임없이 우상의 원천으로 전락하게 된다. 하나님의 임재의 장소가 어떻게 우상의 원천이 되었는가? 우리는 여기서 중요한 문제를 하나 지적하지 않을 수 없다. 구약의 성경적 주제들이 담고 있는 본질적 의미는 구약을 지나 신약에 이르러서도 일관되게 유지되고 주창된다. 그러므로 우리는 구약과 신약 사이에서 특정한 성경적 주제들에 일관된 혹은 통일된 이해를 발견할 수 있다는 기대를 갖게 된다. 동일한 하나님이 그의 구원역사를 이끌어 가시는데 특정한 역사적 정황과 문맥 때문에 그의 본래적 의도를 일관되게 담고 있는 성경적

152 이미 앞에서 천지 창조가 하나님의 성전을 지은 것이라는 점과 하나님은 에덴을 자신의 지성소로 삼고 여기서부터 자신의 임재가 온 땅으로 펴져 나가기를 원했다는 점을 살펴본 바 있다. 이것이 창 1:28의 충만함, 출 40장의 성막에 가득한 구름, 겔 43장의 성전에 가득한 구름, 요 1:14의 하나님의 영광으로 가득한 성육신의 의미이다.

주제들에 대한 이해를 수정할 가능성은 절대 없기 때문이다. 문제는 인간 편에서의 오해이다. 성경적 주제를 통해 의도하셨던 바는 언제나 일관되게 흐르나, 이에 대한 이스라엘 편에서의 오해는 끊임없는 문제를 야기시키며, 하나님 편에서의 심판을 불러 왔다는 것이다.

성전이라는 성경적 주제로 돌아와서 말하자면, 성전은 하나님의 임재의 장소를 상징했지만, 이스라엘 편에서 성전은 하나님의 임재를 보장하는 물리적 증거의 대상이었다. 이들은 성전이 있는 이상 하나님의 임재는 자동으로 보장되며, 그곳에서 드리는 희생의 제물을 통해서 자신의 속죄 역시 자동으로 보장된다고 믿었던 것이다. 이것이 바로 우상의 원천이 되었다. 하나님은 언제나 자신의 임재와 부재를 자유롭게 하신다. 동시에 하나님의 은혜로 인해 우리 중에 거하시기로 작정하신다.

(2) 돌로 지은 성전의 내재적 한계

출애굽기 15:17은 하나님이 원래 의도하셨던 성전은 하나님이 친히 만드실 성전으로서, 여기로 하나님의 구속받은 백성들이 인도되며, 이곳을 하나님께서는 자신의 처소로 삼으신다. 이 점을 출애굽기 15:17이 말하고 있다. “주께서 백성을 인도하사 그들을 주의 기업의 산에 심으시리이다. 여호와여 이는 주의 처소를 삼으시려고 예비하신 것이라. 주여 이것이 주의 손으로 세우신 성소로소이다.”

또 구약의 성막이 암시하듯이, 하나님은 영원한 안식이 이루어질 때까지 자신의 백성과 함께 순례하시는 하나님이시다.[153] 이와 같이 하나님이 자신의 손으로 친히 지으실 성소라는 개념과 자기 백성과

153 참조 행 7장의 스데반 설교와 히 4장의 안식

함께 순례하시는 하나님이라는 개념은 기본적으로 돌로 지은 성전의 한계성을 드러낸다. 이 점을 솔로몬은 솔로몬 성전의 봉헌 기도 가운데서 다음과 같이 분명하게 보여준다. "하나님이 참으로 땅에 거하시리이까? 하늘과 하늘들의 하늘이라도 주를 담지 못하겠거든 하물며 내가 건축한 이 성전이오리까?"(왕상 8:27).

이러한 돌로 지은 성전의 본래적 한계는 스데반의 설교 가운데서 동일하게 지적되고 있으며, 한 걸음 더 나아가 돌로 지은 성전 멸망의 당위성이 제기된다. "솔로몬이 그를 위하여 집을 지었느니라. 그러나 지극히 높으신 이는 손으로 지은 곳에 계시지 아니하시나니 선지자가 말한 바 주께서 이르시되 하늘은 나의 보좌요 땅은 나의 발등상이니 너희가 나를 위하여 무슨 집을 짓겠으며 나의 안식할 처소가 어디냐 이 모든 것이 다 내 손으로 지은 것이 아니냐 함과 같으니라" (행 7:47-50).

(3) 성전에 대한 오해

구약 백성들의 성전에 대한 근본적 오해 중 하나는 성전이 자신들의 안전을 자동으로 보장할 수 있다고 생각했다는 점이다. 이 점을 예레미야 선지자는 자신의 '성전 설교'에서 통렬하게 책망하고 있다. "… 너희 길과 행위를 바르게 하라 그리하면 내가 너희로 이곳에 거하게 하리라. 너희는 이것이 여호와의 전이라, 여호와의 전이라, 여호와의 전이라 하는 거짓말을 믿지 말라. 너희가 만일 길과 행위를 참으로 바르게 하여 이웃들 사이에 공의를 행하며, 이방인과 고아와 과부를 압제하지 말며 무죄한 자의 피를 이곳에서 흘리지 아니하며 다른 신들을 좇아 스스로 해하지 아니하면, 내가 너희를 이곳에 거하게 하리니 곧 너희 조상에게 영원 무궁히 준 이 땅이니라"(렘 7:3-7). 당시 이스라엘의 종교 지도자들은 예레미야의 심판 예언에 대해서,

백성들에게 성전이 그들 앞에 서 있는 한 하나님이 거기에 계실 것이고, 하나님이 거기에 계시는 한 예루살렘은 결코 멸망하지 않을 것이라고 거짓 증거하는데, 이에 대한 반박이 바로 예레미야 선지자의 성전 설교이다.

성전에 대한 또 하나의 근본적 오해는 성전을 통해서 하나님의 임재를 통제할 수 있다고 생각한 점이다. 이 점을 사무엘상 4-6장에 나오는 언약궤 사건이 잘 보여주고 있다. 이스라엘과 블레셋은 언약궤를 두고 밀고 당기는 싸움을 계속하는데, 이 싸움의 기저에는 언약궤가 있는 한 승리가 보장된다는 생각이 놓여 있다. 명시적으로는 이 이야기는 언약궤가 다곤 신전을 훼파함으로써 이방의 거짓 신들에 대한 참 신이신 하나님의 비견할 수 없는 능력에 대한 변증적 목적을 보여주고 있음이 사실이다. 그러나 이스라엘 백성들에게 언약궤가 하나님의 임재를 보장할 수 없다는 사실을 분명히 하면서 동시에 이방 백성들이 보여주는 잘못, 곧 언약궤를 통해 하나님의 임재를 통제할 수 있다는 생각의 잘못을 드러낸다고 할 수 있다.

하나님은 자신의 임재와 부재를 자유롭게 하신다. 또한 언약궤가 하나님의 임재를 보장하거나 통제할 수 없으며 다만 하나님의 임재는 언약에 대한 신실한 반응에서만 이루어진다. 이스라엘 백성들에게 요구되었던 희생제사는 속죄의 보장을 약속하는 명령된 의식이 아니라 거룩함에 대한 수단으로 이해되어야 했던 것이다. 성전이나 희생제사가 거룩함을 보장하지 않으며, 거룩함은 하나님의 임재의 결과이다. 하나님이 떠난 성전은 인간의 건축물일 뿐이며 파괴의 대상일 수 있다.

(4) 성전에 오해에 대한 에스겔의 이상

에스겔서는 이러한 성전과 희생제사에 대한 이스라엘의 잘못된 이해와 우상숭배적인 죄의 결과로, 하나님의 영광이 이스라엘 중에서 떠나는 것을 이상으로 보여주고 있다(겔 10:18; 11:22-25). 그러나 이것이 자신의 백성들에 대한 하나님의 계획의 끝이 결코 아니다. 에스겔 선지자는 완전한 하나님의 영광스런 임재로 가득 찰 미래 성전에 대한 이상을 보게 된다(겔 43:1-7). 문제는 이러한 에스겔의 미래 성전이 그 후 펼쳐진 이스라엘의 역사 속에서 한 번도 구현된 적이 없다는 점이다. 바벨론 포로생활에서 돌아온 뒤에 이루어진 스룹바벨 성전도 그리고 그 후의 헤롯 성전도 에스겔의 성전 이상을 구현하지 못했고, 오히려 좌절과 절망의 역사적 부침 가운데 빠져든다. 이것은 하나님이 자신의 손으로 친히 지을 성전은 인간 지평 내에서 이루어질 수 없는 일임을 역사적으로 보여준 사건들이라 할 수 있다.

(5) 사람의 손으로 짓지 않은 성전

바벨론 포로기 이후 사람의 손으로 지은 성전이 아니라 하나님이 친히 세우실 성전만이 에스겔의 이상을 이룰 것이며 영원하리라는 사상과 아울러 메시아가 이 성전을 세울 것이라는 대망사상이 명시적으로 나타나기 시작한다.[154] 이 사상에 따르면 종말론적으로 메시아에 의해 이루어질 성전은 단순히 건물의 문제가 아니라 다음과 같은 약속들과 이들의 성취의 문제이다. 이스라엘 가운데 거하시는 하나님의 영광; 이스라엘의 새로워짐과 흩어진 자들의 모아짐; 만국을 모으심; 거룩함, 평화, 하나 됨, 그리고 안정.

154 하나님의 성전으로서의 예수 성전 이해는 막 14:60, 혹은 N. T. 라이트나 G. K. 빌의 '성전 신학' 참조

(6) 예수 성전은 하나님이 친히 지은 성전에 대한 예언의 성취

예수의 지상 사역 자체가 하나님의 속죄와 하나님의 임재를 근본적으로 구현한 사역이다.[155] 죄인들과 식탁 교제와 병든 자들과 이방인 사람들 그리고 여인들에 대한 치유 사역들, 그리고 성전의 청결 사건 등이 이 점을 매우 강력하게 암시하고 있다. 궁극적으로 예수는 자신의 죽음을 통해 돌로 지은 성전을 훼파하셨고, 부활을 통해서 참된 성전 곧 하나님의 새로운 공동체를 만드셨다. 이로써 출애굽기 15:17이 예언한 바 있는 "주께서 친히 손으로 지은 성소"를 이루신 것이다.

또 에스겔이 이상 중에 보았던 미래 성전(겔 43:5,7)이 구현된 것이며 이 점을 요한은 "말씀이 육신이 되어 우리 가운데 거하시매 우리가 그 영광을 보니 아버지의 독생자의 영광이요, 은혜와 진리가 충만하더라"(요 1:14)고 증언하고 있다. 정말로 영광으로 가득 찰 미래 성전이 말씀이 육신이 되어 그의 백성 중에 거하시며 은혜와 진리가 충만한 분 가운데 구현된 것이다. 돌로 세운 성전과 관계없이 에스겔 성전의 본질적 진리가 현실로 나타난 것이다. 하나님이 약속하신 바와 성전이 상징하는 바가 이제 그리스도 안에서 이루어졌으며 하나님의 은혜와 진리가 완전히 드러난 것이다.

(7) 보편적 우주적 행위로서의 예배

예수는 진정으로 유월절 제물로서(요 1:29; 19:36)[156] 하나님의 임재와

---

155 요한복음에 따르면 1:14이 말하는 성육신이 바로 하나님의 임재의 종말론적인 성취의 시작이며, 요한복음 여러 곳에서 말하는 '때'는 하나님의 임재와 속죄의 절정의 사건인 십자가 사건을 가리킨다. 왜냐하면 십자가에서 인간을 무한히 사랑하시는 하나님의 아가페 사랑(요 3:16)이 극명하게 드러났기 때문이다.

156 '유월절' 혹은 '유월절 어린양'이라는 표현은 전통적으로 속죄 차원에서만 이해되어 왔는데, 이스라엘의 유월절은 주지하다시며 죄의 속죄의 사건이 아니라, 애굽으로 대변되는 악의 세력들의 압제에서 벗어나 하나님의 백성으로 새로운 출발을 알리는 기념비적인

속죄를 경험하는 장소이다. 이처럼 예수를 통해 성전의 의미가 구현된 성취의 때의 예배는 거룩한 시간과 장소에 제약을 받지 않는 보편적이며 우주적인 행위이다(요 4:21; 스 14:20 이하). 이제 하나님의 속죄와 하나님의 임재를 경험하는 예배의 유일한 토대는 장소와 시간의 개념이 아니라, 예배하는 자가 예수 안에 있는가? 성령을 받았는가? 하는 점이다. 그 이유는 하나님의 임재는 예수 안에, 그리고 성령을 통해 언제 어디서나 경험될 수 있는 현재의 역사적 실체가 되었기 때문이다(보다 자세한 내용은 '부록 Ⅳ 성전 주제를 중심으로 성경 전체 읽기'를 참조하라).

5-4) 땅: 시간과 장소의 문제-하나님의 의로운 통치의 구현

땅은 매우 성경적인 주제 중 하나이다. 땅은 물질적이며 그런 점에서 영적인 진리를 말하는 성경의 가르침과 반한다고 말하는 것은 잘못된 것이다. 기독교 진리의 핵심 중 하나는 육체의 부활에 대한 믿음이다. 영혼이 영원히 살 것을 믿는 것이 아니라 영과 육의 완전한 합일체인 전인(全人)으로 영원히 살 것을 믿는 것이다. 이러한 육체의 부활에 대한 믿음은 이미 그 안에 땅이라는 구체적인 실체를 전제하고 있는 것이다. 땅은 새로워진 몸이 살아갈 장소일 뿐만 아니라, 하나님의 의의 다스림이 구체적으로 실현되어 나타날 장소 또한 암시한다. 하나님의 통치는 추상적인 개념이 아니라 통치의 대상들이 실질적으로 경험하게 될 실체라는 뜻이다. 이런 점에서 땅이란 주제는 성경의 일관된 주제라 할 수 있다.

사건이다. 이런 점에서 '유월절 어린양'도 반드시 속죄라는 좁은 의미보다는 새로운 출애굽을 하나님은 무력이 아닌 자기-희생적 사랑을 통해 이루신다는 매우 전복적인 구속과 죄와 사망의 세력에 대한 승리의 전복을 뜻하는 것으로 볼 수 있다 (참조 톰 라이트, 혁명이 시작된 날 (비아토르, 2019), 92-94, 126-127, 159-160, 212-213, 280-281, 370-371.)

또한 구약 약속의 핵심적 요소 중 하나가 땅에 관한 약속이다. 이 땅에 관한 약속은 결코 취소될 수 없는 하나님의 확고부동한 약속으로, 필연적인 성취를 이미 그 안에 담고 있다. 문제는 어떻게 땅에 관한 하나님의 약속이 성취될 것인가 하는 점이다. 신약은 구약 약속의 성취를 말하고 있는데, 그렇다면 땅에 관한 약속의 성취는 신약에서 어떻게 이해되고 있는가 라는 중요한 질문이 대두된다.

하지만 대체로 크리스천들의 신앙은 하늘에 대한 집착을 보이는 경향이 있다. 이것은 신약의 가르침의 필연적인 결과인가? 또한 신약의 메시지는 예수 그리스도께서 이루신 구원과 이에 따른 새 생명 등에 관심을 집중함으로써 물리적인 땅에 대한 관심 보다는 영적인 것들에 대해 초점을 맞추고 있다는 인상을 갖게 된다.

그렇다면 신약은 성전에 대한 새로운 이해와 함께 땅에 대한 이해를 달리하고 있는가, 혹은 땅을 영적인 대상으로 승화시켰는가? 이에 대한 개혁주의 전통의 성경적 이해는 무엇인가? 이에 대한 대답을 하기 전에 먼저 땅에 대한 성경적인 이해의 핵심을 간략히 살펴볼 필요가 있다. 그 다음 신약이 말하는 땅에 대한 이해를 생각해 보고자 한다.

(1) 땅은 하나님의 약속의 근본적 요소이다

창세기에서 하나님은 세상을 창조하시면서 사람을 자신의 형상대로 창조하시고 이들을 축복하시며 "생육하고 번성하여 땅에 충만하라. 땅을 정복하라... 땅에 움직이는 모든 생물을 다스리라" 말씀하셨다 (창 1:28). 그리고 하나님은 이스라엘의 시조인 아브라함을 '재-창조하셔' 그를 동일하게 축복하시며 "… 내가 네게 지시할 땅으로 가라 … 땅의 모든 족속이 너로 인하여 복을 받을 것이라" 말씀하셨다(cf. 아브라함에 대한 약속과 약속의 갱신[창 12, 13, 15, 17]; 이삭에 대한 약속의 갱신[창 26:3]; 야곱에 대한 약속 이행[창 28:4, 13]; 이삭에 대한 약속 이행[50:24]).

그리고 이어지는 가나안 입성, 그리고 이 땅에서의 쫓겨남, 바벨론 포로 유형, 그리고 바벨론 포로 유형으로부터의 귀환 그 이후까지 일관된 성경적 관심은 하나님이 이스라엘에게 은혜롭게 약속하신 가나안 땅, 곧 약속의 땅에 관한 약속이 어떻게 이루어지며, 어떻게 잠정적으로 취소되고 어떻게 다시 회복될 것인가에 주어지고 있다. 이로 보건데, 땅에 대한 하나님의 약속은 상황에 따라 취소되거나 변개되는 것이 아니라 하나님의 약속의 근간임을 알 수 있다.

(2) 땅은 하나님의 선물로서 오직 믿음과 소망 중에 붙잡을 수 있는 대상이다

성경적인 땅 이해의 핵심은, 기본적으로 하나님의 선물이라는 점이다. 어떠한 인간의 공로나 인간적인 요소가 끼어들 수 없는 오직 하나님의 은혜로 말미암아 값 없이 주어지는 선물이라는 뜻이다. 이 점은 가나안 땅이 제비뽑기로 배분되었다는 점과, 땅의 첫 소산을 반드시 하나님께 드려야 한다는 점, 그리고 희년의 제도를 통해서 강력하게 암시하고 있다.

또한 성경적인 땅 이해의 두 번째 핵심은 땅은 처음부터 오직 믿음과 소망을 통해서만 붙잡을 수 있도록 의도되었다는 것이다. 이 점을 민수기 14장에 나오는 가나안 땅의 정탐꾼의 이야기와 이에 따른 백성들의 반역 사건이 잘 보여주고 있다. 즉 약속의 땅에 들어가는 일은 하나님이 친히 앞서 인도하시는 여정을 믿음으로 따라 들어가는 일이며, 땅은 오직 소망 중에서만 현재적 실체가 될 수 있다는 것을 보여주는 사건이다. 다시 말해서 성경적인 땅 이해의 근간은 오직 믿음으로 들어가며 오직 소망 중에 현재적 실체가 된다는 점이다.

또한 가나안 입성 후의 성경 기록을 보면, 땅은 단순히 물리적인 대상만을 가리키는 것이 아니라, 땅이 내포하는 중요한 사상들, 즉 축복, 안정, 평화, 안식을 상징하기도 한다. 이 모든 것은 하나님의 선물로서의 땅을 통해 하나님이 본래적으로 의도하셨던 것들의 구현이라 할 수 있다. 땅을 선물로 혹은 기업으로 얻는다는 것은 땅이 내포하는 이 모든 것들을 향유하는 것을 의미한다는 뜻이다.

(3) 땅에 대한 지속적인 유지를 위해 거룩함과 공의가 요구된다

땅을 소유하고 땅이 내포하는 것들을 지속적으로 향유하기 위한 중요한 조건이 있다면, 그것은 하나님의 거룩함과 공의가 땅에 구현되어야 한다는 점이다. 하나님의 거룩함이 그리고 공의가 드러나지 않는 땅은 필연적으로 박탈될 것이라고 성경은 말하고 있다(cf. 공의[신 10장]; 거룩함[신 7:6])

후선지서는 바로 이러한 하나님의 거룩함과 공의가 없음으로 인해 잃어버린 땅, 곧 하나님의 심판에 대해 말하고 있다. 하나님의 언약 속에 내재되어 있던 축복의 조건과 멸망의 조건은 바로 이러한 하나님의 거룩함과 하나님의 공의가 그의 백성 가운데 그리고 하나님의 피조세계인 땅 가운데서 구현될 것인가에 관한 것이었다(cf. 호 9:1-3; 4:1-3; 슥 7:8-14; 애 1:5-7).

(4) 잃어버린 땅의 회복은 하나님의 신실하심과 의의 문제의 선결

이스라엘의 거룩하지 못함과 불의로 인해 땅에 관한 약속이 잠정적으로 취소되었지만, 땅에 관한 하나님의 약속은 땅의 회복과 갱신을 이미 보장하고 있다. 특별히 땅의 회복은 근본적으로 약속에 대한 하나님의 신실하심에 기인하고 있다(cf. 렘 31:35-37). 하나님은 인간들이 신실하지 못해도 여전히 약속에 신실하신 하나님이시다. 이러한 하나님의 신실하심은 땅의 소유의 선결요건인 의의 문제를 어떻게 충족시킬 것인가 하는 문제와 직결되어 있다. 간단히 말해서 하나님은 자신의 약속에 대한 신실하심 가운데 자기 백성이 잃어버린 땅을 소유하고 땅의 복들을 향유하기 위해서 필요한 선결 요건인 의의 문제를 친히 해결하신다고 약속하신다. 이 점을 포로 후기의 선지자들은 일관되게 선포하고 있다(렘 33:14-26).

(5) 신약의 땅에 관한 메시지

예수와 그의 사역에 관한 신약의 중심 메시지 중에 하나는 온 피조세계가 예수로 말미암아 새롭게 되었다는 점이다. 인류를 새롭게 하실 뿐만 아니라 만물이 예수의 구속 사역을 통해서 새롭게 갱신되고 회복되었다는 것이다. 그러나 여기서 반드시 기억해야 할 점은 예수의 새롭게 하심의 사역이 땅을 영적인 차원으로 승화시켰다는 것이 아니라는 점이다. 신약이 말하는 바는 이제 온 땅이 예수의 새 창조의 사역과 회복의 사역으로 새롭게 되고 거룩하게 되었다는 것이다.

즉 스가랴 14:20의 '성전이 아니라 온 예루살렘이 여호와께 성결이라'는 예언의 말씀이 근본적으로 구현되었다는 뜻이다. 바로 이 점이 예수의 죽음을 통해서 성전 휘장이 위에서부터 아래로 찢어진 사건의 참된 의미이다. 이제 하나님의 거룩하심이 지성소에 머물러 있지 않으며 예수의 죽음과 그의 새 창조의 사역을 통해서 하나님의 임재와 그의 거룩함이 온 만물 가운데 충만하게 되었다는 뜻이다.

이제 땅이 의도한 바, 곧 하나님의 의로운 통치가 구현될 장소로서의 땅의 참된 의미가 예수의 사건을 통해 온전히 실현되어진 것이다. 온 땅이 하나님의 거룩함과 공의로 가득하며, 하나님의 의의 다스림을 받게 되었다는 것이다. 이런 점에서 신약이 말하는 땅에 관한 메시지의 핵심은 땅의 영적화(spiritualizing)혹은 땅의 비영토화(de-territorializing), 혹은 바울 서신의 경우 나타날 법한 땅의 인격화(peronalizing)가 아니라 땅의 보편화라 할 수 있다. 이제 그리스도의 구속 사역을 통해서 온 보편세계가 이제 하나님의 의로운 다스림의 영역이 되었다는 것이 신약의 땅에 관한 메시지의 핵심이다.

문제는 이러한 예수 안에서의 땅에 관한 하나님의 약속의 성취가 여전히 최후의 완성, 곧 새 하늘과 새 땅에서 이루어질 하나님의 의의 통치의 온전한 실현에 때까지 이 땅에서 유보되고 있다는 점이다. 이러한 신약이 말하는 종말론적인 유보는 육체의 부활을 상정하고 있다. 신약이 말하는 하나님의 의의 다스림과 그리스도 안에서 주어진 영원한 생명은 육체의 부활 이후에 온전히 경험되어질 미래의 축복에 대한 현재적인 예기인 동시에 현재적 성취라고 신약성경은 강력하게 증언하고 있다.

동일한 문맥에서 현재의 지상 교회는 하늘의 새 예루살렘에 대한 예기적인 역할을 감당하는 존재이다. 예수의 제자들인 신약 백성들이 새 땅을 가득 채울 의를 선포하고 이 의를 실현함에 따라 새 예루살렘은 예기와 표식의 형태로 여기에 이미 존재하고 있으며, 땅의 약속을 향유함이 이미 시작되었으나 단지 미래를 예기하는 표식으로 시작되었다는 뜻이다. 이런 점에서 교회는 구약의 땅에 대한 약속의 현재적인 성취인 동시에 미래에 드러날 하나님의 최종적 공동체의 미래적 예기라 할 수 있다.

(6) 결론

성경적 의미의 땅은 하나님의 의의 다스림과 거룩한 임재가 역사적으로 구현되는 구체적인 장소이다. 천지를 창조하셨다는 창세기 1:1의 선언은 하나님의 영역인 하늘에 있는 하나님의 다스림과 임재가 땅으로 확장되어 펼쳐졌다는 말이다. 이 일의 섭정의 소명을 받은 자가 바로 하나님의 형상대로 지음 받은 인류이다. 인류의 소명은 하나님의 천상의 다스림과 임재를 이 땅에 충만하게 하는 섭정의 소명이다.

그러나 인류의 원형적인 인물 아담은 하나님의 의의 다스림과 배타적인 거룩한 임재를 섬겨 사는 대신에 자신의 왕국과 임재를 이 땅에 드러내기로 결정했으며, 이것이 바로 인류 타락의 본질이며 선악과 사건의 핵심이다. 이로 인해 하나님은 자신의 임재를 이 땅에서 철회하시고 대신 이스라엘을 불러서 자신의 다스림과 임재를 구현하도록 소명을 주신다. 이스라엘 역시 율법으로 대변되는 하나님의 의의 구현과 성전으로 대변되는 하나님의 거룩한 임재의 구현을 불의와 부정으로 바꾸어 버렸고, 이런 점에서 이스라엘은 선지자들의 예언대로 이방의 불의와 부정의 희생양으로 전락하게 되며 약속의 땅인 팔레스타인 영토마저 빼앗겨 버린다.

이제 하나님의 임재의 장소는 지상의 예루살렘 혹은 천상의 예루살렘으로 축소되어 묘사된다. 특히 포로 후기 예언서에서 천상의 예루살렘에 대한 묘사가 집중적으로 나타나는 것이 이 점을 잘 보여준다. 그러나 예언서들이 보여주는 천상의 예루살렘에 대한 묘사는 단순히 하나님의 임재와 다스림의 축소만을 뜻하지 않는다. 오히려 이러한 천상의 예루살렘에 대한 묘사는 천지창조 시에 이루어진 하나님의 우주적 보편적인 임재에 대한 전조 역할을 한다. 바로 이러한 맥락에서 예수의 사건이 지닌 의미가 바르게 드러난다.

예수의 사역은 한마디로 구약의 '특정성'을 '보편성'으로 바꾼 묵시론적-종말론적인 사건이다. 예수의 사건은 인간 전통의 모든 형태의 경계표지들(정치적, 경제적, 문화적, 인종적, 사회적, 종교적 차원의 모든 경계표지들)이 사라져 버린 참된 인류 공동체를 보편적으로 드러낸 사건이다. 신약 특히 복음서와 서신서는 예수의 사건을 통해 온 땅이 하나님의 다스림과 임재가 실현되는 장소가 되었다고 증언하고 있다. 그리고 마지막으로 요한계시록은 이러한 땅을 새 하늘과 새 땅이라고 표현함으로써 창세기의 원래 창조인 하늘과 땅의 창조의 완전한 회복을 말하고 있다. 이상의 흐름을 다음과 같이 표현할 수 있다.

창세기	모세오경과 역사서	선지서	복음서와 서신서	요한계시록
하늘과 땅	약속의 땅	예루살렘	온 땅	새 하늘과 새 땅

5-5) 율법: 성취의 문제-하나님의 의의 구체적 현현

(1) 서론

지금까지 지속적으로 강조해온 대로, 율법은 하나님의 의가 역사적인 형태로 구현된 것이다. 선물로서 인류에서 주어진 하나님의 다스림의 의가 동시에 하나님의 백성이 삶으로 드러내도록 요구되는 형태의 의로 구현된 것이 율법이다. 주목할 점은 이러한 의에 대한 강조가 마태복음의 두드러진 특징이라는 점이다(cf. 3:15; 5:6, 10, 20; 6:33; 21:32). 앞에서 산상수훈, 특히 팔복을 이야기하면서 예수의 산상수훈은 마태복음 1-4장까지에서 예수의 인성과 사역을 통한 드러난 하나님의 다스림의 의라는 은혜의 구조가 전제되고 있다는 점을 살펴보았다. 여기서 질문은 마태가 의를 어떻게 이해하고 있는가 하는 점이다. 메시아의 도래와 함께 선물로 주어진 의를 말하고 있는가 아니면 메시아의 도래가 요구하는 의를 말하는가?

먼저, 의(δικαιοσύνη)란 표현은 공관복음서 중에서 오직 마태복음에서만(예외, 눅 1:75) 모두 7번 나타나는데(3:15; 5:6, 10, 20; 6:1, 33; 21:33). 이 중 두 번은 제자도와 관련하여 개인적인 의에 대한 요청 가운데(5:20; 6:1), 그리고 나머지 경우는 구원-역사라는 문맥, 즉 하나님의 백성의 구원 가운데 역사하는 하나님의 의라는 맥락에서 사용되고 있다.

특별히 예수께서 제자들에게 요청하신 의는 더 나은 혹은 더 높은 의(5:20)인데 이러한 요청은 결국 하나님의 뜻을 행할 것에 대한 요청을 뜻한다(7:21; 12:50; 21:31). 이런 점에서 마태의 의는 하나님의 뜻을 행하는 것을 의미하며, 이 의는 새로운 의를 가리킨다기보다는 율법의 참된 의미(true meaning), 다시 말해서 율법을 통해서 하나님이 의도하셨던 바를 행하는 것을 지칭한다고 볼 수 있다. 그러기에 마태복음의 경우 의와 하나님의 뜻을 행하는 일에 대한 예수의 가르침은 다름 아닌 율법의 참된 의미에 대한 설명이라 할 수 있다. 이런 점에서 마태가 말하는 제자도란 율법 가운데 구체화된 의, 곧 하나님의 뜻을 행하는 것이라 할 수 있다.

(2) 율법과 은혜

중요한 점은 마태복음의 구조적 관점에서 볼 때 하나님의 의가 구체적으로 드러난 율법보다 앞서고 있는 것이 하나님의 은혜라는 사실이다. 이것을 우리는 마태복음의 은혜의 구조라 부른다. 이런 맥락에서 마태복음은 율법의 성취의 문제와 의의 문제를 다루고 있다.

이러한 율법의 성취 혹은 완성은 예수께서 율법을 배타적인 권위 가운데 보다 급진적으로 해석하거나 율법 이행에 대한 보다 급진적인 요구를 하고 있다는 측면에서 이해하기 보다는 예수의 인성(하나님의 아들 메시아-하나님의 의의 요구를 충족시키시는 분)과 예수의 사역 곧 예수께서 친히 도래케 하신 하나님의 나라/통치(하나님의 의의 통치를 구현하심)라는 관점에서 이해해야 한다.

① 은혜의 구조

산상수훈 이전에 놓여있는 은혜의 구조의 중심은 예수의 인성과 사역이라는 점을 상기할 필요가 있다. 예수는 구약의 약속들을 이루시는 하나님의 은혜의 선물이며, 이를 통해 이스라엘의 새롭게 됨이 일어날 것이다. 예수의 인성과 사역이 하나님의 신실하심의 구체적인 현현이다. 하나님 나라의 도래는 하나님의 의가 이 땅에 세워지는 일이다. 주목할 점은 이러한 하나님의 선물로서의 다스림의 의가 의에 대한 마태의 요구를 선행하고 있으며 동시에 이 요구를 가능케 하고 있다는 점이다. 성취의 주제들이 의에 대한 요구를 선행하며 동시에 이를 가능케 하는 하나님의 은혜를 가리키고 있다는 뜻이다. 윤리적 요구에 대한 성취의 토대를 간과하는 모든 이해는 필경 또 하나의 새로운 율법을 양산케 된다. 그러므로 순종에 대한 마태의 요구는 단순히 명령에 대한 복종을 의미하지 않으며, 언제나 소망 중에 하나님 나라의 새로운 실체에 참여하는 것을 의미한다.

② 팔복과 '의'

팔복은 더 큰 의에 대한 예수의 명시적인 요구를 선행하고 있다. 팔복은 형태에 있어서 축복이다. 이 축복은 선물들을 부여하고 있는 것인가 아니면, 윤리적 행동에 대한 묵시적 요구인가? 기본적으로 팔복은 축복과 선물이란 종말론적인 성격을 갖고 있다. 이러한 종말론적인 성격은 산상수훈이 이사야 61장의 예언의 성취라는 점을 통해 알 수 있다. 이사야 61장은 수여된 선물로서의 의인 동시에 순종의 표현 방식으로서의 의를 묘사하고 있다. 단순히 죄의 용서의 복이 아니라, 의와 공의의 복들을 선포하고 있다는 뜻이다. 동시에 이 의는 하나님과의 회복된 하나님과의 언약 관계를 수반한다(사 61:10). 또한 언약의 의는 단순히 수동적으로 얻어지는 선물만이 아니라, 만국 앞에서 역사적 순종을 나타내 보이는 하나의 표현 양식이다(사 61:3, 11)

산상수훈 역시 의에 대해서 부여된/주어진 의(마 5:6), 그리고 하나님께로부터 오는 선물로 표현하고 있다(마 6:33). 하나님의 선물인 동시에 의무로서의 의, 이러한 의의 결과로 삶의 필요한 모든 것(물질적인 필요)이 주어진다. 팔복의 윤리적 행동은 하나님 나라의 현현에 대한 반응이며 동시에 이 행동은 하나님의 나라에 들어가는 데 필요한 의의 현현이 된다. 순종은 그 자체가 종말론적이다. 즉 예수에 의해 역사 가운데 드러난 새로운 실체인 하나님 나라에 소망 중에 참여함으로 이 순종이 유발되고 가능해지며, 형성되어간다.

마태복음 19:16-22의 젊은 부자 청년에 관한 이야기는 예수의 율법 이해를 잘 보여주고 있다. 첫째로, 예수께서는 이 이야기를 통해서 율법이 기본적으로 사랑의 계명임을 말씀하신다. 즉 사랑은 모든 율법의 근저에 놓여있는 하나님의 뜻을 표현하고 있다는 뜻이다. 이런 점에서 예수께서는 율법의 근본정신을 철저하게 이해하신 것이다. 또한 이 본문에서 예수께서 말씀하시는 '온전함'이란 윤리적 차원이나 율법적인 차원의 온전함을 말하는 것이 아니라. 기본적으로 언약적인 차원의 온전함을 말한다. 즉 율법이 요구하는 의 곧, 율법에 담겨있는 진정한 의에 대한 참된 이해와 이 의를 행함에 대한 근본적인 충절/헌신의 마음을 뜻한다. 이런 점에서 소유를 팔아서 가난한 자들에게 주라는 명령은 사랑의 철저한 요구를 준행하는 것을 뜻한다(참조. 미 6:8). 동일한 맥락에서 '나를 따르라'는 명령 역시 하나님과의 동행, 곧 하나님이 요구하시는 의, 곧 사랑을 철저하게 이루는 삶에 대한 초청을 의미한다.

또한 마태복음 5:17-20 역시 예수의 율법 이해의 단면을 보여주고 있다. 여기서 17절은 율법에 표현된 의가 역사 속에서 실현되는 것이 율법의 성취이며, 이것을 예수께서 행하신다는 점을 말하고 있으며, 18절은 율법은 전체와 부분 모두에서 항구적인 적법성을 가진다는 점을 말하고 있다. 예수께서 율법을 성취하셨다는 것은 율법이 요구하는 의를 충족시키셨다는 의미 뿐만 아니라 바로 율법이 지닌 항구적인 적법성을 구체적으로 드러내 보이신 것이다.

또, 19절이 말하는 율법의 지극히 작은 것은 개별적인 율법의 최소 항목을 가리키는 것이 아니라 유기체로서의 율법 전체를 구성하는 요소들을 가리킨다. 이런 점에서 20절이 말하는 '더 큰 의'란 개별적인 문자적 율법 자구에서 기인된 것이 아니라 유기적 통일체로서의 율법, 즉 전체적인 하나님의 뜻에 일치하는 삶의 방식을 가리킨다. 그러기에 서기관들과 바리새인들의 의는 개별적인 문자적 율법 자구를 지킴으로 얻어지는 율법주의적인 의(legalistic righteousness)를 가리키는데 반해, 제자들에게 요구되는 의는 유기체로서의 율법 전체가 의미하는 의 곧 언약적인 의(covenantal righteousness)를 가리키며 하나님의 의의 다스림에 대한 온전한 반응으로서의 관계적인 의를 뜻한다.

이와 같은 예수의 율법 이해는 계속해서 마태의 여섯 가지의 대비 가운데서 이어지고 있다. 즉 율법의 전체성과 언약적인 관점의 온전함, 곧 사랑의 충만한 요구라는 측면에서의 율법 이해를 뜻한다. 마태의 여섯 가지 대비는 첫째로, 율법의 궁극적 의도인 사랑을 드러내고,

둘째로, 율법이 의도한 바의 온전한 실현을 말하고 있으며, 끝으로 예수께서 요구하는 의는 다름 아닌 구약 율법이 요구하는 의라는 점을 보여주고 있다.

(3) '의'라는 단일한 체계와 '의'의 근본적 구현

의에 대한 구약의 가르침에 따르면 하나님이 의도하시는 의는 보편적 성격을 지니는데, 다시 말해서 온 피조세계 가운데 구현되도록 의도된 의라는 뜻이다. 동시에 하나님의 피조세계의 토대를 이룬다는 점에서 근본적이라고 할 수 있다. 이스라엘의 삶을 구체화했던 하나님의 의가 모든 만국의 삶의 길로 구체화도록 의도되었다. 이스라엘에게 요구된 언약적인 의는 사적이거나 예외적인 것이 아니라 보편적이고 근본적인 의인데. 이는 의와 공의가 여호와의 보좌의 기초이며 인자와 신실함이 계속적으로 여호와를 앞서서 나가기 때문이다(시 89:14).

하나님의 나라의 복음은 회개와 믿음을 이끌어내기 위하여 핵심적인 구속적 사건들을 선포하는 일에만 국한되지 않는다. 이 복음은 만국에게 하나님의 나라의 이러한 보편적이고 근본적이며, 구조화된 의를 가르치는 것을 포함한다. 주의 기도는 자신들의 매일의 삶의 영위를 위해 그리고 계속되는 역사적인 악들 속에서 보호하심을 위해 하나님께 전적으로 의존하는 가운데, 동시에 이 땅에서 하나님 나라를 추구하며, 그 뜻의 성취를 추구하는 하나님의 백성의 중심적 청원들을 요약하고 있다. 이 기도의 초점은 하나님이 인도하시는 삶, 곧 의를 가능케 하는 선물들과 복들을 하나님 자신으로부터 추구하는 삶에 맞추어져 있다. 이렇게 청원하고 살아감으로서, 새로운 하나님의 백성들은 창조의 의로운 질서에 따른 삶을 통해 바로 창조 자체의 목적을 나타내고 있다. 참된 복음은 반드시 율법에 표현된 의, 곧 창조 그 자체에 뿌리를 둔 의를 행함을 뜻한다. 그런 연유에서 예수는 그의 제자들을 부르시어 의로운 이스라엘의 현현, 곧 세상의 만국 중에서 빛이 되도록 하셨다.

5-6) 결론

지금까지 이스라엘과 성전 그리고 땅과 율법을 예수와의 관계 속에서 살핌으로써, 구약과 신약은 두 개의 언약이 아니라 하나의 언약 즉 단일한 체계를 가지며, 이러한 단일한 체계의 언약을 근본적으로 이루신 분이 예수라는 점을 살펴보았다. 예수는 이스라엘이 의도했던 바 즉 하나님의 백성-됨의 의미를 이루신 분이며, 성전 곧 이스라엘의 삶의 본질이었던 하나님의 임재를 궁극적으로 성취하신 분이고, 땅이 의미했던 것 곧 하나님의 다스림이 궁극적으로 드러날 시간과 장소의 문제를 근본적으로 해결하신 분이자, 율법이 의미하는 것 곧 하나님의 다스림의 의라는 근본적인 문제를 성취하신 분이다. 한 마디로 구약과 신약은 이 네 가지 중심 주제에 있어서 일관되고도 단일한 체계를 유지하고 있으며, 더 중요하게 예수는 이러한 체계를 근본적으로 성취의 국면에 들어가게 하신 분이다.

6. 구약과 신약의 중간기: 주후 1세기의 유대교를 중심으로

앞서 살펴보았듯이, 비록 신학적으로 구약과 신약은 단일한 체계를 가지고 있고 유기적으로 연결된 하나의 전체를 이루고 있지만, 역사적으로 볼 때 구약은 신약으로 바로 이어지지 않는다. 이스라엘의 남과 북의 왕조가 멸망 당한 뒤 메시아 예수의 오심과 그의 오심에 관한 기록인 신약의 출현 사이에는 거의 600-700여 년의 기간이 존재한다. 이 기간을 구약과 신약의 중간기라고 부르며, 특별히 신약 이해에 관건이 되는 시기는 주후 1세기의 유대교라는 역사적 정황이다.

신약의 직접적인 역사적 배경이 되는 주후 1세기를 살피는 일, 특히 이 시기의 유대 사상이나 유대 문헌들이 신약 성경 형성에 미친 영향을 살피는 일은 연속성과 불연속성을 지닌다. 이 말은 유대 사상과 유대 문헌들은 신약 성경의 형성의 역사적인 모체가 된다는 점에서 연속성을 지니지만, 신약 성경은 구약 성경의 적통이고 유대 사상과 문헌은 구약 성경의 적통이 아니라는 점에서 불연속성이 존재한다. 그런데도 구약과 신약의 중간기는 구약의 예언의 온전한 성취에 필요한 숙성의 시기이며, 특히 신약은 주후 1세기의 유대 사상의 여러 열망의 문맥에서 출현했다는 점에서 신약 성경의 형성뿐만 아니라 신약 성경의 이해 지평을 넓혀 준다.

이미 앞서 신약이 구약의 적자이며 유대 문헌들은 구약의 서자라는 말을 한 적이 있다. 이것은 하나님의 창조와 구속의 목적으로 종말론적으로 이루시는 분은 오직 새 인류의 대표이신 메시아 예수라는 점에서 신약이 구약의 적자이고, 유대 문헌과 사상들은 구약 예언의 성취의 다양한 열망을 표출하며 동시에 구약의 성취를 나름대로 사유화해서 각자 종파적인 맥락에서 표현하고 있다는 점에서 서자라 할 수 있다. 더 중요하게 비평학계의 유대 사상과 문헌의 접근 방식과 달리 개혁주의 노선의 성경-신학적 전통은 정경이라는 맥락에서 구약과 신약을 다루기에 비-정경 문헌들인 중간기의 유대 문헌과 사상들에 대한 권위는 정경 문헌들에 대한 권위와 동일하게 취급하지 않는다. 실제로 개혁주의 노선의 신학 전통은 중간기 문헌들에 대한 신적 권위나 정경성을 부여하지 않는다. 그럼에도 중간기 유대 문헌들과 사상들은 당시 유대인들이 자신들의 유일신 하나님 여호와의 맺은 언약에 대한 충절의 다양한 반응으로 나타난 것들이라는 점에서 이들에 비추어 신약 성경을 이해하는 것은 상당한 의미를 지닌다.

먼저 간단히 신약 배경을 이해하는 데 중요한 당시 유대 주요 문헌들을 열거해 보고자 한다. 여기서 관심은 유대 문헌과 사상들 전부를 다루는 것이 아니라 유대 사상과 문헌이 표출하는 어떠한 열망의 맥락에서 메시아 예수에 관한 신약 기록이 형성되었는가를 살피는 데 있기에 이러한 유대 열망을 간략히 살피는 것으로 구약과 신약의 중간기를 의미 있게 다루고자 한다. 먼저 고려해야 할 중요 중간기 유대 문헌들은 다음과 같다.

1) 신약 배경 자료들

(1) 필로(주전 20-주후 50년)

필로는 그의 구약에 대한 풍유적 해석으로 유명하다(가인-어리석은 의견; 아벨-선한 확신//아브라함의 소명-육체라는 감옥을 벗어나 생각을 하나님을 향하라는 부르심). 또 그의 로고스에 대한 이해는 요한복음 1장 해석에, 완전한 인간에 대한 이해(하나님의 형상으로 지음받은 인간 창조[창 1:26-27]와 땅의 흙으로부터 지음 받은 인간 창조[창 2:7]를 구분)는 바울의 아담-그리스도 모형론에 영향을 준 것으로 판단된다.

(2) 요세푸스(주후 37년-주후 2세기 초)

요세푸스는 주후 1세기의 역사, 정치, 종교사상들, 유대 종파들과 성경 해석에 모두 관여하는 중요한 정보를 제공하고 있다. 특별히 예수 당시의 여러 가지 유대 종파들의 열망과 운동들에 대한 소중한 자료를 제공한다(예를 들어, 요세푸스는 자칭 왕들을 폭도들로 지칭하는데, 마가는 예수의 성전정화사건에서 당시 유대 지도자들을 폭도라고 부르고 있다. ὑμεῖς δὲ πεποιήκατε αὐτὸν σπήλαιον λῃστῶν, 막 11:17). 구체적으로 당시 정치-종교지도자들이 어떻게 예수에 대해 반응했으며, 어떻게 예수는 자신의 사역을 이해했는가에 대한 이해를 돕는다. 그의 주요 저작으로는 비기독교적 관점에서 쓰인 유대전쟁기(Jewish War)와 유대민족 고대사(Jewish Antiquities)가 있다.

(3) 구약위경(OT Pseudepigrapha)

① 정의: 필명으로 이름 붙여진 유대 문헌들로, 대략 다음과 같은 특징을 갖는다.

a. 유대적 혹은 기독교적 특징;

b. 과거 이스라엘의 이상적 인물에게 귀속됨;

c. 하나님의 말씀이나 메시지를 담고 있다는 주장함;

d. 구약에 나오는 개념들과 이야기들 위에 종종 토대를 둠;

e. 대개의 경우 주전 200년과 주후 200년 사이에 기록됨.

② 목록들

a. 묵시문헌들- 에녹 1서, 에녹 2서, 시빌린 신탁들, 에스겔의 외경, 스바냐의 묵시, 에스라 4서, 에스라의 계시, 바룩 2서, 바룩 3서, 아브라함의 묵시, 아담의 묵시, 엘리야의 묵시, 다니엘의 묵시

b. 유언서- 열두 족장의 유언서, 욥의 유언서, 모세의 유언서, 솔로몬의 유언서, 아담의 유언서

c. 구약 확장서들- 아리스티즈의 편지, 희년서, 이사야의 순교와

승천기, 아담과 이브의 삶, 유사-필로, 바룩 4서, 요셉의 역사

d. 지혜문헌들과 철학서들- 아히카르, 마카비 3서, 마카비 4서; 기도, 시편, 신탁- 솔로몬의 시편들, 요셉의 기도, 야곱의 기도, 솔로몬의 송시

e. 미완의 유고집 혹은 단편집들

(4) 구약외경(OT Apocrypha)

① 정의: 로마가톨릭에서 정경으로 받아들이는 부가적인 구약 책들. 외경이란 문자적으로 '감추어져 치워진'이란 뜻으로 정경으로 받아들이는 자들에게는 특정한 지혜 그룹들을 위해서만 보존되어 있다. 어리석은 자들에게는 숨겨져 있다는 점에서 감추어진 책으로 이해되었고, 정경으로 받아들이지 않는 자들에게는 이단적 경향들 때문에 감추어진 책으로 이해되었다. 결국 '감추어져 치워진'이란 의미는 '거짓의' 의미를 지니게 되었다.

② 목록들

에스드라 1서, 마카비 1서와 2서(역사적); 토비트서, 유딧서, 수산나서, 에스더 부록(낭만적); 솔로몬의 지혜서, 시락의 집회서 (교훈적); 바룩서, 예레미아의 서신, 벨과 용(도덕적); 아자리아의 기도, 세 젊은이의 노래, 므낫세의 기도(경건적); 에스드라 2서(묵시론적)

(5) 사해 두루마리 사본들(The Dead Sea Scrolls)

① 기원: 소위 의의 교사(Teacher of Righteousness)에 의해서 BC 2세기 말엽에서 시작하여 주후 1세기에 걸쳐 번성했던 사해 서편에서 형성된

독립 유대종파인 쿰란 공동체가 만들어 낸 문헌들을 가리킨다. 이 문헌들은 현재 대략 다음과 같은 9가지 영역에서 그 가치와 영향력을 지닌다.

a. 고대 저술과 저작에 관한 연구

b. 구약의 본문비평

c. 히브리어와 아람어의 언어적 연구;

d. 외경과 위경 연구

e. 팔레스타인 유대 사회의 종파들과 그룹들, 특히 에세네파에 관한 연구

f. 고대의 성경해석 방법

g. 중간기 역사연구

h. 주후 1세기의 교리들과 종교사상들

i. 신약 배경 연구

② 문헌들

이 문헌들은 1Q… 혹은 4Q… 등으로 표기되는데(1QS 8:12-14; LXX 사 40:3; 막 1:3), 여기서 숫자는 발견된 동굴의 순서를, 그리고 Q는 Qumran의 약자를 지칭한다.

(6) 구약의 역본들

① 문헌들

a. 마소라 텍스트, 사마리아 오경, 사해사본(히브리어)

b. 칠십인역, 헬라어 교정본(아퀼라) (헬라어)

c. 고대 라틴, 벌게이트(라틴어)

d. 페쉬타(시리아어)

② 중요성

이 문헌들은 구약 본문 자체를 확정하는 데도 중요하지만, 특히 당대 신약 저자들에게 가용한 상태로 놓여있던 구약 독법들을 결정하는 데도 중요하다.

(7) 탈굼(The Targums)

탈굼(아람어로 번역을 의미하는 단어)은 수 세기에 걸쳐 회당의 강론과 예전이란 세팅에서 만들어진, 히브리어 성경의 아람어 번역/의역 해석이다. 현존하는 탈굼 문헌은 에스라-느헤미야, 다니엘을 제외한 모든 구약 성경에 대한 중세 시대의 사본들이다. 이런 시대적 후기 성 때문에, 신약 해석에 별로 도움이 안 된다는 주장이 있지만, 현금에 와서 사해사본에서 발견된 탈굼 단편들로 인해, 팔레스타인 탈굼이 신약시대에 존재했다는 사상이 대두하게 됐다. 특별히 탈굼 이사야서와 예수의 어록 사이의 언어적 그리고 주제적 일관성이 신약학자 브루스 칠튼(Bruce Chilton)에 의해 설득력 있게 제기되고 있다(막 4:12의 '용서/치료라는 단어'/ 탈굼 이사야 6:9의 주제적 일치, 즉 막 4:12의 외인과 완악한 자들/탈굼 이사야 6:9-10).

(8) 랍비 문헌들

랍비 문헌들은 탈굼, 탈무드, 미드라쉬의 세 카테고리로 나눌 수 있다. 그 중, 탈무드는 미쉬나, 토셉타, 팔레스타인 탈무드, 바빌로니아 탈무드의 네 범주가 있다. 또 랍비 문헌들은 시기상 두 개로 구분되기도 한다.

a. Tannaic 시대(주전 50년-주후 200년. 'repeat'을 의미하는 아람어 *tena*에서 온 선생들을 뜻하는 Tannaim에서 옴)

b. Amoraic 시대(주후220년-주후500년. 'say'를 의미하는 *amar*에서 온 강론자를 뜻하는 Amoraim에서 옴)

중요 문헌들은 다음과 같다. 탈무드 문헌 (Mishna, Tosfta, Jerusalem Talmud, Babylonian Talmud), Tannaic Midrash 문헌(Mekilta), Amoraic Midrash 문헌(Midrash Rabbah), 중세 주석가들.

2) 신약 배경 연구의 특성

(1) 역사적 문맥연구

신약의 역사적 배경을 연구하는 일은 이율배반적인 특성을 지닌다. 즉 이 연구는 중요하지만, 역사적 문맥을 재구성하는 일이 주관적인 성격을 지닌다는 뜻이다.

(2) 중요 주제들에 대한 연구방법

유대의 중요 사상들의 연구는 중간기의 주요한 1차적 문헌들의 연구로 이루어지며 동시에 당대의 역사서들에 대한 참고를 통해 이루어진다.

(3) 역사적 상황과 성경적 주제들의 관계성

신약의 역사적 정황에 관한 연구와 이제는 성경 주제들에 대한 새로운 해석을 시도하게 한다는 특징을 지닌다.

(4) 중간기 시기의 유대교와 구약 및 신약과의 관계성

앞서 언급했듯이 중간기의 유대 사상과 문헌들은 구약과 신약과의 관계에서 연속성과 동시에 단절성을 지닌다.

3) 팔레스타인 유대주의(Palestinian Judaism)

(1) 팔레스타인의 유대주의는 다음과 같은 시대로 구분된다.

유대 역사 (주전538- 주후 200)

페르시아 시기 (주전 538-332)

그리스제국 시기 (주전 332-167)

알렉산더 대왕 사후의 그리스제국은 이집트의 프톨레미 왕조와 시리아의 셀류시드 왕조를 근간으로 하는 네 개의 제국으로 나뉜다. 처음 얼마간, 팔레스타인은 프톨레미 왕조의 지배를 받다가, 주전 198년경 셀류시드 왕국의 안티오코스 3세가 프톨레미 5세 에피파네스를 무찌름에 따라 셀류시드 왕국의 입구가 된다. 이러한 갈등속에서 예루살렘은 안티오코스를 지지하였고, 이에 대한 보답으로 안티오코스는 당시 신전 국가였던 예루살렘에게 과거의 신전 국가로서의 모든 특권을 회복케 한다.

마카비아 시기(주전 167-63)

로마 시기 (주전 63년 이후)

(2) 팔레스타인 유대주의의 정의 및 성격

팔레스타인 유대주의의 다양성과 이를 설명해주는 세 요소는 다음과 같은 것들이 있다. 1) 헬라문화의 영향력 2) 그리스-로마의 정치적 힘 3) 이스라엘 민족 자체의 인식. 특별히 이스라엘 민족의 인식은 자신의 종교적인 실체와 사회-정치적 실체 사이의 내적인 연관성에 대한 전통적인 인식이다. 즉 아브라함에 대한 약속을 그 후손들에 의한 땅의 안정적 소유와 동일시하고, 하나님의 통치를 다윗 왕조와 동일시하며, 성전을 하나님의 예루살렘 임재와 동일시하였다.

당시 팔레스타인은 외부적 관점에서 유대인들의 독특한 자기인식 및 국가 이해-제사장의 왕국이요 거룩한 나라라는 인식(출 19:5-6)-와 당시 자기의 모든 속국의 안정된 지배를 유지하려는 로마제국 사이의 갈등으로 인해, 마카비 반란(주전 167년)으로부터 코흐바 봉기(주후 135년)시까지 정치-군사적 분쟁 속에 끊임없이 휩싸였다. 이런 상황에서 하나님의 나라가 가까웠다는 예수의 선포는 화약고에 불을 지르는 것 같았거나, 깊은 함축적 의미를 지녔을 것으로 보인다.

동시에 내부적 관점에서 볼 때, 헬라화와 로마제국의 여러 문제에 대해 여러 상반된 반응을 지닌 유대인들의 행태도 주목해 볼 필요가 있다. 구체적으로 하나님의 백성이 된다는 의미에 대한 다양한 반응들을 의미한다. 다음의 요소들은 팔레스타인 유대교를 이해하는 데 필요한 고려사항들이다. 1) 정치적 상황 2) 예수의 복음, 즉 하나님 나라의 도래 선포 역시 이러한 상황에서 이해되어야 한다 3) 헬라화 되어가는 팔레스타인 4) 마카비안 가의 반란과 성공 5) 하스몬왕조의 항거와 로마와의 유대전쟁 6) 종교다원주의, 복합주의적 성향 7) 다양한 종교적 집단들: 세리들, 열심당원들, 사두개인들, 바리새인들, 에세네파 8) 이 집단들의 메시아-대망사상들 9) 묵시사상과 묵시문학: 시대의 이원론적 구분과 우주적 차원의 갈등 10) 묵시사상 출현의 배경: 확신과 경험 사이의 괴리감.

4) 주후 1세기 유대교 내 다양한 종교 집단들[157]

주후 1세기의 유대교의 모든 흐름의 촉진제는 마카비 왕조의 위기였다. 당시 유대인은 자신의 언약의 하나님이 이방의 압제로부터 해방하여 이스라엘을 회복시킬 것이라는 소망과 열망을 품고 있었다. 그러나 마카비 왕조의 제사장-왕의 독점적 기능은 유대교 내의 수많은 분파를 등장시켰고, 이들과의 마찰을 불러왔다.

유대교의 다양한 분파의 등장 원인들은 다음과 같다. 1) 이스라엘의 신념과 열망과 관련한 이스라엘의 언약의 신의 백성이 된다는 것은 무엇을 의미하는 가에 대한 다른 이해들 2) 지리적 요소-예루살렘의 유대인들의 관심은 성전, 제의 예전 절기 등의 종교적 상징에 관한 문제였고, 갈릴리의 유대인들은 토라와 이와 관련한 안식일, 음식법, 할례 등과 같은 문화적 사회적 종교적 경계표지들에 관심이 있었다. 또 디아스포라 역시 토라 준수를 통한 정체성 유지에 관심을 둠 3) 사회경제적 다양성은 부자와 빈자, 지주와 소작농들 사이의 갈등과 분쟁으로 대변되지만, 특별히 이들은 자신들의 주장을 합리화하기 위해 신학적 논쟁을 수반했을 것으로 보인다. 빈자들의 부채문제와 이로 인한 부유한 귀족층에 대한 증오는 로마에 대한 증오와 함께 심각한 문제였다. 이런 점에서 참된 유대인이 된다는 것은 교리적인 문제가 아니라, 문화적 신학적 차원들과 아울러 사회적, 경제적, 정치적 차원을 포함하는 것이다. 그렇기에 당시 이스라엘의 소망은 사후에 누리는 지복이 아니라, 억압과 채무 그리고 로마로부터의 해방이자 민족적 출애굽이며 이스라엘의 하나님 나라가 임하는 것이었다.

157 이하는 다음의 저서에서 기인하며, 이하의 서술들은 이 저서를 선택적으로 사용하고 또 사용하는 부분들은 재-진술의 형태로 제시되고 있음을 밝혀둔다. N. T. Wright, "제 7장: 다양성의 발견," 『신약성서와 하나님의 백성』 (크리스천다이제스트, 2003), 280-358

(1) 바리새파

먼저 바리새인들에 대한 역사적 논쟁은 다양한 차원에서 전개되고 있음을 주목할 필요가 있는데, 그 이유는 다음과 같은 데서 찾아볼 수 있다. 1) 요세푸스의 글에 나타난 바리새인들에 대한 변호적 성향(바리새파의 정치적 논쟁을 철학적 논쟁으로 바꾸어 놓음) 2) 쿰란 공동체의 경쟁적 분파로 이해 3) 바울의 경우 회심 이후의 힐렐적 성향과 (그의 관심은 이방인들의 계약 백성으로 들어오게 하는 데 있는 것이 아니라, 개종한 이방인들이 이교도가 아니라는 점을 밝히는 데 있었기에) 회심 이전의 샴마이적 성향의 혼재 4) 복음서와 랍비 문헌들에 내재된 편견.

어떤 경우든 바리새파는 사적 또는 제의적 정결이라는 문제보다 폭넓은 문제들에 관심을 지닌 그룹이며, 이들의 관심은 흔히 정치적, 혁명적 활동을 포함했다. 또 정결에 관한 규례들은 주후 70년 이전의 바리새파 운동의 결정적으로 중요한 일부로서 더 폭넓은 정치적 과제들을 상징적으로 보여주는 역할을 하고 있다.[158] 바리새파는 크게 다음과 같이 네 시기로 구분되어 설명된다.

① 하스모니안 왕조 시대(주전 164-63년)

이 왕조의 통치자들은 적어도 외관상으로는 이스라엘의 유업을 따라 통치하고자 애를 썼으며, 그러기에 이 유업을 대변한다고 주장하는 바리새인들과 같은 집단으로부터의 압력에 약했다. 바리새파들은 이교 사상과의 동화로부터 자신의 정체성을 유지하려고 했다. 토라에 대한 극단적 집착이 이를 보여준다.

158 상게서, 303-340.

② 로마 통치시대(주전 63-주후 70년)

로마와 헤롯의 통치는 유대 조상들의 전통에 별 관심을 두지 않았음으로, 바리새파의 조언이나 지지를 별로 필요로 하지 않았다. 그러나 이 시기의 바리새파가 설정한 과제는, 이스라엘의 정결, 회복, 토라 연구와 실천을 통한 회복 운동의 선봉에 서는 것이었다. 그러나 이들 가운데는 두 개의 병행적인 운동 방향이 있었다. 1) 보다 적극적인 형태의 혁명적 움직임과 2) 보다 은둔적 형태의 토라 연구와 실천. 이 두 개의 운동 방향은 힐렐-가말리엘-요하난 벤 자카이로 이어지는 그룹과 혁명적 열심을 주창하는 샴마이와 그의 추종자들의 그룹으로 대변된다.

③ 두 번의 반란/전쟁 사이의 시대-얌니아 시대(주후 70-135년)

앞의 두 그룹이 보여주는 조류는 여전히 남아있지만, 더 이상 바리새파로 불리지는 않았다. 비록 자카이와 그를 이은 가말리엘이 토라에 대한 서기관적인 해석에 전념했고(경건), 엘리에셀 벤 하르카누스는 보다 엄격한 과거 바리새파의 목표를 따라 혁명의 소망에 집착하였지만(정치), 그러나 여전히 경건과 정치를 구분하는 것을 올바른 유대교에 대한 이해가 아니다.

④ 주후 135년 이후 시기

이 시기는 랍비 유대교가 진정으로 시작된 시기이다. 즉 토라 연구는 정치 권력에 대한 관심의 결여를 의미하는 것이었다. 또 토라 연구는 성전예배와 동일한 효과를 지닌다고 이해했다. 이 시대의 바리새인들의 기도와 신학에 대한 이해는 다음과 같다.

a) 기도- 18 축도문으로 대변되는 이들의 기도는, 여기에는 이스라엘의 구속자에 대한 청원, 죽은 자들의 부활, 해방의 선포,

이스라엘의 다시 모임, 원수들의 멸망, 예루살렘과 성전의 회복, 메시아의 오심이 담겨 있다. 그러나 중요한 것은 이 내용들은 단순히 문자적 표현 그 이상 즉 정치적 혁명적 내용을 함축하고 있다는 점이다.

b) 신학과 신앙 체계- 부활 사상은 단순히 사후세계에 대한 신념이 아니라, 이스라엘의 회복과 재건에 대한 열망과 결부되어있다. 이런 점에서 사두개파의 부활사상 거부를 이해할 수 있다. 섭리에 대한 이해도 모든 일이 하나님의 섭리에 따라 일어나지만, 인간은 여전히 자유의지를 소유한다고 믿었다(이스라엘의 신의 역사는 대리자와 도구인 충성스러운 유대인들을 필요로 한다).

이에 반해, 에세네파의 섭리 교리는 모든 것을 하나님의 섭리에 전적으로 맡기는 것이었고(이스라엘의 해방은 이스라엘의 신이 때가 차서 이루실 때까지 기다리는 것임), 사두개파의 섭리 교리는 모든 것이 사람의 자유의지 행사에 달려있다고 보았다 (자신들의 실존을 통해 정치 권력을 잡고 유지해야 함을 믿었음).

결론적으로 바리새파는 마카비 시대에는 종교적/정치적 압력 집단으로 시작되어 이 시대 후반에 가장 큰 사실상의 권력 집단이었다. 로마와 헤롯의 통치 기간에는 이방 관습과 통치로부터의 이스라엘의 자유에 대한 열망은 원칙적으로 꺽이지 않았다. 두 전쟁 사이의 시기에도 여러 혁명 운동을 통해 바리새파는 적극적으로 활동했다. 힐렐과 샴마이 학파들 모두는 이스라엘의 해방운동에 헌신한 자들의 정결 유지에 관심을 갖고 있었다. 다만 강조의 차이는 있었는데, 전자는 이 문제를 이스라엘의 신에게 맡기는 쪽으로 후자는 신의 역사에 동참하는 열심 있는 대리인이 되고자 했다. 그러나 분명 둘 다 ***정치적***이었다. 단지 이들은 정치와 경건을 결합하는 방식에서 달랐을 뿐이다.

(2) 사두개파(성전, 율법, 제사장)[159]

예루살렘과 유다는 제사장의 이해관계에 의해 다스림을 받는 공동체였다. 주전 3세기에 프톨레미 왕조, 그리고 2세기에 셀류시드 왕조가 예루살렘을 지배하는 동안 대제사장은 왕의 권위에 종속되어 있었으나, 신전국가의 관할 안에서는 신전과 그 제사장들의 조직보다 더 높은 정치적 권력이 없었다.

헬레니즘 시대 초기의 대제사장들은 전통의 보존자였는데도 헬레니즘의 영향에 대해서는 상당히 개방적이었다. 사독 가문의 오니아드 가문이 상당히 헬라화되었던 사실은 마카비 반란을 야기시킨 이유 중 하나였다. 그러나 반란을 지지했으며 후에는 하스몬가를 지지한 제사장들은 다른 신학적 사고를 보여준다. 바로 이들이 사두개인으로 불리는데, 아마도 이 말은 사독의 합법적 후손이라는 사독인이라는 말에서 유래된 것으로 보인다. 이들은 하스몬가의 통치자들이 대제사장 직분을 차지하고 있는 것을 지지했던 집단들이다. 이에 반해 사독가문 출신의 '의의 교사'의 지도하에 쿰란으로 도피했던 사람들은 하스몬가의 시몬이 대제사장직을 불법적으로 차지한 데 대해 항거했다.

이들 사두개파의 제사장적 세계관의 중심적 상징은 성전이었다. 성전은 이스라엘의 신학과 열망 전체를 묶어주는 끈이었을 뿐만 아니라, 고위 제사장들의 권력 기반이자 나라의 경제적 정치적 중심이었다. 그들의 현재 상태를 유지할 수 있었던 것은 성전을 그들이 장악하고 있었기 때문이다.

고위 제사장들을 포함한 당시 지도적 귀족층은 대체로 사두개파에

159 상게서, 350-357.

속한 자들이었다. 이들의 신념체계는 셋으로 구분할 수 있다.

첫째, 요세푸스에 의하면 사두개파들은 섭리와 관련하여 인간의 자유의지를 믿었다. 이러한 믿음은 매우 정치적인 특성을 지닌다. 즉 이스라엘의 신은 스스로를 돕는 자를 돕는다는 사상은 필요한 모든 수단을 동원하여 스스로의 지위를 유지하던 권력 자들에게 편리한 교리였을 것이다.

둘째, 사두개파는 오경의 율법 이외에는 신경을 쓸 여력이 없었다. 이런 점에서 그들은 조상들의 유전과 전통을 따르는 바리새파와 대조를 이루며, 개혁을 원치 않는 보수적 집단으로 판단된다.

셋째, 사두개파는 부활 교리를 부인했다. 주후 1세기의 부활은 이스라엘의 총체적 재건, 바벨론으로부터 귀환, 최종적 구속의 의미하는 상징과 은유였다(cf. 겔 37; 마카비 2서-순교자들은 부활을 장차 신이 자신들을 신원하실 것이라는 맥락에서 이해함). 이런 점에서 볼 때, 메시아 아래서 신정국가인 이스라엘의 재건을 가리키는 은유적 이미지인 부활은 이제 사두개파들의 위태로운 권력 종말을 의미하는 것으로 이해했다.

세상사에 몰두해 있던 이들은 이스라엘의 총체적 회복에 대한 소망을 내세로 투영하는 일에 관심이 없었다. 이들은 성문법에 기록된 바 성전과 종교에 관한 규정들이 정확하게 성취되는 데 대한 보장을 원했으며, 이와 관련해 율법을 문자 그대로 적용하는 것이 옳다고 주장한다. 이들은 예언서와 성문서를 신빙성이 있는 것으로 인정하지 않았고, 구전 전승도 받아들이지 않았으며, 율법에 분명하게 기록되지 않은 신학적 개념들도 받아들이려 하지 않았다 (Josephus, Ant. 13.29. 7 etc). 부활 교리를 부정한 것도 동일한 맥락이며(cf. 막 12:18), 천사와 영의 존재에 대한 부정도 동일하다(cf. 행 23:8)

이들 제사장 무리들의 개인적인 생활양식은 헬레니즘 문화에 동화되어 있었지만, 헬레니즘의 정신에서 비롯된 모든 쇄신과 타협하지 않고 거부했던 것으로 판단된다. 이들은 기존의 예루살렘 성전종교를 개혁하려는 어떠한 시도도 용납하지 않았으나, 반면 헬레니즘 세계와 로마세계에서 평판이 좋은 성전의 전통적인 품위를 유지했다.

결론적으로 사두개파를 포함한 고위 귀족층은 유대 전쟁 중에 말살되었거나, 주변 헬라-로마 사회에 동화되었다. 성전을 중심적인 상징으로 삼았던 이들은 유대 전쟁을 통해 그들의 세계관과 함께 사라져 버렸다.

(3) 에세네파(Essenes)[160]

이 집단은 예루살렘 종교의 헬라화에 대한 반대를 제기하여 마카비 반란을 일어나게 만든 하시딤(경건한 자들)에서 발전되어 나왔다. 이들이 사독 가문 출신이 아닌 메네라오스를 대제사장으로 임명한 데 대한 반발로 반란을 지지했을 가능성이 많다. 후일 하스몬가의 시몬이 대제사장직을 취했을 때 예루살렘의 통치자들과 결별하게 되었다(주전 140년경).

이들은 자신을 하나님의 종말론적인 참 공동체로 생각했으며, 선택받은 새로운 언약의 공동체로서 말세의 전쟁 때에 결정적인 역할을 할 운명을 지닌 자로 생각했고, 동시에 율법의 해석과 연구를 통해 하나님의 나라 도래가 이루어진다고 믿었다. 이들의 성경해석은 종말론적인 해석이었고, 묵시 사상의 근간인 이원론적 우주론적 결정론을 그들의 정체성과 사명의 근간으로 삼았다.

---

160 상게서, 340-350.

이들의 이런 사상은 천사 영, 마귀 등에 대한 지식에도 나타난다. 선한 영과 악한 영은 하나님과 인간세계의 중재자가 아니라, 하늘과 지상의 영역에서 활동하는 권세들이다. 이들의 활동은 인간영역에서 일어나고 있는 종말론적 사건에 비유될 수 있다.

이 공동체의 종말론적인 의식에 일치해서, 천사들은 서로와의 전투 속에 묶인 신화론적인 우주적 권세들이며, 동시에 인간의 마음속의 성향 또는 도움을 주거나 유혹을 하는 세력으로 간주되기도 한다. 로마가 쿰란을 파괴한 후, 에세네파는 역사에서 사라졌다.

이들의 신학은 다음과 같이 정리할 수 있다. 1) 유일신 하나님 2) 이스라엘은 이 신의 역사를 촉진할 수단으로 택한 받은 백성이다. 3) 갱신된 계약에 참여했음을 보여주는 징표는 경건과 정결이다. 그러나 이 징표는 이 공동체의 구성원이 되는 자격이나 구원을 얻는 수단으로 취급하지 않았다. 4) 이스라엘의 신이 역사 내에서 백성을 구속하시고, 거룩한 땅에서 새로운 성전에서 예배를 드리게 하실 것이라는 종말론적 관점이다. 이스라엘의 신이 활동하실 그때, 백성의 메시아들이 참된 기름 부음 받은 제사장과 참된 다윗 가문의 왕을 보내실 것이다.

(4) 제4 철학(The Fourth Philosophy)[161]

유대인들의 근본적 소망은 이방의 압제로부터 해방, 땅의 회복, 성전의 재건에 대한 것이었다. 이런 기대들은 이스라엘의 현재적 불행한 상황에도 불구하고 그들의 신은 세상의 왕이라는 믿음의 소산이다. 또 이러한 소망을 표현하는 중요한 방식은 현 세대와 다가올 세대라는 세대 구분이다. 메시아 사상이나 구원이란 주제도 다가올 세대, 곧 새

161 상게서, 499-508.

시대의 도래로 표현되는 이스라엘의 신원과 회복의 때라는 보다 큰 주제의 일부 혹은 한 측면일 뿐이다. 다가올 세대를 바로 새 언약의 시작으로 보았다.

이러한 사상은 요세푸스에 의해서 거론되던, 바리새파, 사두개파, 에세네파를 뒤잇는 네 번째 분파에 해당하는 제4 철학(the Fourth Philosophy)의 '신 외에는 왕이 없다'는 슬로건에 요약적으로 표현된다. 많은 학자들은 이 분파 운동을 열심당과 연결하는데, 새로운 해석에 따르면 이 집단은 특별히 BC 2세기경의 안티오쿠스 에피파니 시대의 순교 전통에 속한다고 한다. 이들은 토라에 대한 순종을 통해 흔들리지 않고 로마에 저항하게 되면, 하나님께서 그들 편에 서서 싸우신다고 믿었다. 특별히 순교 전통에 따르면, 무고한 박해와 고통은 너무도 가혹하기에 하나님이 일어나 역사하실 수밖에 없다고 한다. 또 이 사상은 하나님을 의로운 자의 친족으로 그를 속량하신다는 구약의 속량(redeem)이란 개념에서 유래한다.

이 분파에 따르면 이스라엘은 신의 나라이고 그런 점에서 이스라엘의 신이 이스라엘과 온 세상을 다스릴 것이라는 소망을 이 슬로건이 내포하고 있다. 이 신은 창조주이기에 이스라엘의 회복에 대한 언어들은 우주적 이미지를 사용하지 않을 수 없었다. 그러나 이것이 결코 시공으로 이루어진 우주의 종말과 멸망(헬라적 전통의 이해임)을 의미한 것은 아니다.

(5) 묵시사상(Apocalyticism)

헬레니즘 시대의 이스라엘의 종교적 발달에서 중요한 요인은 묵시론적인 세계의 도래를 기다리는 운동이며, 이것은 기독교 형성에도 결정적 역할을 한다. 이 사상은 마카비 반란에 영향을 주었고, 에세네파가 형성 유지되는 동인이었으며, 로마-유대전쟁과 바르 코흐바 반란의 도화선이 되었다. 또 이스라엘의 예언적 전통과 유산을 세례요한과 예수와 그의 추종자들에게 중재했고, 구약성서와 신약성서를 잇는 중요한 다리를 마련해 준 것으로 판단된다.

주전 6세기 초의 유다 예루살렘의 멸망으로 인해 역사적-신정설(historical theodicy: 악의 존재와 신의 속성은 모순되지 않는다는 설)에 대한 근본적 의심이 제기되었다. 포로기에 쓰인 신명기 역사는 예루살렘의 멸망을 이스라엘의 반역과 죄에서 찾았고, 회개와 갱신은 하나님의 새로운 역사 시작이 이스라엘이란 역사적 실체내의 경험 속에서 이루어질 수 있다고 주장한다. 그러나 일군의 다른 집단들은 하나님의 새로운 창조세계와 질서는 혼돈의 우주질서를 타파하고 극복하여 승리하는 데서 이루어질 수 있다고 믿게 된다(욥기서의 경우).

이러한 사상의 예가 이사야의 고난 받는 종의 표현 속에서 나타난다. 이 종은 과거사에서 발생한 죄로 인해 고난을 당해야 하는 이스라엘의 대표자가 아니라 새로운 세계질서를 위해 고난 받는 새로운 모세이다. 에스겔의 신화론적이고 우주론적인 차원의 새 성전 묘사도 동일한 맥락이다. 이들의 사상은 시대의 이원론적 이해와 우주적 차원의 이해로 집약될 수 있다.

또 역사의 신학은 지혜로 대치되었다. 개인의 상황에 대한 지식은 민족사의 정치적 경험에서 얻어지는 것이 아니라, 인간의 상황에 대한 통찰에서 얻어진다. 악이 지배하는 세상에서의 올바른 인격적 행동에 대한 지식은 더 큰 우주적 실체들을 이해하는 데에서만 얻을 수 있다. 이 사상을 담고 있는 구약 저작들로는 에스겔서, 이사야서 스가랴 9-14장을 들 수 있다.

잠시 묵시사상의 기원과 묵시문학의 성격에 관해 이야기하고자 한다. 이스라엘의 소망을 담고 있는 묵시사상에 관한 학자들 사이의 이해는 대단히 다양하다. 심지어 용어에 대한 정의조차 합일점을 찾지 못하고 있다 해도 과언이 아니다. 헬라어 ἀποκαλυψις에서 유래한 영어 표현들로써 중간기 시기의 유대인들의 종교적 신앙과 세계관을 표현하는 용어들은 apocalypse, apocalyptic, apocalypticism, 그리고, apocalyptic eschatology 등 다양하다. 우리는 다음과 같이 요약된 정의를 내리고자 한다. 묵시 사상은 하나의 문학적 저작으로서의 apocalypse(묵시문학) 로 제한해서는 안 되며, 하나의 신학적 전망이자 시각으로서의 묵시 사상인 apocalyptic은 사회적-종교적 운동의 이데올로기로서의 apocalyticism(묵시주의) 과 구분되며, 그렇다면 묵시 사상은 묵시론적 종말론이란 표현으로 가장 잘 대변된다.

구약 저자들은 역사를 하나님의 활동 무대로 보았으며, 하나님의 구원 역시 역사 구체적 문맥에서 이루어질 사건으로 보았다. 구체적인 정치적, 경제적, 사회적 사건들 속에서 하나님의 궁극적인 목적들이 성취된다고 확신했다. 그러나 역사 속에서 하나님의 목표가 성취될 수 없게 만드는 인간적인 장애 요인이 있었으니, 그것은 바로 이스라엘의 강퍅함과 신실치 못함에 있다. 이런 문맥에서 주전 8세기와 7세기의 선지자들은 이스라엘의 회개와 갱신이 잃어버린 이상을 다시 회복시킬 것이라는 소망을 불러일으켰다.

이러한 선지자들의 소망은 바벨론 포로와 함께 새로운 변화를 겪게 된다. 자신들의 역사적 상황을 현실적인 실체로 받아들이면서, 동시에 하나님의 목적 완성을 여전히 미래 실체로 간주하게 된다. 이런 문맥에서 하나님의 목적 완성은 이제 역사적 국면을 넘어서는 보편적이며, 우주적 차원의 실체로 그 영역이 확대되어 나타난다. 폴 핸슨(Paul Hanson)이 지적하듯이, 기원전 200년부터 주후 100년까지

시기의 묵시론적 저작들에 반영되어 나타나는 묵시론적 세계관에 따르면, 하나님의 궁극적인 구원 행위들은 정치적 구조들이나 역사적 사건들 내에서 이루어지는 약속들의 성취로서 나타나는 것이 아니라, 현재의 질서로부터 새롭게 변화된 질서로의 구원을 의미했다.

신약 역시 인간의 영역과 한계를 넘어서는 새 시대와 새 질서를 선포하는 우주적 차원의 구원드라마에 관해 이야기하고 있다. 동일한 맥락에서, 복음서 저자들 역시 예수를 통해 하나님이 세상에 개입하셔서, 그의 통치를 세우시고 이를 통해 새로운 세계 질서가 예수의 인성과 사역 가운데 드러나기 시작하는 그러한 묵시론적 인물로 예수를 묘사하고 있다.

묵시 문학은 보고된 비전/이상과 이에 대한 해석의 형식을 갖추고 있다. 이를 통해 이전의 성경 예언들의 메아리를 다시 일깨우는 역할과 인내의 소망이란 메시지를 신적 권위를 빌린 문학 형태로 표현하고자 한다. 특별히 묵시론적 언어들은 복잡하고도 대단히 윤색된 은유들을 사용해서, 한 사건을 다른 사건의 견지에서 기술하고 그 사건의 의미를 이끌어내려 하는 목적을 지녔다. 그런 점에서 묵시문학의 은유적 언어는 역사에 신학적 의미를 부여한다고 볼 수 있다.

묵시 사상이 출애굽과 창조의 이미지를 사용하여 미래의 소망을 표현하는 것은 자연스러운 현상이다. 그러나 분명한 점은 묵시 사상은 여호와가 이스라엘의 회복 과정의 절정에서 나타내실 것들은 여전히 이 세상의 영역 내에 머물러 있다고 본다는 점이다. 공간과 시간, 문자적인 우주론에 관한 문제들보다 주후 1세기의 유대인들에게 훨씬 더 중요했던 것은 성전, 땅, 토라, 인종, 경제, 정의와 같은 핵심적 이슈들이었다.

끝으로 묵시 사상의 배경을 살펴보면, 다음과 같은 두 가지 배경이 있다. 1) 개인적 배경: 왼쪽 끝에는 온전한 의미의 신비체험자들, 오른쪽 끝에는 사회-정치적 사건들과 관련한 순수한 문학적 저자들, 중간에는 온전히 경건한 신앙과 열망을 가지고 종교적 감성으로 충만한 언어로 쓴 경건한 유대인들. 2) 사회-역사적 배경: 억압받는 집단들의 정치적 전복을 꾀하는 문학적 기능.

묵시 문학의 표현은 다음과 같은 세 가지 특징을 지니고 있다. 1) 문학적/수사적 표현(예-짐승들) 2) 사회학적 표현(예-왕들) 3) 형이상학적 표현(예-천사).

묵시 사상의 기원에 대해서 마틴은 역사에 대한 비관주의가 포로기의 페르시아 사상, 특히 조로아스터 교의 여러 사상과 혼합되어 나타났다고 주장한다. 즉 선과 악의 세력 사이의 우주적 투쟁, 하나님의 갑작스러운 역사 개입, 모든 사람의 부활과 심판, 불에 의한 세상의 멸망, 하나님의 최종적 승리와 새로운 세계의 도래.[162]

그러나 유대 묵시 사상은 주로 구약 전승, 특히, 포로-후기 선지자 전승과 이 선지자 전승의 모체가 되었던 고대 히브리 전승 및 가나안 전승, 특별히 이스라엘의 국가적 정체성과 특성을 형성하는 데 토대가 되었던 출애굽 전승에 크게 의존한다고 보는 것이 타당해 보인다.

그런데도 이러한 묵시 사상의 발현은 포로 경험 이후의 삶과 미래에 대한 새로운 조망에서 이루어졌다는 데는 이의가 없다. 묵시 사상이 지닌 초월성과 우주적인 은유들은 다윗 계열의 메시아 이상 국가의 국면을 하늘과 땅에서 하나님의 승리를 포함하는 데로 확대하는 데 결정적 역할을 하고 있다.

묵시 사상에 대한 이상의 여러 이견이 있지만, 한 가지 점에서

162 랄프 마틴, 『신약의 초석 I』 (크리스천다이제스트, 1993), 129.

학자들은 의견의 일치를 보고 있다. 즉 묵시론적 사상이나 종말론은 구약 선지자들의 예언이 당시 삶의 정황에 비추어 그 효력성이나 적실성을 잃어가는 사회적 역사적 문맥 가운데서 생겨나기 시작했다는 사실이다. 당대의 사회 상황 속에서 많은 사람이 사회 주류권에 있는 사람들로부터 소외되고 사회구조 속에서 주변적 위치로 전락하는 상황에 놓여있었다. 이러한 상황 속에서 소외된 집단들은 역사적 현실로부터 거리를 두게 되었고, 하나님이 초자연적으로 역사에 개입하사 그의 통치와 새 질서를 세우시고, 악인을 심판하고 선한 자들에게 상 주실 것을 갈망하기 시작했다.

이러한 사회-종교적 상황에서 묵시사상과 묵시론적 세계관에서 발견되는 다음과 같은 **특징적 요소**들은 쉽게 이해할 수 있을 것이다. 옛 시대와 새 시대란 시대의 이분법적 구분, 역사에 대한 비관주의, 신비주의, 결정론, 세상 종말의 임박한 기대, 우주적-보편적 차원. '봄'과 마가의 묵시론적 종말론 사이의 관계에 관한 연구의 목적을 염두에 둘 때, 이상의 여러 특성 중 우주적 차원의 이원론적인 시대 이해와 결정론을 묵시 사상의 주요한 두 개념적 구조라는 다수파의 견해를 채택하고자 한다.

폴 핸슨은 종말론을 예언적 종말론과 묵시론적 종말론으로 구분하여 설명하고 있다. 포로 이전과 포로기의 예언들이 여전히 역사적 실체인 이스라엘의 회복을 역사적 사건으로 보고 있다. 반면에, 포로-후기 예언들은 이스라엘의 회복을 역사적 이스라엘에게 국한된 역사적 사건이 아니라, 보다 근본적이며 보편적 차원의 보편 세계요 새로운 질서의 회복으로 보고 있다. 핸슨은 이들은 각각 예언적

종말론과 묵시론적 종말론으로 부르고 있다.[163]

5) 중간기 유대 사상을 이해하기 위한 구약의 근본적 사상 이해

(1) 이야기들-성경의 거대 담론

중간기 유대 사상과 문헌은 하나의 근본적인 이야기를 근간으로 한다. 이 이야기에 따르면 이스라엘의 하나님은 세상과 인류를 창조하신 분이시며. 이스라엘을 선택하여 창조의 목적으로 이루실 분이고, 자신의 신실하심으로 통해 선한 창조를 종말론적인 완성에 이르게 하실 분이다.

① 창조(세상을 선하게 창조하신 유일신 하나님)

이스라엘의 하나님 여호와(출 3:15; 출 34:6)은 유일신 하나님으로서, 자기-희생적 사랑으로 세상을 창조하여 인류 중에 거하시기로 작정하신 분이며, 이스라엘의 메시아를 통해서 원래 창조를 새롭게 하신 분이고(참조, 고후 5:17; 갈 6:15), 장차 새 창조의 역사를 완성하셔서 새 하늘과 새 땅을 이루어 원래 창조를 완전히 회복하여 창조의 목적으로 이루실 분이다(계 21:1-5).

② 언약(이스라엘을 선택하여 백성 삼으사 선한 창조의 목적을 이루심)

하나님의 백성은 하나님의 형상대로 창조되어서, 하나님의 형상을 이 땅에 반영하도록 선택받은 자들로서 왕-같은 제사장 나라로 부름

---

163 폴 핸슨, 『묵시문학의 기원』 (크리스천다이제스트, 1999), 18-21.

받은 자들이다(출 19:6; 벧전 2:9; 계 1:6). 이러한(하나님의 형상 담지자요 왕과 제사장의 소명을 근간으로 하는) 이스라엘의 선택은 예수 그리스도(메시아)의 오심과 그의 사역을 통해서 성취의 국면에 들어갔고, 이 성취는 새 이스라엘이신 예수를 통해 불러 모아진 교회를 통해서, 교회의 머리이신 주님의 영적 현존이요, 창조와 새 창조의 영이신 성령의 역사 가운데 완성을 향해 나아가고 있다.

③ 종말론(창조자는 언약 백성과 자신의 창조 세계에 대한 신실하심을 통해서 선한 창조를 회복하심- 핵심적인 은유가 부활임)

종말론은 창조자 하나님과 선택된 그의 백성의 미래에 관한 것이다. 이 미래는 하나님이 완전히 새롭게 하신 세상에서 하나님과 그의 백성이 완전히 하나로 연합된, 즉 창조의 완전한 회복 곧 하나님의 의와 거룩함으로 충만한 샬롬의 세상을 가리킨다.

(2) 성경의 거대 담론을 구성하는 주후 1세기 유대교의 중요 상징들[164]

이상의 이야기와 거대 담론을 구성하는 중요한 네 가지 핵심적 상징들은 다음과 같다. 1) 성전 2) 땅 3) 토라 4) 이스라엘.

① 성전

성전은 하나님의 임재의 장소요 죄의 용서를 통한 정결의 장소이다. 동시에 여기서 정결은 개인 경건의 문제라기보다는 공동체적 삶의 문제였다. 또 성전은 종교적, 정치적, 경제적 함의를 지닌다. 성전과

---

164 이에 관한 역사적 논증을 위해 다음을 참조하라. N. T. Wright, 『신약성서와 하나님의 백성』 (크리스천다이제스트, 2003), 372이하. 이에 관한 신학적 논증을 위해 다음을 보라. 데이비드 홀베르다 『예수와 이스라엘』 (새물결플러스, 2019), 전체.

관련한 유대 종파들의 이해 역시 다양하다. 에세네파는 당대의 성전을 불법적이고 타락한 것으로 보았으며, 적법한 대제사장에 의해 재건될 새로운 성전 탄생을 고대했다. 바리새파는 비록 하스모네 왕가의 제사장들과 그 후예들을 원칙적으로 반대했지만, 여전히 성전 제의에 참여하였다. 특별히 성전에 대한 불만은 헤롯 성전에 의해 증폭되었다. 즉 다윗-계열의 참된 왕적인 또한 제사장적인 인물에 의해 성전회복에 대한 열망이 있었다. 그런데도 제2 성전은 여전히 적어도 민족적, 문화적, 종교적 삶의 구심점이었다.

② 땅

유대 땅은 여호와께서 이스라엘에게 주신 양도할 수 없는 선물이었다. 언약 백성에게 주신 약속의 축복들이 이루어지는 장소이며 축복의 수단이었다. 그러나 땅 역시 성전과 마찬가지로 모호성을 지닌다. 즉 바벨론 귀향으로 땅을 소유하게 되었지만, 여전히 불안전한 소유였다. 여전히 통제와 정화가 필요한 대상이었다는 뜻이다.

③ 토라

토라는 언약의 신과 언약 백성의 계약헌장으로써, 성전과 땅을 규율하였다. 성전과 토라는 불가분의 관계를 지니며, 땅 역시 그러했다. 포로기와 디아스포라에 들면서 토라 연구와 실천이 성전 제사나 예배를 대신할 수 있다는 이론이 전개된다. 즉 토라 연구와 실천을 통해 쉐키나의 임재가 이루어진다고 보았다. 동시에 토라는 유대인들을 이교도들과 구별하는 척도이기도 했다. 구전 토라의 생성은 특히 에세네파의 은밀한 가르침과 연계하여 부상하게 되었다.

④ 인종적 정체성

누가 유대인의 순수 혈통을 물려받은 자들로서, 창조자 하나님에 의한 선택과 이 분과 맺은 언약을 유산으로 물려받을 것인가 하는 문제는 당시 주후 1세기 유대 사상과 문헌들의 핵심적인 중요 상징의 하나였다. 특별히 포로 유형에서 돌아온 유대인들 가운데 이러한 질문은 심각하고도 폭발성이 강한 질문이었다. 이 중 할례라는 계약의 징표는 하나님의 선택 받은 백성으로서의 유대인들의 경계표지였다. 어떤 경우이든 당시 유대인들의 인종적 정체성의 문제는 성전, 땅, 토라와 같이 모든 면에서 결정적인 중요성을 지닌 문화적, 종교적인 상징이었고 또 이것들과 철저하게 연결되어 있었다.

6) 묵시론적-종말론

(1) 서론

앞서 '아담-그리스도'의 패러다임은 '존재론적-구원론적'이라기보다는 '아담-하나님의 나라에 관한 것'이요, '아담-이스라엘의 소명에 관한 것'이며, '기독론과 새-창조 프로젝트에 관한 것'이라는 N. T. 라이트의 주장을 살펴본 바 있다. 이 주장과 동일한 맥락에서 예수 그리스도의 사역은 단순히 인류 구원에 관한 문제가 아니라 아담에게 주어졌지만 거절되었던 피조세계에 대한 섭정의 왕권을 종말론적으로 회복하는 일에 관한 것이며, 이것은 바울의 기독론을 보여주는 로마서의 두 구절인 로마서 5:17과 로마서 5:21을 통해서도 정당화될 수 있다는 점을 또한 살펴보았다.

이와 관련해서 마가복음과 바울 서신, 특히 갈라디아서 해석과 관련한 두 학자 조엘 마커스와 마르티누스 C. 드 부르의 주후 1세기 유대전통의 묵시론적 종말론에 대한 이해를 살펴보는 것이 적절해 보인다.

(2) 마가복음의 묵시론적-종말론[165]

마커스에 따르면 마가복음은 저작 시기상 유대 묵시론적 종말론(Jewish Apocalyptic Eschatology)이란 상황 하에 놓여있다.[166] 이 종말론은 '우주적 차원을 지닌 두 시대(two ages, cosmically conceived)'로 축약될 수 있다. 세상의 종말에 이르면, 하나님께서 초자연적으로 역사에 개입하사 옛 시대를 끝내시고, 새 시대를 시작하신다.

이러한 유대 묵시론적 종말론은 다시 두 부류로 구분되는데, 하나는 우주론적 종말론(Cosmological Eschatology)이요, 다른 하나는 법정적(Forensic) 혹은 인간론적 종말론(Anthropological Eschatology)이다.[167] 우주론적-종말론은 James Robinson에 의해 대변되는데, 이 사상에 따르면 종말에 하나님이 사탄과 그의 추종 세력을 물리치시고, 그의 왕국을 세상에 확립하시고 의의 통치를 구현하신다. 이것을 로빈슨은

165 보다 자세한 설명을 위해서 다음을 참조하라. 류호영, "마가복음의 모티프 "봄"(Seeing)의 연구: -마가의 묵시론적-종말론 구조에 비추어 본 "봄"- Studies on the Motif of "Seeing" in the Gospel of Mark, " 한국개혁신학 18권0호 (한국개혁신학회 , 2005년 10월) 199-224.

166 이러한 입장을 주도하는 보다 자세한 설명을 위해서, Joel Marcus의 두 주요 저서를 참고하라: *The Way of the Lord: Christological Exegesis of the Old Testament in the Gospel of Mark* (Louisville: Westminster/John Knox Press, 1992), 26-29; *Mark 1-8: A New Translation with Introduction and Commentary*, The Anchor Bible 27 (New York: Doubleday, 1999), 70-73.

167 Anthropological Eschatology와 Cosmological Eschatology에 대한 자세한 설명을 위해서, Martin de Boer, "Paul and the Two Patterns of Jewish Apocalyptic Eschatology," in *Apocalyptic and the New Testament* (Sheffield Academic Press, 1989)를 참조하라.

다음과 같이 표현하고 있다.

> 마가가 기록하기로 선택한 역사는 일관되게 하나님의 종말론적인 행위로 제시되고 있다. 하나님의 이러한 종말론적인 행위는 세례 요한에 의해서 준비되어졌고, 예수의 수세와 시험 장면에서 시작되었으며, 다양한 형태의 악과의 싸움을 통해서 실행되었고, 이 행위는 예수의 죽음을 통해서 예수께서 하나님의 역사 개입과 사탄의 저항의 ***궁극을*** 경험하실 때까지 지속되었다. 예수의 부활에서, 악의 세력은 결정적으로 해체되었으며, 하나님의 다스림의 능력이 역사 가운데 세워졌다. 이런 식으로 마가는 예수의 역사를 이해했다.[168]

이 경우, 복음의 관심은 지속적인 하나님과 사탄의 종말론적 갈등과 싸움 (cosmic conflict)이란 구조 속에 처한 인간의 실존이다.

법정적 혹은 인간론적 종말론은 E. 베스트로 대변되는데, 이 사상에 따르면 하나님의 종말론적인 왕권확립은 새로운 시대의 도래를 알리는 종말론적-법정적 선포에 기초한다. 더 정확히 말해, 이 구도에 따르면 마가복음은 기본적으로 목회적인 격려를 위한 저작으로서, 주된 관심은 우주적인 악한 세력들과의 싸움에 있는 것이 아니라 이 싸움이 사람들의 마음과 뜻에 미치는 영향들에 있다는 것이다. 이 점을 베스트는 다음과 같이 표현하고 있다.

> 사탄과의 조우는 예수의 사역의 시작점에 놓여 있으며, 바알세불 논쟁이 보여주듯이, 예수의 시험의 요지는 사탄이 정복되었다는 점, 즉 강한 자가 결

168 Robinson, *The Problem of History in Mark*, 5 (London: SCM Press, 1957), 53.

박되었다는 점이다. 마가복음 나머지 부분에서 예수의 축사들은 사탄의 졸개들에 대한 소탕작전이며, 졸개들의 수장인 사탄이 이미 결박되었고 무장해제되었기 때문에 이 소탕작전은 성공적임이 확실하다. 아마도 가장 치명적인 시험이 겟세마네 동산에서 이루어지는데(cf. 막 14:32-42), 중요한 점은 여기서 사탄은 언급조차 되고 있지 않다는 점이다. 여기서 시험은 외부로가 아니라 예수 내면으로부터 오고 있다는 점을 주목할 필요가 있다. 여기서 그 어떠한 우주적 갈등도 존재하지 않으며 단순히 하나님의 뜻에 저항하여 싸우는 인간의 뜻이 존재할 뿐이다. 간단히 말해서 마가복음 전반에 걸쳐서 예수에 대한 적대는 사탄적(satanic)이라고 할 수 없다. 예수를 대적하게 만드는 사람 속에 악한 것은 사람들 자신의 마음의 악한 의향으로 지속적으로 회귀한다. 악은 사람의 안에서 나오며, 사람의 안으로부터 나와서 사람 자신을 더럽게 만들거나 다른 사람들을 상하게 만든다(cf. 막 7:14-23).[169]

이 경우 복음의 관심은 이러한 선포와 관련한 하나님과 인간 사이의 갈등, 특히 하나님의 나라의 도래라는 새로운 구조 속에서 인간 마음의 강퍅함(hardness of hearts)을 어떻게 해결할 것인가에 놓여있다.

(3) 바울의 묵시론적-종말론[170]

중간기 유대 문헌들에 따르면, 하나님의 의는 두 가지로 이해된다. 하나는 법정적-종말론적(forensic eschatology)인 의이며 다른 하나는 우주론적-종말론적(cosmological eschatology)인 의가 있다.

---

169 Best, *The Temptation and the Passion: The Markan Soteriology* (SNTSMS, 2; Cambridge: Cambridge Univ. Press, 2nd ed. 1990), 15, 30, 37.

170 아래 설명에 대한 보다 자세한 이해를 위해 다음을 보라. Martinus C. De Boer, *Galatians: A Commentary*, NTL (Louisville: Westminster John Knox Press, 2011), 31-35.

먼저 법정적-종말론에 따르면 죄는 창조자이신 하나님에 대한 의지적인 거절이며 죽음은 이러한 근본적인 죄에 대한 벌이다. 그러나 하나님은 이런 상황에 대한 교정책으로 율법을 제공하셨고, 이 율법에 대한 한 사람의 자세가 그 사람의 궁극적인 운명을 결정한다. 모든 인간이 하나님이 최후의 법정에 서게 되는 최후의 심판에서 하나님의 천명을 인정하고 율법을 선택해서 그 명령들을 지킨 자들(의인들)에게 영생으로 보상하시며, 그렇게 하지 않은 자들(악인들)에게 형벌을 내리신다.

둘째로, 우주론적-종말론에 따르면, 피조세계는 시원의 시기 특히 노아의 시대에 악한 사탄의 세력들의 지배하에 들어갔다. 하나님의 주권적인 권위들이 찬탈되었고, 하나님의 백성을 포함해 세상은 미혹되어 우상숭배로 빠져 든다. 그러나 하나님이 택하신 의로운 남은 자들 곧 창조주이신 하나님을 인정하고 하나님께 복종하는 자들은 악한 우주적인 세력들이 반드시 멸망당할 것이라는 사실을 증언한다. 이들은 하나님의 묵시론적인/초자연적인 역사 개입을 통한 구속을 기다렸으며, 악한 세력들의 지배하에 있는 세상을 하나님이 침투하셔서 우주적인 전쟁을 통해 이들을 멸망시키신다. 오직 하나님만이 이런 우주적 전쟁을 통해 악의 세력들을 섬멸하시고 세상에 대한 주권을 확립하시며 의로운 자들을 구원하시고 자신의 절대적인 주권이 실현되는 새 시대를 도래시킨다. 그리고 세상의 잘못된 모든 것들을 바로 잡으신다(의롭게 하심).

Ⅳ 성경의 장르들에 대한 이해

성경은 여러 가지 다양한 장르의 형태로 기록되었다. 어떤 책이 혹은 본문이 어떤 문학적 장르에 속하는 것인가를 안다면 책과 본문은 그 문학적 장르에 맞게 해석하는 것이 바람직하다. 산문을 시처럼 읽을 수는 없으며 시를 산문처럼 읽을 수는 없는 것이다. 산문은 산문 고유의 읽기 방식으로 읽어야 하고, 시는 시의 고유의 읽기 방식으로 읽어야 한다. 성경 장르로 예를 들자면, 비유 형태의 본문을 역사적 내러티브 방식으로 읽어서는 안 되며, 역사적 내러티브 형태의 본문을 비유를 읽는 방식으로 읽어서는 안 될 것이다. 한 마디로 모든 문학적 저작은 각각에 맞는 고유한 읽기 방식으로 읽어야 한다.

성경은 다음과 같이 다양한 장르의 문헌들로 구성되어 있다. 네러티브, 율법, 시, 지혜문헌, 예언서, 복음서, 비유, 서신서, 계시록 등등의 장르들이다. 이것들을 하나씩 살펴보면서 각각의 장르 따른 바른 성경 읽기 방식을 제시해 보고자 한다.

1. 내러티브 장르

1) 내러티브의 정의[171]

내러티브는 순서상의 시간 행동과 담겨진 줄거리, 배경, 등장인물 등을 특징으로 하는 문학 형식이다. 다시 말해 내러티브는 *이야기* 형태의 문학이다. 내러티브는 우리에게 어떻게 살아야 하고 어떻게 살지 말아야 할 것인가를 직접적으로 혹은 명제적으로 말하지 않는다. 대신 내러티브 속의 등장인물들의 행동들을 통해서 어떻게 살 것인가 어떻게 살지 말 것인가를 간접적으로 보여준다. 예를 들면, 하나님이 약속하신 바를 친히 이루실 것이라는 믿음 가운데 신실하게 살라고 우리에게 말하는 대신에 내러티브는 아브라함의 이야기를 제시한다.

여기서 반드시 기억해야 할 것은 하나님은 구약 내러티브에서 주요 등장인물들 중 한 분이라는 점과 실제적으로는 하나님이 내러티브의 주연이라는 점이다. 이 점은 대개의 경우는 암시적으로 드러나며 특별히 저자의 명시적인 지적(저자의 주석이라 불림)을 통해 나타난다. 그러기에 우리는 내러티브의 등장인물들을 통해서 배우지만 더욱 중요하게는 이들과 씨름하시는 하나님의 모습을 통해 하나님에 대해 배우게 되는 것이다.

하나님은 내러티브로 알려진 문학 장치를 자신의 거대담론을 우리에게 전달하는 주된 방식으로 사용하기로 작정했다고 보는데, 그 이유는 성경 내러티브들이 강력한 방식으로 우리와 관계하며 우리를 다루고 있기 때문이다. 성경 내러티브들은 우리에게 도전하고, 관심을 끌며, 책망하고, 당혹스럽게 하며, 즐겁게 한다. 그렇게 성경

---

171 이하의 설명은 다음에 기인한다. J. 스코트 듀발 외 1인, 성경해석 (성서유니온선교회, 2009), 류호영 역, 493, 495.

내러티브들은 우리의 기억에 천착되어 우리로 하여금 생각하고 성찰하게 만든다. 그것들은 우리에게 지적, 정서적으로 관여한다. 그것들은 하나님에 관해서 그리고 자기 백성에 대한 하나님의 계획에 관해서 우리를 가르친다. 그것들은 좋은 사람이든 나쁜 사람이든 혹은 신실한 사람이든 순종하는 사람이든 고집 센 사람이든 반항적인 사람이든 모든 종류의 사람들에 관해 우리를 가르친다. 그것들은 복잡다단하고 애매모호함으로 가득 찬 삶에 대해 우리를 가르친다.

2) 내러티브 장르의 특성과 해석 원리[172]

1) 구약의 내러티브는 대체적으로 어떤 교리를 직접적으로 가르치지 않는다.

2) 구약의 내러티브는 대개 다른 곳에서 명제적으로 가르친 교리들을 실례를 들어 제시한다.

3) 내러티브는 일어난 일을 중심으로 기록한 것이다. 일어났어야 할 일이나 어느 때 일어나야만 하는 일을 기록한 것이 아니라는 뜻이다. 그러므로 반드시 모든 내러티브가 거기에서 진술하는 이야기와 동일한 것을 교훈으로 제시하지는 않는다.

4) 내러티브 속에 나타나는 사람들의 행동이 반드시 우리에게 좋은 모범이 되는 것은 아니다. 종종 그 반대일 경우가 있다.

5) 구약의 내러티브에 등장하는 인물들 대부분은 결코 완전한 사람들이 아니며 그들의 행동 또한 그러하다.

6) 내러티브의 한 단락 끝에 항상 그 내러티브에서 진행된 이야기가

172 고든 D. 피, 더글라스 스튜어트 지음, 『성경을 어떻게 읽을 것인가-증보판』 (성서유니온선교회, 2004).

선하다든지 악하다든지에 대한 언급이 나타나는 것은 아니다. 성경은 하나님이 이미 성경 다른 곳에서 직설적으로 그리고 명확히 가르쳐 주신 것을 근거로 우리 스스로 판단하기를 기대한다.

7) 모든 내러티브는 다 선별적이며 불완전하다. 관련된 세부 사항들까지 늘 얻을 수 있는 것이 아니다. 하지만 내러티브에는 영감 받은 저자가 우리가 꼭 알아야 한다고 생각했던 중요한 것이 모두 들어있다.

8) 내러티브는 우리의 모든 신학적인 문제들에 답변하기 위하여 기록된 것이 아니다. 내러티브는 제각기 특정한 구체적인 제한된 목적으로 특정한 문제들을 다룬다. 그 밖의 문제들은 다른 곳에서 다른 방식으로 다루어지도록 내버려둔다.

9) 내러티브는 명시적으로 또는 암시적으로 가르칠 수 있다.

10) 최종적으로 분석해보면 하나님은 모든 성경 내러티브의 주인공(hero)이시다.

3) 내러티브 본문 해석의 주의 사항

(1) 풍유적 해석(Allegoriging)

본문의 명확한 의미에 집중하지 않고 단순히 그 본문과 무관한 다른 의미를 내포하는 것으로 취급하는 해석을 지칭한다. 물론 성경에는 풍유적인 부분들도 있으나(예: 겔 23장, 요한계시록 일부) 단순한 내러티브 형태의 풍유는 없다.

(2) 탈-문맥화(Decontextualizing)

전체적인 역사적, 문학적 문맥을 무시하고 때로는 개별적 단위의 내러티브까지도 무시한 채 작은 단락에만 초점을 맞추어 결국 해석의 실마리들을 놓치는 해석 경향을 말한다. 탈-문맥화는 결국 성경 어디에서나 자기가 말하고 싶은 것은 다 만들어낼 수 있다.

(3) 선택적 해석(Selectivity)

이것은 특정한 단어들과 구절들을 취사선택하여 그것들에만 집중하고 다른 것들은 무시하며 해당 구절 전체적인 흐름도 무시하는 해석 경향으로 탈-문맥화와 유사하다. 부분과 전체의 균형을 맞추기보다는 그 균형을 전적으로 무시하고 있기 때문이다.

(4) 잘못된 조합(False Combination)

어느 한 본문의 이곳저곳에서 여러 요소들을 뽑아 서로 조합하는 접근 방식이다. 이때 요소들이 그 구절 자체로는 직접적 연관이 없음에도 그 연결시킨 것에서 어떤 논지를 이끌어 내는 것을 말한다.

(5) 재정의(Redefinition)

본문의 확실한 의미가 사람들에게 흥미가 없고 즉각적인 영적 기쁨을 얻지 못하며 사람들이 듣고 싶지 않은 메시지일 경우에 때로는 그 본문을 다시 새롭게 정의하여 무언가 다른 의미를 가진 것처럼 만드는 것을 말한다.

(6) 정경 외적 권위에 의존함(Extracannonical Authority)

특별한 외적 자료들을 사용하여 성경을 해석함으로써 성경의 비밀을 풀 수 있다고 하는 경우가 여기에 해당한다. 보통 이단들이 정경 이외의 권위를 근거로 활동하는데 그들은 특별한 지식이 있어야 성경의 의미를 풀 수 있다고 하여 성경을 일련의 수수께끼 비슷한 것으로 취급한다.

(7) 도덕화(Moralizing)

성경 본문에서 하나님 중심적 의미보다는 일상의 삶의 도덕적 교훈을 찾아내려는 해석 경향이다. 이런 접근의 심각한 결점은 내러티브들이 하나님의 구속사 전개를 보여줌으로써 하나님의 인간 구속의 성격과 원리를 제시하고 있다는 점을 간과하는 데에 있다. 성경의 내러티브는 역사적인 사건들에 기초한 하나님의 뜻을 보여주기 위한 것이지 도덕적으로 모범적인 삶의 예를 제시하고 있는 것이 아니다.

(8) 개인 적용화(Personalizing)

개별화라고도 알려진 이 방법은 성경의 일부 또는 전체가 다른 어떤 사람에게 적용되는 방법과 달리 독특하게 우리 자신이나 단체에 적용될 수 있다고 생각하는 것을 말한다. 사람들의 자기중심적 경향은 성경 읽을 때에도 드러나서 '하나님의 구속사'라는 큰 흐름을 보기보다 자신들 개인적인 필요와 갈망, 문제의 해결을 성경에서 찾으려고 한다. 이러한 사람들은 성경의 모든 부분이 자신들만이 아니라 누구에게나 해당되는 것이라는 사실을 잊고 있는 것이다.

2. 율법서 장르[173]

1) 율법서 장르 정의와 성격

(1) 정의와 범주

율법서는 크게 네 가지의 율법 모음집으로 구성되어 있다.

① 언약법전(출 20:22-23:33)

② 신명기적 법전(신 12-36)

③ 성결 법전(레 17-26)

④ 제사장의 법전(출 25-31; 34:29-레 16; 민수기의 일부)

구약 율법은 이스라엘의 신학적 역사의 이야기에 단단히 뿌리를 내리고 깊이 스며들어 있다. 구약 율법은 창세기 12장에서 열왕기상 25장까지 면면히 흘러가고 있는 내러티브의 일부이다. 율법은 고립된 형태로 일종의 무시간적인 보편적 법전으로 제시되고 있지 않다. 오히려 구약 율법은 하나님이 어떻게 이스라엘을 애굽에서 구원하고, 어떻게 그들을 약속의 땅에 하나님의 백성으로 세우셨는가를 기술하고 있는 신학적 내러티브의 일부로서 제시되고 있다.

(2) 성격

율법은 하나님이 자기 백성이 어떻게 살아야 할 것을 가르치신 것이다. 언약 백성으로서 어떻게 하나님의 의를 드러내며 살 수 있는지,

---

173 이하의 설명은 다음에서 기인한다. E. 악티마이어, *구약을 어떻게 설교할 것인가* (이레서원), 153.

어떻게 하나님의 공의와, 하나님의 거룩하심 그리고 자비를 드러내는 삶을 수 있는지를 규정하고 있다. 율법은 하나님이 구속하시어 자신의 언약의 백성으로 삼으신 일에 대한 감사와 찬양 그리고 헌신에 대한 표식으로서의 윤리적 삶의 반응이다. 하나님의 자녀들은 구약의 백성이든 신약의 백성이든 인간의 가르침과 구별된 하나님의 가르침을 갖는 특별한 지위를 점하고 있는 자들이다. 이 가르침을 통해서 어떻게 삶과 사회를 이끌어 가며, 그 방식을 통해 하나님의 생명을 향유할 수 있는가를 알 수 있게 된다. 이런 점에서 율법에 대한 해석 역시 주변 세계와는 다른 삶의 스타일을 만들어내는 데 초점이 맞춰져야 한다.

2) 율법서 본문의 해석 원리[174]

율법서 본문에 대한 전통적인 접근 방식들은 대체적으로 구약 율법을 도덕법, 시민법, 예식법으로 분류하며 적용 측면에서는 시민법과 예식법은 그리스도 안에서 성취되었기에 오직 도덕법만이 크리스천에게 의무사항으로 남는다고 주장한다. 그러나 이런 분류는 구약 성경 어디에서도 발견되지 않을 뿐만 아니라, 각각의 범주 사이의 구분도 명확하지 않다.[175] 보다 중요하게는 이러한 분류와 이에 따른 구약 율법의 해석은 디모데후서 3:16이 말하는 바 (모든 성경은 … ")에 배치된다.

---

174 이하의 설명은 다음에 기인한다. S. 듀발 & D. 헤이스, *성경해석* (성서유니온), 537-540.

175 예를 들어, 레 19:19의 "네 육축을 다른 종류와 교합시키지 말며, 네 밭에 두 종자를 섞어 뿌리지 말며, 두 재료로 직조한 옷을 입지 말라"가 예식법인가 도덕법인가? 이 규례의 기저사상은 하나님의 거룩하심을 인정하며 동시에 창조의 질서에 뿌리를 둔 이 거룩함을 삶의 모든 영역에서 구현하라는 것이다. 이런 점에서 분명 이 계명은 모든 시대에 걸쳐 보편적 진리를 담고 있는 도덕적 이슈를 담고 있으며 단순히 예식법으로 폄하할 수 없는 것이다.

이러한 전통적인 접근방식에 대한 건전한 대안은 전형적 접근방식(a paradigmatic approach)이다.[176] 이 접근방식은 구약 율법을 거룩하신 하나님이 자신의 백성들과 함께 거하시는 중에 하나님의 백성으로 부름받은 자들이 소명 가운데 어떻게 살아가야 하는지를 가르치기 위한 목적을 지닌 것으로 본다. 다시 말해서 하나님의 백성으로서의 이스라엘 백성은 하나님에 의해 하나의 전형(a paradigm) 혹은 예(an example)로 선택되어 모든 인류에게 하나님과의 관계에서 어떻게 살아야 하는가를 보여주어야 할 소명을 가진 자들이고, 이런 점에서 율법은 전형적 역할을 한다는 것이다. 이러한 하나님의 백성으로서의 부르심(구속)과 하나님의 백성으로서의 삶(언약)이란 점에 비추어 볼 때, 다음과 같은 두 가지 구약 율법의 중요한 문맥인 구속과 언약을 살펴볼 필요가 있다.

(1) 내러티브 문맥/ 은혜로운 구속의 문맥

율법은 독립적인 강제 규정들의 모음집이 아니라 보다 커다란 내러티브의 일환이다. 더 구체적으로 말해서 하나님의 은혜로운 구속이란 문맥 하에서 주어진 하나님의 인격적 바람이요 윤리적 요청이다. 이 점은 율법의 핵심인 십계명이 모두 "너는 나 외에 다른 신을 두지 말라"는 규정으로 시작하지 않고 "나는 너를 애굽 땅, 종 되었던 집에서 인도하여 낸 너희 하나님 여호와라"는 천명으로 시작되고 있다는 점에서 잘 알 수 있다(출 20:2-3; 신 5:6-7).

예를 들어, 출애굽기의 경우 주요 법적인 자료들은 출애굽기 20-

---

176 구약 율법에 대한 해석 역사와 대안적 접근 방식에 대한 자세한 설명을 위해 다음을 참고하라: Peter T. Vogt, *Interpreting The Pentateuch: An Exegetical Handbook* (Kregel, 2009), 25-48.

23장에서 발견된다. 이 부분은 또한 십계명을 담고 있다. 그러나 여기서도 내러티브 문맥을 주목할 필요가있다. 출애굽기 1-19장은 애굽에서 이스라엘 백성들의 속박의 이야기와 하나님의 전능하신 역사를 통한 구출의 이야기를 말하고 있다.

구약 율법은 이스라엘의 출애굽, 광야 여정 그리고 가나안 정복의 이야기 속에 단단히 뿌리를 내리고 있다. 구약 율법에 대한 우리의 해석 방식은 이 점을 반드시 염두에 두어야 한다. 다시 말하지만 율법을 해석할 때도 반드시 문맥의 중요성을 기억할 필요가 있다. 율법은 이야기의 일부이며 이 이야기는 율법을 해석하는 데에 중요한 문맥을 제공한다. 정말로 구약 율법에 대한 우리의 해석방식은 구약 내러티브에 대한 우리의 해석방식과 반드시 동일해야 하는데 그 이유는 율법은 문맥상으로 내러티브의 일부이기 때문이다.

(2) 언약 문맥/ 사랑과 자비, 그리고 거룩의 구현[177]

율법은 하나님의 우선적 사랑에 대한 반응으로 하나님을 사랑할 것을 요청한다. 문제는 이러한 하나님에 대한 사랑을 어떻게 구현할 것인가 하는 점이다. 율법은 이 점에 대해 이웃을 사랑함으로써 하나님에 대한 사랑을 구현하라고 말하고 있다. 예를 들어, 신명기 24:17은 "너는 객과 나그네에 대한 재판을 왜곡시키지 말며, 또한 과부의 옷을 담보로 취하지 말라"(사역)는 명령을 하면서, 뒤이어 18절에서 "네가 애굽에서 종이었으며 너희 하나님 여호와께서 거기서 너희를 구속하였다는 사실을 기억하라. 이런 이유에서 내가 너희에게 이를 행하라고 명하느니라"고 말하고 있다. 이런 점에서 이스라엘의

177 E. 악티마이어, 『구약을 어떻게 설교할 것인가』 (성서유니온, 2016), 159-162.

언약적인 삶에 대한 이행과 촉구로서의 율법은 하나님의 사랑과 자비 그리고 공의를 구현할 것에 대한 하나님의 인격적 바람이라 할 수 있다. 하나님은 힘이 아니라 자비에 의해 운용되는 삶과 사회를 원하셨으며, 이것은 이스라엘에게 국한된 것이 아니라 온 피조세계 가운데 적용된다(신 5:12-15).

이러한 율법 이해는 성경적 윤리의 기초를 이룬다. 다시 말해서 하나님이 우리를 향해 하셨던 것처럼 우리는 하나님과 다른 사람, 그리고 세상을 향해 동일하게 행해야 한다는 것이다. 이는 하나님이 이스라엘 역사 가운데서 이스라엘을 다루셨던 것과 같은 방식으로 이스라엘이 다른 사람들을 다루도록 요청하셨기 때문이다(cf. 엡 5:1-2). 그렇다면 윤리는 이제 공정한 보상이나 대가의 문제가 아닌데, 어느 누구도 하나님의 구속을 받을 만한 자격이 없기 때문이다. 이런 연유에서 성경적 윤리는 우리가 다른 사람이 당연히 받아야 할 가치 혹은 보상을 정당하게 그 사람에게 돌려주는 것을 의미하지 않는다. 또한 성경적 윤리는 다른 사람이 단순히 인간이라는 이유 때문에 그에게 친절히 대해야 한다는 인류애적인 문제도 아니다. 왜냐하면 성경적 윤리의 기초인 하나님의 사랑과 자비는 친절을 지향하는 인간적 성향들을 초월하고 있기 때문이다.[178]

그리고, 구약 율법은 하나님의 거룩함을 구현하는 구체적인 방식이며, 이런 점에서 율법의 명령에 순종하는 것은 거룩함에 대한 하나님의 인격적 바람과 요청에 대한 우리의 전인적 반응이라 할 수 있다.

한편으로, 구약 율법은 언약이란 구조적 틀 안에서 가장 잘

178 상계서, 163.

이해된다. 구약 율법은 시내산에서 하나님과 이스라엘 사이에 맺어진 언약의 규정들을 명문화하고 있다. 그러기에 구약 율법은 전문적인 법전이나 추상적인 도덕 체계가 아니라, 이스라엘의 주권적인 여호와의 인격적인 요구이며 바람이다. 이런 점에 비추어서, 독자들은 율법을 관계적인 측면에서, 즉 은혜로우신 하나님과의 지속적인 삶을 지배하는 가이드라인으로 해석해야 한다. 자신의 보호와 축복에 대한 반응으로, 하나님은 그의 백성들이 율법이 명령하는 바, 즉 확고한 발판 위에서 그들이 하나님과의 관계를 유지하기를 기대하신다. 십계명(출 20, 신 5)은 포괄적이며 지배적인 윤리적 원리들로, 뒤따르는 법 조항들이 이 원리들의 세부 지침들을 구체화시킨다(예를 들어, 십계명은 아무런 처벌 조항을 규정하고 있지 않음을 주목하라). 그러기에 성경 해석자들은 십계명을 법전으로서가 아니라 윤리적인 원리들로 해석해야 한다.[179]

(3) 율법에 대한 구체적인 해석의 원리들[180]

a) 각각의 법 조항들의 문학적인 형태가 어떠하든 이들이 한데 어우러져 나타나는 율법 모음집이나 시리즈들은 그것들의 문학적 문맥의 역할을 감당한다. 그러기에 해석자는 해석 상의 실마리를 위해 인접한 법들을 조사해야 한다.

b) 해석자는 율법의 원래적 의미를 그 문화적 배경에 비추어서 해석하려는 노력을 경주해야 한다. 많은 성경의 독자들이 이러한 지식이 부족하기에 우리는 독자들이 자유롭게 성경 사전들이나 주석들 그리고 다른 배경적 자료들을 참고할 것을 추천하고자 한다.

c) 율법은 기본적으로 원래 독자들의 신약 파트너들인 크리스천들에게

179 W. 클라인 외 2인, *성경해석학총론* (생명의 말씀사), 533-4.

180 상게서, 542-543.

적용하라. 예를 들어, 전체 이스라엘을 대상으로 한 율법들은 크리스천 전체에게 적용될 때 적합한 적용이 될 것이다. 신약이 '모든 믿는 자들의 제사장 됨'을 증거하고 있기에 제사장에 관한 교훈과 예식에 관한 교훈들 역시 단순히 목회자들에게만 적용되는 것이 아니라 모든 크리스천들에게 적용될 수 있을 것이다.

d) 주어진 어떤 법이 문자적으로 적용되는가 아니면 원리 상 적용되는가 하는 점에 우선하는 관심은 언제나 율법의 언약적 문맥, 즉 율법이 하나님의 의(공의, 자비, 거룩)의 구현이며 동시에 이 의의 요구라는 점에 있어야 한다. 단순히 율법을 도덕법인가, 예식법인가, 시민법인가라는 범주에 따라 적용여부를 결정하는 것은 구약 율법의 참된 의미를 간과하는 것이다.

3) 율법의 왜곡의 문제[181]

바벨론 포로 유형의 사건은 이스라엘의 정체성이란 문제에 근본적인 위기를 가져왔다. 이 사건으로 인해 율법이 이스라엘의 정체성의 유일한 시금석과 근간으로 여겨졌다. 이제 율법은 하나님의 백성의 삶에 대한 구체적인 지표가 아니라, 백성의 신분을 결정짓는 외적인 요인으로 여겨졌다는 뜻이다.

이런 점에서 구약 율법에 대한 원래 이해가 전복되었다. 이스라엘은 더 이상 하나님의 은혜로운 구속 행위로 정의되지 않게 되었다. 이스라엘은 하나님에 의해 구속되고 하나님의 혜택들을 향유하며 순종과 믿음으로 하나님의 사랑에 반응하는 자들로 이해되지 않는다.

181 E. 악티마이어, 165-8.

이제 이스라엘은 율법에 대한 순종으로 이스라엘 됨의 여부를 증명해야 할 자들이 되었다. 이제 율법이 이스라엘 됨을 판단하는 준거의 틀로서의 하나님의 은혜로운 행동들을 대체해 버린 것이다. 이런 점에서 하나님의 언약 백성이 된다는 것은 하나님과 하나님의 은혜로운 구속에 대한 믿음의 문제로 이해되지 않고 대신 하나님에 의해 받아들여지는 것이 행위의 문제가 되었다.

그러나 예수와 바울 모두는 율법의 원래 의미로 돌아갔다. 다시 말해서 우리가 주의 계명을 지키는 것은 우리가 주께 속해 있다는 것을 증명하기 위함이 아니라 주께서 우리를 창조하셨고 우리를 구속하셨기에 이에 대한 응답 가운데 감사와 헌신의 표로서 율법을 행하는 것이다.

3. 시 장르[182]

시 장르라고 함은 성경에서 시편만을 가리키지 않는다. 시라는 문학적 형태는 성경 전반에 걸쳐 나타난다. 시편 이외에도 예언서는 거의 상당 부분이 시의 형태를 띠고 있다. 엄밀한 의미에서 예언서는 내러티브 구조 내에서 예언서 저자 자신이나 하나님의 말씀이 시의 형태로 나타나는 구성 형태를 띤다. 욥기서의 많은 부분을 차지하는 욥과 그의 친구들의 대화도 시 형태로 이루어져 있으며 잠언과 전도서 등 많은 지혜 문헌과 예언서들이 시의 형태로 기록되어 있다. 하지만 시 장르의 대표로서 시편은 완전히 시의 형태를 띠고 있기에 시편의 시 장르를

182 이하의 설명은 다음에서 기인한다. E. 악티마이어, *구약을 어떻게 설교할 것인가* (이레서원), "제 8장 시편설교."

바르게 이해하면 나머지 시형으로 표현된 본문이나 책들을 이해하는 데 많은 도움이 된다.

1) 정의

시가서는 이스라엘의 신앙공동체가 비유적인 언어로 하나님과 함께했던 이스라엘의 역사 전반을 찬양과 기도로 표현한 신앙의 고백이다.

2) 성격

(1) 시편 언어의 비유적 성격을 이해해야 한다.

시편은 "여호와는 나를 돌보신다"라는 서술적인 표현보다는 "여호와는 나의 목자시라"는 비유적 표현을 사용한다. 이러한 비유적인 표현의 중요한 역할 혹은 의도는 인간의 강력한 감성을 자극하는 데 있다. 이를 통해 더 큰 감성적 효과와 충격을 이끌어내려는 의도를 지닌다. 일상의 경험과 친숙한 이미지들을 사용해서 하나님에 대해, 인간에 대해 그리고 삶의 전반과 창조세계에 대해 특별히 이 모든 것들과의 관계를 표현하고 있다. 이런 비유적 성격을 앎으로써 시편에 대한 바른 해석의 길이 열리게 된다.

(2) 시편 언어의 신앙-고백적 성격을 이해해야 한다.

시편은 객관적인 실체들을 타자적인 관점에서 가치-중립적인 언어로 서술하고 있는 것이 아니라, 경험의 실체들을 신앙의 언어로 고백적으로 표현하고 있다. 사물에 대한 과학적 관찰을 통해 얻어진 객관적인 진리를 순수하게 기술하고 있는 것이 아니라 개인적으로 혹은 공동체적으로 경험했던 실체를 하나님의 신실하심에 대한 믿음과 신뢰 가운데 찬양, 탄원, 감사, 원망, 헌신, 기쁨, 슬픔, 소망, 절망, 확신, 구원의 기도들로 표현한 것이다.

(3) 시편의 하나님과의 창조-구속적인 관계라는 속성을 이해해야 한다.

시편의 신앙 고백적 성격은 기본적으로 하나님이 이스라엘을 창조하시고 이스라엘을 구속하셨다는 보다 큰 차원에서 생겨난다. 하나님의 창조와 구속을 경험한 신앙공동체인 이스라엘은 이러한 커다란 신학적 구도 아래서 그들이 경험하는 삶의 모든 실체가 하나님이 아신 바 되는 것들이며, 그러기에 하나님 앞에 토로해 낼 수 있는 대상들이라고 믿고 있다. 인간의 모든 경험과 상황이 이스라엘의 하나님과의 관계 속에 놓여 있다는 뜻이다.

이 점이 바로 시편의 위대함이다. 어느 것 하나 예외가 없다. 마치 바울의 서신들이 예수 그리스도 안에서 교회의 삶의 전 영역이 하나님의 맥락에 놓여 있음을 말하고 있듯이, 시편은 인간의 모든 경험과 상황들을 이스라엘 하나님의 인격과 사역에 대한 증언에 토대를 두고 있다. 이런 점에서 시편은 하나님과 이스라엘과의 창조와 구속의 관계란 측면을 떠나서는 올바로 이해할 수 없는 것이다. 이러한 관계는 이제 예수를 통해서 하나님과 교회의 관계로 새롭게 표현되고 있으며, 이런 점에서 시편은 교회 공동체의 창조와 구속의 관점에서만 의미를 지니며 바르게 이해될 수 있게 되었다.

(4) 시편을 사용했던 신앙 혹은 언약 공동체의 상황을 이해해야 한다.

시편은 원래 저자의 상황과 함께 시편을 신앙의 고백으로 찬양과 감사 그리고 헌신의 표로 사용했던 신앙공동체의 상황에서 이해할 필요가 있다. 이 점은 최종적 형태의 시편 생성 과정에 관계된 일일 뿐만 아니라 시편이 신앙공동체의 하나님에 대한 신앙의 증언이기 때문이다. 이 신앙공동체는 기본적으로 과거에 신앙의 선조들에게 위대한 구원을 행하셨던 하나님에 대한 신앙을 후대로 이어가고 전수해 나가는 신앙 유산의 공동체이다. 이 공동체는 물려받은 신앙을 자신들의 특정한 삶의 정황 속에서 구체적으로 적용했을 뿐만 아니라 이 신앙은 때론 근본적으로 새로운 방식으로 경험되어서 이 공동체가 전수받은 신앙을 새롭게 정립하는 역할을 하기도 했다.

이스라엘의 신앙에 대한 이러한 근본적인 새로운 경험의 최고봉은 바벨론 포로 유형이다. 이 사건은 이스라엘이라는 믿음의 공동체에게 믿음의 근본적인 위기를 가져온 사건이지만 동시에 그들의 믿음을 인간 역사 중심적인, 다시 말해서 민족적이고도 역사적이며 배타적인 차원에서 하나님-중심적인 믿음으로 즉 초-역사적이고 보편적인 메시아적-종말론적 구원(messianic-eschatological salvation)을 이루시는 하나님에 대한 대망과 확신으로 이어지게 하는 역할을 했다. 이런 점에서 시편은 원래적 저자의 상황과 함께 시편을 사용했던 신앙공동체의 특정한 상황, 즉 국가적인 재난과 위험 속에서 하나님의 신실하심에 대한 믿음 가운데 하나님의 최종적인 신원하심과 미래적 구원에 대한 확신과 이에 대한 찬양과 감사 그리고 헌신을 했던 이스라엘의 상황을 이해할 필요가 있다.

3) 시편 해석/설교의 목표

(1) 시편 가운데 나타난 신앙의 삶에 대해 신앙공동체와 공동체의

구성원을 교육하므로 이러한 삶이 공동체의 삶이 되도록 한다.

(2) 시편의 말씀이 모인 회중들에게 영감을 불어 넣어주고 이들 가운데 역사하여 시편이 묘사하는 하나님이 회중의 하나님이 되게 하며, 시편이 말하는 하나님에 대한 헌신과 찬양과 감사의 반응이 시편의 독자나 교회 회중의 하나님이 되도록 도와준다.

4) 시가서 본문의 해석 방법

(1) 시편의 고대 이스라엘의 사회-종교적 배경 속에서의 각 시편의 기원과 더 후대의 이스라엘의 삶과 예배 가운데 발견되는 새로운 요소들에 대한 이해가 필요하다. 이 작업은 대개 경우 비평적 주석의 설명을 통해 이루어지며, 책임 있는 해석자의 경우는 성구 사전이나 성경 통독을 통해 얻어진 성경 전체에 대한 친밀성에 기초한 책-간 본문 연구를 통해서 스스로 할 수도 있다.

(2) 시편의 언어의 기법들을 파악하기

시편의 언어는 다음과 같은 기법들을 사용하고 있다.

① 직유(simile): …처럼이나 …같은("악인의 꾀를 좇지 않는 자는 … 시냇가에 심겨진 나무 같아서…" 시 1:3).

② 은유(metaphor): A는 B이다("주의 말씀은 내 발에 등이요, 내 길에 빛이니이다" 시 119:105).

③ 의인법(personificaiton): 주제를 생생하고도 구체적으로 묘사하는 방식("주의 빛과 주의 진리를 보내사 나를 인도하소서.

그들로 하여금 나를 주의 거룩한 산과 주의 처소에 이르게 하소서" 시 43:3).

④ 환유법(metonymy): 사물의 속성과 특징으로 사물을 대신 가리키는 장치("주는 내 원수들의 목전에서 내 앞에 상을 베푸시도다" 시 23:5 [crown이 왕을 가리키듯이 여기서 상은 풍성한 음식을 가리킴]).

⑤ 제유법(synecdoche): 수사법의 한 가지로, 사물의 한 부분을 가지고 그 사물 전체를 의미하는 방법. 예를 들어, '사람이 빵만으로는 살 수 없다'라는 문장에서, '빵'이 '식량'을 의미하는 경우다("나는 나의 활을 의지하지 않으며" 시 44:6; "여호와는 말의 힘을 즐거워하지 않고 … 자기를 두려워하는 자와 그의 변함없는 사랑에 소망을 두는 자를 기뻐하시도다" 시 147:10-11[활은 무기를, 말의 힘은 인간적 방식의 무력과 힘을 대변함]).

⑥ 아이러니(irony): 표면상으로 말하는 바가 정작 말하려는 바와 정반대의 것을 말하는 경우("벧엘에 가서 죄를 범하라 …" 암 4:4).

(3) 시형 본문의 언어적 구조와 문학적 구성을 파악하기

① 시형 본문의 언어적 차원의 구조 파악

시의 언어적 차원의 구조를 파악하는 데는 다음과 같은 두 단계의 작업이 필요하다.

a) 시 본문을 모두 절들로 나누는 작업인 분절 작업(clausal

delimitation)

b) 시 본문에 있는 모든 절의 종속화 작업(clausal subordination)

분절 작업이란 본문 전체를 동사(verbs)와 동사-상당어구(verbal equivalences)들을 중심으로 모두 구분하는 작업이다. 그 다음 이렇게 하여 만들어진 절들을 절들 상호간의 문법적 구문론적 관계를 중심으로 절들 상호 간에 주-종 관계를 규명하는 작업을 절의 종속화 작업이라 부른다. 여기서 두 번째 단계인 절의 종속화 작업이 본문의 최소 단위인 이연구(couplet: 한 행[line]이 두 개로 이루어진 형태)들을 보다 큰 단위의 연(stanza)으로 구조분석하는 작업인 시행들의 구조분석 작업(line scansion)으로 이어지면 이를 통해 시 본문의 전체적인 개요(outline)가 드러나게 된다.

② 시의 문학적 구성을 파악하기

시의 문학적 구성을 파악하는 데는 다음과 몇 가지 문학적 장치들에 대한 지식과 인식이 필요하다.

a) 평행법(parallelims)

평행법은 전통적으로 동의적 평행법, 대조적 평행법, 종합적 평행법으로 구분된다. 동의적 평행법이란 보통 성경의 시형이 2연구(couplet)로 되어있는데 이 때 1행과 2행이 의미상 비슷한 경우를 가리킨다. 대조적 평행법은 2연구에서 1행과 2행이 서로 의미상 대조를 이루는 경우를 가리킨다. 종합적 평행법은 2연구에서 1행과 2행이 서로 하나가 되어 어떤 전체를 가리키는 경우이다. 최근 들어 이러한 전통적인 평행법 이해는 실제로 시형이 지닌 다양한 평행 관계를 다 설명할 수 없다는 점에서, 대조의 평행법, 구체화의 평행법, 강화의 평행법 등 1행과 2행의 관계에 대한 더 구체적인 이해를 반영하는 쪽으로 나가고 있다. 예를 들어, 2행이 1행을 더욱 구체적으로 표현한다면 그것은 구체화의 평행법이라고 부르고, 만약 2행이 1행을 더욱 강화시키고 있다면 이 평행법은 강화의 평행법이라 명명한다.

b) **교차대구법**(chiasmus)

한 시행에 나타나거나 혹은 여러 시행에 나타나는 단어나 표현의 순서를 뒤바꾸어 표현하는 형태의 문학 장치이다. 보통 표현은 ab// b'a'와 같이 표시된다.

c) **수미상관법**(inclusio)

한 시편의 처음과 끝을 표현상 혹은 의미상 유사한 단어들로 표현함으로써 해당 시편 전체가 하나의 단일한 문학적 단위라는 것을 나타낼 뿐만 아니라 해당 시편의 중심주제를 표현하는 문학적 장치이다(예. 시8편)

d) **중요 단어의 전략적인 반복 사용**

서사 형태이든 시 형태의 본문이든, 구약 본문들은 많은 경우 본문의 중요 단어에 대한 전략적인 사용과 배치를 통해서 저자가 전하려는 바를 효과적으로 전달한다. 예를 들면 시편 89편에는 '인자'(헤세드)와 '성실'(에무나)이라는 단어가 전체적으로 반복되어 사용되고 있다(1절, 2절, 14절, 24절, 33절, 49절). 저자는 이러한 반복의 전략적 사용을 통해서, '하나님은 자신의 언약적 사랑과 신실하심 가운데 자기 백성의 불의와 부정마저 극복하시고 자신의 궁극적인 뜻을 펼치시며 궁극적으로 영광받으실 분'이라고 묘사한다.

4. 지혜문헌 장르

1) 잠언서가 속한 지혜 문헌의 정경적 위치와 신학적 전통

지혜 문헌은 창조 신학 혹은 창조 계시에 속한다. 모세오경이나 역사서 등의 내러티브 장르에 속하는 본문들이 구속 신학 혹은 구속 계시에 속하는 것과 대비를 이룬다. 보다 구체적으로 말해서 지혜 문헌은 하나님이 창조하신 창조세계를 원래 창조세계 가운데 두신 창조의 질서에 따라서 신실하게 운용하실 것이라는 믿음에 근거하고 있다.

월터 브루그만의 말을 빌자면, 이스라엘의 주도적인 핵심적 증언에 속하는 것이다. 하나님의 공의와 거룩함이 존중되고, 그의 창조의 질서가 지켜지는 한, 창조의 복들이 주어지며, 이 복들을 하나님의 창조세계가 향유하게 될 것이라는 보장과 확신이 지혜 문헌의 창조신학을 대변한다. 유진 피터슨의 말을 빌자면, 지혜문헌은 순리의 시편들(the Psalms of Orientation), 즉 하나님의 선하심과 신실하심이 우리의 삶의 경험 속에서 계속적으로 그리고 일관되게 풍성하게 나타남에 대한 찬양과 감사의 고백들의 연장선상에 놓여있다는 성경적 세계관을 반영하고 있다.[183] 하나님은 신비로운 주권을 통해 만물을 다스릴 뿐만 아니라, 창조세계 가운데 이미 드러내신 자신의 지혜를 통해 창조세계를 이끌어 가신다는 뜻이다. 잠언서는 이러한 믿음

---

183 유진 피터슨은 시편을 순리의 시편들 이외에도, 역리의 시편들(the Psalms of disorientation)과 변형의 시편들(the Psalms of transformation)로 구분한다. 피터슨의 이러한 구분은 기본적으로는 우리의 실존적인 삶의 정황, 즉 순리의 삶-역리의 삶-변화된 삶이란 정황을 반영하고 있으며, 이러한 삶의 정황의 보다 근원적인 뿌리는 빌 2:5-11이 보여주는 예수의 삶, 즉 그는 근본 하나님의 본체시나(순리) … 오히려 자기를 비어 종의 형체를 가져 사람들과 같이 되었고 … 죽기까지 복종하사 십자가에서 죽으심이라(역리).. 이러므로 하나님이 그를 지극히 높여 … 모든 무릎을 예수의 이름에 꿇게 하신(변형)에 있다고 본다. 보다 자세한 설명을 위해, 다음의 그의 저서를 보라: The Message of the Psalms (1998년 「메시지: 시가서」)

가운데 경건하게 사는 것(godly wisdom)에 관해 말하고 있다.

2) 잠언서의 성격과 잠언서 본문의 해석 원리[184]

(1) 성격

① 잠언의 지혜는 실제적인 경험의 결과요 자연과 인간 세계에 대한 자세한 관찰의 결과이다. 다시 말해서, 잠언의 지혜는 모든 혼란스러운 경험에서, 잠언의 지혜는 자연과 인간 세계의 일상적인 '질서들'을 발견하고 있다. 이 질서들에 따라 인간들이 행동하고 자연현상들이 일어나고 있는 것이다. 이런 점에서 잠언의 지혜의 목적은 이러한 질서들을 가르쳐서 사람들이 자신을 둘러싼 세계와 조화롭게 살 수 있도록 하는 데 있다. 이러한 지혜를 배우고 삶 가운데 이 지혜를 수용하는 자들을 '지혜롭다'고 말하며 그렇지 않은 자들을 '어리석다'고 말하고 있다.

② 잠언서의 지혜는 그 성격상 과학적이라 할 수 없으며 (다루는 대상이 중력과 같은 자연법칙들이 아니기에) 다분히 종교적이다. 잠언의 지혜는 인간과 자연 세계의 질서들은 오직 하나님에 의해서 만들어진 것이요 하나님에 의해서만 유지되며, 동시에 하나님은 이러한 질서들을 인간과 자연이 일관된 방식으로 행동하고 반응할 수 있도록 운용하신다고 말하고 있기 때문이다. 이런 점에서 잠언의 지혜의 핵심에 "여호와를

---

184 보다 자세한 설명을 위해 다음을 보라: E. 악트마이어, "제9장 지혜문학 설교," 『구약, 어떻게 설교할 것인가?』 (이레서원, 2004), 269-286.

경외하는 것이 지혜의 시작/근본이라"(잠언 1:7)는 말씀이 놓여있다. 이런 점에서 잠언의 지혜는 오직 하나님과 그의 신실하신 인간과 자연의 운용에 헌신하는 자, 그래서 하나님의 길들을 배우고 그의 뜻에 순종하기를 원하는 자들을 지혜롭다고 말하고 있다. 그러기에 잠언이 말하는 지혜는 엄밀한 의미에서 경건한 지혜(godly wisdom)이라 할 수 있다.(이러한 하나님에 의해 운용되는 질서들의 중요한 요소 중 하나가 시간의 질서이며, 이 점에 관해 잠언 6:6-11이 말하고 있다).

③ 동일한 맥락에서 잠언의 지혜는 인간 타락의 교리를 명시적으로 가르치지 않는다. 그러나 분명 잠언의 지혜는 세상 속에서 고통의 존재를 인정할 뿐만 아니라, 고통을 하나님의 길들과 통합함으로 이 고통의 문제를 다루고 있다. 즉 고통은 하나님의 목적들을 향한 역할과 의미를 지닌다고 말한다. 특별히 훈육과 가르침의 역할, 숨겨진 죄들을 드러내고, 자기를 살피며, 회개하고 돌이키게 하는 역할을 한다. 더 중요하게는 잠언의 지혜는 의인의 고난과 악인의 번성이 단지 일시적이며, 종국적으로 정의의 추가 중심을 잡을 것이라고 말하고 있다.

④ 특히 ③과 관련해 중요한 점은 잠언의 지혜는 지혜가 지닌 내재적 한계를 지속적으로 인정하고 인식한다는 점이다. 지혜로운 사람은 그가 모든 것을 알고 있지 못하며 또한 모든 것을 결코 알 수도 없다는 사실을 알고 있는데 그 이유는 세상의 현상들이 너무 잡다하고 다양해서 모두 다 파악할 수 없기 때문이 아니라, 하나님은 전적으로 자유로우신 창조세계의 주님이시며, 이 하나님은 결코 다 파악될 수 없기 때문이다.

(2) 잠언서 본문 해석의 원리

① 전통적인 지혜 본문의 문제

잠언서의 지혜는 전통적인 지혜의 한계를 분명 인정하고 있을 뿐만 아니라, 현실적인 관점에서 이러한 전통적인 지혜를 대변하는 타락한 형태의 인간 삶을 기술하는 경우가 매우 많다(물론 잠언의 지혜는 인간 삶의 이상적 형태를 제시하고 있음도 사실이다. 또 현실-반영의 지혜 진술 역시 오래 삶의 경험과 삶에 대한 관찰에서 나온 것이 사실이다). 예를 들면 잠언 14:20은 "가난한 자는 그 이웃에게도 미움을 받게 되나, 부요한 자는 친구가 많으니라"고 말한다. 이것은 하나님의 뜻에 기초한 도덕적 판단의 기술이라기보다는 타락한 삶의 형태를 현실적으로 제시하고 있다. 잠언의 지혜의 이러한 현실 반영의 성격은 창조세계를 자연법칙과 도덕법으로 자율적으로 운용되는 몰인격적이고도 유물론적인 잘못된 대중적인 지혜 신학(a popular Wisdom theology)으로 오인되어진다. 그렇지는 않다고 해도, 이러한 현실 반영의 성격은 하나님을 보복적인 심판자 정도로(창조 질서에 위반하면 하나님이 벌을 주신다는 점에서) 오해하게 만든다.

그러나 이러한 대중적 지혜 신학은 잠언의 지혜에 대한 매우 섣부른 모방일 뿐이다. 왜냐하면 이러한 대중적 지혜 신학은 신실하심과 의로우심, 그리고 변치 않는 사랑과 자비를 근간으로 하는 인격적 하나님과 전혀 상관없는 것이기 때문이다. 대중적인 지혜 신학이 말하는 하나님은 이스라엘이 장구한 세월에 걸쳐 친히 알고 경험해왔던 하나님과 너무도 이질적인 하나님이며, 경건한 지혜를 가진 자들이 온전하고도 참된 헌신 가운데 자신들의 삶을 완전히 의탁하고 헌신했던 대상이신 하나님과는 아주 다른 하나님이기 때문이다.

그렇다면 이러한 현실-반영의 성격의 특정한 지혜 본문을 설교할 경우, 해석자는 먼저 잠언의 지혜가 다른 데서 특정한 토픽에 대해 말하는 바들을 모두 개관해 보면서(성구사전을 통해서), 더 깊은 차원의 질문들을 제기한다. 왜 부요한 자가 친구가 많은가, 그 친구들은 어떤 종류의 친구인가, 부는 지혜로운 삶과 하나님에 대한 순종과 연관되어 있는가, 부가 언제 어리석음의 증거인가, 부는 어떻게 이해되어야 하는가, 가난이 더 좋은가, 부자의 사회적 책임은 무엇인가. 잠언의 지혜는 이런 질문들을 분명 다루고 있고, 이런 점에서 설교자에게 우리 사회의 삶을 자세히 살펴볼 수 있는 놀라운 기회를 제공하고 있다.

그 다음 설교자는 특정한 지혜 본문이 말하는 바는 부와 가난에 대해 신약이 말하는 바에 비추어 어떠한 의미를 지니는가를 묻는다. 신약은 잠언 본문이 말하는 바를 더 깊게 이해하고 있는가; 아니면 잠언 본문이 말하는 바를 재-해석하고 재-규정하고 있는가; 잠언 본문이 말하는 바에 대한 신약 회중에 대한 하나님의 뜻은 무엇인가.(이런 점에서 잠언서 설교의 경우 토픽 설교 [본문의 주제설교가 아니라]가 권장된다!)

② 인격화된 잠언에 대한 이해의 필요성

잠언의 지혜는 인격화된 지혜이다(personified wisdom). 다시 말해서 사람의 인격의 모습을 띠고 있다는 뜻이다. 그리고 인격화된 지혜는 하나님을 대신해 말한다. 잠언에서 지혜는 계시의 원천이 되었다. 그러기에 지혜를 발견한 자는 하나님에 대한 지식을 얻게 된다.

창조세계가 하나님의 계시의 원천이 되었다는 이러한 이해는 하나님의 구속 역사를 통해 하나님은 자신을 계시하셨다는 점과 상충해 보인다. 또 선지서도 이러한 지혜 문헌이 보여주는 자연신학의 경향성에 대해 준엄한 공격을 하고 있다.

후대 유대교는 이러한 자연-신학적인 경향을 교정하는데, 특히 인격화된 지혜와 토라 곧 율법을 동일시함으로써 교정하며, 기독교는 인격화된 지혜를 성육신하신 예수 그리스도와 동일시 함으로써 교정하고 있다. 특히 요한1서에 따르면 지혜 기능의 상당 부분이 성육하신 예수로 대체되고 있다. 17절에 따르면, 율법이 모세를 통해 주어졌다면, 은혜와 진리는 예수 그리스도를 통해 왔다. 즉 예수 그리스도가 하나님의 계시의 원천이란 뜻이다(18절 참조).

동일한 맥락에서 마태복음 11:27-30을 이해할 필요가 있다.

> 25 그 때에 예수께서 대답하여 가라사대 천지의 주재이신 아버지여 이것을 지혜롭고 슬기 있는 자들에게는 숨기시고 어린 아이들에게는 나타내심을 감사하나이다 26 옳소이다 이렇게 된 것이 아버지의 뜻이니이다 27 내 아버지께서 모든 것을 내게 주셨으니 아버지 외에는 아들을 아는 자가 없고 아들과 또 아들의 소원대로 계시를 받는 자 외에는 아버지를 아는 자가 없느니라 28 수고하고 무거운 짐진 자들아 다 내게로 오라 내가 너희를 쉬게 하리라 29 나는 마음이 온유하고 겸손하니 나의 멍에를 메고 내게 배우라 그러면 너희 마음이 쉼을 얻으리니 30 이는 내 멍에는 쉽고 내 짐은 가벼움이라 하시니라(마태복음 11:27-30)

결론적으로 잠언의 지혜에 대한 이상과 같은 정경 맥락에서 이해하는 것이 설교자에게 열려있는 길이다. 이 세상 가운데 구현될 수 있는 지혜의 길이 존재한다. 이 길은 하나님의 명령에 대한 사랑이요, 하나님의 뜻을 따르고자 하는 뜨거운 열망이요, 하나님을 친밀하게 알고자 하는 바람이며 생명을 얻고자 하는 간절한 소원이다. 이제 이 길이 우리 주 예수 그리스도 안에서 우리를 위해 온전하게 계시되었다.

인격화된 지혜의 초청이 바로 그리스도의 초청이 된 것이다.

> 32 아들들아 이제 내게 들으라 내 도를 지키는 자가 복이 있느니라 33 훈계
> 를 들어서 지혜를 얻으라 그것을 버리지 말라 34 누구든지 내게 들으며 날
> 마다 내 문 곁에서 기다리며 문설주 옆에서 기다리는 자는 복이 있나니 35
> 대저 나를 얻는 자는 생명을 얻고 여호와께 은총을 얻을 것임이니라 36 그
> 러나 나를 잃는 자는 자기의 영혼을 해하는 자라 무릇 나를 미워하는 자는
> 사망을 사랑하느니라(잠언 8:32-36)

3) 본문 해석

잠언 6:1-11 문장흐름도/ 한글사역 본문

1 내 아들아

네가 만일 이웃을 위하여 보증을 섰다면

네가 만일 타인을 위하여 맹세로 협력하기로 약속하였다면

2 너는 네가 말한 바에 의해 옭아 매어졌고

네 입의 말들에 의해 덫에 붙잡힌 것이라.

3 그렇다면 내 아들아, 너는 네 이웃의 손에 붙잡혀버렸으니

이렇게 함으로 그 붙잡힘으로부터 벗어나라.

즉, 가서 네 자신을 낮추라; 네 이웃에게 간절히 간청하라.

4 네 눈에 <u>**잠**</u>(אַל־תִּתֵּן שֵׁנָה לְעֵינֶיךָ)을 결코 허용하지 말고, 네 눈꺼풀에 <u>**졸**</u>
<u>**음**</u>(תְנוּמָה לְעַפְעַפֶּיךָ)이 밀려오지 않게 하라.

5 노루가 사냥꾼의 손에서 벗어남같이, 새가 사냥꾼이 덫으로부터 벗어
남과 같이, 너를 (네 올무로부터) 벗어나게 하라.

6　　너 게으름뱅이야

개미에게 가 보라! 그리고 그가 사는 방식을 생각해 보고, 지혜롭게 되라.

7　개미는 명령자나, 감독이나 지배자가 전혀 없지만

8　여름에 양식들을 비축해두고 추수 때에 양식을 거둬들인다.

9　　게으름뱅이 아들아

네가 언제까지 거기에 그렇게 누워있을 것이냐?

네가 언제 잠에서 깨어 일어날 것이냐?

10 조금 더 **자자**(מְעַט שֵׁנוֹת), 조금 더 **졸자**(מְעַט תְּנוּמוֹת), 조금 만 더 손을 모으고

쉬자 하면

11　가난이 ***노상강도처럼***(כִמְהַלֵּךְ) 네게 ***임할 것이요***(וּבָא)

빈궁이 ***무장한 자처럼***(כְּאִישׁ מָגֵן) (네게 임할 것이라).

12 무뢰한과 ***악한***(אִישׁ אָוֶן)은 이와 같으니 곧

사악한 ***입***을 갖고 ***다니며***(הוֹלֵךְ),

13　　　***눈***으로 윙크하며

발로 신호를 보내며

손가락으로 가리키며

14　　　비뚤어져 ***마음***에서 끊임없이 악을 꾀하며

분쟁(מְדָנִים)을 불러일으키는 자라.

15　그러므로 재앙이 갑자기 그에게 ***임할 것이요***(יָבוֹא)

즉각적으로 그가 망할 것이요, 어떠한 해결책도 없을 것이라.

16 주께서 미워하시는 것이 여섯 가지요

그 마음에 혐오스러운 것이 일곱 가지니, 곧

17　　　교만한 ***눈***과, 거짓된 ***혀***와, 무고한 피를 흘리는 ***손***과

18　　　악한 계획들을 꾀하는 ***마음***과, 신속히 악으로 달려가는 ***발***과

19　　　거짓을 말하는 거짓된 증인들과 형제들 가운데 ***분쟁***(דנים

)을 퍼트리는 자들이라.

이상의 본문은 5:1-23과 6:20이하로 이어지는 긴 흐름 속에 삽입된 부분이다. 5:1-23은 결혼 밖의 성적 행위(간음)를(정해진 창조 질서의 한계를 넘어서고 부정하는) 어리석음으로, 그리고 성적인 배타성과 정절을 근간으로 하는 결혼을(창조 질서 내에서 주어진 자유를 향유하는 것으로서의) 지혜로 제시하고 있으며, 6:20이하 역시 간음에 대한 훈계를 담고 있기 때문이다.

본문의 저자는 원래의 독자인 하나님의 자녀요 동시에 자기 아들에게 이와 같은 창조신앙에 따라 사는 지혜로운 자가 되고, 창조신앙에 반해 사는 어리석은 자가 되지 말라고 권면하고 때로는 경고하고 있다. 본문은, 하나님께서 세상과 삶을 신실하게 운용하신다고 믿으면서 개인적인 책임을 다해 사는 것이 바로 지혜이고, 그러한 삶이 지혜로운 삶이라고 말하는 것이다. 반면, 하나님의 신실하신 운용을 불신하고 방종하게 사는 것은 어리석은 삶이라고 말하는 것이다.

먼저 본문의 처음 두 단락을 연결 짓는 중요한 요소는 창조주에 대한 개인적인 책임성의 문제이다. 첫 단락은 깊이 있게 생각하고 사려있게 약속하지 못한 일에 대해서 무책임하게 방임해 두지 말고 책임을 지는 입장에서 주도적으로 찾아나서 해결하라고 말한다. 여기서 중요한 것은, 무책임한 약속이 만약 자신의 체면에 의해서 이루어졌다면, 그 점을 겸허히 인정하고 '겸손하게' 실수를 교정하라는 뜻이다.

두 번째 단락 경우 이 단락은 모든 일을 미래에 대한 자신의 면밀한 계획에 따라 주도적으로 행하라고 말하고 있지 않다는 점을 주목할 필요가 있다. 이 점은 이 단락이 보여주는 계절의 자연스러운 변화에 대한 언급에서 잘 암시되고 있다. 다시 말해서 본문은 피조물의 일환인 개미의 행동들이 풍요나 빈궁과 같은 현재 현상들에 의해서 좌지우지되고 있지 않음을 보여준다. 오히려 개미의 행동은 자연스러운 계절이 만들어 놓은 현재의 것을 신실하게 사용함으로써 미래를 위해 혹은 다른 상황들을 위해 준비하는 신실함을 보여주고 있다.

이것 역시 창조주가 이루어 가시는 삶의 운용에 대한 신실하면서도 동시에 개인적인 책임성 있는 삶의 모습을 말하고 있다. 이 점은 9-11절이 경고하고 있는 게으른 자의 거짓된 안정에 대한 신뢰와 정확히 배치되는 것이다. 개미는 현재의 풍요를 미래에 대한 거짓된 안정의 기반으로 이해하고 있지 않으며 도리어 계절의 변화에 따른 다른 상황들에 대한 준비를 위한 것으로 사용하고 있다.[185]

세 번째와 네 번째 단락은 하나님이 창조자이시며 모든 실체의 주라는 사실을 부인하고 실체(reality)를 왜곡하고 부정하는 악한 일들과 이 악한 일들의 더 깊은 뿌리인 사람과 사람의 마음의 악을 말하고 있다.

4) 잠언서의 정경적 구성형태(Canonical Composition)에 관하여

이상의 본문은(잠언 6:1-11) 잠언서의 구성형태를 잘 보여주고 있다. 형식상 분명 이 본문은 보증을 서는 일과 게으름, 그리고 악한의 소행과 주께서 미워하는 것이란 네 개의 구별된 토픽을 각기 다루고 있는 단락들로 구성되어 있다. 1-5절; 6-11절; 12-15; 16-19절. 이처럼 잠언서는 대개의 경우 특정한 토픽의 단락들이 여러 형태로 서로

---

185 이와 같은 해석에 대한 보다 자세한 설명을 위해 다음을 참조하라: Raymond Van Leeuwen, "The Book of Proverbs: Introduction, Commentary, And Reflections," *New Interpreter's Bible*, Vol V (Abingdon Press: Nashville, 1997), 73-75,

연계되어 이루어진 책이다. 그러나 우리가 기억해야 할 중요한 것은 이와 같이 서로 다른 토픽들이 서로 간에 아무런 연관 관계 없이 임의대로 한데 모아진 것이 아니라, 최소한 몇몇 중요한 catchword 혹은 keyword을 중심으로 연결되어 있다는 점을 인식하는 것이다.

위 본문의 경우, 잠 혹은 졸음과 같은 단어가 아마 여기에 해당되는 catchword 혹은 keyword일 것이다. 물론 이러한 핵심 단어들이 반드시 별도의 두 단락이 주제상으로 연결되어 있다는 것을 암시하는 것은 아니지만, 최소한 본문의 저자 편에서는 이러한 핵심 단어들이 전승 과정 중에 놓여 있던 자료집들 속에서 독립된 단위로 존재해 있던 잠언들을 선택하고 배열하여 하나의 완성된 책인 잠언서로 쓰는 중에 중요한 역할을 했을 가능성을 보여주고 있다고 생각한다.

그렇다면 잠언서 본문에 대한 가장 안전한 해석 방법은 현재의 형태로 주어진 토픽별로, 다시 말해서 현재의 단락별로 해석하고 설교하는 일이지만, 단락들을 연결 짓고 있는 중요 핵심단어들을 보다 진지하게 고려하여, 단락 간의 주제상의 연결 가능성을 생각해 보고, 이를 통해서 보다 통합적으로 본문을 읽어가는 노력(현재 형태 혹은 최종적 형태의 현재 본문을 존중하는 노력)이 보다 바람직하다고 할 수 있다.

5. 선지서 장르

1) 선지자에 대한 오해[186]

선지자들에 대한 오해는 첫째로, 선지자들을 사회개혁가들로 보는

---

186 선지자에 관한 이하의 설명은 다음에 기인한다. E. 악티마이어, 구약, 어떻게 설교할 것인가 (이레서원, 2004), "제7장 선지서 설교," 177-221.

경우이다. 이 경우 선지자들은 하나님과 관계없는 사회 정의와 도덕과 관련한 윤리적 교훈에 대한 관심을 지닌 자들로서 하나님과 관계있는 정의와 도덕에 대한 판단 기준이 없는 자들이다. 둘째로, 선지자들을 복잡한 당시 국제 정세 속에서 예리한 정치적 판단을 하는 정치 분석가들로 보는 경우이다. 셋째로, 선지자들을 미래와 관련한 점쟁이들로 보는 경우로 이 때 선지자들은 미래에 관한 하나님의 뜻을 이스라엘 백성에게 중재하는 자들로 간주한다. 마지막 선지자들에 대한 오해는 선지자들을 사람들이 따라야 할 종교적인 삶의 모델로 보는 경우이다. 이 모든 선지자 이해는 성경 전통의 선지자에 대한 오해에서 비롯된 이해들이라 할 수 있다.

2) 선지서의 목표

선지자들은 도덕주의자나 율법주의자, 혹은 언약 율법의 주창자들이 아니다. 그들은 율법의 기저 사상인 하나님에 대한 사랑과 이웃 사랑이 (달리 말하면 하나님의 사랑과 공의가) 왜 삶에서 구현되고 실현되지 않는가에 대한 하나님의 마음 아파하심을 함께 느끼고 아파하면서(com-passion, 함께-아파함), 하나님에 대한 온전한 사랑과 이 사랑이 하나님의 백성들의 삶에서 온전히 드러나기를 촉구하는 자들이다. 선지자들은 이러한 하나님의 마음 아파하심을 때로는 경고라는 수사법으로 때로는 위로라는 수사 형태로 전달한다.

한 마디로 선지자들은 율법의 형식적인 준수가 아니라 온 마음으로 하나님에 대한 사랑과 신뢰 가운데 하나님에 대한 충절을 다하며, 이웃에 대한 사랑과 자비 그리고 공의를 행할 것을 요청하고 있다. 이것은 예수께서 율법과 선지자들을 성취하셨다는 말씀의 의미이기도하다(참조 마 5:17이하). 무엇보다도 선지자들은 하나님의 자녀들이 하나님과 맺고 있는 언약 관계의 핵심에는 사랑과 신뢰에 대한 요구가 있다는 것을 알아, 마음을 온전히 하나님께 드릴 것을 요청한다(렘 4:4; 겔 18:31). 즉 선지자들은 언제나 하나님께만 전적으로 의존하는 내면적인 헌신, 즉 하나님의 뜻에 대한 전인적인 사랑과 순종 가운데 드러나는 내면적인 헌신을 요청한다. 선지자들이 다루는 이슈가 무엇이든(예배의 문제이든 다스림의 방식의 문제이든 국가 수호의 문제이든) 그들의 요청은 언제나 하나님에 대한 사랑과 신뢰며, 이에 따른 내적인 헌신으로, 이것은 모든 다른 헌신들과 모든 인간적인 방식의 수단과 힘에 대한 두려움 혹은 의존을 대체하는 것이다.

3) 선지자의 예언적 메시지를 선포하는 일

선지자의 메시지는 언약 백성의 마음을 다루고 있으며(하나님에 대한 사랑과 신뢰와 관련한 마음의 헌신), 이런 점에서 선지서 설교의 목표는 회중 가운데 하나님에 대한 믿음과 신뢰를 일깨워줌으로써 이 믿음이 회중의 모든 삶의 정황 속에서 하나님을 신뢰할 수 있게 하고, 자원하는 마음과 감사의 마음으로 하나님께 순종할 수 있게 하는 데 있다. 다시 말해서 선지서의 설교는 권면만으로 이루어져 있지 않으며, 언약 백성에 대한 하나님의 은혜로운 역사를 선포함으로써 이를 통해 회중이 상호적인 사랑 가운데 하나님의 사랑에 반응하게 하고 순종 가운데 이 사랑을 실행하도록 영감을 불어넣어 주어야 한다.

이런 점에서 선지서가 말하는 죄는 하나님의 사랑과 신뢰에 대해 동일한 사랑과 순종으로 반응하지 않는 것이지, 결코 윤리적인 또는 예식상의 명령이나 규례, 도덕적이거나 종교적인 규범들을 어기는 것이 아니다. 하나님을 사랑하거나 신뢰하지 못하는 것이 선지자들이 말하는 죄이다. 하나님과의 친밀하고도 신실한 관계와 교제를 거절하는 것이 죄이다(렘 2:31-32).

이처럼 죄는 언약 백성의 보고 듣는 기능을 마비시키며, 이런 맥락에서 선지자들은 이러한 죄의 실체를 알게 하고, 언약 백성으로 하여금 그들의 눈과 귀를 열어 실상을 보고 듣게 하여, 그들을 죄의 길로부터 돌아서게 하는 것이다. 선지자들은 언약 백성들에게 거짓된 신뢰와 사랑의 대상의 참된 실체를 보게 하여, 참된 신뢰와 사랑의 대상인 하나님께로 돌아오게 하는 것이다.

선지자들은 동시에 죄의 속박과 구속의 본질적인 성격을 알기에 절망한다. 즉 선지자들은 이스라엘 백성들은 자체적으로 이 죄의 속박을 벗어날 능력이 없음을 알고 있었다는 점이다(호 5:4; 렘 13:23). 이스라엘은 죄에 매인 종들이요, 이런 점에서 회개하라는 요청에 귀를 기울일 수 없을 정도로 무기력한 자들이다. 이런 점에서 도덕적 설교로는 삶의 문제를 해결할 수 없으며, 하나님께로 돌아오게 하는 일을 가능케 할 수 없다는 것이다(렘 17:1 "유다의 죄는 금강석 끝 철필로 기록되되 그들의 마음 판과 그들의 제단 뿔에 새겨졌거늘"). 죄는 하나의 노예주인(slave master) 같아서 이로부터 어느 누구도 스스로의 힘으로 빠져나올 수 없는 것이다.

이와 같이 죄는 하나님의 주-되심과 그의 사랑에 대한 배척인데, 하나님은 이러한 배척을 내버려 두시지 않는다(렘 7:16-20). 성경은 이러한 하나님을 사람에 의해 조롱을 받지 않는 분으로 묘사한다. 그러기에 인간은 하나님의 진노 아래 놓이게 된다. 이런 점에서 선지자들의 메시지는 하나님의 적극적인 심판의 행위와, 자신의 백성에 대한 정화와 훈육, 그리고 십자가 처형에 매우 민감하다. 선지자들의 심판 예언은 하나님의 심판이 담고 있는 '이상한 일'과 '기이한 일'을 선포하는데(사 28:21 "여호와께서 … 자기 일을 행하시리니, 이상한 일이요, 자기 과업을 이루시리니 기이한 과업이라. 너희의 조롱을 멈추라 그렇지 않으면 너희를 속박하고 있는 쇠사슬이 더 무거울 것이라/ to do his work, his strange work, and perform his task, his alien task. Now stop your mocking, or your chains will become heavier"), 여기서 이상하다는 것은 이스라엘 백성이 믿기에 자신들은 예외적이라 생각하는데 반해 예외적이 아니라는 점에서 이상한 것이요, 기이하다는 것은 하나님의 속성은 사랑으로 그들이 살고 죽지 아니하기를 언제나 바란다고 믿는데 그렇지 않다는 점에서 기이하다는 것이다.

그러나 더욱 중요하게 선지자들은 이스라엘의 마음과 뜻의 근본적 변화를 선포한다. 이를 통해 새로워지고 변화된 하나님의 백성은 땅 가운데서 하나님의 약속된 복이 된다(사 49:6 "내가 또 너로 이방의 빛을 삼아서 나의 구원을 베풀어서 땅끝까지 이르게 하리라"). 이러한 새로운 변화의 메시지는 하나님의 죄의 용서와 구원에 대한 메시지로 이어진다(사 40:1-2 "너희는 위로하라 내 백성을 위로하라. 너희는 정다이 예루살렘에 말하며 그것에게 외쳐 고하라. 그 복역의 때가 끝났고 그 죄악의 사함을 입었느니라 그 모든 죄를 인하여 여호와의 손에서 배나 받았느니라"). 이러한 죄 용서의 선포는 미래의 약속들이다.

이런 점에서 이러한 선지자들의 선포의 메시지는 신약에서 예수를 통해 이루어진 성취의 본문들과 연계되어 읽혀야 한다. 즉 우리는 하나님이 새-언약의 중재자이신 예수의 십자가의 죽음과 부활을 통해서 근본적으로/내적으로 새로워진/갱신된/정결하게 된 백성들로서 하나님의 율법이 요구했던 하나님의 의와 선지자들이 촉구했던 이 의의 구현 즉 하나님의 사랑과 공의의 구현이 가능하게 된 자들이라는 점이다. 즉 하나님의 영이요 하나님의 아들의 영이신 성령이 내주하시는 자들이기에 이러한 삶이 가능하다는 뜻이다.

4) 선지서의 해석 원리

(1) 역사적-문화적 문맥과 신학적 문맥을 살피기[187]

a) 본문을 원래의 독자들의 삶의 문맥 속에서 파악하라. 본문은 원래 독자들에게 무엇을 의미했는가? 본문을 자세히 유의하여 읽고, 지속적으로 관찰하라!

b) 원래 독자들과 우리들 사이의 차이점들을 이해한다. 즉 옛 언약 하에서 주어진 예언서의 메시지와 새 언약의 문맥에 사는 우리 사이의 차이점을 고려한다.

c) 예언서 본문의 신학적 원리 혹은 진리를 찾도록 한다.

d) 예언서 본문의 신학적 원리를 신약의 메시지란 필터를 통해 크리스천의 삶의 문맥에 적용한다.

(2) 구체적인 해석 지침들[188]

a) 한 본문의 명확성이 본문 해석에서 우리가 갖게 될 확신의 정도를 결정한다. 본문이 분명하면 분명할수록, 본문이 의미하는 바에 대한 확신이 커진다. 다른 한편, 본문이 불분명하면 불분명할수록, 우리는 본문 해석에 대한 접근을 더더욱 겸손히 그리고 더더욱 시험적인

187 J. 듀발 & J. 헤이즈, *성경해석*, 618-626.

188 W. 클라인 외 2인, *성경해석학총론*, 594-595.

자세로 임해야 한다.

b) 성경 자체가 예언 해석에 대한 최상의 지표를 제공한다. 성경은 구약과 신약의 기간 동안에 어느 예언들이 성취되었는가를 나타내주며 오늘날 구약 예언들을 해석하는 데 필요한 모범들을 제시한다.

c) 해석자는 역사 속에서 어떤 예언의 성취가 이루어진 가장 가능성 있는 시간을 찾으려 노력해야 한다. 일단 예언의 성격을 파악한 뒤에 '언제 그 예언이 성취에 이르렀는가/ 혹은 언제 이를 것인가?'를 질문한다. 구약 시대인가 아니면 신약 시대인가? 아니면 미래에 이루어질 것인가?

d) 신약이 별도의 암시를 보여주지 않는 한 해석자는 이스라엘과 시온에 관한 구약의 예언들은 신약이 구체적으로 가르치고 있는 예언의 성취들에 연관을 시켜야 한다. 이 경우 또다시 우리는 신약 저자들이 그들의 구약 사용 가운데 명백하게 보여준 모범들을 따라야 한다. 대부분 경우에서 이러한 예언들은 그 성취들이 교회 가운데서 영적으로 나타난다. 그 범주와 영역에서 더 물리적인 듯한 예언들은 문자적인 성취를 기대한다.

e) 해석자는 한 본문의 모든 상징적인 세부 조목들에 주의를 기울이기보다는 본문의 주요 요점들을 이해하려고 노력해야 한다. 예를 들어, 예언의 목적은 무엇인가(즉 인내를 북돋우고자 하는가, 다가올 책임 추궁에 대한 경고인가 등)? 또 예언은 하나님의 성품에 대해서 또한 이스라엘의 죄악에 관해 무엇이라 말하고 있는가?

f) 긴 예언서들은 작은 단락으로(즉 구절의 한 문맥, 한 장 전체, 혹은 몇몇 장들 등등) 나누어 읽을 것을 추천한다. 하나님은 선지서를 앉은 자리에서 한 번에 전부 읽히기를 의도하지 않으셨다. 목표는 각각의 단락들이 강조하고 있는 주요 요점(들)을 이해하는 데 있다.

g) 적용에 관해 말하자면 일단 한 단락의 주요 요점(들)이 이해되었으면, 그 다음 해석자는 주어진 선지서의 단락이 다루고 있는 상황과 유사한 현재의 삶의 정황들을 발견하도록 해야 한다. 예를 들어, '이 단락은 유사한 상황에 관해 무엇이라 이야기하는가?'란 질문을 해보라.

(3) 선지서 읽기 방식

성경은 기본적으로 하나님-중심적(신학적) 메시지들을 독자들에게 전달하여 독자들을 하나님의 창조-구속의 진리에 관하여 설득하고자 하는 의도를 지닌다. 이러한 설득은 장르상 산문 형태의 본문들 즉 구약의 모세오경과 역사서에서 이루어진다. 그리고 신약의 복음서와 사도행전은 주로 이야기 구성(플롯)을 통해서 이루어지며, 비-산문 형태의 본문들 즉 구약의 선지서나 신약의 서신서와 같은 본문들은 저자의 논리 혹은 사고의 흐름을 통해서 이루어진다. 이런 점에서 성경을 바르게 읽는 일은 본문의 이야기 구성을 잘 파악하거나, 본문의 논리 전개나 흐름을 잘 따라가는 일에서 시작된다.

선지서는 특히 하나님의 심정으로 하나님의 백성들을 설득하고자 하는 목적으로 하나님의 의와 사랑 그리고 삶의 거룩함이 드러나기를 경고와 위로의 말씀으로 설득하는 장르이다. 그래서 하나님을 대신한 선지자들의 설득의 논리를 잘 따라가는 것이 선지서를 잘 읽는 방법이다. 이것은 신약의 서신서에서도 마찬가지이다. 가끔씩 선지자들이나 신약 서신서의 저자들이 설득의 과정에서 논리를 벗어나는 경우도 있지만, 이 경우 역시 저자들의 심리적인 흐름을 따라가려고 노력하면 결코 비논리적인 진술이라고 할 수 없다.

문제는 선지서의 경우 저자의 논리를 따라가는 데 어려움이 있는데,

이 어려움은 선지자들이 기본적으로 하나님의 말씀을 받아서 말하는 경우이기에(이런 점에서 선지서는 미래를 예견하려는 의도보다는 하나님의 심정을 전달하려는 목적이 더 우선된다), 선지자는 기본적으로 하나님께로부터 받은 말씀을 전하면서도, 중간 중간 자신의 말 곧 해석을 더하는 하는 경우다. 이런 점에서 선지자의 논리를 일관되게 따라가는 것이 쉽지 않다. 독자는 반드시 어디까지가 하나님의 말씀이고 어디까지가 저자의 말 곧 그의 해석인가를 분별하며 읽어야 하며, 그렇게 되면, 저자의 전체적인 논리 전개를 따라가기가 수월하다.

또 한 가지 하나님의 말씀과 선지자 자신의 말로 구성된 선지서에 대한 이해 중 중요한 것은 선지서 전체는 선지자 자신이 구성한 문학적인 저작이라는 점이다. 선지자는 자신의 책의 큰 틀 혹은 뼈대를 구성하고 이 틀과 뼈대 안에서 적절하게 하나님의 말씀과 자신의 말(해석)을 배열하고 배치시킨다. 이런 점에서 선지서 책의 전체적인 구성형태도 주목하는 것이 선지자의 의도를 파악하는 데 도움이 된다. 이것은 모든 장르의 성경책들에 동일하게 적용되는 원리이다. 즉 모든 성경책(창세기 혹은 마태복음)은 기본적으로 책 저자들이 구성한 전체적인 틀을 기초로 해서 하나님의 말씀이나 행적들 또는 예수의 말씀과 행적들을 배치하고 배열한 저작들이다. 그래서 성경을 잘/바르게 읽는다는 것은 성경을 하나의 작품 혹은 저작으로서 진지하게 언어적으로 또는 문학적으로 읽는 것을 뜻한다.

5) 에스겔서를 통한 선지서 읽기의 예증- 선지서 독서 가이드

에스겔서는 제사장 신분의 선지자인 에스겔이 당시 정통 신앙이라고 자처한 여호와 중심의 신앙에 대한 잘못된 관행들을 통렬하게 비판하는 책이다. 이 정통 신앙은 하나님은 시내산에서 이스라엘 백성과 맺은 언약에 따라 이스라엘 백성들을 축복하실 것이라는 하나님의 약속에 대한 맹목적인 집착, 그리고 하나님은 다윗 왕국을 절대적으로 지키고 보호하실 것이라는 과도한 확신, 그리고 하나님의 성전이 있는 예루살렘은 절대 멸망하지 않을 것이라는 잘못된 맹신 등의 특징이 있다.

이러한 잘못된 정통 신앙은 하나님이 이스라엘의 불경건하고 불신의 삶 곧 그들의 믿음과 삶의 완전한 불일치에서 생겨나는 가증스러운 일들 때문에 이스라엘을 완전히 멸망시킬 것(포로 생활)이라는 에스겔 선지자의 단호하고 끊임없는 선포를 포로로 끌려가면서까지 철저히 외면하게 만들었다. 하나님에 대해서 신실하지 못하고 오직 하나님만 신뢰하고 하나님의 온전한 다스림에 충절을 다하지 않고 삶의 불의와 폭력이 난무하고 고아와 과부를 멸시하고, 이방 열국들의 힘에 의존하는 가증한 삶에 대한 하나님의 심판이 결국 이스라엘과 유다 가운데 점점 다가오고 있던 것이다.

이런 상황에서 선지자들이 하나님의 아픈 마음과 심정을 하나님의 백성들에게 전하면서 하나님께로 돌아올 것을 촉구하면서, 동시에 마음을 새롭게 하여 온전히 하나님만 의지하라고 선포하고 있다. 신약에서 예수님의 말씀대로 하나님과 재물을 겸하여 섬기는 일을 중단하고(참조 마 6:19-24) 오직 하나님의 의로운 다스림만은 찾고 추구하라(마 6:33)는 말씀과 같은 의미이다. 하나님도 잡고 세상도 잡는 일은 가능하지도 않으며 하나님께는 역겨운 일이라는 것이다.

에스겔 선지자는 당시의 이러한 맹목적이고도 무책임하며 과도한 하나님에 대한 신앙에 집착하던 정통 신앙을 집중적으로 경고하고 하나님의 심판을 선포한다. 드디어 하나님의 심판의 도구인 느부갓네살 왕이 남방 유대 왕국 곧 예루살렘과 유대 땅을 멸망시킨 후에, 비로소 에스겔 선지자는 그 어조를 바꾸어서 이스라엘 곧 하나님의 백성들에 대해서 하나님이 꿈꾸시는 새로운 미래를 선포하면서 그들을 위로한다. 이 선포와 위로는 철저히 하나님의 소관이자 하나님에 의해서만 이루어지는 미래에 관한 것이며, 하나님의 백성들의 죄가 결코 다시는 반복되지 않을 것을 확증하는 형태를 지닌다. 이와 동시에 이러한 하나님의 심판과 회복의 역사는 온 나라들에 대한 복음의 선포, 즉 이스라엘의 하나님만이 참 신이시며 천지 만물을 창조하시고, 이스라엘을 통해서 온 인류를 자신의 백성 삼으시고자 하시는 분이라는 복음을 선포하는 역할을 한다.

중요한 점은 이러한 하나님의 백성의 근본적인 갱신과 변화는 하나님이 주도하시고 이루시는 백성들의 마음에서 이루어지는 내적인 변화와 갱신을 통해 이루어진다는 점이다. 이것은 에스겔 36:25-26이 말하는 물과 성령을 통한 갱신이며(cf. 물과 성령으로 거듭나는 것을 예수님 역시 니고데모에게 말씀하신다. 요 3:5), 이러한 근본적인 갱신을 통해 이루어지는 새로운 이스라엘 백성의 출현과 탄생이 바로 에스겔 37장이 말하는 마른 뼈들이 소생하는 이야기(물론 이것은 현재 하나님의 새로운 백성들인 크리스천들의 영적인 부활을 가리킨다) 가운데 예언되고 있다.

또 한 가지 주목할 점은 에스겔은 제사장 계열의 선지자로서 하나님의 심판과 하나님의 새로운 미래를 성전 이미지를 통해서 주로 설명하고 있다는 점이다. 하나님의 백성들의 신앙과 삶의 불일치로 인한 불신과 폭력 그리고 불의들의 결과 하나님은 더 이상 그의 백성 중에 거하실 수 없게 된다. 이 점을 에스겔은 하나님(의 영광)이 예루살렘 성전에서 떠나는 것으로 묘사한다(참조. 겔 10:18, 11:2).

그러나 이것이 끝이 아니다. 하나님은 우리 인류 중에 거하시며 우리와 함께 하시려고 하늘과 특히 땅을 창조하셨고, 비록 인간의 타락으로 인해 하나님이 우리 중에 거하시는 것이 어렵게 되었지만, 그 뜻을 하나님은 버리지 않으시고 이스라엘의 선조들과 이스라엘 백성들과 함께 하심을 선조들의 제사들(초기 형태의 성전들임)과 이스라엘의 성막과 성전을 통해서 끊임없이 보여주셨다(물론 문제는 하나님의 성전 임재의 결정적인 장애인 인간의 죄였고 이 때문에 희생 제사가 요구된 것이다. 이 장애가 예수의 대속의 죽음을 통해 단번에 해결된 것임. 참조 히 9장 특히 12절, 14절, 24절).

이러한 하나님의 끊임없는 바람은 궁극적으로 예수의 대속의 죽음을 통해서 이루어지는데, 이것을 에스겔은 하나님이 미래에 그의 성전으로 돌아오실 것으로 묘사하고 있다(겔 43:1-7). 이제 참된 성전이신 예수를 통해서 하나님은 우리 중에 그리고 우리 마음 가운데 온전히 거하실 수 있게 되었다는 뜻이다.

예수의 지상 사역 자체는 성전이 의미한 바인 하나님의 속죄와 하나님의 임재를 근본적으로 구현한 일이다. 죄인들과 식탁교제와 병든 자들과 이방인들 그리고 여인들에 대한 치유 사역들, 그리고 성전 청결 사건 등이 이 점을 분명하게 보여준다. 궁극적으로 예수는 자신의 죽음을 통해 돌로 지은 성전을 훼파하셨고, 부활을 통해서 참된 성전 곧 하나님의 새로운 공동체를 만드셨다. 이로써 출애굽기 15:17이 예언한 바 있는 '주께서 친히 손으로 지은 성소'를 이루신 것이다. 또 에스겔이 이상 중에 보았던 미래 성전(겔 43:5,7)이 구현된 것이며 이 점을 요한은 "말씀이 육신이 되어 우리 가운데 거하시매 우리가 그 영광을 보니 아버지의 독생자의 영광이요, 은혜와 진리가 충만하더라"(요 1:14)고 증언하고 있다. 정말로 영광으로 가득 찰 미래 성전이 말씀이 육신이 되어 그의 백성 중에 거하시며 은혜와 진리가 충만한 분 가운데 구현되고, 돌로 세운 성전과 관계없이 에스겔 성전의 본질적 진리가 현실로 나타난 것이다. 하나님이 약속하신 바와 성전이 상징하는 바가 이제 그리스도 안에서 이루어졌으며 하나님의 은혜와 진리가 완전히 드러난 것이다.

6. 복음서 장르

신약의 사복음서에 대한 이해와 관련해 기독교 역사상 수많은 논쟁이 있었지만, 바람직한 의견의 일치가 없었다. 그러나 논란의 핵심은 복음서가 역사적 예수에 관한 연구의 대상으로 오랜 세월 취급되어왔다는 점에서도 알 수 있듯이 복음서를 역사적 문헌으로 볼 것인가 아니면 실존주의자들에 의해서 주창되었듯이 복음서는 종교적/철학적 전제들로 규명될 수밖에 없는 독특한 장르인가 하는 점이다.

역사적 문헌으로 복음서를 규정하는 그래함 스탠튼은 복음서를 고대의 기록들과 나란히 비교해 보면, 복음서는 놀라울만큼 우리에게 예수의 생애와 예수 자신에 관해 많은 양의 내용을 전해주고 있다는 사실을 간과할 수 없다고 주장한다.[189] 이에 반해 노만 페린은 "복음서는 주후 27-30년간의 예수의 사역에 대한 역사를 묘사하지 않고 … 다만 어느 시대에 있었던 그리고 모든 시대에 있을 그리스도인의 체험의 역사를 묘사하고 있다" 고 주장했다.[190] 페린에게 복음서는 역사, 전설, 신화의 이상한 혼합물과 같다. 이런 점에서 페린은 복음서를 초대

189 cf. N. Stanton, *Jesus of Nazareth in NT Preaching* (Cambridge Univ. Press, 1974) 135-136.

190 cf. Norman Perrin, *What is Redaction Criticism?* (Fortress, 1969), 75.

기독교의 특징적이며 독특한 문학 작품이라고 생각하다.[191]

복음서 장르의 특성에 대한 분류는 몇 가지로 이루어질 수 있다.[192] 첫째로, 복음서는 전기(biography)로 분류된다. 예를 들어, 찰스 탈버트는 복음서의 전기적 특성을 옹호하면서 전기를 다음과 같이 정의 내린다. "고대의 전기는 어떤 사람의 생애에 대한 산문 형태의 이야기로서 그의 성격이나 본질을 알려줄 만한 역사적 사실들을 선택하여 제시하는데 여기에는 종종 독자의 행동에 영향을 끼치려는 목적을 지니고 있다."[193] 그러나 복음서는 헬라 세계의 전기 기록들의 패턴과 일치하지 않는데, 특히 복음서는 예수의 영웅적 인물됨의 외적인 역사에 대해 말하거나 예수의 성품의 내적 발전에 대해서도 말하고 있지 않는다는 점에서 분명 고대 헬라 시대의 전기와 근본적으로 다르다.[194]

두 번째로, 복음서는 극화된 역사(dramatic history)로 분류된다. 롤랜드 프라이에 따르면 복음서는 극화된 역사의 성격을 띠는데, 이렇게 극화된 역사에서 역사는 무시되거나 특정한 목적 때문에 훼손되지 않고 도리어 시공간적으로 원래 사건들에 떨어져 있는 수많은 사람의 관심을 끌 수 있는 형태로 전환된다는 것이다.[195]

세 번째로, 많은 성서학자는 복음서를 전무후무한 독특한 장르로 분류한다. 즉 복음서는 교회가 만들어낸 전적으로 새로운 장르라는 것이다. 또 랄프 마틴 같은 학자는 예수의 생애에 관한 이야기들이

---

191 상게서, cf. 117.

192 보다 자세한 설명을 위해 다음을 참고하라. 시드니 그레이다누스, 『성경 해석과 성경적 설교』(여수룬, 2012), 498-501.

193 Charles Talbert, *What Is a Gospel? The Genre of the Canonical Gospels* (Fortress, 1977), 17.

194 cf. E. George Ladd, *The New Testament and Criticism* (Eerdmans, 1966), 128.

195 Roland Frye, "The Jesus of the Gospels," in *From Faith to Faith* (Pickwick, 1979), 77.

크리스천들 자신들에 의해서 복음서라고 불렸으며, 이런 점에서 전대미문의 새로운 장르의 저작이 생겨나게 되었다고 주장한다.[196]

시드니 그레이다누스는 복음서 장르의 특징들을 다음과 같이 잘 포착해서 설명해주고 있다.[197] 복음서의 첫 번째 특성은 케리그마로 표현되는 하나님의 복음 선포와 연결되어 있다는 것이다. 복음서가 묘사하고 증언하는 예수의 인성과 사역 그리고 그의 삶과 죽음과 부활은 죄와 사망의 속박아래 있는 인류에 대한 하나님 최종적 구원이라는 복음의 선포이며, 이런 점에서 복음서는 일차적으로 케리그마적인 특성을 지닌다 할 수 있다.

복음서의 두 번째 특성은 좋은 소식으로서의 복음과 관련이 있다. 하나님의 나라/다스림의 도래는 사탄이 다스리는 시대의 종막과 아울러 인류의 죄를 구속하시고 하나님의 나라/다스림의 세계로 우리를 부르셨다는 점에서 복된 소식이요 이것이 복음서의 중심적 사상이라 할 수 있다.

세 번째로 복음서의 주된 특성은 예수와 하나님의 나라/다스림이 중심적이라는 점이다. 기본적으로 복음서가 예수의 인성과 사역 그리고 죽음과 부활에 관한 것이라는 점에서 예수-중심적이며, 이러한 예수의 사건들이 모두 하나님의 나라/다스림의 도래에 관한 것이라는 점에서 하나님 나라/다스림-중심적이라 할 수 있다. 마태복음 28:18-20은 이 점을 다음과 같이 요약적으로 잘 기술하고 있다.

196 cf. Amos Wilder, Early Christian Rhetoric (Harvard Univ. Press, 1971), 28; Ralph Martin, Mark (Zondervan, 1972), 21 //『마가신학』(엠마오, 1993), 35.

197 시드니 그레이다누스, 『성경 해석과 성경적 설교』(여수룬, 2012), 501-503.

한글사역 본문

18 예수께서 오셔서 그들(제자들)에게 말씀하여 이르시길

나에게 하늘과 땅에 있는 모든 권세가 **주어졌도다**.

19 그러므로 가서

모든 나라들을 ***제자로 만들라***.

아버지와 아들과 성령의 이름으로

그들에게 세례를 베풂으로써

내가 너희에게 명령한 모든 것들을

지키라고 그들을 가르침으로써(제자로 만들라).

헬라어 본문

18 καὶ προσελθὼν

ὁ Ἰησοῦς ἐλάλησεν αὐτοῖς λέγων,

Ἐδόθη μοι πᾶσα ἐξουσία ἐν οὐρανῷ καὶ ἐπὶ τῆς γῆς

19 πορευθέντες οὖν

μαθητεύσατε πάντα τὰ ἔθνη,

βαπτίζοντες αὐτοὺς

εἰς τὸ ὄνομα τοῦ πατρὸς καὶ τοῦ υἱοῦ καὶ

τοῦ ἁγίου πνεύματος,

20 διδάσκοντες αὐτοὺς τηρεῖν πάντα ὅσα ἐνετειλάμην ὑμῖν·

복음서 장르의 정의를 내리자면 신학적 전기 혹은 케리그마적 역사 서술이라 할 수 있다. 즉 복음서는 역사적 예수의 인성과 사역 그리고 그의 삶과 죽음, 그리고 부활이란 사건들을 신학적 관점에서 즉 인류의 죄와 사망의 속박에서 구원하신 하나님의 복음 선포라는 관점에서

기술하고 있다는 뜻이다.

문학적 관점에서 복음서를 정의 내리자면, 예수에 관한 이야기나 가르침들의 최초 전승 단위였던 페리코피 혹은 단락들이 복음서 저자들의 특정한 역사적 정황에서 선포하고자 했던 신학적 메시지를 위해 해석되고 구성되어 현재의 문학적 저작의 형태를 띤 것이라 할 수 있다. 이런 점에서 복음서 해석의 근간은 특정한 복음서를 낳게 한 역사적 정황이라는 모체에 대한 이해와, 저자의 신학적 메시지를 효과적으로 전달하기 위해 사용된 문학적 구성의 형태를 파악하고 이해하는 것이라 할 수 있다.

7. 비유 장르

1) 비유의 해석 역사

기독교 역사 내 성경 해석에서 비유는 다양하게 해석되어왔다.[198] 비유 해석의 역사는 크게 종교개혁 이전과 종교개혁 이후 그리고 현대로 구분된다. 종교개혁 이전 시기까지 비유는 영적인 진리를 담고 있는 알레고리로 취급되어 풍유적-기독론적으로 해석되어왔다.[199] 종교개혁 이후 시대는 성경에 대한 역사적-문법적 해석에 대한 전반적인 강조와

198 교회 역사 전반에 걸친 비유의 다양한 해석 방법들에 대한 이해를 위해 다음을 참고하라. 로버트 H. 스타인, 『예수님의 비유 해석 입문』 (이레서원, 2019), 67-120.

199 대표적인 풍유적인 해석은 아우구스티누스에 의한 선한 사마리아인의 비유 해석이다. 그의 비유해석은 다음과 같은 일대일 대응 방식의 해석을 제공하고 있다. 여리고로 내려가던 사람= 아담; 예루살렘-하늘의 도시; 여리고-죽을 운명의 달; 강도들=마귀의 그의 사자들; 옷을 벗김= 불멸성의 빼앗김; 거의 죽은 채로 버려짐= 반은 영적으로 죽었으나 반은 살았음; 제사장=구약의 율법; 레위인= 구약의 선지자들; 선한 사마리아인=그리스도; 여관=교회; 두 데나리온= 사랑의 두 계명; 여관주인=바울; 사마리안의 돌아온다는 약속= 그리스도의 부활 (상게서, 71-72).

함께 이전 시대의 풍유적 해석에서 벗어나려는 시도가 돋보였지만 칼빈과 루터를 위시한 몇몇 해석자들을 제외하고선 여전히 풍유적 해석의 성향을 보였다.

현대로 들어서 특히 19세기 후반과 20세기 초에 오면서 아돌프 율리허의 등장과 함께 최소한 학문의 장에서 비유의 풍유적 해석에 대한 조종이 울렸다. 그는 풍유적 해석 대신에 '왜 예수께서 비유로 말씀하셨는가?' 라는 비유의 주요 요점(main point)에 초점을 맞추었다. 이러한 비유 해석은 이전의 풍유적 해석과의 절연을 의미했다는 점에서 비유 해석 역사에 기념비적인 사건이라 할 수 있다.[200]

20세기 초엽과 중엽에 C. H. 도드와 요아킴 예레미아스(Joakim Jeremias)같은 학자들은 비유를 예수의 원래 독자들인 주후 1세기의 유대 지역의 팔레스타인 청중들이 들었던 그대로 듣고 해석하기를 주장했다. 구체적으로 말해서 예수의 비유의 당시의 역사적 정황은 예수의 메시아 통치를 통해 중재되는 하나님의 나라/다스림이 이 땅에 침투했다는 복음 선포의 시대였다. 이런 점에서 모든 비유 해석은 이러한 원래적 역사적 정황을 반드시 고려해야 한다는 것이다.[201]

20세기 중엽이 시작되면서, 편집비평 학자들은 복음서 해석에서 복음서 저자들의 최종적인 편집상의 기여들에 초점을 맞추었는데, 이런 맥락에서 비유 해석 역시 복음서 저자들이 독자들에게 비유들의

---

200 아돌프 율리허의 '하나의 요점' 이란 비유 해석이 갖는 파생적인 문제점에 대해서 K. R. 스노드그라스의 말을 인용해 다음과 같이 지적하고 있다. "율리허는 자신의 회의적이고도 자유주의 전통의 신학적 선호에 따라서 비유를 해석했으며 특히 예수의 많은 적법한 가르침들을 보다 후대의 역사적 첨가물들로 잘못 간주했다" (cf. Robert Plummer, *40 Questions About Interpreting the Bible*, 267 각주 7과 8 //『성경을 여는 40가지 질문』 [CLC, 2011], 425).

201 cf. C. H. Dodd, *The Parables of the Kingdom* (Nisbet & Co., 1935); Joachim Jeremias, *The Parables of Jesus* (Charles Scribner's Sons, 1963).

적절한 해석을 위해 제공한 편집상의 단서들에 주목하게 되었다.[202]

예를 들면, 누가는 15장에서 세 개의 비유를 기술하고 있는데, 이 비유들의 개별적인 의미가 어떠하든 분명한 사실은 저자 누가가 '잃어버린 것을 찾은 것에서 오는 기쁨'이란 표현을 각각의 비유들에 일관되게 사용함으로써(6-7절, 9-10절, 32절), 전체적인 맥락에서 이 세 비유들은 이런 관점에서 읽혀지도록 의도했다는 강한 암시를 갖고 있다는 점이다.[203]

현대에 들어와 비유는 알레고리와 비견되는 관점에서 이야기 형태의 확장된 은유로 해석되기 시작했다. 이 견해에 따르면 바른 비유 해석은 풍유적 해석이 범한 오류, 즉 비유 내의 모든 요소들이 가리키는 것들을 규명하려는 시도를 배척하며 동시에 비유에서 하나의 주요 요점을 찾아내려는 시도도 잘못된 것으로 규정한다. 비유는 비유 내의 요소들과 이들이 가리키는 것들 사이에 여러 가지의 적합한 접점을 지니며 이런 점에서 여러 가지의 요점을 전달하고 있다고 본다. 이런 점에서 비유를 이야기 형태의 확장된 은유라고 규정하고 있는 것이다.[204]

예를 들면, C. 블롬버그는 탕자의 비유에 대한 해석에서 이 비유는

---

202 cf. Robert Plummer, *40 Questions About Interpreting the Bible*, 268 //『성경을 여는 40가지 질문』(CLC, 2011), 425.

203 물론 이러한 편집상의 단서들 못지않게 이 비유를 누가복음 전체 속에서 현 문맥에 놓고 있는 누가의 의도와 이 세 비유들을 현 문맥 속에서 하나의 단일한 전체로 누가가 어떻게 구성하고 있는가를 살펴보는 것이 중요하다. 예를 들면 누가가 이 세 비유를 죄인을 영접하여 그들과 식사는 것에 대해 바리새인과 서기관들이 불평하는 문맥에 위치시키고 있다는 점과 비유들의 배열 순서와 함께 마지막에 잃어버린 아들의 비유를 배치하고 있으며, 더욱이 이 비유의 끝이 앞의 두 비유와 달리 아버지가 집 밖에 나와 큰 아들에게 하는 말이 종결 없이 끝을 맺고 있다는 점이 이 비유의 의미에 중요한 단서가 될 것이다.

204 이러한 해석의 대표적인 예를 위해 다음을 참고하라. Craig L. Blomberg, *Interpreting the Parables*, InterVarsity Press, 1990 // 크레이그 블롬버그, 『비유해석학』(생명의 말씀사, 1996).

하나의 요점을 지닌다기보다는 세 명의 주요 등장인물인 아버지, 큰 아들, 작은 아들이 각기 은혜롭고 용서하시는 하나님이란 요점과, 타인들에 대한 하나님의 은혜로우심과 용서하심에 대해 불평하는 것을 경고하고 있다는 요점, 끝으로 하나님은 죄를 고백하고 돌아오는 자를 영접하시고 은혜를 베푸신다는 요점을 제시하고 있다고 주장한다.[205]

2) 비유의 바른 해석

예수의 비유를 바르게 해석하려면 반드시 고려해야 할 몇 가지가 있다.[206] 첫째로, 예수의 인성과 사역 그리고 죽음과 부활의 핵심적인 문맥인 하나님의 나라/다스림의 종말론적 도래라는 점을 반드시 고려해야 한다. 이런 점에서 비유는 어떤 메시지를 전달하기 위한 수단이라기보다는 그 자체가 천국 복음, 곧 하나님이 다스리신다는 복음이라 할 수 있다. 하나님의 나라/다스림의 도래는 새로운 질서와 새 시대를 이 땅에 가져왔으며 이러한 새 질서와 새 시대를 은유적으로 표현하고 있는 것이 비유라 할 수 있다. 그렇다면 가능한 한 모든 비유는 이러한 하나님의 다스림의 도래라는 맥락에서 해석하고 이해하도록 노력해야 한다.

예를 들어, 선한 사마리아의 비유는 구제와 자선이라는 관점에서 주로 해석되고 있는데, 이것은 하나님의 나라/다스림의 도래라는 관점과 아울러 이 비유의 문학적 문맥을 간과한 잘못된 해석이라 할 수 있다. 분명 저자 누가는 예수의 이 비유를 29절에서 "내 이웃이

205 상게서, *Interpreting the Parables*, 166.

206 간략하지만 잘 요약된 바른 비유 해석에 대한 설명을 위해 다음을 참고하라. 최갑종, 『예수님의 비유 - 본문, 해석 그리고 설교/적용』 (이레서원, 2001), 39-46.

누구입니까?"라는 어떤 율법사의 질문에 대한 대답으로 시작해서 36절에서 "누가 강도 만난 자의 이웃이 되겠느냐?"란 예수의 질문으로 끝을 맺고 있다.[207] 분명 선한 사마리아인의 비유를 통해 예수께서는 누가 이웃인가에 대한 질문에 답을 하고 계신 것이다. 이웃에 대한 새로운 정의를 내릴 필요가 있다는 것이다. 동시에 예수께서는 자신과 함께 이 땅에 도래한 하나님의 나라/다스림이 가져온 새 질서와 새 시대는 이웃에 대한 기존의 통념적인 이해를 근본적으로 전복시키고 있다는 점을 강력히 암시하고 있다.

둘째로, 동일한 맥락에서 예수의 비유는 당시 주후 1세기의 역사적 문맥에서 볼 때 기본적으로 당시 통념적인 기존의 가치관을 충격적으로 흔들어 놓는 효과가 있었다는 점을 반드시 고려할 필요가 있다. 비유는 충격의 반응을 기대할 뿐만 아니라 듣는 자들에게 결단을 요구한다. 전에는 대등 관계로 인식되지 못했던 것이 이제 대등 관계로 제시됨으로 삶의 전반에 대해, 특별히 삶에 현존하는 하나님의 나라와 그의 복음에 대한 새로운 통찰력을 제공하며, 이에 대한 반응을 기대하고 새로운 삶에 대한 인식을 요구한다. 이러한 충격의 효과가 여전히 비유를 읽는 현대의 독자들에게 전해지지 않는다면 비유의 원래적 목적과 의도가 왜곡될 수 있는 위험이 항상 존재한다.

끝으로 비유가 놓여 있는 역사적 문맥 뿐만 아니라 비유의 특정한 문학적 문맥을 반드시 고려해야 한다. 왜냐하면 원래 개별적인 단위로

207 물론 이 비유는 37절에서 "... 가서 너도 이와 같이 하라"는 예수의 말씀으로 끝을 맺는다. 그러나 여전히 이 말이 자비를 베풀라는 일반적인 의미의 명령을 뜻한다고 볼 수 없다. 여기서 예수는 유대인 그것도 유대 전통과 율법에 정통한 율법사에게 이방사람인 사마리아인이 유대인을 이웃으로 받아들여 자비를 베푼 것 같이 그렇게 하라고 말씀하고 있는데, 이것은 단순히 자비의 문제가 아니라 이웃에 대한 당시의 이해를 근본적으로 재규정하고 있다고 볼 수 있다.

회자되었던 예수의 비유들이 최종적으로 복음서 저자들에 의해서 그들의 신학적 메시지를 위한 목적에서 현재의 문학적인 구성의 형태를 띠게 되었기 때문이다.

8. 사도행전 장르

1) 사도행전의 장르

사도행전의 표제는 헬라어로 '사도들의 행적들'을 뜻한다. 이 표제는 일견 사도행전이 사도들의 행적을 담은 역사서라는 인상을 준다. 이런 점에서 저자인 누가 역시 초대 교회의 역사를 정확하게 서술한 역사가로 보기도 한다(cf. 눅 1:3 "차례대로 쓰는 것이/ καθεξῆς σοι γράψαι"). 그러나 성경의 원래적 성격이 그렇듯이 사도행전은 특정한 저작 목적과 의도를 갖고 기록된 신학적 역사(theological history) 혹은 선포적 역사(kerymatic history)라 할 수 있다.[208] 이런 맥락에서 저자 누가는 역사가인 동시에 신학자라 칭하기에 마땅하다.[209] 그러기에 사도행전의

---

208 cf. W. G. Kummel, *Introduction to the New Testament*(1975), 161f. 예수의 부활 이후의 행적들이 나타나는 장소를 주로 갈릴리에 초점을 맞추는 다른 복음서 저자들(cf. 마 28:10, 16; 막 16:7)과 달리 누가는 예루살렘에 초점을 맞추고 있다(cf. 눅 24:13, 33, 52). 이것은 하나님의 구원역사의 중심지로서 예루살렘에 대한 누가의 신학적 관심을 반영하고 있다 볼 수 있다(H. Conzelmann, *The Theology of St. Luke*(1960), 138, 246f(R. Martin, 『신약의 초석II』 [크리스챤다이제스트, 1995], 89에서 재인용).

209 I. H. Marshall은 누가복음에 관한 그의 단권 입문서(monograph)의 제목을 *Luke: Historian and Theologian*(I. H. Marshall, The Paternoster Press, 1970/ 『누가행전』 [엠마오, 1993])으로 붙임으로서 누가를 역사가와 신학자로 잘 표현하고 있다. 이 책은 다른 복음서의 입문서들(*Matthew: Evangelist and Teacher* by R. T. France[The Paternoster Press, 1989]/ 『마태신학』 [엠마오, 1995]; *Mark: Evangelist and Theologian* by R. Martin [The Paternoster Press, 1972]/『마가신학』 [엠마오, 1993]; *John: Evangelist & Interpreter*, S. S. Smalley[The Paternoster Press, 1978]/『요한신학』 [생명의 샘, 1996]과 함께 복음서의 중요한 4부작 단권입문서로 평가받고 있다.

중요성은 역사적 문제뿐만 아니라 더 중요하게는 저자인 누가의 저작 목적과 의도이다. 그러므로 사도행전을 읽을 때 필요한 것은 단락 위주의 사고가 아니라 사도행전 전체를 중심으로 한 사고이다.

2) 문학적 정의

사도행전을 형식상으로 정의를 내린다면 "중간 중간에 설교들이 들어있는 서로 연결된 일련의 짧은 내러티브들이 하나의 전체를 구성하고 있는 저작"이라고 할 수 있다.[210] 따라서 사도행전 해석의 주안점은 전체 구성, 짧은 내러티브들의 연결 논리 그리고 사이사이에 놓여있는 설교의 역할 등이 되어야 한다.

3) 사도행전 읽기/해석에 관하여

(1) 성경적 선례의 문제

물론 잘못된 것이지만 성경 독자들이 구약의 내러티브를 도덕적인 교훈이나 풍유적 이해를 통해서 영적 의미를 발견하려는 경우는 있지만 자신들의 행동양식의 선례로 삼으려는 경우는 드물다. 그러나 사도행전의 경우 많은 사람들은 사도행전을 자신들의 행동의 선례로 삼아 읽는다. 모든 시대의 교회를 향한 규범적인 모델 제시로 본다는 뜻이다('초대 교회로 돌아가자!'라는 슬로건의 문제점). 규범적인 모델 제시로서의 사도행전 이해는 교회제도와 형태, 세례의 양태, 성령

210 참조. G. Fee, *the New Testament Exegesis*, (the Westminster Press, 1983), 22.

세례의 문제 등등을 야기시켰다.

이것은 사도행전의 성격에 대한 이슈와 연결되어 있다. 즉 사도행전이 초대교회의 역사인가? 아니면 초대교회 역사의 사실성에 대한 변증인가? 초대교인의 삶에 대한 모델인가?[211] 하는 점이다.

(2) 사도행전 읽기/해석의 전제들

① 이해의 열쇠

사도행전 이해의 열쇠는 성령의 역사를 통해서 복음이 예루살렘에서 전 세계로 확장되어 나갔다는 점이다(스데반의 설교[행 7:2-53]- 예루살렘 성전에 대한 재해석).

② 강력한 복음의 진행

누가의 관심은 복음이 강력하게 진행되어 하나님의 나라/다스림이 확장되어나갔다는 점이다. 정확히 말해서 성령의 능력으로 그리스도의 죽음과 부활 승천이라는 하나님의 복된 소식이 힘차게 세계로 선포되었다는 데 있다. 이러한 누가의 관심을 보여주는 것은 누가가 사도의 전기나 교회의 조직에 관심을 두고 있지 않다는 사실에서 찾을 수 있다. 또한 예루살렘에서 로마에 이르는 복음의 지리적 확장만이 나타나고 있다는 사실이다.

③ 모범적 선례?

누가는 초대교회 내에서 일어나는 일들을 우리에 대한 표준이나

---

211 cf. G. 피/D. 스튜어트, 『성경을 어떻게 읽을 것인가』 (성서유니온, 2010), 125-127.

모델 혹은 규범으로 제시하고 있지 않다. 물세례와 성령강림의 순서가 바뀌거나 방언에 대한 언급이 있기도 하고 없기도 하고 회개에 대한 언급 역시 일관되게 표현되지 않는다. 이처럼 초대교회에서 일어난 사건은 현대 교회의 모델로 제시되고 있지 않다.

4) 사도행전 읽기/해석의 두 원리[212]

(1) 일반적 원리들

성경이 명시적으로 행하라고 서술하지 않는 한 단순한 기술이나 묘사를 결코 규범으로 받아들여서는 안 된다. 부수적인 것과 본문의 의도를 구분할 수 있어야 한다. 6:1-7의 예들 든다면 집사를 직접 선출하라는 것이 본문의 중심 주제인가? 그렇지 않다고 본다.

(2) 특수한 원리들

① 성경의 선례를 하나의 유비로 사용하여 오늘 우리의 어떤 행동에 성경적인 권위를 부여하는 것은 옳지 않다.

② 성경의 선례는 특정한 행위에 대한 규범으로 제시된 것이 아니다.

③ 성경의 선례가 규범적으로 간주되지는 않아도 반복되는 경우가 있다. 이 때 그 선례의 반복에서 어떤 일관된 패턴이 발견된다면 그 선례가 저자의 전체적인 의도와 목적에 부합되는 범위 안에서 크리스천들에게도 따라야 할 모델로 제시될 수 있다.

---

212 cf. G. 피/D. 스튜어트, 『성경을 어떻게 읽을 것인가』 (성서유니온, 2016), 139-147.

5) 사도행전 읽기의 중요 단계들

(1) 전체를 통독하라.

(2) 통독하는 중에 주요 인물과 장소, 계속 반복되는 주제, 그리고 자연스러운 구분 등에 주목하라.

(3) 기록 목적이 무엇인가를 스스로 질문하라.

6) 저작배경과 목적

사도행전은 누가에 의해서 누가복음에 이어 두 번째로 데오빌로를 향해 기록된 책이다(cf. 눅 1:1-4; 행 1:1-2). 사도행전이 기본적으로 데오빌로를 향해 집필되었지만 아마도 데오빌로는 누가복음 1:1-4이 분명히 보여주듯이 그리스도를 따르는 자 중 하나였을 것이며 누가-행전 원고의 복사와 회람에 대한 재정적 지원을 한 후원자였을 것으로 판단된다. 이런 점에서 누가는 더 폭넓은 독자들, 아마도 바울에 의해서 세워진 교회들의 이방 크리스천들을 염두에 두고 누가-행전을 기록했을 것으로 여겨진다.

저자 누가는 당시 이방 크리스천들로 구성된 교회에 대한 목회적 관심에서 사도행전을 기술했다. 누가는 바울의 동역자로서 바울과 함께 한 경험(다음 구절들에 나타나는 '우리/we'란 표현을 보라. 행 16:10-17; 20:5-21:18; 27:1-28:6)에 대한 기억과 AD 60년경 바울과 함께 가이사랴에 거할 때 접했던 초기 팔레스타인의 기독교에 관한 자료들을 기초로 사도행전을 기록했을 것으로 판단된다.[213]

사도행전의 저작 배경은 사도행전의 서두인 1:1-11을 통해 두

213 R. 마틴, 『신약의 초석 II』 (크리스천다이제스트, 1995), 92.

가지로 추론해 볼 수 있다.[214] 첫째로, 여기서 제자들은 “주님이 (바로) ***이 때에*** 이 나라를 이스라엘에 회복하십니까?/εἰ ἐν τῷ χρόνῳ τούτῳ ἀποκαθιστάνεις τὴν βασιλείαν τῷ Ἰσραήλ;”라고 묻는데, 이에 대해 예수께서는 “아버지께서 자신의 권세에 두신 시간과 정한 때를 아는 것이 ***너희에게 속한 것이 아니라***/οὐχ ὑμῶν ἐστιν γνῶναι χρόνους ἢ καιροὺς οὓς ὁ πατὴρ ἔθετο ἐν τῇ ἰδίᾳ ἐξουσίᾳ,”고 말씀하신다.

제자들의 질문은 기본적으로 엘리야가 종말의 전령자로서 와서 모든 것들을 회복시킬 것이라는 말라기 4:5-6에 기초한 당시 유대-묵시론적 종말론의 열망을 반영하고 있다(cf. 막 9:12. “엘리야가 먼저 와서 모든 것을 회복시킨다/Ἠλίας μὲν ἐλθὼν πρῶτον ἀποκαθιστάνει πάντα·”). 이것은 제자들의 재림에 대한 조급함과 과도한 열망과 집착에 대한 교정의 필요성을 암시하며 동시에 당시 누가의 독자들의 재림에 대한 편견과 오해를 불식시키고 교정시키고자 하는 누가의 의도를 반영한다고 할 수 있다.

이어 예수께서는 “성령이 너희 위에 임하게 될 때 너희는 능력을 얻게 될 것이며 예루살렘과 모든 유대와 사마리아에서 그리고 땅 끝에서까지 내 증인이 될 것이라./λήμψεσθε δύναμιν ἐπελθόντος τοῦ ἁγίου πνεύματος ἐφ᾽ ὑμᾶς καὶ ἔσεσθέ μου μάρτυρες ἔν τε Ἰερουσαλὴμ καὶ [ἐν] πάσῃ τῇ Ἰουδαίᾳ καὶ Σαμαρείᾳ καὶ ἕως ἐσχάτου τῆς γῆς.”고 말씀하신다. 이를 통해 예수께서는 거짓된 평온 가운데 묵시론적 사색으로 일관하는 것 역시 잘못된 것임을 말씀하신다. 누가는 이 말씀을 통해 자신의 교회 공동체의 구성원들은 성령의 역사에 따라 선교적인 사명을 감당해야 할 자들임을 가르치고 있다 할 수 있다.

214 상게서, 93-94.

둘째, 이 본문에서 예수께서 하늘로 올라가실 때 제자들이 하늘을 쳐다보는데 이 때 흰 옷 입은 두 사람이 "왜 너희들은 하늘을 쳐다보며 서 있느냐? 너희로부터 하늘로 들려진 이 예수는 너희가 봤던 방식대로 오실 것이라/τί ἑστήκατε [ἐμ]βλέποντες εἰς τὸν οὐρανόν; οὗτος ὁ Ἰησοῦ ς ὁ ἀναλημφθεὶς ἀφ' ὑμῶν εἰς τὸν οὐρανὸν οὕτως ἐλεύσεται ὃν τρόπον ἐθεάσασθε" 라고 말한다(행 1:11). 이 구절은 누가의 교회 공동체의 일부가 재림에 대한 과도한 집착에 얽매였던 것처럼, 다른 일부는 재림에 대한 불신과 회의 가운데 절망하는 자들도 있었음을 암시한다. 이들에게 누가는 비록 조만간 재림이 이루어지지는 않지만 분명 주님은 다시 오실 것이며 그들의 재림에 대한 소망은 안전한 소망이며, 종말 역시 확실함을 천명하고 있다 할 수 있다.

7) 사도행전의 정경 상의 위치

사도행전은 두 가지 관점에서 볼 필요가 있다. 첫째로, 사도행전은 분명 문학적(literary) 관점에서 볼 때 사도행전의 속편과 같다(cf. 행 1:1). 이런 점에서 한 책(one book)의 제 1권(1st volume)과 제 2권(2nd volume)에 해당하는 누가복음과 사도행전은 동일한 전망대(outlook)를 공유하며 많은 유사한 주제들(themes)을 공유한다. 구체적으로 두 책은, 예수가 온 인류와 전 역사의 통치자이시기에 유대인과 이방인의 구분은 더 이상 의미가 없다는 동일한 전망대를 지닌다.

누가복음은 예수를 "***이방***을 비추는 빛과 주의 백성 ***이스라엘***의 영광/φῶς εἰς ἀποκάλυψιν ἐθνῶν καὶ δόξαν λαοῦ σου Ἰσραήλ."[215]이신

215 cf. 눅 2:29-32. "[29]νῦν ἀπολύεις τὸν δοῦλόν σου, δέσποτα, κατὰ τὸ ῥῆμά σου ἐν εἰρήνῃ· [30]ὅτι εἶδον οἱ ὀφθαλμοί μου τὸ σωτήριόν σου, [31]ὃ ἡτοίμασας κατὰ πρόσωπον

구원으로 묘사하는 시므온의 고백으로 시작되어(눅 2:32), 그의 이름으로 죄 사함을 얻게 하는 회개가 "***예루살렘으로부터*** 시작하여 ***모든 족속에게***(εἰς πάντα τὰ ἔθνη. ἀρξάμενοι ἀπὸ Ἰερουσαλὴμ)전파될 것이라"(눅 24:47)는 제자들에 대한 약속으로 끝을 맺고 있다. 이에 비해 사도행전은 오순절 날에 성령으로 충만하여 하늘 아래의 ***모든 족속으로부터***(ἀπὸ παντὸς ἔθνους τῶν ὑπὸ τὸν οὐρανόν.) 온 경건한 유대인들에게 복음을 전파하는 것으로 시작되어(행 2:14), 로마에서 "하나님의 이 구원이 ***이방인들에게*** 보내졌음/τοῖς ἔθνεσιν ἀπεστάλη τοῦτο τὸ σωτήριον τοῦ θεοῦ·"을 알라(행 28:28)고 외치는 사도바울의 선포로 끝을 맺는다.

그렇지만, 사도행전은 정경적(canonical)관점에서 볼 때, 단순히 누가복음의 속편의 역할만 하는 것이 아니다. 예수의 생애와 사역에 대해서는 네 권의 책이 주어졌는데 초대 교회의 삶에 대한 이야기는 오직 한 권의 책이 존재한다는 것은 사도행전의 독특한 성격을 나타낸다. 단일한 예수 그리스도의 사건을 통해 나타난 하나님의 종말론적인 다스림과 그의 나라의 도래가 지닌 다양한 국면들은 특정한 역사적 정황에 따라 네 권의 책으로 기술되었다. 반면에 사도행전을 통한 초대교회의 일관된 증언은 바로 복음서들이 증언하는 하나님의 종말론적인 다스림의 복된 소식(복음)이 종말론적인 선물인 성령의 역사를 통해 예루살렘에서 당시 땅 끝을 상징하는 로마[216]로 강력하게

πάντων τῶν λαῶν, [32] φῶς εἰς ἀποκάλυψιν ἐθνῶν καὶ δόξαν λαοῦ σου Ἰσραήλ." 이제 주께서 주의 말씀대로 주의 종을 평안 가운데 놓아주시니, 이는 나의 눈이 주의 구원을 보았기 때문입니다. 이것(구원)은 주께서 이 백성들 가운데 예비하셨던 것이요, 열방의 계시(열방에 대한 계시)를 위한 빛이요 주의 백성 이스라엘의 영광입니다."

216 솔로몬의 시편 8:15에 "땅 끝까지/ἕως ἐσχάτου τῆς γῆς."란 표현이 로마제국의 수도를 가리키는 암호문이었다는 증거가 나타난다. 이런 점에서 바울의 로마여행(cf. 19:21; 23:11; 27장, 28장)은 1:8절이 말하는 땅 끝까지 이르러 복음의 증인이 되라는 말씀과 부합될 뿐만 아니라 이 말씀의 성취이며, 이런 점에서 비록 수동적으로 이루어지기는 하지만, 바울의 로마 도착은 넓은 범주의 '신적 수동태/divine passive'의 일환이라 할 수

확장되어간다는 점이다.

이런 점에서 사도행전은 문학적 관점에서 누가복음의 속편인 동시에 정경적 관점에서 복음서들의 확장된 예언적 성취(prophetic fulfillment)로 읽혀야 한다. 이것은 사도행전 구조의 두 가지 중요한 요소가 지리적인 요소(geography)와 예언적 요소(prophecy)라는 점을 강력히 암시한다.[217] 그리스도의 사건을 통해 근본적으로 이루어진 하나님의 복음이 예루살렘으로부터 시작하여 땅 끝까지 확장되어가는 모습을 보여주고 있다는 것과 아울러 복음의 확장이 구조화된 예언(programmatic prophecy)에 따라 이루어진다는 점이다. 여기서 구조화된 예언은 단순히 예수의 생애와 초대교회의 삶이 구약 예언의 성취라는 점만을 의미하지 않으며 사도행전 내의 등장인물들에 의한 예언이 이야기 전개에 따라 성취되어간다는 점을 내포한다.

사도행전 1:8("성령이 너희 위에 임하게 될 때, 너희는 능력을 얻게 될 것이며, 예루살렘과 모든 유대와 사마리아에서 그리고 땅 끝에서까지 내 증인이 될 것이라. /λήμψεσθε δύναμιν ἐπελθόντος τοῦ ἁγίου πνεύματος ἐφ' ὑμᾶς καὶ ἔσεσθέ μου μάρτυρες ἔν τε Ἰερουσαλὴμ καὶ [ἐν] πάσῃ τῇ Ἰουδαίᾳ καὶ Σαμαρείᾳ καὶ ἕως ἐσχάτου τῆς γῆς.")이 이러한 구조화된 예언의 가장 명백한 예이다. 이러한 예언에 대한 이해를 통해 우리는 사도행전의 이해의 핵심이 성령의 역사로 사도들의 능력 있는 증언을 통해 예수 그리스도를 통해 근본적으로 성취된 하나님의 복음(그의 다스림)이 만국으로 전파된다는 것임을 알 수 있다.

이런 점에서 누가의 관심은 부활하신 주님의 승천을 통해서 예수의 지상사역이 성령을 통해 교회의 지속적인 사역을 통해서 이어지고

있다 (cf. 랄프 P. 마틴, 『신약의 초석』 [크리스천다이제스트, 1993], 96).

217 Luke T. Johnson, *The Acts of the Apostles*, Sacra Pagina 5 (Liturgical Press, 1992), 10ff.

있음을 보여주려는 목회적인 데에 있다 할 수 있다. 부활하시고 승천하신 주님께서 성령을 부어주심으로써(2:33) 비로소 교회의 선교적인 삶과 사역이 시작된다는 뜻이다. 이런 점에서 사도행전의 지배적인 주제이자 누가의 일관된 관심은 예수의 부활과 승천의 사건이 성령의 임재와 교회를 통한 하나님의 다스림/나라의 확장으로 구체화된다는 것을 보여주는 데 있다 할 수 있다.

9. 서신서 장르

1) 서신서 장르와 그 해석목표

서신서들은 대개의 경우 주장이나 권면의 단락들로 이루어져 있다.[218] 서신서 해석의 주된 관심은 특정한 단락의 의미를 이해하기 위해서 저자의 사고, 논리가 어떻게 흘러가고 있는가, 또한 저자가 이야기하고자 하는 바, 즉 주제가 어떻게 전개되고 있는가에 있다.

2) 서신서 해석의 중요 원리인 직설법과 명령법

바울 서신의 도덕적 표명 가운데 나타나는 새 생명 혹은 새 삶은 성령을 통해 그리스도 안에 있는 하나님의 구속 역사의 선물로서 단회적으로 선포되고 단언된 것인데, 특별히 이 점은 직설법을 통해 표현되고 있다.

예를 들어, 그리스도의 죽음과 부활이란 구속 역사와 관련하여, 바울은 로마서 6:2에서 "그리스도 안에 있는 자들은 죄에 대해

---

218 참조. G. Fee, *the New Testament Exegesis*, 22.

죽었도다"라는 명제를 직설법으로 표현하고 있다. 그러나 이러한 단언적 선포는 인간의 책임을 자극하고 그에 준하는 행동을 불러일으키는 방향으로 향해 있으며, 이러한 자극과 고무는 명령법으로 표현되고 있다. 그런 점에서, 바울은 로마서 6:12-13에서 "죄로 너희 죽을 몸에 왕 노릇 하여 너희가 몸의 사욕을 따르지 않게 하라"고 명령한다. 여기서 눈여겨 볼 점은, 이 명령을 선도하고 있는 표현이 "그러므로"라는 점이다. 즉 직설법과 명령법을 연결하는 문형적 표현이 추론적 접속사(inferential conjunction)라는 뜻이다.

이러한 직설법과 명령법을 연결하는 전형적 형태가 빌 2:12f에서 발견 된다. "…μετὰ φόβου καὶ τρόμου τὴν ἑαυτῶν σωτηρίαν κατεργάζεσθε· 13 θεὸς γάρ ἐστιν ὁ ἐνεργῶν ἐν ὑμῖν καὶ τὸ θέλειν καὶ τὸ ἐνεργεῖν ὑπὲρ τῆς εὐδοκίαj. 두려움과 떨림으로 너희의 구원을 이루라, 이는 하나님은 자신의 선한 기쁨을 위해 뜻하시고 행하시는 바를 이루시는 분이기 때문이라." 여기서 두 가지 점을 지적할 필요가 있다. 첫째로, 명령법은 직설법에 근거한다는 점이다. 둘째로, 명령법은 인간의 책임의 문제요, 직설법은 하나님의 일이라는 이분법적 이해는 옳지 않다는 점이다. 명령법은 직설법과 함께 주어진 실체에 근거하고 있고, 그 실체에 호소하며, 그 실체를 경험적 실체 즉 온전한 결실에 이르도록 의도된 것이다. 직설법에 근거하지 않은 명령법은 결과적으로 새로운 율법주의에 빠지게 된다.[219]

219 cf. 헤르만 리더보스, *바울신학* (개혁주의신행협회), 313-318.

3) 서신서 해석방법론: 문장 흐름도 만들기

서신서는 기본적으로 저자가 특정한 교훈과 가르침으로 독자를 설득하여 독자들의 인식의 변화와 특정한 삶의 방식의 전환을 꾀하려는 목적을 지닌다. 기본적으로 이러한 설득을 목표로 한 서신서는 매우 논리 정연하게 흘러가는 특징을 지닌다. 물론 저자 편에서 돌연한 심리적 전이와 같은 것에 의해서 외관 상의 논리비약 같은 것들이 존재하는 것도 사실이지만 말이다.[220]

이런 점에서 서신서 본문을 바르게 읽는 최선의 방법은 저자의 논리를 잘 따라가는 것이다. 더 엄밀하게 말해서 저자의 논리 흐름을 잘 따라가는 최선의 길은 본문에 있는 문장들 간에 문법적-구문론적 관계를 살펴서 주절과 종속절로 나누고 이 일을 통해서 전체적으로 문장들을 서열화시키는 것이다. 이를 통해서 본문 안에 있는 문장들의 흐름도가 만들어진다. 아래에서 어떻게 이러한 문장들의 서열화와 문장들의 흐름도 곧 본문의 도식하를 만드는 지에 관한 예를 보이고자 한다.

4) 서신서 본문의 해석 방법의 예: 문장 흐름도 만들기

빌립보서 1:3-14(a modified diagram of sentence flow)

(1) 본문의 구문 서열화를 통한 문장 흐름도 만들기

3 **내가** 너희를 생각할 때마다 나의 하나님께 **감사하며**

---

220 cf. 윌리암 클라인 외2인, 『성경해석학총론』 329.

4 간구할 때마다 너희 무리를 위하여 기쁨으로 항상 **간구함은**

(3절과 4절은 동의적 평행법적인 표현임)

5 첫날부터 이제까지 복음에서 너희가 교제함을 인함이라

(감사와 간구의 이유)

6 너희 속에 착한 일을 시작하신 이가

그리스도 예수의 날까지 이루실 줄을 우리가 확신하노라

(5절의 복음 가운데 교제에 대한 부연 설명)

7 내가 너희 무리를 위하여 이와 같이 생각하는 것이 마땅하니

(3-6절의 감사와 간구, 확신에 대한 첨언)

이는 너희가 내 마음에 있음이며

나의 매임과 복음을 변명함과 확정함에

너희가 다 나와 함께 은혜에 참예한 자가 됨이라

(앞에서 말한 저자의 생각이 마땅한 이유)

8 내가 예수 그리스도의 심장으로 너희 무리를 어떻게 사모하는지를

하나님이 나의 증인이시라

(저자의 독자들에 대한 생각에 대한 부연 설명)

9 **내가 기도하노라**

너희 사랑을 지식과 모든 총명으로 점점 더 풍성하게 하사

(기도의 요지)

10 너희로 지극히 선한 것을 분별하며

또 진실하여 허물없이 그리스도의 날까지 이르고

11 예수 그리스도로 말미암아 의의 열매가 가득하여

(지식과 총명으로 풍성한 결과 3 가지)

하나님의 영광과 찬송이 되게 하시기를 구하노라

(의의 열매가 가득한 결과 혹은 목적)

(2) 본문 도식화에 대한 설명

잠시 이상의 문장 흐름도를 설명하고자 한다. 먼저 해석자는 본문의 모든 문장을 동사 혹은 서술어가 들어있는지의 여부를 판단해서 동사나 서술어가 들어있으면 모두 문장으로 분류해서 본문을 모두 문장들로 나눈다. 이것을 본문의 분절이라고 한다(clausal delimitation). 그 다음 문장들 사이의 연관관계 혹은 종속 관계를 살피면서, 문장들을 연관관계나 종속 관계를 표시한다(clausal subordination). 문장들의 연관관계나 종속 관계는 해당 문장들의 들여쓰기(indentation)를 통해 표시된다. 또 들여쓰기의 정도에 따라 문장들의 종속의 정도가 좌우된다. 들여쓰기가 많이 이루어진 문장이나 절은 문장 중요도라는 점에서 서열이 가장 낮은 것으로 취급한다.

이러한 분절과 종속화의 과정을 통해 빌립보서 1:3-14 본문은 위와 같은 도식화 혹은 문장 흐름도의 형태를 띠게 된다. 잠시 문장 흐름도를 설명하면, 3절 "내가 … 감사하며"는 4절 "간구할 때마다 … 간구함은"과 '감사하며'로 이어지는데, '감사하며'는 등식의 연결어미 형태를 지니므로, 이 두 구절은 평행법적인 구조를 지닌 것으로 취급한다. 그런데 3절은 감사에 관해 4절은 간구에 관해 말함으로써 내용상 비슷한 맥락을 지닌다. 이런 점에서 3절과 4절은 동의적인 평행법적 구조를 띤다고 판단한 것이다. 물론 엄밀하게 볼 때, 4절은 3절을 더 구체화하고 강화시키고 있음이 분명하다. 5절은 "첫날부터 …인함이라"로 되어 있는데, 이것은 분명 이 절이 앞의 3절과 4절의 이유로 제시되고 있음을 보여준다. 이와 같이 본문의 모든 문장과 절의 관계를 연결어미와 접속사를 살펴서 연결 관계를 규명해서 본문 전체를 종속화 내지 서열화해서 도식화 한 것이 이상의 문장 흐름도이다.

이렇게 문장들의 서열화를 통해 드러난 문장 흐름도를 볼 때,

본문의 요지 혹은 핵심은 밑줄과 굵은 글자체로 표기된 다음과 같은 두 부분이다. **"내가"** …… **"감사하며"** …… **"간구함은"**(3-4절); **"내가 기도하노라"**(9a). 그리고 나머지 부분들은 모두 감사와 간구함의 내용(5-8절)과 기도의 내용(9b-11절)이다. 그렇다면 반드시 본문을 읽는 사람은 저자가 감사하고 기도한다는 사실에 일차적 관심을 두어야 하며 그 다음으로는 저자가 감사하고 기도하는 내용에 관심을 두어야 할 것이다.

두 번째로, 괄호 안에 있는 설명들은 괄호 바로 앞부분에 있는 문장들에 대한 설명으로, 특히 앞 문장들이 그 앞에 있는 문장(들)과 어떠한 논리적 관계에 있는가를 설명하고 있다. 이러한 설명을 따라 본문의 모든 문장들을 읽어가게 되면 결국 본문에서 저자가 말하려는 요지가 분명하게 드러나게 된다. 이 요지가, 바로 영감된 저자가 하나님의 말씀으로 드러내고 싶은 바라고 할 수 있다.

(3) 본문의 요지

이상의 본문의 문장 흐름도를 중심으로 하여 본문이 말하는 바 곧 본문의 요지를 다음과 같이 간략하게 기술할 수 있다.

나(바울)는 여러분들이 복음 전하는 선한 일에 동참한 것에 대해 하나님께 감사하며, 하나님이 이 복음 전파의 일을 끝까지 이루실 것을 확신합니다. 그리고 나는 여러분들의 사랑이 더욱 풍성하게 되어 좋은 것에 대한 분별력이 있게 되고, 그 결과 마지막 때까지 거룩하고도 의로운 삶을 살아서 종국적으로 하나님께 영광을 돌려드릴 수 있기를 기도합니다.

(4) 개인적 묵상과 적용

만약 개인적인 묵상 차원에서 본문을 읽는 독자라면 이상의 도식화된 본문을 통해 추론된 요지를 중심으로 다음과 같은 개인적인 적용을 생각해 볼 수 있다.

> 나는 지금 어떤 방식으로 하나님의 좋은 소식을 전하는 선한 일에 참여하고 있는가? 만일 내가 이 일에 참여하고 있다면 이 일을 하나님이 반드시 성취하실 것이라는 확신을 갖도록 한다. 그리고 나는 다음과 같이 기도한다. 하나님의 복음을 전하는 그 일에 대한 사랑과 헌신이 더욱 커지고 깊어져서 정말 무엇이 하나님의 좋은 소식을 전하는 일이며 어떻게 그 일을 할 수 있는가에 대한 분별력을 갖게 하소서. 그래서 죽을 때까지 이 일을 위해 온전히 헌신하는 거룩하고도 의로운 삶을 살게 하시며, 이를 통해 하나님의 임재 곧 하나님의 살아 역사하심이 많은 사람들 가운데서 나타나고 느껴지고 경험되게 하소서.

10. 계시록 장르

1) 문학적 정의

계시록은 구성된 일련의 이상들(visions)로, 이 이상들이 하나의 묵시론적-내러티브를 형성하고자 함께 짜인 형태이다. 이런 점에서 해석의 주안점은 각각의 이상들의 주제와 이상들의 연결 논리, 그리고 개개 이상들이 하나로 짜인 구성 원리에 있어야 한다.[221]

---

221 참조. G. Fee, *the New Testament Exegesis*, 22.

아마 가장 중요한 열쇠는 계시록이 다음과 같은 세 개의 독특한 장르들의 일부들로 결합되어 있다는 점을 인식하는 일이다. 서신서, 예언서, 묵시서.

2) 계시록의 장르

(1) 서신서로서의 계시록

계시록 1:4은 이 책이 소아시아에 있는 일곱 교회들에게 보내진 편지라고 분명히 기록하고 있다. 2-3장은 각각의 교회들에 대한 칭찬과 책망들을 담고 있는 일곱 개의 짧은 편지들을 포함하고 있다. 그러기에, 계시록은 서신서의 다양한 특징들을 담고 있는 셈이다. 예를 들어, 해석자들은 각각의 교회의 역사적인 정황들을 가능하면 정확하게 재구성하려는 노력을 기울여야 한다.[222] 일곱 교회에 대한 편지들의 대부분의 세부사항들은 이들 각각의 역사적인 정황들에 비추어 읽힐 때 더 잘 이해될 수 있다.

예를 들어, 고대 라오디게아 도시는 물질적인 풍요와 이 도시가 생산해낸 의학적인 연고제(ointment), 그리고 모직 산업 등으로 유명했던 도시이다. 그러나 이 도시의 애처로운 상태는 요한으로 하여금 이곳의 믿는 자들을 격려하여 영적인 부요를 사도록 권면하도록 했다. "흰 옷을

---

222 이러한 작업을 위한 두개의 가장 좋은 자료들이 있는, 하나는 고전적인 자료, 다른 하나는 중요한 현대적인 개정자료이다. W.M.Ramsay, *The Letters to the Seven Churches of Asia* (London: Hodder and Stoughton, 1904); C.J.Hemer, *The Letters to the Seven Churches of Asia in their Local Setting*, JSNTSup 11(Sheffield: JSOT, 1986). 보다 대중적 차원의 자료로는, J.R.Michaels, *Interpreting the Book of Revelation* (Grand Rapids: Baker, 1992), 35-50이 있다.

사서 입고 … 연고를 사서 너희 눈에 발라 너희가 볼 수 있게 하라"(3:18). 앞에서 간략하게 언급한 바 있듯이, 이 도시는 골로새 도시 가까이에 위치한 골짜기의 차가운 물이나 혹은 히에라폴리스(Hierapolis) 도시 가까이에 위치한 천연 온천수로부터 수도관을 통해 흘러나오는 물에 의존하고 있었다. 어느 쪽이든지, 이 물이 라오디게아 도시에 도착할 즈음에는 이 물은 특별히 그 미지근한 특성으로 인해 널리 알려져 있었다. 그래서 요한은 이곳에 있는 교회를 향하여 이 도시의 물 공급 형태를 본받지 말고 신선한 냉천수가 되든지 아니면 치료적인 온천수가 되라고 요청하고 있는 것이다. 여기서 '차다'라는 것은 '복음에 대한 분명한 적대감' 혹은 '완전히 무감각한 것'을 의미한다는 일반적인 시각은 요한이 의도했던 것의 정반대가 되는 셈이다![223]

(2) 예언으로서의 계시록

요한은 구약의 대선지자들의 전통아래 서 있다 '미리 말함'foretelling)뿐만 아니라 '밖으로 말함'(forthtelling)의 전통 말이다.[224] 학자들은 계시록의 시간-방향성(time-orientation)에 대한 네 개의 주요 해석들로 오래동안 논쟁 해왔다. 1) 과거주의자(preterist)들의 접근 방식은 모든 사건들을 과거의 사건들로 이해하고 있다. 2) 미래주의자들(futurist)은 모든 사건을 여전히 미래적으로 본다(최소한 6장 이후의 사건들의 경우). 3) 역사주의자들(historicist)은 계시록을 전체 교회시대(Church Age)의 발전의 자국을 더듬는 것으로 본다. 4)

223 더 자세한 설명을 위해, M.J.S. Rudwick and E.M.B.Green, "The Laodicean Lukewarmness," *ExpT* 69 (1957-58):176-78를 참고하라.

224 F.D. Mazzaferri, *The Genre of the Book of Revelation from a Source-Critical Perspective* (Berlin: de Gruyter, 1989).

이상주의자(Idealist)들은 선과 악 사이의 끝없는 갈등에 대한 상징적인 묘사로 본다.[225]

(3) 묵시록으로서의 계시록(Revelation as Apocalypic)

아마도 계시록의 장르 중 가장 중요한 것은 묵시록이란 마지막 장르이다. 계시록의 첫 행에 나타나는 계시록의 표제는 이 책을 *apokalypsis*라고 지칭하고 있다. 예수 그리스도의 *계시*, 곧 하나님이 그에게 주사 반드시 속히 될 일을 그의 종들에게 보이시려는 바라(1:1).

묵시문학은 신약 시대에 널리 퍼져 있었다(구약 묵시서에 대한 앞의 논의들을 참고하라). 제4 에스라서나 제2 바룩서, 그리고 보다 적은 정도의 에녹 1서와 같은 당시의 유대 저작들이 이 장르에 속하는 예들이다. 다니엘 7-12장과 스가랴 9-14장은 가장 가까운 구약의 병행부분들이다. 신학자 요한의 묵시록(the Apocalypse of John)과 베드로의 묵시록(the Apocalypse of Peter)과 마찬가지로, 보다 후대의 크리스천 저작들도 여전히 이 장르의 추가적인 예증들을 제공하고 있다.

묵시문학의 특징들로는 세계 역사의 종국을 둘러싼 사건들에 대한 기술들을 들을 수 있는데, 보통 이 기술은 천사나 혹은 천상의 중개자들을 통해서 하나님께로부터 왔다고 전해지고 있다. 이상들과 꿈들이 일반적으로 나타난다. 마지막 때에, 이 시대에 대한 하나님의 초자연적인 개입은 어떠한 인간 이데올로기나 책략들이 성취할 수

---

225 이러한 다양한 견해들에 대한 보다 자세한 설명들을 위해, 대부분의 표준의 계시록 주석서들의 개론부분을 보라. 유용한 예들은 다음과 같다. Ladd, *Revelation*; R.Mounce, *The Book of Revelation*, NICNT (Grand Rapids: Eerdmans, 1977); P.E. Hughes, *The Book of Revelation* (Grand Rapids: Eerdmans, 1991). 마지막으로, M.C. Tenny, *Interpreting Revelation* (Grand Rapids: Eerdmans, 1957)을 보라.

없는 방식으로 죄악된 세상을 구출해 내신다. 정교한 때론 기이한 상징주의가, 본문의 요소들에 대한 조심스러운 해석을 필요로 하는 방식으로 과거, 현재, 미래의 사건들을 묘사하고 있다. 선과 악의 세력들 사이의 전투들이 종종 나타나는데, 선의 세력들이 궁극적으로 승리한다. 그러므로 묵시록들의 일차적 목적들 중 하나는 압제나 박해의 때에 고통당하는 종교적 공동체를 격려하는 데에 있다.

대개의 경우, 요한계시록은 이상과 같은 유대전통의 묵시문학의 관점에서보다는 크리스천 신학의 독특성들에 의해서 보다 잘 설명되어질 수 있다. 다시 말해서 요한계시록 자체가 이야기하고 있는 바에 비추어서, 또한 관련된 구약 배경에 비추어서, 그리고 요한의 1세기 수신자들이 알고 있었을 만한 다른 역사적 정보들에 비추어서 계시록이 묘사하고 있는 각각의 장면과 각각의 이미지를 연구하는 것이다.

계시록 이해의 가장 중요한 충고는 다음과 같다. 계시록의 주요 신학적인 원리들을 결정하고, 자세한 항목들의 늪에 빠지지 않도록 하라. 논란의 여지가 있겠지만, 4-5장은 계시록의 교리적 중심을 구성하며, 이들 장들은 다음과 같이 해석하기가 가장 쉬운 부분들임을 알 수 있다. 하늘의 찬란함에 비추인, 하나님과 그리스도에 대한 찬양과 경배의 찬송, 인류를 위해 예수에 의해 성취된 속죄, 종말의 전율들과 공포에도 불구하고 자신의 백성들에게 전해진 하나님의 주권과 승리의 약속들. 사실상, 계시록 전체는 단순히 종말론만이 아니라, 크리스천 신앙의 모든 주요 교리들에 대한 가르침을 분출시키고 있다. 해석자들은 이런 것들에 주의를 기울여야 하며 이것들을 크게 부각시키도록 해야 한다.

부록 I
바른 성경읽기의 간략한 예증

1. 바른 성경읽기를 위한 성경에 대한 정의

여기서 제시하는 성경에 대한 정의는 하나님의 말씀이라는 성경에 대한 원론적이고도 교리적인 정의가 아니라, 성경 해석과 관련한 매우 실제적인 정의이다. 성경은 성령으로 감동된 성경 저자들이 하나님의 창조와 구속의 ***역사적인 사건을 기초로 이 사건을***(역사) ***하나님-중심적***(신학적) ***의미를 중심으로 해석***해서(신학), 이 하나님-중심적 의미를 가장 효과적으로 전달하기 위한 방식으로 ***문학적으로 저작***(문학)한 것이라 정의할 수 있다.

여기서 성경을 바르게 읽는 일과 관련한 간단하지만 중요한 몇 가지 제안을 하려고 한다. 먼저 성경은 철저히 문맥적 읽기를 해야 한다. 성경을 읽거나 해석하는 사람이 성경을 읽을 때는 언제나 단락별로 읽어야 하며, 이런 맥락에서 모든 단락은 단락이 속한 문맥이 있기에 문맥적인 흐름에 따라 단락 혹은 읽으려는 본문을 읽어야 한다. 이것은 문학적 문맥 이해라고 부른다. 두 번째로 본문 자체를 바로 읽으려면 본문에 속한 모든 문장이 어떠한 연관관계를 갖고 서로 연결되어 있는가를 살피는 본문의 구조 이해가 필요하다. 마지막으로 본문을 바르게 읽는 일에는 본문이 어떠한 형태로 구성되어 있는지를 살피는 일이 필요하다. 이제 이 세 가지를 하나씩 간략히 설명하고자 한다. 먼저 마태복음 5:13-16을 중심으로 문학적 문맥에 관해 설명하고자 한다.

2. 문맥적 읽기(마태복음 5:13-16을 중심으로)

13 너희들은 세상의 소금이라.
그런데 만약 소금이 맛을 잃는다면, 무엇으로 그것이 다시 짜게 되겠는가?
밖에 던져짐으로써 사람들에 의해서 밟혀지는 것 이외에는
그 소금은 아무런 소용이 없도다.
14 너희들은 세상의 빛이라.
산 위에 놓여 있는 도시가 숨겨진다는 것은 불가능하니라.
15 사람들이 등불을 켜서 들통 아래가 아니라 등경 위에 두나니,
그래서 등불이 집에 있는 모든 것들을 환히 비추느니라.
16 이와 같이 너희들의 빛이 사람들 앞에서 환히 비추어지도록 하라
이는 그들이 너희의 좋은 행위들을 보고
하늘에 계신 너희 아버지께 영광을 돌리게 하려 함이라.

이 본문은 지복강화(5:1-12)로부터 산상수훈의 교훈적인 본론에 해당되는 5:17-7:12로 넘어가는 전환 부분에 해당된다. 그리고 본문을 뒤따르는 5:17-20은 산상수훈 본론의 최초 단락으로서 그 후 전개될 예수의 산상수훈의 교훈들이 통상적인 의미의 율법이해(문서 율법에 대한

구전의 해석들)를 근본적으로 넘어서는 것임을 말하고 있다. 이에 대한 기초 작업으로서 5:13-16은 먼저 율법과의 연속성을 천명함과 동시에 율법의 참된 의미를 구현하시는 예수의 인성과 사역이 뒤따르는 예수의 산상수훈들로 구체화되고 있다는 점을 비록 암시적이지만 분명하게 선언하고 있는 것이다.

특별히 13-16절의 소금과 빛에 대한 예수의 어록(sayings of Jesus)은 지복강화를 통해서 선포된 하나님의 종말론적인 백성의 복된 상태들은 그 자체가 목적이 아니라 하나님이 창조로부터 염두에 두셨던 보다 더 큰 목적, 곧 만국을 의의 길로 이끄는 것임을 보여주고 있다. 종말론적인 백성의 특징들을 지니고 있는 자들은 세상을 향한 소금과 빛의 역할을 하도록 부름 받은 자들이라는 뜻이다. 이들이 바로 그리스도를 통해 도래한 하나님의 의의 통치의 예증임과 동시에 이를 구체적으로 실현하는 자들이라는 의미이다.

그리고 17-20절은 하나님은 예수를 통해 율법 가운데 나타났던 하나님의 참된 뜻을 구현하셨고 이를 통해 하나님의 의를 이루셨음을 선언적으로 말하고 있으며 그 후에 주어지는 예수의 산상수훈은 명시적으로는 바로 이러한 율법 가운데 구현되었던 하나님의 참된 뜻에 대한 강해이며 암시적으로는 예수의 인성과 사역을 통해 이 뜻이 목적한 바를 성취하셨음을 보여주고자 하는 의도를 지닌 교훈들이다.

보다 큰 문맥에 해당하는 마태복음 1-4장은 은혜의 구조를 보여주고 있다. 이러한 은혜의 구조라는 맥락에서 볼 때 본문은 다음과 같은 질문을 염두에 두고 있다 할 수 있다. "흑암에 앉은 백성이 큰 빛을 보았고, 사망의 땅과 그늘에 앉은 자들에게 빛이 비취었다"(cf. 사 9:1-2)는 선포 대로 새 시대가 이미 밝아왔다면, 종말론적인 여명이 어둠 가운데 빛나고 있다면 하나님의 참된 백성인 예수의 제자들의 정체성은 무엇이며 이들의 삶은 어떠해야 하는가, 특별히 율법의 관계 속에서 이들의 삶은 어떠해야 하는가?

마태는 지복 강화(마 5:1-12)를 통해 하나님의 나라의 축복됨과 이 나라의 도래를 받아들인 자들의 복된 상태를 선포한 바 있으며 이제 이어지는 두 본문인 13-16절과 17-20절을 통해서 이러한 하나님 나라의 복음에 준하는 삶의 방식, 곧 이 복음을 반영하고 구현하는 삶의 필요성에 대한 두 가지 명제를 진술하고 있다. 먼저 13-16절은 하나님의 나라의 백성 된 자들은 세상의 소금과 빛으로서 빛의 삶을 살아감으로써 이들의 착한 행실이 드러나고 이를 통해 하나님의 영광이 드러나게 해야 한다는 점을 말하고 있으며(cf. 16) 두 번째로 17-20절은 하나님의 백성 된 자들의 의는 하나님의 나라에 들어가는 자들을 통해서 구현되는 바로 그러한 의가 되어야 한다고 말하고 있다(cf. 20).

결론적으로 5:13-16절을 인접문맥에서 읽고 해석하는 일을 정리하자면 다음과 같다. 본문의 앞 단락인 5:1-12에서 마태는 지복강화를 통해서 예수를 통해 이 땅에 도래한 하나님의 의의 다스림을 받아들인 자들의 상태를 8가지의 복된 상태로 기술한 바 있다. 이러한 각각의 상태는 분명 직설법으로 표현됨으로써 하나님의 의의 다스림이 이 땅에 혹은 이 다스림을 받아들인 자 가운데 만들어 낸 실체에 대한 객관적인 기술이라 할 수 있다. 즉 예수를 통해 이 땅에 성취되기 시작한 하나님의 다스림의 핵심인 '의'의 현현 혹은 구현으로서의 복된 상태들에 대한 객관적 묘사라는 뜻이다.

이런 맥락에서 본문인 5:13-16은 한 걸음 더 나아가 의의 다스림을 받아들인 자들을 향해 5:1-12이 말한 바 있는 의의 구현으로서의 8가지 복된 상태를 삶으로 구현하라는 초청이라 할 수 있다. 이러한 초청은 명시적으로는 명령법으로 표현되고 있다. 그런데 기억해야 할 점은 이 명령법은 앞선 본문인 5:1-12의 직설법에 정초하고 있으며, 보다 중요하게 이 두 요소 즉, 직설법과 명령법은 유기적으로 연계되어 있음을 강력하게 암시하고 있다는 점이다.

이어서 마태는 본문의 뒤 단락인 5:17-20에서 앞서 두 단락에서 말한 바 즉 하나님의 다스림의 의의 구현들로서의 8가지 복된 상태들과 이러한 복된 상태를 삶으로 살아내는 것은 구약의 율법과 결코 상충되지 않음을 천명하고 있다. 간단히 말하자면 마태는 5:17-20절에서 하나님의 의로운 다스림을 따라서 의를 삶에 드러내는 일, 곧 빛과 소금의 역할을 하는 것은 율법이 원래 담고 있는 언약적인 의(율법주의적인 의-율법을 율법조항들로 이해해서 모든 법조항들을 문자적으로 지킴으로써 의롭게 된다고 여겨지는 의), 즉 하나님과의 관계에서 신실함을 드러내는 구체적인 방식으로서의 율법을 행하는 것과 일치함을 드러내 보여주고 있다.

3. 본문의 구조 이해

성경본문이 장르상 이야기 본문이 아닌 경우(non-narrative text)**는 주로 *구문론적*으로 문장들 사이의 연결 관계를 살피며 읽거나 *의미상*으로 저자의 논리나 사고가 어떻게 흘러가거나 전개되는지를 살피면서 읽어야 한다.**

히브리서 11:39-12:1-3

39 이 사람들은 다 믿음으로 말미암아 증거를 받았으나 약속된 것을 **받지 못하였으니**

40 **<u>이는</u>** 하나님이 우리를 위하여 더 좋은 것을 예비하셨은즉

우리가 아니면 그들로 온전함을 이루지 못하게 **<u>하려 하심이라</u>**

1 ***이러므로*** 우리에게 구름 같이 둘러싼 허다한 증인들이 **<u>있으니</u>**

모든 무거운 것과 얽매이기 쉬운 죄를 **<u>벗어 버린 후에</u>**

인내로써 우리 앞에 당한 **<u>경주를 하되</u>**

2 믿음의 주요 또 온전하게 하시는 이인 **<u>예수</u>**를 <u>바라봄으로써</u> (경주하자)

그는 그 앞에 있는 기쁨을 위하여 십자가를 참으사

부끄러움을 개의치 아니하시더니

하나님 보좌 우편에 앉으셨느니라

비록 12:1이하는 독립된 단락이지만, "이러므로"라는 접속사가 암시하듯이, 12:1-2은 인접한 문맥인 11:39-40과 더 넓은 문맥인 11장 전부의 서술에 대한 논리적인 귀결임이 분명하다. 먼저 11:39-40을 보면 40절은 39절 진술에 대한 목적으로 제시되고 있다. 즉 구약의 믿음의 선조들이 증거를 받았지만 약속된 것을 받지 못하게 된 것의 목적은 14절이 말하는 바, 우리로 인해 그들이 온전하게 되게 하려는 목적이라는 뜻이다. 간단히 설명하면 구약의 선조들은 믿음으로 하나님의 자녀라는 증거를 받았지만 아브라함에게 주어졌던 약속 곧 온 민족이 복을 받을 것이라는 약속이 이루어지는 것을 보지 못하게 된 목적은, 40절이 말하는 바, 즉 신약의 이방 크리스천들이 우리가 하나님의 백성이 됨으로써 그들과 우리가 함께 어루러져 아브라함에게 주어졌던 약속 곧 모든 민족이 하나님의 복된 종말론적인 공동체가 된다는 뜻이 이루지기 위한 것이었다는 뜻이다.

이런 맥락에서 12:1-2은 명령법의 형태로 권면하고 있다. 1-2절을 자세히 살펴보면, 이 구절은 "증인이 있다," "죄를 벗어 버리다,"

"경주하다," "예수를 바라보자"라는 네 문장이 핵심 구성요소이다. 그리고 2절 끝은 예수에 대한 부연설명이다. 여기서 왜 본문 구조 이해가 필요한지가 드러난다. 즉 이 네 문장의 연결 관계를 연결어미와 들여쓰기에 비추어 볼 때, 주가 되는 문장은 "경주하다"이다. 나머지 세 문장은 모두 "경주하다"가 이루어지는 이유(증인들이 있으니까), 시간(죄를 벗어버린 후에), 방법(예수를 바라봄으로써)을 서술하고 있는 것이다.

이렇게 문자들의 연결 관계를 살피는 본문의 구조 이해는 다음과 같이 본문의 요지를 서술할 수 있게 한다. "우리 모두 인내로서 하나님의 다스림에 세계로 들어가는 우리의 경주를 하자. 그 이유는 우리 앞에 허다한 믿음의 증인들이 있기 때문이요, 경주의 시점은 먼저 모든 죄를 내려놓은 후이며, 경주의 방식은 오직 믿음의 창시자요 완성자이신 예수에게만 초점을 맞추고 달리는 일을 통해서이다."

4. 본문의 구성 이해

본문이 장르상 이야기인 경우(narrative passage)는 이야기의 전개나 이야기 구성이 해석에 매우 중요한 역할을 한다. 다음의 사마리아인의 비유를 통해서 본문의 구성을 살피는 일이 본문을 바르게 읽고 해석하는 일에 얼마나 중요한지를 예증한다.

1) 누가복음 10:25-37의 문학적 구조와 구성

25 어떤 율법교사가 일어나 예수를 시험하여 이르되

선생님 내가 무엇을 ***행함으로써*** 장차 영생을 유업으로 얻게 될까요? 하더라.

26 예수께서 그에게 이르시되

율법에 무엇이라 기록되었으며, 너는 어떻게 (그것을) 읽느냐? 하시더라.

27 그가 대답하여 이르되

너는 네 마음을 다하며 목숨을 다하며 힘을 다하며 뜻을 다하여

주 너의 하나님을 사랑하고 또한

네 이웃을 네 자신 같이 사랑하라 하였나이다 하더라.

28 예수께서 그에게 이르시되

네가 옳게 대답하였도다. 너는 이를 ***행하라*** 그러면 네가 살리라 하시더라.

29 자신을 옳게 보이기 위해 그가 예수께 말하기를

그러면 *누가 나의 이웃입니까?* 묻더라.

30 예수께서 대답하여 이르시되

어떤 사람이 예루살렘에서 여리고로 내려가다가

강도들에게 걸려들었다.

그들은 그의 옷을 벗기고 그를 때리고 거의 죽은 채로 내버려두고 가버렸더라.

31 우연히 한 제사장이 그 길로 내려가다가 그를 보고 피하여 지나갔더라.

32 마찬가지로 레위인이 그 곳을 따라 오다가 그를 보고 피하여 지나갔더라.

33 그런데 어떤 사마리아인이 여행하다가 거기 이르러 그를 보고 불쌍히 여겨

34 다가가서 기름과 포도주를 붓고 상처를 싸매고

그를 자기 짐승에 태워

여관으로 그를 데리고 가서 그를 돌보았더라.

35 그리고 다음 날 그가 여관 주인에게 두 데나리온을 내어 주며

말하기를, 이 사람을 돌보아 주라. 당신이 추가로 지불하는 것은 얼마든지

내가 돌아올 때에 당신에게 갚으리라 하더라.

36 네게는 이 세 사람 중에 ***누가 강도들에게 걸려든 자의 이웃이*** 되었다고
보이느냐?
37 그가 말하기를
그에게 자비를 ***행한 자***입니다, 하더라.
예수께서 그에게 말씀하시기를
가서 너도 이와 같이 ***행하라***, 하시더라.

2) 서론적 고찰

본문은 예수와 함께 이 땅에 펼쳐지기 시작한 하나님 나라를 축사 및 치유라는 행위와 가르침의 말씀으로 드러내시는 예수님의 지상 사역 중 가르침의 말씀인 비유를 통해 도래한 하나님의 나라의 성격과 이에 따른 새로운 질서를 말씀하고 있는 본문이다.

한 마디로 1) 예수와 함께 도래한 하나님의 나라의 성격은 하나님의 새로운 종말론적인 공동체를 세우시는 일과 관련되어 있으며 이 일의 근본적인 동인은 예수 안에서 나타난 하나님의 사랑의 현현이라 할 수 있다. 2) 동시에 하나님의 나라가 가져온 새로운 질서는 이웃에 대한 근본적인 새로운 정의를 규정하며 이 새로운 정의에 따른 새로운 삶을 요청한다. 3) 사마라인의 비유는 바로 이러한 하나님의 사랑과 이 새로운 질서의 현현이라고 할 수 있다.

3) 본문의 구조와 구성 설명

본문의 의미를 이해하는데 본문의 구조와 구성을 살피는 일은 매우 중요하다. 구조는 본문의 문법적-구문론적인 연구를 통해 이루어지는

해석 작업으로서 단어와 단어, 또는 단어와 구 혹은 구와 구 사이의 문법적인 연결 관계를 살펴보는 일과, 절과 절 혹은 절과 문장 또는 문장과 문장 사이의 구문론적인 연결 관계를 살펴보는 일을 가리킨다.

구체적으로 말해서 위의 본문의 구문 서열화는 큰 차원에서는 문장들을 연결하고 있는 접속사를 중심으로 이루어지며, 절과 절 사이의 구문론적인 결정을 통해서 이루어지고 있다. 예를 들면 문장들 사이의 접속사 δέ가 나타날 때마다 모든 문장을 분절하면서 동시에 분절된 절이나 문장들을 의미론적인 관점에서 서열화하는 방식으로 구문-서열화한다. 또한 25절의 "내가 무엇을 ***행함으로써*** 장차 영생을 유업으로 얻게 될까요?"의 경우는 부사절인 분사구문 '무엇을 ***행함으로써***' 와 주절인 '내가 영생을 얻게 될까요?'를 서열화해서 두 절을 도식화하는 방식을 취한다. 이런 방식으로 본문 전체의 구조가 파악된다.

이에 비해서 구성은 본문의 단어와 구 혹은 절과 문장의 특별한 배치 상태를 관찰하는 일이라 할 수 있다. 간단히 예를 들면 본문은 '행하다'는 단어와 '누가 이웃인가?'라는 질문이 서두와 말미에 매우 정교한 형태의 반복으로 배치되고 있고, 그 사이에 선한 사마리아인의 비유 자체가 놓여 있는 형태를 취하고 있다. 그렇다면 본문은 A-B-A' 라는 샌드위치 혹은 동심원적인 형태라는 문학적 구성을 띠고 있으며 이러한 구성형태는 일반적으로 가운데 놓여 있는 B가 본문의 의미를 밝히는데 중요한 역할을 한다고 여겨진다.

특별히 본문의 샌드위치 형태의 구성을 통해서 본문 해석의 구체적인 실마리를 파악할 수 있다. 분명 율법사는 '누가 자신의 이웃인가를 묻는다!' 즉 율법사는 자신이 사랑해야할 대상을 묻고 있다. 그런데 예수께서는 대답 대신에 사마리아인의 비유를 말씀하시고 이어서 '누가 강도만난 자의 이웃인가를 묻는다!' 즉 예수께서는 율법사의 사랑의 대상에 관한 질문을 바꿔서 사랑의 주체에 관한 질문을 하고 있는 것이다. 이렇게 예수께서 물어야할 질문의 방향을 바꾸심으로써, 우리는 사마리아인의 비유는 율법사의 질문에 대한 교정의 의미를 지니며 동시에 예수의 비유는 예수 자신의 질문에 대한 구체적인 대답이라는 합리적인 추론을 할 수 있다.

간단히 말해서 하나님 나라 도래 이전의 옛 질서 속에서 이루어지는 율법사의 질문인 '누가 나의 이웃인가?'라는 질문은 자신이 주체가 되어서 사랑해야 할 이웃의 한계와 범주를 상정하는 잘못된 질문이라는 것이다. 이에 반해서 예수와 함께 도래한 하나님의 나라가 가져온 새 질서 속에서 이루어지는 질문은 '누가 강도 만난 자의 이웃인가?'라는 점이다.

보다 중요하게 누가의 예수는 사마리아인의 비유를 통해서 예수 안에서 예기치 않는 방식으로 이 땅의 인류를 찾아오신 하나님이 바로 우리의 이웃이라고 말씀하고 있다. 이것은 하나님을 사랑하는 것과 이웃을 사랑하는 것을 결코 분리될 수 없는 하나라는 점을 강력히 암시한다. 이것이 또한 구약의 율법과 선지자들의 메시지의 핵심이다. 하나님을 사랑한다고 하면서 어찌 이웃에 대한 사랑이 없는가? 이러한 하나님 사랑과 이웃 사랑의 분리가 바로 이스라엘의 죄가 본질적으로 우상숭배적임을 뜻하는 것이다. 하나님을 섬긴다는 것과 사랑한다는 것은 하나님과의 인격적인 관계를 뜻한다. 이것은 하나님의 뜻을 행하는 것을 의미하며 그러기에 동시에 하나님의 사랑을 행하는 것을 의미한다.

4) 본문 해석

본문은 예수를 시험키 위해서 율법사가 무엇을 행해야(ποιήσας) 영생을 유업으로 얻는가라는 질문으로 시작한다. 예수는 율법사의 율법 이해를 물어보심으로써 율법이 영생을 유업으로 얻는 일과 모종의 연관이 있음을 암시하신다. 율법사는 율법의 근본정신을 하나님의 사랑과 이웃 사랑으로 잘 요약해 표현하고 있다. 이에 예수님은 율법에 대한 정확한 이해에 더하여 율법의 정신을 삶으로 구현하는 것이 중요하다면서 하나님과 사랑과 이웃 사랑을 행하면 살리라(ποίει καὶ ζήσῃ)고 말씀하신다. 그리고 예수님은 비유를 다 말씀하신 후 율법사에게 '너도 동일한 방식으로 행하라' 말씀하심으로써, 본문은 하나님의 무조건적인 사랑을 받아서 그 사랑을 실천하는 것이 결국 영생과 하나님의 나라를 유업으로 받는 일임을 분명히 하고 있다. 이 일을 위해 먼저 우리의 사랑의 대상이 누구인가를 규명할 필요가 있는 것이다.

이런 맥락에서 예수님과 율법사의 대화는 갑자기 이웃이 누구인가의 문제로 급반전하게 된다. 그리고 예수님은 이웃이 누구이냐는 율법사의 질문에 대한 대답으로 유명한 선한 사마리아인의 비유를 말씀하신다.

예루살렘에서 여리고로 내려가는 어떤 사람(ἄνθρωπός)이 강도들(λῃσταῖς)을 만나, 거의 죽을 지경에 이를 정도로 맞고 모든 것을 빼앗긴 채로 버려진 상태로 남게 된다. 세 명의 사람이 그 곁을 지나가는데 처음 두 사람은 제사장과 레위인으로 묘사된다. 이들은 당시 예루살렘 성전을 중심으로 자신들의 안녕과 안정을 추구하는 사두개인들 계열의 종교지도자들을 상징한다. 이들은 구약에서 보면 성전과 성전 제사의 참된 의미를 망각하고 성전을 자신들의 기득권과 안정의 토대로 삼아 온갖 불의를 행하는 자들로서 하나님의 준엄한 심판의 대상들로 선지자들의 통렬한 정죄의 대상들이었다(렘 7장을 참조).

여기서 두 가지를 주목할 필요가 있다. 먼저 강도를 만난 자를 본문은 '어떤 사람'이라고 지칭하고 있다는 점이다. 이것은 불특정한 어떤 한 사람을 가리킨다기보다는 잘못된 유대전통의 종교와 종교적인 제의와 제도들 그리고 세속적인 인습과 관행의 희생양으로 전락하여 사는 보편 인류를 대변하는 표현이다(cf. 눅 24:47. 정말로 이 사람은 의로운 자였다).

두 번째로 여리고로 내려가던 사람에게 폭력을 행하고 그의 재물을 약탈한 자들을 강도들이라고 지칭하고 있다는 점이다. 강도들이라 표현하고 있는 헬라어 단어의 원뜻은 폭도들이라는 표현으로서, 예수님이 예루살렘 성전을 정화하시면서, 성전관리자들을 가리키면서 저들이 "만민의 기도의 집을 강도의 굴혈을 만들었다"고 그들을 정죄하실 때 사용한 표현이다. 즉 이들은 성전을 자신들의 삶의 토대요 안정의 본거지로 삼아 성전을 배타적으로 점유하고 기득권을 누리던 자로서, 성전에 나타난 하나님의 속죄와 임재에 대한 보편적인 열망과 염원을 저버린 자들이었다. 이런 점에서 강도를 만난 자는 이러한 종교적인 관행의 희생자라 할 수 있다.

마지막으로 강도 만난 사람 곁을 지나간 사람으로 설정된 인물은 전혀 예기치 못한 의외의 인물인 사마리아인이었다. 이 사람의 의외성은 앞의 두 사람이 소위 정통의 예루살렘 종교의 지도자들이며 신봉자들인데 비해서 당시 유대인들의 경멸의 대상인 사마리아인이었다는 점에서 그렇다. 강도를 만나 사경을 헤매는 자를 무조건적인 사랑으로 받아들여 일단 응급조치를 하고 근처 여관으로 데려가서 얼마간의 치료비를 지불하면서 보다 근본적인 치료를 부탁하고 후에 돌아와서 모자라는 치료비를 줄 것이라고 말한다.

그리고 이 사마리아인은 율법사에 의해서 자비를 베푼 자로 묘사되고 있으며, 예수님은 강도를 만난 자의 이웃이 바로 자비를 베푼 자라고 말씀하신다. 그리고 율법사에게 가서 사마리아인이 행한 것과 동일한 방식으로 '행하라'고 말씀하신다. 즉 앞서 율법에 바른 이해에 따라 율법사에게 "이를 행하라 그리하면 살리라"고 말씀하신 것과 동일한 말씀을 하고 계신 것이다.

여기서 중요한 점을 주목할 필요가 있다. 첫째로, '강도를 만난 자가 누구인가'라는 점이다. 바로 잘못된 종교적인 관행과 세속적인 인습의 먹잇감으로 전락한 인류 모두가 강도를 만난 자라는 점이다. 우리 모두는 잘못된 종교적인 관행과 실천 그리고 세상이 돌아가는 이치에 따라 살기에 이 모든 것들의 희생양이 되어버린 자들이다. 이 점을 분명히 해야 할 필요가 있다.

두 번째로, 우리를 이렇게 희생양으로 삼은 자들은 다름 아닌 종교적인 기득권자들로서 자신들의 안정을 유지하기 위해 오직 종교적인 일들에 몰두해 있으며 나아가 세속적인 권력과 결탁하여 사람들을 약탈하는 강도 같은 자들이라는 점이다.

세 번째로, 이러한 강도 만난 자들과 같은 우리를 구출하고 우리를 보호하고 우리의 상처를 싸매주는 자들은 율법에 정통한 율법사도 아니고 하나님에 대한 제사에 정통한 제사장들도 아니라는 점이다. 강도를 만나 약탈당하여 벌거벗겨지고 완전 황폐화된 우리를 구출하고 보호하는 분은 우리의 예상을 완전히 뛰어넘는 사마리아인이라는 점이다. 마치 하나님의 사랑이 율법의 행위나 제사 행위 같은 것들로 우리에게 다가오는 것이 아니라 전혀 예기치 못한 방식으로 우리에게 다가오듯이 그렇게 사마리아인으로 우리에게 다가오고 있는 것과 같다.

이 점을 보여주시는 분이 바로 구약의 선지자 같은 분이신 예수님이시다. 예수님은 누가복음에 따르면 율법과 제사의 근본 정신을 드러내시고 그 근본 정신을 온전히 이루신 종말론적인 선지자이시다. 이 점을 예수님이 십자가상에서 죽으셨을 때 '이 사람은 진실로 의인이었다'라고 한 백부장의 고백이 잘 보여준다.

우리의 진정한 이웃은 하나님이시다. 우리의 전통과 인습으로는 전혀 우리의 이웃이라고 예측할 수 없었던 바로 그 분 즉 자신의 아들을, 약탈당해 거의 죽게 된 우리에게 아낌없이 내어주셔서 우리를 살리시고 우리를 살리는 일에 부족한 것이 있다면 그것마저도 다시 이 땅에 오실 때 다 지불하시겠다는 하나님 바로 이 분이 우리의 이웃이다. 보다 정확히 말해서 모든 사람이 기대했고 자신들의 이웃으로 쉽게 받아들일 수 있는 힘과 무력의 메시아가 아니라 전혀 이해할 수 없고 그래서 극렬하게 저항하고 배척했던, 또한 도저히 자신들의 이웃으로 받아들일 수 없었던, 고난 받아 죽임 당하시는 세상 죄를 지고 가는 어린양으로 오신 메시아 예수가 우리의 이웃인 하나님이시다.

이러한 이웃을 받아들이려면 먼저 우리의 이웃에 대한 세속적인 관점을 내려놓아야 한다. 유유상종과 같은 인습적인 사고와 관행을 내려놓아야 한다. 그리고 죽임 당하신 예수가 바로 우리의 진정한 이웃이신 하나님이라는 점을 받아들여야 한다. 이 이웃만이 진정 우리의 문제를 해결하며 우리 인류 공동체를 하나님의 참된 사랑의 공동체로 만들 수 있는 분이다.

나아가 이웃에 대한 인습적 개념을 바꾸고, 죽임 당하신 예수로 오신 우리의 이웃인 하나님과 그의 사랑을 받아들이게 되면, 드디어 우리도 진정 우리의 이웃이 누구인가를 바로 이해할 수 있게 된다. 우리의 이웃은 강도를 만난 자이다. 온갖 형태의 기득권과 관행과 인습적인 권위들에 의해서 희생의 대상으로 전락한 모든 인류가 우리들의 이웃, 우리의 무조건적인 사랑을 받아야 할 대상인 것이다.

부록 II

그리스도와 연합하는 것을 평생 내면/사유화하는 방식의 신앙생활

하나님은 자기-내어주심을 통해서 천지를 창조하셨고, 원형적 인물인 아담에게 왕적-제사상적인 소명을 주셔서 이 땅이 하나님의 다스림의 의와 하나님의 임재의 거룩함으로 가득 채우도록 하셨다. 이 소명은 강제적인 억압을 통해 이루어지는 것이 아니라, 자원하는 헌신과 자발적인 순종을 통해 이루어지도록 의도된 것이다. 하나님은 강요하지 않는 즉 무한한 사랑의 하나님이시다. 이렇게 강제하지 않는 무한한 사랑의 하나님은 결국 십자가라는 인간 반역의 절정을 경험하게 된다. 십자가는 하나님의 자기-내어주심과 무한한 인간 사랑의 결정판이다.

그런데 중요한 점은 십자가와 부활이 바로 새 하늘과 새 땅으로 이어지지 않았다는 사실이다. 이것은 매우 중요한 점을 시사한다. 비록 십자가와 부활은 하나님이 주권적으로 은혜롭게 인류의 새 지평을 열었고 이 땅에 새 질서와 새 시대를 정착시키신 근본적인 사건이지만, 오직 자원하여 자발적으로 그리스도의 죽음과 부활에 참여하여 옛 사람이 죽고 새 사람이 사는 사람만이 새 시대의 능력을 경험할 수 있다는 점이다. 중요한 점은 새 시대의 근본적인 표식인 성령 강림과 내주하심은 바로 이러한 그리스도와의 연합을 위한 토대와 능력이라는 점이다. 매일 성령의 내주하심과 역사하심을 믿고 인정하고, 매 순간 옛 사람이 죽고 새 사람이 사는 일을 내면화하고 그것을 자신의 것으로 만드는 것이 바로 신앙생활의 본질이라 할 수 있다.

모든 크리스천들이 십자가와 부활을 믿지만 실상 매일의 삶에서 실제로 내 안에 계시고 역사하시는 성령과 긴밀하고도 친밀한 사귐 속에서 십자가와 부활을 내면화하는지는 의문스럽다. 이런 점에서 신앙은 단순히 예수를 믿고 천국에 가는 일이 아니며, 일평생 내주하시며 역사하시는 성령과의 사귐을 통해서 일평생 그리스도와 연합되어가는 삶이라 할 수 있다.

부록 III

목회자의 소명[226]에 대한 성경-신학적 이해

1. 들어가는 말

목회의 길을 걸어가는 사람들은 목회자의 정체성에 대한 오해로 많은 문제를 일으키며, 목회 소명에 대한 오해로 힘들어한다. 목회자들은 때때로 자신들 혹은 자신들의 권위를 구약의 선지자나 신약의 열두 제자들과 사도들 그리고 그들의 권위와 동일시한다. 이로 인해 교회가 구속(redemption)과 평화(peace/shalom)의 복음을 경험하고 구현하는 장이 아니라 세속적인 지배 원리가 주도하는 곳으로 종종 변질된다. 목회 소명에 대한 잘못된 이해 중 하나는 다양한 부르심이 있는데도

226 '소명(calling)'은 혹은 '사명(mission)'으로도 불리며 이 두 용어는 동일한 의미영역에 속해 있기에 서로 교차적으로 사용될 수 있다. 즉 부름을 받은 것은 특별한 사명을 주기 위한 것이란 전제가 있다는 뜻이다. 글 전반에서는 '소명'으로 일관되게 사용할 것이다. 또한 성경적으로 소명 혹은 부르심은 하나님의 선택과 밀접한 관계가 있으며, 이런 점에서 하나님의 주권이 전제된 것이다. 이런 점에서 소명의 근본적인 성격은 주권적이다. 동시에 부르심에는 다양한 부르심이 존재한다. 이것은 대체적으로 일반적인 소명과 특별한 소명으로 나누어 볼 수 있다(일반적인 소명과 관련해 특히 세속적인 역사의식과 삶에 대한 대안으로서의 기독교적인 역사의식과 소명에 대한 이해를 위해 다음을 보라. 김기홍, "역사의 주체와 소명," 「성경과 신학」 6 (1998), 170-172.

목회 소명만이 유일한 소명이라고 이해하는 것이요, 특히 목회 소명을 하나님의 '특별한' 음성을 듣는 것[227]으로 이해하는 것이다. 이러한 목회 소명 이해는 결국 목회자의 잘못된 권위의식을 가져오며 또한 목회자의 길을 걸어가려는 사람들에게는 하나님의 '특별한 음성'을 들어야 한다는 불필요하고도 강박적인 짐을 짊어지게 만든다. 목회 소명에 대한 또 다른 오해 중 하나는 교회의 머리되신 그리스도께서 몸의 지체들에게 주신 특정한 은사로서의 목사의 역할(cf. 엡 4:11) 조차도 인정하지 않는 영적인 무정부상태이다.[228]

목회 소명의 문제는 목회자의 정체성 문제와 밀접하게 연결되어 있다. 목회자는 누구인가? 목회자는 구약의 선지자들이나 신약의 제자들 혹은 사도와 같은 인물인가?

본 글은 이러한 문제 제기에서 목회자의 정체성과 목회 소명에 대한 성경신학적 이해를 추구하고자 한다. 첫째로, 정체성에 관해서 목회자의 신분은 구약의 선지자들이나 신약 복음서의 예수의 제자들의 신분과 동일하지 않음을 살펴본다. 이 점은 구약의 종말론적인 예언이라는 특성과 신약의 종말론적인 성취라는 특성에 천착한다. 특별히 구약은 하나님이 선지자와 같은 특정한 사람들을 통해 역사했다는 특정성(particularity)을 지니며, 신약은 하나님이 예수의 종말론적인 성령의 역사를 통해 복음이 보편적으로 시혜된다는 보편성(universality)을 지닌다는 점에 주목한다. 신약의 모든 성도들은 이 복음에 의해 부름을 받은 자들이며 예수의 제자들은 이러한 성도들을

227 실제적으로는 이러한 특별한 경우를 소위 '중생체험'과 혼동하는 경우가 대다수라 할 수 있다. 이것은 별개의 문제임에도 말이다.

228 cf. J. Gary Inrig, "Called to Serve: Toward a Philosophy of Ministry," *Bibliotheca Sacra*, Oct.-Dec. (1983), 335.

대변하는 역할을 하는 자들이다. 이런 점에서 목회자는 구약의 선지자들이나 신약의 예수의 열두 제자들이나 사도들과 신분 상 같다고 할 수 없다.

이 글은 다음과 같이 전개된다. 본론에서 1) 첫째로, 구약의 선지자들의 소명과 예언 선포의 성격은 어떤 것인지를 간략하게 다룬다. 2) 둘째로, 구약의 선지자들의 예언은 신약에서 종말론적인 메시아 예수를 통해 근본적으로 성취되었음을 살펴본다. 3) 셋째로, 예수의 제자들은 이러한 근본적인 성취의 복음을 선포하고 이 복음을 따라 살도록 부름 받은 자들이라는 점을 주목한다. 특정한 소수의 사람들이 아니라 성취의 복음을 삶으로 살아내는 자들과 그 복음을 전하는 자들이 제자들이라는 말이다. 특별히 제자들은 특정한 부르심을 받은 자들인가 하는 문제를 마태복음 19:16-26과 마태복음 20:18-20을 중심으로 답하고자 한다.

결론에서는 먼저 에베소서 4:11에 대한 해석을 통해서 목회 소명은 하나님의 종말론적인 공동체인 교회의 성도들에게 주어진 다양한 은사라는 관점에서 제시된다. 그 다음 목회 소명은 헌신(commitment)의 관점에서 제시된다. 요한복음 21:15 이하는 이 헌신을 예수에 대한 사랑으로 표현하고 있다. 이런 점에서 목회 소명은 하나님의 특별한 소명(calling/mission)에 기인하기보다는 복음을 경험한 자로서 이 복음을 전하는 일을 천직(vocation)으로 받아들여 이 일에 자신을 헌신(commitment)하는 것이라는 점이라 할 수 있다.

2. 목회 소명에 관하여

목회 소명에 관한 이해를 돕고자 잠시 소명과 관련한 여러 용어들을 잠시 생각해 보고자 한다. 먼저 '사명'과 '소명'에 대한 영어 표현들을 살펴보면, '사명'은 '임무'라는 의미의 'mission'으로 표기되고 '소명'은 '부르심'이라는 의미의 'calling'으로 표기되며, 혹은 일평생의 직업이나 천직으로서의 'vocation'으로 표기되기도 한다.[229] 어떤 경우이든 '사명'의 사전적 의미는 '맡겨진 임무' 혹은 '사신으로서 받은 명령'을 뜻한다. 위임 명령을 받았다는 이런 의미의 소명은 구약의 선지자들이나 신약 복음서에서 제자들이 하나님이나 예수께로부터 특정한 명령을 위임받아 보냄을 받는 이야기들인 '위임명령 내러티브(commissioning narrative)'에 잘 나타나 있다. 이에 대한 고전적인 예가 바로 마태복음 28:19-20이다. 여기서 예수께서는 자신이 지상사역을 통해 이미 시작하셨던 일인 "온 민족을 (예수의) 제자들로 만들라(μαθητεύσατε πάντα τὰ ἔθνη)"는 일을 제자들에게 사명으로 위임하신다. 이런 의미에서 위임명령이라 부른다.[230]

문제는 목회자들이 구약의 선지자나 신약의 제자들이나 사도들처럼 하나님이나 예수 그리스도로부터 특별한 위임명령을 받은 자들로 인식한다는 점이다. 물론 선지자들이나 제자들의 소명이나 목회자들의 소명이 모두 하나님의 은혜로운 주권에 기초한다는 공통점이 있지만,[231]

229 이러한 소명 이해를 루터는 다음 글에서 잘 설명해 주고 있다. 엄진섭, "루터의 소명관" 「신학과 신앙」 17 (2006) 18.

230 이미 이 구절은 예수의 제자는 특정한 소수의 그룹이 아니라 모든 민족임을 분명히 암시하고 있음을 주목할 필요가 있다.

231 사도들(특히 바울의 경우)의 소명과 목회자들의 소명이 모두 하나님의 은혜로운 주권에 기초한다는 점에서는 근본적인 유사점이 존재한다(cf. P. Robert Palmer, "Characteristics of One Called to the Gospel Ministry," *Presbyterion*, 6/2 [Fall,

구약의 선지자들과 신약의 제자들과 사도들은 정경적인 인물들이고 목회자들은 정경-이후 시대의 인물들이라는 점에서 이들의 소명에는 근본적인 차이가 있다.[232]

특별히 구약 예언의 성취의 시대를 살아가는 목회자의 목회 소명은 예수를 통해 시작된 하나님의 종말론적인 공동체이며, 이 공동체의 구현인 그리스도의 몸인 교회를 세우기 위해 그리스도에 의해서 주어진 다양한 은사들의 일환이라는 점을 주목할 필요가 있다(cf. 엡 4:11).

목회 소명은 통상적으로 인간적인 요소와 신적인 요소를 담고 있다고 이해된다. 인간적인 요소에는 사역자의 은사나 사역자의 삶의 정황, 그리고 교회의 청빙과 같은 것들이 해당되고, 신적인 요소에는 목회 소명에 대한 내적 확신이나 개인적인 의지 혹은 자기 헌신과 같은 것들이 해당된다.[233]

본 글의 관심은 신적인 요소로서의 목회 소명에 관한 바른 이해에

1980], 57-66).

232 신약의 예수의 제자들과 사도들은 구약 선지자들의 예언의 성취의 복음을 선포했던 자들이며, 이런 점에서 제자들과 사도들의 신앙 공동체는 근본적으로 하나님의 종말론적인 공동체로서 예수를 통한 성취의 복음을 향유하며 그 복음을 증언했던 사도적-전승의 신약 교회(apostolic tradition of the New Testament Church)이다. 물론 이러한 사도적 전승의 신약 교회는 시간이 경과하면서 사도적-증인의 공동체를 넘어서 사도들의 신앙 증언을 온전히 유지하고 계승하고자 했던 사도-후기의 신약교회(post-apostolic New Testament Church) 형태로 이어지며, 이러한 사도-후기의 신약교회는 제도로서의 교회와 교회 내의 여러 직제들을 갖고 있음이 사실이다(cf. Michael Root, "Called to the Office of Ministry: The New Testament and Today," *Currents in Theology and Mission*, 12/3, [June, 1985], 157-166).

233 cf. Nathaniel J. Burton, *In Pulpit and Parish* (New York: The Macmillan Company, 1925), 36-42. 천병욱, "교역을 위한 소명과 은사에 관한 연구," 서울신학대학교 기독신학연구소, 「신학과 선교」 22/0 [1997], 8에서 재인용. 또한 소명은 개인적인 차원에서의 직접적인 소명과 공동체적인 차원에서의 간접적인 소명(교회의 청빙으로 확인되는 소명)으로도 설명된다. 이런 차원의 직접적인 소명과 간접적인 소명 사이의 건강한 긴장관계를 사도전승의 교회와 사도-후기 전승의 교회 사이의 연속성과 비연속성의 관점에서 고찰한 글을 위해 다음을 참고하라. Michael Root, "Called to the Office of Ministry: The New Testament and Today,"(1985), 157-166.

있다. 특별히 신적 소명은 다양한 방식으로 주어지기에, 여기서 초점은 목회 소명만이 하나님의 유일한 부르심이 아니라는 데에 있다. 모든 하나님의 백성들은 하나님에 의해 복음으로 초대받은 자들이며, 폭넓은 의미에서 목회 소명도 이러한 초대의 일환이다. 그럼에도 목회 소명이 특별하다면 그것은 목회자가 하나님의 '특별한 음성'을 듣는다는 점에서라기보다는 여러가지 사역 가운데서 목양이라는 특정한 사역을 감당한다는 점에서 특별하다 할 수 있다.[234]

보다 중요하게 목회 소명은 하나님의 일반적인 부르심의 일환이다. 즉 목회자의 소명은 교회의 성도들 모두가 예수를 통해 도래한 하나님의 종말론적인 다스림의 세계라는 복음에 부름을 받았다는 일반적인 소명의 일환이라는 것이다. 그런데 목회자들은 교회와 성도들을 목양한다는 역할을 감당한다는 점에서 목회 소명은 다른 소명들과 구별된다고 할 수 있다. 목회 소명은 ***목양이라는 측면***에서 일반소명과 구별되는 것이다. 따라서 목양이라는 측면에서 목회 소명이 일반적인 소명과 어떻게 구별되는가를 살피는 것이 요청된다.

3. 구약의 선지자들의 소명과 예언 선포의 성격

구약성경에서 선지자[235]는 엘리야의 경우처럼 '하나님의 사람(אֱלֹהִים

---

234 권혁남은 '초월적 부르심(transcendent summons)'이라는 용어를 통해 교회 구성원들의 부르심과 목회자의 소명을 비슷한 맥락에서 취급하면서도 특별히 목회자의 소명의식을 강조하여, 이 의식을 외적으로 주어지는 신비한 능력 같은 것으로 이해하고 있다(권혁남, "교회 내 사역자의 소명의식이 직무열의에 미치는 영향연구," 「신학과 실천」 47 [2015], 552, 555). 그러나 '초월적'은 엄밀한 의미에서 하나님의 주권적인 성격을 가리키는 것이지 신비로운 차원을 강조하는 것은 아니다.

235 구약 선지자들의 하나님의 부르심에 대한 특징에 대해서는 다음을 참조하라. 이현웅,

אִישׁ)'(왕상 17:24)으로 혹은 사무엘의 경우처럼 '선견자(הָרֹאֶה)'(삼상 9:9)로 불리기도 했지만, 일반적으로 선지자는 대변자라는 뜻을 지닌 נָבִיא로 표현된다.[236] 또한 선지자는 전통적으로 포로-이전 시기의 선지자와 포로-이후 시기의 선지자로 크게 구분되는데, 마소라 텍스트 전통은 칠십인역의 전통과 달리 구약 성경을 모세오경, 전선지서, 성문서, 후선지서로 나눔으로써 이러한 선지자들의 전통적인 구분과 궤를 같이 한다. 여기서 '선지자'는 고전적인 의미의 선지자 즉 포로-이후 시기의 선지자들 특히 포로 상황에서 종말론적인 회복의 메시지를 선포했던 선지자들을 가리킨다.

E. 악트마이어(Actemeier)는 선지자들에 대한 오해를 축약해서 잘 설명해 주고 있다. 악트마이어에 따르면, 구약의 선지자들은 사회를 개혁하려고 했던 자들이 아니며, 예리하게 당대의 국제와 국내의 정치적 상황을 분석했던 자들도 아니고, 미래에 일어날 일들을 점쟁이들처럼 예견했던 자들도 아니며, 종교적인 삶의 참된 모델을 제시하는 자들도 아니었다.[237]

구약의 선지자들은 '바벨론 포로'[238]로 대변되는, 앗수르와 바벨론과 같은 지상의 왕국들의 압제와 억압이라는 역사적인 정황에서 이스라엘의 '포로 유형'적인 삶, 즉 하나님과 맺은 언약에 따른 신실한

"현대 기독교 설교자의 정체성에 관한 존재론적인 이해," 「신학과 실천」 23 [2010], 115-116.

236 이를 기반으로 한 구약 예언자들의 소명의식에 관하여는 다음을 참조하라. 백상열, "설교와 설교자의 소명," 「신학과 실천」 2 (1998), 84-85.

237 엘리자베스 악트마이어/이우제 옮김, 『구약, 어떻게 설교할 것인가』 (이레서원, 2004), 177-78.

238 여기서 '바벨론 포로'는 특정한 역사적 사건을 가리킨다기보다는, 애굽의 압제와 함께 하나님을 떠난 자들의 압제와 억압의 삶에 대한 신학적인 모티프로 사용된다. 이런 점에서 바벨론 포로는 이전 애굽의 압제가 옛 출애굽(the Old Exodus)을 예기했듯이 새 출애굽(the New Exodus)을 예기하고 있다고 할 수 있다.

삶을 포기한 삶에서 돌아설 것을 촉구한 자들이다. 즉 선지자들은 하나님에 대한 충절과 이웃에 대한 사랑과 자비 그리고 공의를 버리고 우상-숭배적이며 폭력과 불의가 가득한 삶에서 돌이킬 것을 촉구하고 있다.

한걸음 더 나아가 선지자들은 이러한 근본적인 갱신으로서의 회개를 하나님께서 그의 백성들 가운데서 성령을 통해/종말론적으로[239] 행하실 일, 곧 그들에 대한 하나님의 내적인 정결과 갱신의 행위로 규정한다. 선지자들은 이를 통해 하나님의 백성들의 참된 내적인 헌신이 이루어질 수 있음을 선포했던 자들이다(cf. 겔 36:25-27).

이렇게 선지자들은 우상-숭배적이며 불의한 삶으로부터의 회개의 선포와 근본적인 갱신된 삶에 대한 선포를 자신들의 일관된 메시지로 삼았던 자들이지만, 주목할 점은 이들의 부르심은 항상 동일한 방식으로 이루어지지 않았다는 점이다. 물론 구약의 선지자들의 전형적인 소명 내러티브들이라 불리는 사사기 6:11-17, 이사야 6:1-13, 예레미야 1장, 에스겔 3장 같은 본문들은 다음과 같은 특징적인 요소를 보여주는 것이 사실이다. 1) 하나님의 갑작스러운 나타나심 2) 하나님의 예비적인 서론의 말씀 3) '가라'로 시작되는 위임명령 4) 부름 받은 자의 항거 5) 하나님의 재확신 6) 위임명령과 관련한 하나님으로부터의 표징 요청.[240]

---

239 구약의 후선지자들의 메시지 가운데 나타나는 "내[여호와] 신 [성신 혹은 성령]을 두어 ...을 이루겠다" (cf. 겔 36:27, 사 44:3, 사 63:11)는 표현은 성격상 종말론적인 함의를 지닌다. 또한 신약의 관점에서 성령은 근본적으로 종말론적인 선물로서 새 시대의 도래에 대한 결정의 상징이다. 이런 점에서 '성령을 통해서'와 '종말론적으로'는 의미상 교차적으로 사용될 수 있는 표현이다.

240 Norm Habel, "The Form and Significance of the Call Narrative," *Zeitschrift fur die Alttestamentliche Wissenschaft*, 77 (1965), 297-323. Fred Guyette, "The Genre of the Call Narrative: Beyond Habel's Model," *Jewish Bible Quarterly*, 43/1 (2015), 54)에서 재인용함.

그러나 F. 거에테(Guyette)가 잘 지적하듯이, 하나님의 부르심은 때로는 중재자를 통해서 오기도 했고(엘리사의 소명의 경우, 왕상 19:19-21), 때로는 특정한 임무를 부여하지 않으면서도 부름을 받은 자를 지속적으로 하나님에 대한 열망과 헌신 가운데 살도록 이끄는 역할을 하기도 했다(사무엘의 소명의 경우, 삼상 3:1-14).[241] 이런 점에서 거에테는 구약에서 선지자들과 관련한 하나님의 부르심과 선지자들의 소명기사는 어떤 하나의 일관된 패턴을 따르지 않고 있으며, 보다 중요하게 선지자들의 소명기사는 하나님이 신비롭고도 다양한 방식으로 사람들을 부르셔서 자신의 일을 행하시며, 이를 통해 "우리 역시 새로운 자각 가운데 행동하고 소망을 지니며 사랑할 수 있게 하신다"는 올바른 결론을 내리고 있다.[242]

이와 같은 다양한 방식의 구약 선지자들의 소명에 대한 이해와 함께 그들의 메시지가 지닌 종말론적인 성격을 이해할 필요가 있다. 구약의 선지자들과 그들의 메시지(cf. 이사야 24-27장과 40-66장, 에스겔 36-37, 다니엘 7-14장, 예레미야 30-33장, 스가랴 9-14장)가 지닌 종말론적인 성격은, 그들의 관심이 이스라엘의 가까운 미래에 일어날 일들에 있다기보다는 보다 광의적인, 그리고 보다 우주적인 차원의 일들에 있었다는 점이다. 이러한 구약 선지자들의 메시지가 지닌 종말론적인 차원은 신구약 중간기의 문헌들에 의해 계승되어, 신약에 이르러 온전한 형태의 종말론적인 이해가 드러나게 된다.[243] 이런 점에서 포로 이후 시기의 구약 선지자들의 적법한 상속자들은 신약 저자들이지만(정경적 관점에서

---

241 F. Guyette, "The Genre of the Call Narrative: Beyond Habel's Model," (2015), 55-57.

242 상게서, 57.

243 John Barton, "Postexilic Hebrew Prophecy," *The Anchor Bible Dictionary*, 5 (New York: Doubleday, 1992), 488, 492.

볼 때), 문헌상으로 볼 때 구약 선지자들의 메시지에 대한 종말론적이며 메시아적인 해석 전통은 이미 이러한 중간기의 묵시문헌들에게서 꽃을 피웠다고 말할 수 있다.

여기서 종말론적이라 함은 현 세계 질서가 끝나고 새로운 세계 질서가 도래할 것이라는 점에서 그렇다. 아울러 이러한 새로운 세계 질서는 근본적으로 하나님의 역사 개입을 통해 이루어진다는 점에서 초월적인 국면을 지닌다는 점에서 그렇다. 이러한 하나님의 초월적인 역사 개입을 통해 이루어지는 새로운 세계 질서에 대한 메시지는 특히 스가랴 14장("여호와의 날이 이르리니[1절],, 여호와께서 감람산에 서실 것이요, 감람산이 동서로 갈라질 것이며[4절] …[244] 그 날은 낮도 없고 밤도 없으며[7절] … 여호와께서 천하의 왕이 되실 것이라[9절]"), 이사야 34-35장("하늘의 별들이 사라지고 하늘이 말리며[34:4], 광야에 대로가 열리고[35:8] …")에 잘 나타나 있다.

또한 구약의 선지자들의 메시지가 지닌 종말론적인 국면은 이스라엘의 회복이 하나님의 영[성령]을 통해 이루어질 근본적인 내적인 갱신을 통해 이루어진다는 점에 있다. 다시 말해서 하나님의 백성들의 언약적인 신실한 삶은 이제 옛 언약 하의 율법 준수에 대한 촉구를 통해 이루어질 수 있는 것이 아니라, 하나님의 종말론적인 행위인 성령을 통한 근본적인 내적인 갱신과 새로움을 통해 주어질 것이라는 점을 구약의 선지자들은 이스라엘의 회복의 메시지 가운데

---

244 마가는 예수께서 제자들과 함께 최후의 만찬을 하면서 새 언약을 맺으신 후 십자가의 죽음을 향해 나가시면서, "찬미하고 감람산으로 나가니라"(14:26)고 기록함으로써, 예수의 다가올 죽음을 감람산에 서심으로서 우주적인 변혁을 가져오시는 여호와에 대한 스가랴의 예언의 성취로 보고 있다는 충분한 암시들을 보여주고 있다. 즉 마가에 있어서 예수의 죽음은 사탄과의 우주적 결전을 통해 새로운 질서를 이 땅에 도래시키는 사건으로 이해된다. 스가랴 예언의 성취에 대한 암시들을 위해 다음을 보라. Joel Marcus, *Mark 8-16*, The Anchor Yale Bible (New Haven: Yale Univ. Press, 2009), 968-974.

강력하게 암시하고 있다.

에스겔 36장은 이러한 근본적인 갱신의 전형을 제시하고 있다. 에스겔 36장 25-27절은 '하나님이 맑은 물로 이스라엘을 모든 더러움과 우상숭배로부터 정결케 하실 것이며'(25절), '하나님이 그의 백성들의 돌 같은 마음과 육체의 마음을 제거하고 그 들 가운에 새 마음과 새 영을 부어주실 것이요'(26절), 또한 '성령을 그들 속에 주셔서 하나님의 율법과 명령들을 따르도록 하실 것이라'(27절)고 말씀한다. 이것은 하나님이 이스라엘에 행하실 영적인 근본적인 갱신과 회복에 대한 순차적이고도 유기적인 단계를 잘 보여주고 있다. 먼저는 과거의 옛 사람이 철저히 죽는 단계, 둘째는 새로운 마음과 새 영을 주셔서 새 사람이 되게 하는 단계며, 마지막으로 성령을 주심으로써 새 사람이 온전히 살아 약동하게 하는 단계이다.[245] 이러한 영적인 근본적인 갱신이 에스겔 37장에서 마른 뼈가 소생하는 것으로 표현되고 있다. 물론 36-37장은 역사적인 맥락에서는 포로 유형 중에 있는 이스라엘의 회복을 가리키지만, 그레고리 빌은 36-37장의 이러한 평행적인 관계를 기초로 에스겔 37장의 이스라엘의 회복/부활에 대한 예언이 영적인 부활을 통한 하나님의 새로운 시대의 창조 역사를 강하게 암시한다고 바르게 지적하고 있다.[246]

성경신학적 관점에서 볼 때, 요한복음 3:1-15은 물과 성령, 거듭남(새 사람이 되는 것), 그리고 인자의 들려 올림[247]을 언급함으로써 에스겔 36-

---

245 cf. Walter Zimmerli, *Ezekiel* (II), Hermenia (Philadelphia: Fortress Press, 1983), 248-249.

246 그레고리 빌/김귀탁 옮김, 『신약성경신학』 (부흥과개혁사, 2013), 242-243.

247 요 3:14은 인자가 들림을 받아야 한다(ὑψωθῆναι δεῖ τὸν υἱὸν τοῦ ἀνθρώπου)표현하고 있는데, 여기서 "들림을 받다"는 요한복음의 맥락에서 십자가에 달려 죽은 것과(crucifixion)과 부활하사 하늘 보좌에 앉는 것(exaltation)을 모두 가리키는 이중적인 언어유희의 일환이다.

37장과 단어상과 주제상의 놀라운 평행관계를 보여준다. 보다 중요하게 예수의 죽음과 부활이 가져올 성령의 정결사역이 바로 에스겔 36-37장의 예언의 종말론적인 성취임을 분명히 암시하고 있다.[248]

이상을 정리하자면 구약 선지서는 선지자들이 다양한 방식으로 하나님의 특별한 소명을 받았음을 보여주고 있고 또한 이들의 소명은 우상 숭배적이며 불의한 삶으로부터의 돌이킴과 근본적인 갱신을 통한 하나님의 의를 드러내는 삶으로의 돌이킴을 선포하는 것이었음을 보여준다. 동시에 구약 선지자들은 이러한 근본적인 삶의 새로움은 하나님이 이 땅에 새로운 질서를 세우시는 일을 통해서 가능하다는 것을 선포했던 자들이다.

4. 구약 예언의 성취로서의 신약의 예수 그리스도의 복음

신약 저자들은 구약 선지자들에 의한 우주적 차원의 새 질서의 도래와 이에 따른 하나님의 백성들의 근본적인 내적 갱신에 관한 종말론적인 예언이 예수의 사건을 통해서 근본적으로 성취되었음을 분명하게 보여주고 있다. 사도들의 선포의 핵심 역시 이러한 성취의 복음이었음을 신약성경을 통해 잘 알 수 있다.

바울은 고린도후서 5:16-17에서 새 시대가 도래하였고, 이에 따른 새로운 종말론적인 인식(가치관)이 필요함을 분명하게 말하고 있다. 잠시 이 본문을 살펴보고자 한다.

---

248 cf. Andrew Lincoln, *The Gospel According to Saint John*, Black's New Testament Commentary (Peabody: Hendrickson Publishers, 2005), 150.

16　그러므로

우리가 이후로부터는 어느 누구도 육체를 따라 알지 않도다.

비록 우리가 그리스도를 육체를 따라 알아왔긴 했지만

그러나 이제는 더 이상 (그렇게) 알지 아니하니라.

17　그러므로

누구든 그리스도 안에서 새로운 피조세계(καινὴ κτίσις)[249]의 일원이 되니,

옛 것들은 지나갔고(παρῆλθεν), 보라 새 것들이 이미 나타나 있도다(γέγονεν)(사역).

이 본문 특히 17절은 해석상의 큰 이슈를 담고 있다. 이슈는 이 구절을 개인적인 중생으로 해석할 것인가 아니면 우주적 차원의 새 시대의 도래의 관점에서 해석할 것인가 하는 점이다.[250] 이 문제를 여기서 다 거론할 수는 없지만, 본문 16-17절에 이르기까지의 바울의 논리전개를 살펴보면 어느 정도 문제에 대한 답을 추론할 수 있다.

여기까지 바울의 논리 전개(물론 일반적인 바울의 신학적 사고 역시 그렇지만)를 자세히 살펴보면 "그리스도 안에서/ἐν Χριστῷ"는 좁은 의미(구속적인 의미)에서의 그리스도와의 연합을 의미하지 않는다. 이 표현은 그리스도를 방편으로/도구로 그와 연합하여 우리가 구속을 받는다는 주관적인 의미보다는 바울이 자신과 자신의 사역에 새로운 인식을 가져오게 된 틀과 토대로서의 새 시대의 도래, 즉 바울의 보다

249　이 구절의 원문은 "εἴ τις ἐν Χριστῷ, καινὴ κτίσις·"로 되어 있는데, 개역개정은 ἐν Χριστῷ가 τις를 한정하는 것으로 해석해서, "누구든지 그리스도 안에 있으면, 새로운 피조물이라"고 번역하고 있다. 또 다른 해석에 따르면, ἐν Χριστῷ가 καινὴ κτίσις와 연계된 것으로 봐서 "누구든 그리스도 안에 도래한 새 창조 질서의 일환이 되었다"고 번역한다(cf. Ralph Martin, *2 Corinthians*, WBC 40 [Waco: Word Books, 1986], 152). 후자의 번역이 이 구절의 보다 큰 문맥의 관점과 바울의 전체적인 사상에 비추어 더 타당하다(위의 설명을 보라).

250　이에 대한 자세한 설명을 위해 상게서, 152를 보라.

큰 종말론적-기독론적인 구조의 일환인 그리스도 안에 나타난 하나님 자신의 종말론적인 의의 행위(객관적인 의미) 즉 새로운 질서와 새 시대의 도래를 강력히 암시하고 있다.[251] 즉 그리스도 안에서 하나님이 행하신 근본적이고도 종말론적인 새로운 일, 즉 새 질서와 새 시대의 도래라는 의미를 담고 있다는 뜻이다.

이 점은 2:14-17 특히 15절의 "구원받고 있는 자들"(τοῖς σῳζομένοις)과 "멸망하고 있는 자들"(τοῖς ἀπολλυμένοις)이란 표현에서도 잘 나타나 있다. 이 두 헬라어는 현재형의 분사들로서 현 시점에서 일어나고 있는 일을 기술하고 있다. 바울은 이 표현을 통해서 어떤 사람은 지속적으로 구원을 얻고 있고 어떤 사람은 지속적으로 멸망을 당하고 있는 시대에 자신이 서 있음을 보여주고 있다. 즉 옛 시대로부터 새 시대로 넘어가는 전환점에 서 있다는 뜻이다.[252]

또한 17절 자체도 옛 것들은 지나갔고 (παρῆλθεν, 단순 과거형으로, 과거에 일어난 단순한 사건/행위를 가리킴), 새 것들이 이미 나타나 현존하고 있다(γέγονεν, 현재완료형으로서 과거에 일어난 사건이 현재도 지속되고 있음을 나타냄)고 말한다. 또한 바울이 만약 그리스도와의 연합을 통해 하나님에 의해 새로운 피조물이 되었다고 말하고 했다면, καινὴ κτίσις(새 창조)대신에 καινόν κτίσμα(새 피조물)를 사용할 수도 있었을 것이다.

결론적으로 여기서 분명히 바울은 그리스도 안에서 새로운 창조의 질서가 이 땅에 섰으며, 이제 누구든 이 새로운 창조 질서의 일원으로서 근본적인 갱신의 대상이며, 동시에 이러한 새 질서는 새로운 종말론적

---

251 보다 자세한 설명을 위해 다음을 보라. Herman Ridderbos/박영희 옮김, 『바울신학: Paul *An Outline of His Theology*』 개정판 (개혁주의신행협회, 1999), 211이하.

252 이것은 전통적인 유대묵시사상의 시대 구분인 옛시대(the Old Age)-새시대(the New Age)에서 기독교 전통의 시대 이해인 옛시대(the Old Age)- 현시대 (the Present Age)-다가올 시대(the Age to Come)으로 바뀌었음을 의미한다.

인식론, 즉 이제는 더 이상 옛 시대의 관점에서 그리스도를 보지 않는다는 새로운 인식론을 제시하고 있다.

마가 역시 마가복음 1:14-15에서 옛 시대가 끝나고 새 시대가 도래 하였다고 선포하고 있다. "때가 이미 차 있고, 하나님의 나라가 이미 가까이 와 있다/πεπλήρωται ὁ καιρὸς καὶ ἤγγικεν ἡ βασιλεία τοῦ θεοῦ·"[253] 여기서 '때가 찼다'는 표현은 유대-묵시론적 표현으로써, 사탄이 지배하는 옛 시대가 질적으로 그 끝에 도달했다는 뜻을 담고 있으며 '하나님의 나라가 가까이 왔다'는 표현 역시 이제 하나님의 통치가 이 땅에 도래 하여 새 시대가 시작되었다는 뜻을 담고 있다. 이런 맥락에서 두 번째 행은 사탄이 지배하던 옛 시대의 속박으로부터 벗어나서 (회개하라) 하나님이 다스리시는 새 시대를 받아들이라 (복음을 믿어라)는 의미를 지닌다.[254]

주목할 점은 마가는 이러한 예수와 함께 도래한 하나님의 나라라는 "하나님의 복음"(1:14)을 1절에서 예수 그리스도의 복음의 시작으로 표현하고 있고, 보다 중요하게 이 복음을 이사야 40:3을 인용함으로써 이사야가 예언한 바 있던 복음으로 제시하고 있다는 점이다. 물론 40:3 (광야에 외치는 자의 소리가 있어 … 너희는 주의 길을 예비하라")가 인용되지만, 보다 중요하게 이사야 40장은 하나님의 복음의 핵심 요소들을 담고 있다. 이사야 40장 9절에 명시적으로 두 번 '복음'이라는 말이 나타나고, 2절은 압제의 시대가 끝났고 죄가 용서되었음을 말하며, 10절은 하나님께서 장차 강한 자로 오실 것("… κύριος μετὰ ἰσχύος ἔρχεται"LXX)이라고

253 여기서 사용되는 두 동사는 모두 완료형으로서, 과거에 일어난 사건이 현재에도 지속되고 있음을 나타낸다.

254 Joel Marcus, *Mark 1-8*, The Anchor Bible Vol. 27 (New York: Doubleday, 1999), 175.

말하고 있다.

그런데 마가는 1:4에서 죄의 용서를 말하며, 1:7에서 예수를 보다 더 강한 자로 오시는(ἔρχεται ὁ ἰσχυρότερός μου ὀπίσω μου) 분으로 묘사하고 있다. 보다 중요하게 마가는 3:27에서 예수의 사역의 본질을 말하면서, 예수를 "강한 자를 결박하고 그 집에서 세간을 늑탈하는 자"로 묘사함으로서 1:7의 "보다 더 강한 자"를 구체적으로 묘사하고 있다.

한 가지 더 주목할 점은 마가는 1:8에서 예수를 우리를 성령으로 세례를 베풀 자로 묘사한다는 점이다. 마가복음에서 예수의 세례는 예수의 죽음을 가리키는데(cf. 10:38), 이런 점에서 근본적인 갱신을 뜻하는 성령 세례는 예수 자신의 죽음을 통해 우리에게 주어질 종말론적인 선물임을 분명히 하고 있다.

이상에서 보듯이, 구약 예언은 신약의 저자들에 의해 예수 사건을 통해 성취되고 있는 것으로 묘사되고 있다. 보다 근본적인 표현을 사용한다면, 예수는 구약의 이스라엘의 하나님의 구현(embodiment) 혹은 성육신(incarnation)이라 할 수 있다.[255] 이런 점에서 신약저자들의 증언과 사도들의 선포의 핵심은 구약 선지자들이 예언했던 하나님의 근본적인 갱신과 새 시대의 도래가 예수 그리스도를 통해 종말론적으로 성취되었다는 것이라고 말할 수 있다.

---

255 이 표현은 Richard Hays의 표현이다. 복음서의 예수에 대한 이러한 이해를 위해 그의 최근 저서를 보라. Richard B. Hays, *Reading Backwards: Figural Christology and the Fourfold Gospel Witness*, (Waco: Baylor University Press, 2014).

5. 복음 선포를 위해 그리고 복음을 따라 살도록 부름 받은 자들을 대변하는 제자들

지금까지 구약 선지자들의 예언 선포의 성취로서의 신약 복음 곧 예수 그리스도를 통한 새 시대의 도래를 살펴보았다. 이러한 새 시대의 도래의 관점에서 잠시 예수의 제자들[256]이 누구인가를 살펴보는 것이 필요하다.

예수의 제자들은 이러한 하나님의 복음 즉 예수와 함께 도래한 하나님의 다스림의 복음을 따라 이 다스림의 세계로 들어가도록 부름을 받은 자들이다. 마가는 1장 14-15절에서 예수께서 하나님의 복음을 선포하신 뒤 곧 바로 제자들을 부르시는 장면을 위치시킴으로써 이 점을 강력하게 암시하고 있다. 이렇게 두 사건을 문학적으로 병치시킨 것은 예수의 사역의 핵심적인 요소가 하나님 나라의 선포일 뿐만 아니라, 제자들을 부르시고 제자들을 가르치시는 것이었음을 분명히 암시한다.[257]

하나님의 아들 예수 그리스도의 복음의 시작이라는 대담한 선포로 자신의 복음서를 연 마가는 이에 상응한 방식으로 자신의 서문을 마친다. 14-15절은 1:1과 함께 마가복음의 서막에 해당하는 1-15절을 열고 닫는 수미상관 구조의 일환이다. 마가는 그 복음의 시작이 바로 때가 찼고 하나님의 나라가 가까이 왔다는 점이라고 말하고 있는 것이다. 이즈음에서 마가의 독자는 예수께서 이제 막 이 땅의 지평에

---

256 이 글에서는 구약 예언 선포의 성취를 복음서의 제자들의 관점에서만 살펴보고자 한다. 사도들의 관점에 관해서는 다음 글을 참조하라. 이현웅, "현대 기독교 설교자의 정체성에 관한 존재론적인 이해," 「신학과 실천」 23 [2010], 116-118.

257 cf. David R. Bauer, "Disciple, Discipleship," in *The New Interpreter's Dictionary of the Bible* Vol. 2 (Nashville: Abingdon Press, 2007), 128.

떠올랐다고 선포한 하나님의 왕적 다스림을 초기화하는 최초의 위대한 역사가 일어날 것이라고 당연히 기대할 것이다.

그러나 놀랍게도 하나님 나라의 도래 선포 이후에 예수께서 최초로 행하신 일은 제자를 부르신 일이다(1:16-20). 두 개의 소명기사(call narrative)로 이루어진 1:16-20은 분명 예수의 하나님 나라 복음의 선포와 제자들의 출현 사이에는 긴밀한 관계가 있음을 강력히 시사한다.[258] 그것도 당대의 명문 가문에 속한 자들이나 정치-종교적으로 권세 있는 자들을 제자로 부르신 것이 아니라, 보통의 평범한 사람들을 제자로 부르셨으며, 더욱이 예수께서 선포하신 하나님의 다스림의 복음에 대한 선-이해가 있거나 이에 대해 교육을 받은 자들과, 이런 점에서 준비되어 있는 자들이 아니다. 지극히 일상 속에서 자신들의 생업에 종사하고 있는 자들을 부르셨다는 점은 예수께서 선포하시고 향후 구현해 나가실 하나님의 다스림의 복음의 성격과 1절이 말한 예수가 하나님의 아들 그리스도라는 점의 의미를 비록 간접적이지만 매우 강력하게 드러내 보여주는 것이다. 이런 점에서 마가복음에서 기독론적인 천명은 제자도에 관한 천명과 불가분의 관계이며 나아가 교회론과도 밀접한 관계가 있다 할 수 있다.[259]

이 점과 관련해 특히 주목할 점은 마가복음 전반에 걸쳐서 제자들은 예수와 함께 있으며, 갈릴리와 예루살렘의 중간 지점에서의 예수의 사역(8:27-10:52)은 영적인 시각장애와 불신의 제자들과 씨름하시며 제자들을 가르치시는 일에 집중하고 있다는 점이다. 심지어 예수의 수난과 죽음에 관한 기사에서 제자들이 예수를 모두 버리고

---

258 Joel Marcus, *Mark 1-8*, AB (New York: Doubleday, 1999), 182.

259 M. Eugene Boring, *Mark: A Commentary*, NTL (Louisville: Westminster John Knox Press, 2006), 57.

도망한 뒤에도(14:50) 예수께서는 자신의 약속대로(14:28), 제자들보다 먼저 갈릴리로 가셨고 이를 통해 자신을 버린 모든 제자들을 회복시키셨는데, 이것은 예수를 따르는 하나님의 새로운 신앙 공동체를 다시 불러 모으시는 것을 암시한다(16:7, cf. 14:27-28).[260]

마가복음 1:16-20의 제자를 부르시는 기사는 예수의 주권적인 부르심과 제자들의 즉각적이고도 무조건적인 따름을 근간으로 절묘하게 구성된 본문이다.[261] 이러한 성격의 소명 기사와 앞선 14-15절의 하나님 나라의 복음 선포를 연결해 볼 때, 마가는 예수가 선포한 하나님의 다스림의 복음이 성격상 철저히 하나님-주도적이며 하나님-중심적이라는 것을 나타낸다. 또한 이러한 하나님의 다스림의 복음은 예수의 인성과 사역을 통해서 뿐만 아니라 예수를 따르는 자들의 무리인 교회 공동체의 구성원들의 복음 선포와 선포에 상응하는 삶의 구현을 통해 이 땅의 실체가 된다는 점을 보여주고 있음이 분명하다.

예수 당시의 역사적인 관점에서 볼 때도 예수의 제자들을 부르신 사건은 주권적인 행위임을 알 수 있다. 예수와 제자들의 관계가 당대의 관점에서도 매우 독특하다는 점에서 그렇다. 구체적으로 말해서 당시 랍비들이나 바리새인들의 경우는 선생과 제자의 관계가 토라에 대한 충절을 기초로 했으며, 세례요한의 경우는 임박한 하나님의 나라의 도래와 그에 따른 도덕적 갱신과 금욕적인 삶에 기초했다(cf. 마 3:7-10, 막 2:18, 눅 11:1). 그러나 예수의 경우 선생과 제자의 관계는 가르침과 배움의 관계가 아니라 자신의 인성을 토대로 모든 것을 포기하고 오직

260 cf. 상게서, 394.

261 두 소명 기사 모두 "예수께서 보셨다" + "따라오라 / 부르셨다" + "그들이 뒤따랐다"라는 구조를 지님으로 서로 간에 평행법적인 구조를 띠고 있다. 중요한 점은 부름 받은 제자들의 심리적인 상태나 결단에 대한 그 어떠한 묘사나 암시조차 없다는 점이다.

자신에 대해서만 전적인 헌신을 요구했는데(cf. 막 8:34-35, 10:28-29; 눅 9:57-62), 이런 점에서 예수의 경우 선생과 제자의 관계는 독특하다 할 수 있다. 또한 당대의 다른 선생-제자 유형과 달리 예수는 주(master)-제자(disciple)의 관계를 주도했다는 점도 독특하다(막 1:16-20, 2:13-14, 요 1:43-45 등등). 이런 점에서 예수와 제자의 관계는 배움의 관계가 아닌 따름의 관계라 할 수 있다.[262]

물론 신약 복음서에 따르면 오직 열두 제자들만이 이러한 전적인 헌신의 의미에서 예수를 따른 것은 아니다. 무리들도 예수를 따른 것으로 묘사되고 있으며 때로는 70인이 보냄을 받은 자들로 묘사되기도 하고(눅 10:1), 보다 넓은 의미의 제자들이 언급되기도 한다(cf. 요 6:66). 그러나 보다 중요하게 예수께서 열두 제자를 삼으신 것은 배타적인 의미에서 특정한 소수의 그룹을 자신의 친위그룹으로 삼으셨다는 의미가 아니라, 이스라엘의 12지파에 대한 유비 관계에서, 구약의 이스라엘에 대한 종말론적인 성취 즉 하나님의 종말론적인 백성을 불러 모으시는 상징적인 의미를 지닌다 할 수 있다.[263]

이 점은 목회자가 과연 예수의 열두 제자에 해당하는 신약 사도들과 동일한가에 대한 이해에 중요한 함의를 던져준다. 소수의 특정한 사람들만이 예수를 따르도록 부름 받은 자들이 아니었듯이 특정한 소명을 받은 특정한 사람들만이 목회자가 아니라는 뜻이다. 어떤 경우이든 예수께서 12제자를 부르신 것은 보다 중요한 신학적인 의미 구약에서 약속되고 예언된 하나님의 백성인 이스라엘에 관한 것들이 예수의 인성과 사역을 통해 종말론적으로 성취되었다는 의미를 강력하게 내포하고 있다는 점이다.

---

262 David R. Bauer, "Disciple, Discipleship," (2007), 128-29.

263 상게서.

이러한 소수의 특정한 그룹이 예수의 제자들이 아니라는 점은 마태복음 19:16-22(cf. 막 10:17-22, 눅 18:19-25)을 통해서도 잘 알 수 있다. 여기서 이 본문을 다 다룰 수는 없기에 본 글의 논지에 관련된 몇 가지만을 생각해 보고자 한다.

17절에서 한 부자 청년(cf. 20절)이 예수께 어떻게 생명에 들어갈(천국/하나님의 나라에 들어가는 것[23, 24절], 구원을 얻는 것[25절]) 수 있는지를 묻는다. 이에 대해 예수께서는 구약의 명령들을 열거하시며 이것들을 지키라고 말씀하신다. 주목할 점은 먼저 십계명의 6계명-9계명과 그 다음 십계명의 5계명을 언급한 뒤 마지막을 레위기 19:18의 이웃 사랑의 명령을 언급하신다는 점이다. 특히 마지막을 이웃 사랑에 대한 구약의 명령을 언급하신 것은 예수의 율법 이해와 해석의 근거가 사랑임을 드러내 보여주는 것이다.[264]

이에 대해 이 청년은 모든 계명을 다 지켰다고 말하면서도, 여전히 무엇이 부족한가(τί ἔτι ὑστερῶ;)를 묻는다. 청년의 이 두 대답 사이에는 분명 율법 이해가 단순히 문자적 차원을 넘어 보다 깊은 차원을 지니고 있음을 암시한다. 간단히 말하자면 율법의 문자적 준수가 충족시키지 못하는 또 다른 차원이 율법 이해에 놓여 있음을 시사하는 것이다. 이 점은 곧 이은 예수의 말씀에서 잘 나타난다. "네가 온전하고자 하면[εἰ θέλεις τέλειος εἶναι,] 가서 소유를 팔아 가난한 자에게 주고 … 와서 나를 따르라[ἀκολούθει μοι]"(21절).

여기서 이슈는 과연 예수께서 여기서 부자 청년을 이중적인 기준을 갖고 대하시고 있는가 하는 점이다. 이런 점에서 R. 풀러는, 예수께서는

264 마 22:36-40에서 예수는 율법을 하나님을 사랑하는 것과 이웃을 사랑하는 것으로 요약하시면서 이것이 바로 "이 두 계명에 모든 율법과 선지자들이 달려 있다/ἐν ταύταις ταῖς δυσὶν ἐντολαῖς ὅλος ὁ νόμος κρέμαται καὶ οἱ προφῆται"고 말씀하신다.

십계명과 사랑의 계명들을 여전히 인정하심으로써 율법이 요구하는 일반적인 차원의 윤리적인 삶을 권장하시는 반면에, 한 걸음 더 나아가 자신의 제자들은 이러한 윤리적인 차원의 율법 준수를 넘어서 완전함의 단계 즉 모든 소유를 포기하고 자신을 따르는 보다 급진적인 삶의 형태를 말씀한다고 주장한다.[265] 이러한 주장은 분명 예수의 말씀 즉 율법을 준수하라는 것과 온전한 삶의 방식으로서의 예수를 따르는 삶 사이의 분리 내지는 구별을 담고 있다.

이처럼 율법의 요구를 따르는 것과 예수의 요구를 따르는 것 사이의 구분 내지는 분리를 보여주는 또 하나의 예가 있다. 로버트 뱅크스는, 예수께서 먼저 율법 준수를 요청하신 것은 보다 중요한 요청 즉 자신을 따르라는 개인적인 청원에 대한 서론의 역할을 한다고 주장한다.[266] 뱅크스의 이러한 주장은 예수께서 요구하시는 것은 제자가 되는 것이며 제자가 된다는 것은 예수를 따르는 것이지, 율법이 요구하는 것을 따르는 것이 아니라는 의미를 내포하고 있다.

그러나 예수의 두 말씀 즉 율법을 준수하라는 말씀과 모든 것을 포기하고 자신을 따르라는 말씀을 이와 같이 둘로 구분하는 것은 구약의 율법과 예수의 율법의 성취 사이의 단일한 이해를 보여주지 못하는 것이다. 먼저 예수께서 모든 것을 포기하고 자신을 따르라는 말씀은 자신과 함께 도래한 하나님 나라의 절대적인 가치와 이에 따른 절대적인 충절을 나타내는 은유적 표현이다.[267] 예수께서는 모든 것을 포기하고 자신을 따르는 것을 '온전함(τέλειος)'이라 표현하고 있는데,

265 R. Fuller, "The Decalogue in the New Testament," *Interpretation* 43(1989), 246.

266 Robert Banks, *Jesus and the Law in the Synoptic Tradition* (Cambridge: Cambridge University Press, 1975), 177.

267 cf. Donald A. Hagner, Matthew 14-28, WBC 33b (Waco: Word Books, 1995), 555, 558.

이것은 구약의 언약적인 맥락에서의 온전함을 뜻한다. 다시 말해서 언약적인 신실한 삶의 표현으로서의 온전함을 의미하며 이런 점에서 하나님에 대한 두 마음을 품지 않는 충절의 삶을 뜻한다고 할 수 있다. 달리 표현하면 온전함 즉 모든 것을 포기하고 예수를 따르는 것은 구약적으로 표현하자면 하나님과의 온전한 동행이라 할 수 있다. 특별히 18-19절의 구약 율법의 열거에서 마지막이 사랑에 대한 계명을 담고 있다는 점이 암시하듯이, 율법의 기저사상은 하나님을 사랑하고 이웃을 사랑하는 것이다. 이 점을 마태는 22:40에서 명시적으로 지적하고 있다.

이런 점에서 예수에게 있어서 구약 율법과 모든 것을 포기하고 예수 자신을 따르는 삶에는 정확히 일치가 있으며 보다 더 중요하게 모든 것을 포기하고 예수를 따르는 것이 바로 사랑을 기저사상으로 하는 구약 율법의 성취의 방식이라는 것을 뜻한다.[268] 그렇다면 이 본문이 말하고자 하는 바는 이중적인 차원의 제자도가 아니라, 참된 제자 즉 예수를 온전히 따르는 자는 하나님과의 참된 동행의 성취로서, 모든 것을 포기하고 예수를 따르는 자라는 것을 말하고 있는 것이다.

이상의 논지들을 정리하자면 예수의 제자가 된다는 것은 소수의 특정한 사람들에게 요청된 청원이 아니다.[269] 보다 중요하게 제자가 된다는 것 즉 모든 것을 포기하고 예수를 따른 다는 것은 예수와 함께 이 땅에 도래한 하나님의 다스림의 세계에 들어가기 위해서는 그 다스림에 대한 절대적인 헌신을 요구한다는 것을 의미하며, 이것은 특정한 소수 그룹이 제자들에게 주어진 요청이 아니라 예수를 따르는

---

268 D. 홀베르다/류호영 옮김, 『예수와 이스라엘』 (기독교문서선교회, 1993), 174.

269 이러한 보편적인 의미의 제자 개념과 비록 다른 범주에 속하지만 동일한 개념을 나타내는 것이 잘 알려진 만인제사장설이라 할 수 있다. 이에 대한 자세한 설명을 위해 다음을 참조하라. 김승호, "목회자 이중직에 대한 신학적 고찰," 「신학과 실천」 47 (2015), 573-577.

자 즉 모든 크리스천들[270]에게 주어진 청원인 것이다.[271]

마태복음 28:18-20도 제자의 삶이 특정한 소수의 사람들에게 국한된 것이 아니라 온 인류를 향한 하나님의 뜻이요 예수의 지상의 대-명령이라는 점을 잘 보여주고 있다. 예수께서는 이 대-명령의 전제로 "하늘과 땅에 있는 모든 권세가 내게 주어졌다"고 말씀하신다. 전에는 하나님께 귀속되어 있던 이 권세가 이제 예수에게 주어졌다는 뜻이다. 이것은 마태복음 1:23의 "임마누엘, 곧 하나님이 우리와 함께 계심"을 반향하고 보다 직접적으로는 20절 "세상 끝날까지 내가 너희와 항상 함께 있으리라"와 의미상 연결되어 있다.

6. 그리스도의 종말론적인 은사의 일환으로서의 목회 소명

지금까지 여러 본문들을 통해서 예수를 통한 시작된 종말론적인 성취의 시대에서 제자가 된다는 것과 제자의 삶은 특정한 차원이 아니라 보편적인 성격을 지닌다는 것을 살펴보았다. 제자의 삶은 보편적인 특성을 지닌다는 것을 염두에 두면서, 목회적인 소명은 하나님의 종말론적인 공동체인 교회를 세워나가는 데 필요한 다양한 은사들 중 하나임을 생각해 보고자 한다. 이 점은 에베소서 4:11이 잘 보여주고

270 크리스천의 영어 음역인 'Christian'은 헬라어로 Χριστιανος이다. 행전 11:26은 이 표현을 사용해 "χρηματίσαι τε πρώτως ἐν Ἀντιοχείᾳ τοὺς μαθητὰς Χριστιανούς./제자들이 안디옥에서 처음으로 그리스도인이라 불렸다"고 기록하고 있다 (cf. 행 26:28, 벧전 4:16). 여기서 크리스천/그리스도인을 나타내는 Χριστιανος는 헤롯('Ηρῴδης)에 속한 자들을 헤롯의 사람들('Ηρῳδιαννοι. cf. 막 3:6)이라 불렀던 것처럼 그리스도의 사람들 즉 '그리스도를 따르는 자들'이라는 의미를 지닌다(cf. Luke T. Johnson, *The Acts of the Apostles*, Sacra Pagina 5 (Collegeville: The Liturgical Press, 1992), 205. 이런 점에서 제자들은 곧 그리스도를 따르는 자들이다.

271 cf. Donald A. Hagner, *Matthew 14-28*, WBC 33b (Waco: Word Books, 1995), 558.

있다. "그가 어떤 이들을 사도로, 혹은 선지자로 혹은 복음 전파자로 혹은 목사와 교사로 주셨으니(καὶ αὐτὸς ἔδωκεν τοὺς μὲν ἀποστόλους, τοὺς δὲ προφήτας, τοὺς δὲ εὐαγγελιστάς, τοὺς δὲ ποιμένας καὶ διδασκάλους,)."

여기서 관심은 목자 혹은 목사를 뜻하는 'ποιμην'을 어떻게 이해할 것인가에 있다. 먼저 이를 위해 11절의 맥락을 살펴볼 필요가 있다. 바로 앞선 문맥인 6-10절은 두 가지 중요한 요점을 담고 있다. 첫째는 한 분 하나님이 만유의 아버지로서, 만유를 통일하시고 만유 가운데 계신다는 점이다(6절). 이것은 에베소서의 핵심 주제절인 1:10("하늘에 있는 것이나 땅에 있는 것이 다 그리스도 안에서 통일되게 하려 하심이라")을 분명하게 반향한다.

두 번째로 만물을 그리스도 안에서 통일되게 하신 바로 이 하나님이 우리 각 사람에게 그리스도의 선물의 분량대로 은사를 주셨다는 점이다(7절). 보다 중요하게는 저자는 예수의 승천을 악에 대한 승리의 복음으로 이해하며, 이를 통해 그리스도의 사람들에게 다양한 은사들을 선물로 주어진 것으로 보고 있다(8절). 이를 위해 에베소서 저자는 시편 68:18을 인용하고 있다. 이 시편은 하나님이 악을 진멸하고 승리의 행진 가운데 자신의 보좌의 상징인 시온에 오르시면서 대적들로부터 빼앗은 전리품들을 자신의 백성들에게 나누어 주신다는 내용의 다윗의 기도의 일부인데 에베소서 저자는 이 두 사건 사이의 유비적 관계와 보다 중요하게는 성취라는 관점에서,[272] 하나님의

272 에베소서 저자에 의한 시편구절의 인용이 지닌 문제 중 하나는 시편 68:18은 "선물을 취했다"고 되어 있는데, 에베소서 저자는 8절에서 "선물을 주셨다"고 기록하고 있다는 점이다. 학자들 사이의 다양한 해석이 있지만(cf. P. O'Brien, *The Letter to the Ephesians*, PNTC [Grand Rapids: Eerdmans, 1999], 289-293), 필자는 시 68:18을 인용한 엡 4:8과 베드로의 오순절 설교의 일부인 행 2:23 사이의 주제상의 그리고 단어상의 유사점에 유의하며, "받았다"에서 "주었다"로의 전환은 그리스도의 승천과 성령강림의 선물에 대한 당시 1세기 초대교회의 이해라는 맥락에서 충분히 설명될 수 있다고

종말론적인 단일-보편 공동체 속에 있는 다양성을 매우 건설적으로 조명하고 있다.

이런 맥락에서 11절은 이러한 다양한 선물들의 기원은 다름 아닌 바로 '그가'라고 표현하고 있다. 다시 말해 본문의 저자는 7-10절이 말한 바 있는, 낮아지시고(humilation), 높아지시고(exaltation), 보좌에 앉아(enthronement) 만물을 하나님의 의로운 통치로 충만케 하신 바로 이분 그리스도로부터 교회 공동체 가운데서 발견되는 다양성이 유래되며, 이 다양성은 그리스도의 몸의 성숙을 가져오도록 의도된 것이요, 종국적으로는 하나 됨에 이르도록 의도된 것이라는 것이라고 말하고 있다.[273]

11절은 '그가(αὐτὸς)'로 시작된다. 여기서 'αὐτὸς'는 이미 동사 ἔδωκεν이 인칭어미를 담고 있다는 점에서 그리고 문장 서두에 놓여있다는 점에서 강조의 의미를 담고 있으며, 동시에 11절을 바로 앞선 구절들 특히 7절과 연결 짓는 역할을 하고 있다.[274] 7절에 따르면 예수께서는 자신이 결정한 선물의 정도에 따라(κατὰ τὸ μέτρον τῆς δωρεᾶς τοῦ Χριστοῦ.) 교회 공동체의 구성원들에게 은사를 주셨다. 이런 맥락에서 11절은 예수께서 결정하여 선물로 주신 은사들의 예로 사도, 선지자, 복음전파자, 목자와 선생을 제시하고 있다고 볼 수 있다. 여기서 목사를

본다.

273 Harold W. Hoehner는 4:1-16을 통일성이란 큰 맥락에서 해석하면서 7-16절 역시 통일성을 어떻게 유지할 것이란 관점에서 다루고 있다. 이런 맥락에서 Hoehner는 1-16절을 필자가 이상에서 제시한 unity - diversity- unity라는 수미상관 구조와 비슷하게 인식하고 있다(cf. Harold W. Hoehner, *Ephesians: An Exegetical Commentary*, [Grand Rapids: Baker Academic, 2002], 521.

274 'αὐτὸς'에 대한 이러한 해석과 함께 등위접사인 'καὶ'의 해석도 11절을 7절과 연결 짓는데 중요한 역할을 한다. 보다 자세한 설명을 위해 다음을 보라. Harold W. Hoehner, *Ephesians: An Exegetical Commentary*, 540).

뜻하는 ποιμην은 기본적으로 목자를 뜻하지만, 현 문맥상 이 단어는 목자가 양 무리를 치듯이 교회 회중들을 목양하는 목사를 가리킨다고 보는 것이 적절하다.[275]

특이한 점은 앞의 다른 사역들과 달리 ποιμην이 διδασκάλος(선생)와 함께 하나의 관사로 연계되어 표현되고 있다는 점이다(τοὺς δὲ ποιμένας καὶ διδασκάλους). 이것은 이 두 사역 이 최소한 기능상 중첩되고 있다는 것을 암시한다.[276] 또한 이것은 이 둘은 본질상 구별될 수는 있지만 별개로 분리할 수 없다는 뜻이다. 이와 같이 목양과 가르침이 하나로 통합된 전형적인 예는 예수이다.[277] 예수는 공관복음서에서 종종 가르치는 분으로 묘사되고 있으며 특히 바리새인들과 서기관들과 달리 권세 있는 가르침을 주시는 분으로 묘사되고 있고(cf. 막 1:22, 27), 요한복음에서는 선한 목자로 묘사되고 있다(cf. 요 10:11). 교회의 상황을 상정하더라도 교회를 목양하는 목사의 사역에는 가르침의 요소가 필수적이다.[278]

여기서 '목사'가 교회 내에서 어떠한 역할 혹은 기능을 가리키는지 아니면 특정한 직임 혹은 직분(office)인가의 논쟁이 있다. O. Brien은 '목사'라는 사역이 교회에서 받아들여지고 인정되었다는 점에서 직분이라고 보는 것이 타당하다고 주장한다.[279] 그러나 다수의 학자들은 이 사역이 기술되고 있는 문맥 즉 은사를 그리스도께서 자신의 공동체에 주셨다는 문맥을 중시하여, 제도라는 교회 내의

---

275 cf. P. O'Brien, *The Letter to the Ephesians*, 299; Harold W. Hoehner, *Ephesians: An Exegetical Commentary*, 544.

276 cf. O'Brien, *The Letter to the Ephesians*, 300.

277 Harold W. Hoehner, *Ephesians: An Exegetical Commentary*, 545.

278 이 둘 사이의 이러한 의미의 구별에 관해서는 다음을 참조하라. P. O'Brien, *The Letter to the Ephesians*, 300.

279 상게서, 301. 보다 자세한 설명을 위해 다음을 보라. Andrew T. Lincoln, *Ephesians*, WBC 42 (Dallas: Words Book, 1990), 252-253.

직임이라기보다는 은사에 따른 역할 혹은 기능이라고 주장한다.[280]

분명 7-8절은 그리스도께서 사탄에 대한 승리의 현현인 승천과 함께 자신의 백성들에게 자신이 결정한 분량대로 은사를 선물로 주셨다고 말하고 있다. 이것은 여기서 저자의 관심이 제도로서의 교회보다는 그리스도를 머리로 하는 보편적인 교회공동체의 하나-됨의 성격과 이러한 하나-됨을 이루는 그 구성원들의 다양한 역할에 있다는 것을 분명히 암시한다. 이런 맥락에서 11절에 열거된 예들은 교회조직의 직임 혹은 직분('ἐπισκοπη', cf. 딤전 3:1, 빌 1:1, 딛 1:7)이라기보다는 은사(χάρις)라고 보는 것이 적절하다.

H. 헤너는 직임과 은사의 차이를 잘 표현하고 있다. 직분의 경우는 자격에 기초해 사람들에 의해 지명되거나 선택되는데(행 1:26, 6:3, 14:23; 딛 1:5, 딤전 3:1) 반해서, 은사의 경우는 하나님에 의해서 주권적으로 주어진다(엡 4:7, 롬 12:6, 고전 12:11, 18, 28)는 점이다.[281] 은사에 대한 이러한 설명은 11절의 문맥이 말하는 바와도 일치한다.

분명 여기서 열거된 사역 형태는 교회제도 내의 고착된 직분들을 가리키거나, 그리스도의 선물로서의 은사의 총합이라고 보기보다는, 하나님의 새로운 공동체를 세워나가는 역할을 하도록 의도된 그리스도의 선물로서의 은사이다. 이것들은 자신의 죽음과 부활을 통해 이루신 그리스도의 승리에 따른 선물로서의 은사들을 예증하기 위하여 선택적으로 사용된 것으로 보는 것이 적절하다. 특별히 이 모든 사역 형태는 특별히 그리스도의 복음인 초대교회의 복음

---

280 G. D. Fee, *God's Empowering Presence : Holy Spirit in the Letters of Paul*. (Peabody: Hendrickson Publishers, 1994). 706-7; J. D. Dunn, *Jesus and the Spirit* (London : SCM, 1975), 254.

281 Harold W. Hoehner, *Ephesians: An Exegetical Commentary*, (Grand Rapids: Baker Academic, 2002), 539.

선포(케리그마)와 관련된 말씀 사역들(ministries of the Word)이란 점에서 그렇다.

결론적으로 에베소서 4:11은 목사의 사역을 그리스도께서 자신의 백성에게 선물로 주신 은사의 일환으로 제시하고 있다. 4:12은 이 은사가 교회의 성도들을 훈련시키고 준비시키기 위함이요, 한 걸음 더 나아가 이것은 섬김의 일과 그리스도의 몸을 세워나가기 위한 목적이라고 기술하고 있다. 이 몸은 사탄에 대한 승리의 사건이었던 그리스도의 승천과 함께 시작된 것이며(cf. 엡 4:4-10), 그리스도께서는 이 몸을 세우기 위해서 다양한 은사를 선물로 주셨다. 목양 곧 목사라는 사역 형태는 바로 이러한 다양한 은사의 일환이다.

7. 헌신(Commitment)과 천직(Vocation)으로서의 목회 소명

이제 요한복음 21:15이하의 해석을 통해 목회 사역은 교회와 교회 성도를 목양하는 일에 '헌신'하는 것임을 살펴보고자 한다. 목회자는 예수 안에 종말론적으로 드러난 세상을 향한 하나님의 자기-희생의 사랑을 경험한 자들로서 이 사랑만을 최고의 가치로 알고 이 사랑을 전하는 일에 헌신(commitment)한 자들이라 할 수 있기 때문이다.[282]

이러한 헌신의 관점으로서의 목회 소명은 예수께서 베드로에게 자신의 양무리들에 대한 목양의 역할을 부여하시는 요한복음 21:15-17에 잘 나타나 있다. 이 본문에서 예수께서는 베드로에게 세 번

282 김은호는 다음 글에서 필자가 여기서 말하는 '헌신'을 '희생'과 '섬김'이란 용어로 잘 표현하고 있다. 김은호, "마태복음 22장 34절-40절에 나타난 궁극적 리더십," 「신학과 실천」 42(2014), 833-839.

물어본다. “네가 나를 사랑하느냐?”[283] 이에 대해 베드로는 일관되게 “내가 주를 사랑하는 것을 주님이 아십니다”라고 답한다. 요한복음의 문학적 구조에서 볼 때 이러한 형태의 베드로의 대답은 예수께서 자신의 임박한 수난과 죽음에 관해 예고하셨을 때 주를 위하여 목숨을 버리겠다고 호언장담하던 베드로의 말(요 13:37-38)과 대비를 이룬다. 물론 이것은 베드로가 이제 주를 사랑하는 것은 그의 인간적인 발로에서 기인한 것이 아님을 인정하는 것이며, 주님과의 관계에 비추인 사랑임을 보여주는 것이다.

보다 중요한 점은 여기서 예수께서 물으신 사랑이나 베드로가 대답한 사랑이나 모두 요한복음의 구도 안에서 요한 저자가 제시하고 있는 사랑이라는 점이다. 이러한 사랑에 관한 세 번의 질문과 대답 뒤에 일관되게 “내 양을 먹이라”는 예수의 말씀이 뒤따른다. 베드로에게 목양의 길을 걸어갈 수 있도록 온전히 그를 회복시키시는 의도를 담고 있다.

여기서 관심은 요한복음의 구도 안에서 요한이 제시하고 있는 사랑 즉 베드로에게 목양의 길로 온전히 회복하게 해준 그 사랑에 있다. 요한복음은 이 사랑을 서두에서 말씀이 육신이 되어 우리 가운데 거하시는 하나님의 영광으로 그리고 하나님의 은혜와 진리가 충만한

283 이 본문에 대한 해석상의 이슈 중 하나는 왜 예수께서는 처음 두 번은 ‘ἀγαπαω’를 사용하시는데 마지막에는 ‘φιλεω’를 사용하시고 있는가 라는 점이다. 그러나 이 두 단어는 요한복음 내에서 교차적으로 사용되고 있음에 비추어 볼 때(cf. 11:3//11:5[나사로에 대한 예수의 사랑]; 3:35//5:20//10:17[성자 예수에 대한 성부 하나님의 사랑]; 14:21//16:27[제자들에 대한 성부 하나님의 사랑과 예수에 대한 제자들의 사랑]; 13:23//20:2[제자들에 대한 예수의 사랑]), 여기서 역시 두 단어의 의미상의 차이는 중요하지 않다고 볼 수 있다 (cf. Andrew Lincoln, *The Gospel According to Saint John*, 517). 보다 중요한 사실은 앞서 베드로가 세 번 예수를 부인한 것에 비추어 볼 때 예수께서는 베드로를 온전하게 회복시켜서 목양의 길을 걷게 하신 점이다(cf. F. Moloney, *The Gospel of John*, Sacra Pagina vol. 4. [Collegeville: The Liturgical Press, 1998], 555).

것으로 표현하고 있다(cf. 요 1:14). 또한 요한은 이 사랑을 세상을 위해 하나님이 자신의 독생자이신 아들을 주신 것으로 표현하고 있다(cf. 3:16). 즉 세상 죄를 지고 가는 하나님의 어린양의 희생적 죽음 가운데 나타난 사랑이다(cf. 1:29).

주목할 점은 요한복음의 구도에서 서막 가운데 예수의 성육신으로 통해 드러난 이 하나님의 '영광'은(1:14)은 하나님의 아들이신 예수가 받게 될 영광(cf. 12:23)과 동일하다는 점이다(cf. 17:1). 또한 하나님의 아들 예수가 받게 될 영광의 때는 그가 십자가에서 죽으시는 때이다(cf. 13:1). 이것은 곧 십자가상의 죽음이 하나님의 영광의 현현의 절정이며, 이런 점에서 예수의 십자가상의 죽음은 하나님의 지고한 사랑이 절정에 달한 것이라 할 수 있다.[284]

바로 이런 점에서 예수께서 제자들을 불러 모아 자신의 사역을 이어가시게 하면서, 베드로에게 네가 나를 사랑은 물으신 것은 다름 아닌 자신의 대속의 죽음 가운데 나타난 하나님의 사랑을 받아들이는가라는 질문의 다름 아니다. 대속의 죽음 가운데 나타난 하나님의 지고한 사랑을 받아들이는 것이 하나님을 사랑하는 것이요 그것이 동시에 예수를 사랑하는 것이기 때문이다. 바로 이런 점에서 요한의 예수는 베드로가 자신을 사랑하는가 묻고 있는 것이다. 예수 자신의 대속의 죽음 가운데 나타난 하나님의 사랑을 받아들인 자

284 cf. N. T. Wright, "The Glory of God: John" in Following Jesus: Biblical Reflections on Discipleship [Eerdmans, 1994], 39. 요한복음의 모든 주석가들이 동의하듯이, 요한복음은 서막(1:1-18)과 종막(21:1-25)을 제외하고 크게 표적의 책(1:19-12:50)과 영광의 책(13:1-20:31)로 구분된다. 그러나 보다 엄밀히 말해서 전반부에서 표적은 영광을 나타내는 상징으로서의 표적이며, 후반부에서 영광은 예수의 수난과 죽음이 하나님의 영광을 드러내는 것이라는 점에서의 영광이기에, 요한복음의 일관된 요지는 예수의 죽음이 하나님의 영광의 현현의 절정이라는 점에 있다 (요한복음에 대한 이러한 해석의 전형적인 예는 다음과 같다. N. T. Wright, "The Glory of God: John" in *Following Jesus: Biblical Reflections on Discipleship* [Eerdmans, 1994], 33-41).

즉 하나님의 사랑의 현현이신 예수를 사랑하는 자만이 목양의 길에 헌신할 수 있기 때문이다. 이런 의미에서 예수를 사랑하는 자만이 하나님의 참 생명을 얻은 자요, 진리 안에서 거룩함을 얻는 자이다. 이 자만이 하나님의 사랑을 삶의 유일한 동력으로 살아가는 자요, 이런 점에서 하나님의 백성들에 대한 목양의 길을 걸어갈 수 있는 자들이다.

이런 의미에서 예수를 사랑한다는 것은 달리 말하자면 아버지의 사랑이 그 사람 안에 있다는 것을 의미한다(cf. 요 14:23). 이 점을 요한일서 2:15이 잘 드러내 보여준다. 즉 "누구든지 세상을 사랑하면, 아버지의 사랑이 그 안에 있지 아니하니라." 이어서 16절은 세상을 사랑하는 것을 육신의 정욕과 안목의 정욕 그리고 이생의 자랑이라고 말한다. 이런 점에서 육신의 정욕과 안목의 정욕 그리고 이생의 자랑을 버린 자는 그 안에 아버지의 사랑이 있는 자라 할 수 있다. 요한일서 2:15과 요한복음 21:15-21을 함께 고려해 볼 때,[285] 육신의 정욕과 안목의 정욕 그리고 이생의 자랑을 버린 자가 곧 예수를 사랑하는 자요, 이런 점에서 이 사람이 예수께서 말씀하시는 목양의 일을 감당할 수 있는 자라고 할 수 있다.

8. 나가는 말

이상의 여러 성경 본문들을 통해서 구약의 선지자들은 다양한

---

285 대부분의 학자들은 요한복음과 요한서신들이 동일 저자에 의해 기록되었다는 데 동의한다(cf. Andrew Lincoln, *The Gospel According to Saint John*, 55이하; Donald Hagner, *The New Testament: A Historical and Theological Introduction* [Baker Academic, 2012], 727이하). 이 두 본문이 동일 저자에 의한 저작이란 점에 비추어 볼 때, 두 본문을 연결 지어 해석하는 것은 타당하다 할 수 있다.

방식으로 하나님의 소명을 받아서 하나님에 대한 회개와 갱신의 삶을 촉구했으며, 동시에 하나님이 마지막 날들에 이러한 새로운 삶과 새로운 질서를 가져올 것이라고 예언하고 선포했던 자들임을 살펴보았다. 또한 신약의 제자들은 구약의 선지자들의 이러한 역할을 이어 받은 자들이라기보다는 선지자들의 구약 예언을 종말론적으로 이루신 예수의 복음을 선포하고 삶으로 살아내도록 부름 받은 하나님의 종말론적인 백성을 대변한다는 것을 고찰했다. 아울러 예수의 '열두' 제자들은 구약 이스라엘의 열두 지파를 향한 예언의 성취가 지닌 충만함을 나타내는 상징적인 의미가 담겨 있음도 살펴보았다. 이런 점에서 목회자는 구약의 선지자나 신약의 열두 제자와 동일시하는 것은 예수를 통한 종말론적인 성취의 관점을 간과하는 것이라 할 수 있다.

이 점을 분명히 인식하면서, 동시에 목회 사역은 분명 하나님의 종말론적인 공동체인 교회 내의 다양한 사역들 중에서 목양의 역할을 한다는 점에서 중요한 사역의 일환임을 주목할 필요가 있다. 이러한 중요성은 앞서 일관되게 주장해왔듯이, 목회자 자신에 내재된 특별한 소명에게 기인하는 본질적인 중요성이 아니다. 그 중요성은 목회자가 교회 공동체 내에서 차지하고 있는 목양이란 관점에서 지니는 실존적인 중요성이다.

비록 목회사역이 특별한 신비로운 소명에 따른 것이 아니더라도, 목양의 중요성에 비추어 볼 때, 그럼 어떤 자가 목회 사역을 감당해야 하는가? 이 질문에 대한 답으로 본 글은 목회 소명은 바울이 신약에서 사역으로서의 '목사'를 유일하게 명시적으로 언급하고 있는 에베소서 4:11을 통해 은사적인 관점에서 볼 것을 제안했다. 또한 두 번째로 목회사역은 예수께서 친히 '목양하라'고 말씀하신 요한복음 21:15이하를 통해 '목양에 헌신된' 자가 감당할 수 있음을 제안했다.

결론적으로 목회적인 소명은 하나님이 사람들에게 주신 다양한 소명의 일환으로서, 특별한 소명경험이나 신비로운 부르심의 체험을 반드시 필요로 하지 않는다. 하나님의 부르심의 방식은 다양하기에 또한 목회적인 부르심만이 하나님의 유일한 부르심이 아니다. 그러나 목회 사역은 목회 은사를 가진 자로서 동시에 그리스도 예수 안에 나타난 하나님의 구속의 사랑(복음의 핵심적인 요소)만을 삶의 가장 소중한 가치로 받아들여 그 사랑을 전하는 일에 헌신된 자로서 목양의 일을 자신의 천직으로 받아들여 살아가는 자에게 열려 있는 길이라 할 수 있다.

부록 Ⅳ
성전 주제를 중심으로 성경 전체 읽기
(우리 중에 장막을 치시는 하나님: 요한복음 1:14을 중심으로)

1) 서론

하나님은 우리를 공동체로 만들어서 우리와 영원토록 함께 살면서 우리들의 하나님이 되고 우리는 하나님의 백성이 되기를 원하셔서 천지를 창조하셨다. 이 점은 성경 전편에 걸쳐 나타나 있으며 성경의 일관된 사상이다. 다음 구절을 보자.

> 내가 내 성막을 너희 중에 세우리니 내 마음이 너희를 싫어하지 아니할 것이며, 나는 너희 중에 행하여 너희의 하나님이 되고 너희는 내 백성이 될 것이니라(레 26:11-12)

그리고 요한계시록에 보면 하나님은 하늘과 땅을 완전히 새롭게 하신 후 이렇게 다시 말씀하신다.

> 보라 하나님의 장막이 사람들과 함께 있으매 하나님이 그들과 함께 계시리니 그들은 하나님의 백성이 되고 하나님은 친히 그들과 함께 계셔서(계 21:3)

이렇게 성경의 처음과 끝을 보면 하나님은 우리와 함께 영원히 살고 싶으셔서 하늘과 땅을 만드시고 이 땅에 인류를 창조하셨음이 분명하다.

중요한 점은 하나님이 무엇이 부족해서 또는 우리에게 섬김을 받기 위해서 우리를 창조하신 것이 아니라는 점이다.

> 우주와 그 가운데 있는 만물을 지으신 하나님께서는 천지의 주재시니 손으로 지은 전에 계시지 아니하시고, 또 무엇이 부족한 것처럼 사람의 손으로 섬김을 받으시는 것이 아니니(행 17:24-25)

하나님은 분명 조건 없이 우리를 사랑하셔서 인류를 창조하신 것이다. 이 점을 요한복음 3:16이 말한다.

> 하나님이 세상을 이처럼 사랑하사 독생자를 주셨으니 이는 그를 믿는 자마다 멸망하지 않고 영생을 얻게 하려 하심이라(요 3:16)

그런데 바로 이 하나님이 육신이 되어 우리 중에 거하신다고 말씀한다.

> 말씀이 육신이 되어 우리 가운데 거하시매 우리가 그의 영광을 보니 아버지의 독생자의 영광이요 은혜와 진리가 충만하더라(요 1:14)

그렇다면 ***1) 첫째로, 도대체 무엇이 문제였기에 예수님이 이 땅에 오시기 전까지는 하나님이 우리와 함께 살 수 없었을까? 2) 둘째로, 하나님이 친히 육신으로 이 땅에 오셨다는 것은 무슨 의미일까?***

여기서의 성경읽기를 통해 이 두 질문에 대한 답을 주고자 한다.

간단히 먼저 답을 한다면, 첫째로, 인류의 시조 아담의 타락은 하나님과 함께 살기 싫어서 인간이 하나님을 떠난 사건이었다. 하나님은 함께 살자고 인간을 창조하셨는데 인간은 혼자서 자신의 힘으로 살아보겠다고 선언하고 하나님을 떠난 것이다. 그래서 하나님은 우리와 살 수 없었던 것이다.

두 번째로, 하나님이 육신의 몸을 입고 이 땅에 오신 것은 자기를 내어주신 희생적인 사랑을 보여주신 것이다. 하나님은 절대로 강요하거나 우리를 강제하시지 않는다. 탕자의 비유가 이 점을 잘 보여준다. 하나님은 두 아들을 다 잃어버렸다. 작은 아들은 아버지와의 관계를 도덕적인 관계로 알았기에 집 밖에서 잃어버린 아들이다. 둘째 아들은 이렇게 말한다.

> 아버지 내가 하늘과 아버지께 죄를 지었사오니 지금부터는 아버지의 아들이라 일컬음을 감당하지 못하겠나이다. 나를 품꾼의 하나로 보소서(눅 15:18-19)

큰 아들은 아버지와의 관계를 율법적인 관계로 알았기에 집 안에서 잃어버린 아들이다. 큰 아들은 이렇게 말한다.

> 내가 여러 해 아버지를 섬겨 명을 어김이 없거늘(눅 15:29)

이들은 아버지의 조건 없이 내어주는 희생적인 사랑을 몰랐기에 둘 다 잃어버린 아들들이다. 탕자의 비유는 이러한 두 부류의 인류 모두가 아버지의 사랑으로 돌아오기를 고통스럽게 기다리시는 하나님을 보여준다. 하나님은 조건 없이 우리와 살기 위해서 이 땅에 인류를 창조하신 것이다. 이 점을 자세히 살펴보고자한다.

2) 성육신의 의미: 우리 중에 거하시고자 하늘과 땅을 만드셨던 하나님의 뜻이 이루어짐

잠시 창세기 1-2장의 우주 창조와 에덴 창조에 대해 생각해 보자. 하나님은 태초에 하늘과 땅을 창조하셨을 때, 창세기 1장은 하늘과 땅을 하나님에 의해 다스려지는 하나님의 나라로 만드셨고 이 땅에 인간을 창조하셔서, 이 나라를 대신 다스리라는 섭정의 소명을 주셨다. 창세기 1:26은 이렇게 말씀한다.

> *하나님이 가라사대, 우리의 형상을 따라 우리의 모양대로 우리가 사람을 만들고 그로 바다의 고기와 공중의 새와 육축과 온 땅과 땅에 기는 모든 것을 다스리게 하자(창 1:26)*

간단히 말해서 하나님은 창세기 1장에서 인류의 시조인 아담을 창조하셔서 하나님 자신의 천상의 의 곧 바름을 이 땅에 온전히 드러내라는 왕적인 소명을 주셨다. 창세기 2장에서 하나님은 에덴동산을 창설하시고(8절, 15절), 아담을 이끌어 에덴동산에 두시며, 동산을 "다스리고 지키게"(15절)라고 명하신다. 여기서 '다스리다'는 원래 예배의 행위로서 '섬기다'라는 뜻이며 '지키다'는 악한 것이 침입하지 못하도록 '보호하다'라는 뜻이다. 이런 점에서 에덴동산은 하나님의 임재가 집중된 지성소와 같다.

이런 맥락에서 하나님은 우주를 자신의 성소로 만드셨고, 에덴을 자신의 임재가 집중된 장소인 지성소로 구별되게 하셨다. 그리고 하나님은 아담에게 에덴에서 자신의 임재 가운데 자신을 예배하고 자신과 교제하면서, 동시에 에덴에 악하고 더러운 것들이 들어오지 못하도록 지키라는 제사장적인 소명을 주셨다. 더 중요하게 하나님은 에덴에 집중된 자신의 임재를 아담이 잘 섬기면서 하나님의 임재가 온 땅에 확장되도록 중재하라는 제사장적인 소명을 주셨다.

또 하나님은 에덴동산에 아담과 함께 생명나무와 선악을 알게 하는 나무를 두셨다(2:9). 그리고 선악을 알게 하는 나무의 열매를 절대 먹지 말라고 말씀하시면서 먹는 날에는 반드시 죽을 것이라고 말씀하셨다. 이것은 하나님의 임재 가운데 사는 일과 임재가 온 땅으로 퍼져나가게 하는 일은 ***반드시 인간 자신의 지혜나 판단에 의해서가 아니라 오직 하나님의 지혜를 물어서 해야 한다는 것을 뜻한다.*** 인간은 오직 하나님께 의존하여 살도록 지음 받은 것이다. 그리하면 선악을 알게 하는 나무와 함께 있던 생명나무의 열매가 주어질 것이라고 말씀한다.

중요한 점은 이 소명은 오직 끊임없이 하나님께 지혜를 구하여 행해야 한다는 점이다. 오직 하나님 의존적으로 사는 자만이 이 소명을 이룰 수 있는 인간이며, 이런 사람만이 하나님과 영원히 함께 살 수 있다.

그런데 불행히도, 인류의 시조 아담과 하와는 선악을 알게 하는 나무의 열매를 따 먹었다. 이들은 이 땅을 하나님의 ***의***의 다스림으로 가득 찬 세계로 만들라는 명령과 이 땅을 하나님의 임재로 가득한 거룩한 세상으로 만들라는 명령을 자신의 지혜와 힘으로 해보겠다고 명령을 거역한다. 그래서 결국 인간은 하나님의 나라가 아닌 자신들의 왕국을 세워 나갔으며 이런 점에서 인간의 죄의 근본은 반역이며 자신의 지혜와 힘을 의지해 산다는 점에서 우상숭배라고 할 수 있다.

이제 하늘과 땅 전체를 하나 되게 하여 자신의 왕국과 성전으로 삼으셨던 하나님의 일은 인간의 반역으로 인해 새로운 국면으로 들어간다. 하나님은 이 땅에 대한 자신의 다스림과 임재를 철수하셨고, 이로 인해 하늘과 땅이 다시 분리된다. 하나님은 하늘에서 다스리시며 이 땅은 사탄의 지배 하에서 이루어지는 인간 왕국으로 전락한다.

하나님은 이러한 인간의 우상숭배적인 반역에 대해서 대홍수로 인류를 심판하셨다. 그리나 하나님은 ***은혜로운 선택***을 통해 노아와 그의 식구를 생존하게 하셨고(창 6:8, 18-20), 홍수 후에 아담에게 주셨던 소명을 다시 부여하신다(cf. 창 9:1-2, 7). 여전히 하나님은 노아를 통해서 하나님의 다스림의 의와 임재의 거룩함이 온 땅에 충만하기를 원하셨던 것이다.

이어서 하나님은 아브라함을 선택하여 불러내서 그에게 축복하신다.

> *내가 너로 큰 민족을 이루게 하고, 네 이름을 창대하게 하리라 … 땅의 모든 민족이 너로 말미암아 복을 얻을 것이라(cf. 창 12:1-3)*

그리고 이스라엘을 애굽에서 불러내어 시내산에서 자신의 나라와 백성 삼으시면서 아담에서 부여했던 왕적-제사장적인 소명을 부여하신다. 출애굽기 19:6을 보라.

> *너희는 내게 대하여 제사장 나라가 되고 거룩한 백성이 되리라(출 19:6; 벧전 2:5,9; 계 20:6)*

한 마디로, 하나님은 천지를 창조하시면서 아담에게 주어졌던 세상에 대한 왕적이며 제사장적인 소명, 즉 하나님의 다스림의 의와 하나님의 임재의 거룩함을 온 땅에 충만하게 하라는 소명을 족장들과 이스라엘을 선택해서 지속적으로 이루시고자 하신 것이다.

구약에서는 하나님이 이스라엘 백성 중에 거하는 것을 성막에 거하시는 것으로 표현했다. 하나님은 이스라엘 백성에게 성막을 세우라고 명령하신 후 성막이 세워지자, 자신의 임재의 표현인 영광으로 성막을 가득 채우신다. 출애굽기 40:34-35을 보라.

성막을 세우는 일이 다 마친 후에, 구름이 회막에 덮이고 여호와의 영광이 성막에 충만하매, 모세가 회막에 들어갈 수 없었으니, 이는 구름이 회막 위에 덮이고, 여호와의 영광이 성막에 충만했기 때문이라(출 40:34-35)

그런데 하나님의 임재는 자동적으로 이루어지는 일이 아니다. 하나님이 임재하시면 결과적으로 거룩함이 나타나지만, 동시에 거룩함이 없으면 하나님은 임재하시지 않는다. 그래서 거룩하지 못할 때, 희생제사가 필요했던 것이다. 하나님은 그의 백성에게 말씀하신다.

내가 거룩하니 너희도 거룩할지라(레 11:44; 레 19:2; 벧전 1:15-6)

하나님의 거룩하심은 도덕적인 의미의 깨끗함을 가리키지 않으며, 신들이라고 주창하는 거짓 신들과 배타적으로 구별되시는 하나님은 근본적으로 전적으로 주권적이시며 은혜로우신 분이라는 뜻이다. 그러기에 우리가 거룩하다는 뜻 역시, 거짓 신들을 섬겨 사는 자들과 구별된, 그들과 다른 방식의 삶을 사는 자들이라는 것을 의미한다.

하나님이 이렇게 이스라엘 백성들과 함께 살고 싶다고 그들 중에 성막을 세우셨고, 자신의 임재의 상징인 영광을 성막에 충만하게 하셨는데, 이스라엘은 하나님의 백성으로 살기를 거부하고 이방인들 중에 하나로, 그들과 동화되어 세속적으로 살았다. 이것은 하나님에 대한 반역이자 우상숭배적인 삶이다. 주변 나라들이 살아가는 대로 자신들의 힘과 지혜로 나라를 강국으로 만들고자 했고, 나라의 안정과 번영을 추구했다. 또 국내적으로도 이스라엘은 서로 간에 싸우고 다투며 악한 주먹으로 치면서, 왜 금식하는데 기도에 응답하지 않느냐고 하나님께 불평한다. 하나님은 이렇게 말씀한다.

내가 기뻐하는 금식은 남에게 행한 불의한 족쇄들과 남에게 지운 무거운 멍에를 풀어주는 것이다(cf. 사 58:6)

불의한 삶을 살면서 금식하는 것은 의미가 없다는 뜻이다. 그래서 예레미야 같은 선지자들은 이스라엘의 멸망을 선포했다. 그런데 이스라엘은 이렇게 반박한다.

이것이 여호와의 전이라, 여호와의 전이라, 여호와의 전이라(렘 7:4)

성전이 있는 이상 이스라엘은 결코 망하지 않는다고 강변하고 있는 것이다. 성전이 결코 하나님의 임재를 보장하지 않는다. 거룩함이 없는 삶 때문에 하나님은 성전에서 떠나신다. 하나님의 백성 가운데 거하시지 않기로 작정하셨다. 이것을 에스겔 선지자는 이렇게 말한다.

여호와의 영광이 성읍 중에서부터 올라가서 성읍 동편 산에 머물고, 주의 신이 나를 들어 바벨론에 잡혀간 포로들에게 데려갔고, 내가 보았던 이상이 나를 떠난지라(겔 11:23-24; cf. 겔 10:18)

하나님이 이처럼 이스라엘을 떠난 것은 끝이 결코 아니다. 에스겔은 하나님이 다시 이스라엘에게 돌아와서 그들 중에 임재하실 것을 예언한다.

여호와의 영광이 동문을 통해 성전에 들어가고, … 내가 보니 여호와의 영광이 성전에 가득하더라(겔 43:4-5)

요한복음 1:14에서 말씀이 육신이 되어 우리 중에 거하시는 분은 분명 예수 그리스도이다. 보다 중요하게 이 분을 통해서 미래에 나타날 하나님의 영광으로 가득한 성전에 대한 예언이 이루어진 것이다. 정말 예수님의 성육신은 하나님의 백성과 함께 살고 싶다는 구약의 모든 예언들이 이루어진 것을 뜻한다.

이에 대한 중요한 본문을 하나 더 생각해 보자. 본문 14절을 다시 보자. 14절 끝에 나오는 "은혜와 진리가 충만하다"는 말씀은 정확히 출애굽기 34:6에서 하나님을 표현하는 말씀과 똑같다. 특히 이 출애굽기 구절은 출애굽기 33-34장의 일부인데, 여기서 하나님은 모세에게 두 번째로 율법을 주시면서 자신을 이렇게 표현한다.

여호와라 여호와라. 자비롭고 은혜롭고 노하기를 더디 하시며, 인자가 진실이 많은 하나님이로다(출 34:6)

그런데 요한은 말씀으로 우리에게 찾아오신 예수님에 대해서 이렇게 말한다. "말씀이 육신이 되어 우리 중에 거하시매 우리가 그 영광을 보니, 아버지의 영광의 독생자의 영광이요 은혜와 진리가 충만하더라." 출애굽기 34:6에서 "인자와 진실이 많다"고 표현된 것은 정확히 본문

14절에서 "은혜와 진리가 충만하다"는 표현과 똑같은 표현이다.

이것은 예수님이 우리의 구원을 위해서 하늘에서 갑자기 이 땅으로 오신 분이 아니라, 구약의 하나님이 육신을 입고 우리 중에 친히 살고자 오신 분이라는 뜻이다. 우리와 함께 영원히 살고 싶어서 하늘과 땅을 창조하셨던 하나님의 창조 목적이 드디어 이루어진 것이다. 하나님은 육신의 몸을 입고 우리 중에 거하시고자 예수님의 몸으로 이 땅에 오신 것이다.

물론 지금은 예수님의 영적 현존인 성령으로 우리 중에 거하고 계시다. 그리고 우리는 새 하늘과 새 땅이 온전히 드러날 그 때에 부활하여 온전한 몸으로 우리는 하나님과 영원히 살 것이다. 이것을 먼저 근본적으로 이루신 일이 바로 하나님이 육신의 몸을 입고 예수님으로 이 땅에 나타나신 것이다. 하나님이 우리 중에 거하시는 방식은 오직 예수님을 통한 거하심이다.

우리 중에 예수님의 영이신 성령을 통해 우리 가운데 사시는 하나님은 우리를 거룩한 공동체로 만드셨다. 앞에서 말 한대로, 거룩함은 구별된 것을 뜻한다. 하나님은 변덕스럽고 무기력하고 폭력적인 다른 거짓 신들과 다르다는 점에서 거룩하시다. 하나님만이 전적으로 주권적이시며 하나님만이 전적으로 은혜로우시다. 그래서 성경의 하나님은 우리가 지성으로 섬겨야 우리의 요구를 들어주시는 그러한 신이 아니다. 성경은 하나님에 대해서 이렇게 말씀한다. "나는 은혜 줄 자에게 은혜를 주고 자비를 베풀 자에게 자비를 베푸느니라"(출 33:19). 하나님은 우리를 언제나 은혜롭게 대하시며 우리를 불쌍히 여기시며 항상 우리와 교제하기를 원하시는 하나님이시다. 하나님은 멀리 저 하늘에 계시면서 우리가 자신을 얼마나 잘 섬기는 가를 봐 가면서 우리에게 복과 화를 주시는 분이 결코 아니다.

하나님은 우리가 이렇게 전적으로 주권적이고 은혜로우신 하나님 자신만을 의지해 살기를 원하신다. 하나님만을 의존하여 그분과 교제하며 사는 것이 바로 거룩함이다. 이에 반해서, 세상 사람들은 자기와 자기 노력을 믿고 사람들을 의지하고 권력과 명예와 돈에 기대어 살아간다. 이것을 거룩함의 반대로 세속적이라고 말한다. 세속적인 삶은 매우 경쟁적인 삶이며, 그렇기에 결국 모두가 공멸에 이르게 된다. 그러나 전적으로 주권적이시고 은혜로운 하나님만을 의지해 사는 삶은 주어진 소명과 역할에 따라 사는 삶이며 결국 모두 공생하는 삶이다. 바로 이것이 하나님이 창조하시고자 했던 세상이자, 예수님의 성육신을 통해서 만들어 놓으신 공동체, 곧 거룩한 공동체이다.[286] 한 마디로 거룩함은 거룩한 모습을 가리키지 않으며 인간-주도적이며 개인-중심적이 아닌, 하나님-중심적이며 하나님-의존적인 공동체적 삶의 성격을 뜻한다. 바로 이것이 내가 거룩하니 너희도 거룩하라는 하나님의 말씀의 의미이다.

3) 거룩한 공동체의 형성과 유지의 원리인 자기-내어줌의 사랑

그렇다면 하나님은 이렇게 하나님만을 의지해 사는 사람들, 그래서 하나님과 영원히 살 수 있는 사람들인 거룩한 공동체인 교회를 어떻게 만드셨을까? 이것을 알기 위해서 요한복음을 좀 더 자세히 이해할

286 행 5장에 나오는 아나니아와 삽비라의 죽음 사건은 단순히 사도들을 속이거나 성령을 속였기에 죽은 사건이 아니다. 만약 그렇다면 너무 잔인하고 또 이해하기도 쉽지 않은 사건이다. 그러나 더 큰 문맥에서 보면 이들의 행위는 성령을 통해 이루어진 하나님의 유무상통의 종말론적인 공동체에 정면으로 반하는 행위이며 이런 점에서 이들의 행위는 근본적으로 사탄적이며 우상숭배적인 죄악이다. 이런 점에서 이들의 죽음을 이해한다면 이들의 죽음은 매우 상징적인 중요성을 지닌 사건이라 할 수 있다.

필요가 있다. 요한복음에는 6개의 표적이 나타난다. 다른 복음서는 예수님이 행하신 치유와 축사와 같은 일들을 기적 혹은 이사라고 부르는데, 유독 요한복음은 표적이라고 부른다. 표적은 가리키는 물리적인 대상을 통해서 보다 중요한 실체를 보여주는 표지와 같은 것이다. 요한은 요한복음뿐만 아니라 요한서신서와 함께 요한계시록을 썼다. 특히 요한계시록에서 보면 숫자 7이 수없이 나타나는데 모두 하나님과 그의 어린양 예수님의 완전하심 또는 하나님의 복과 심판의 완전하심을 상징한다. 분명히 요한에게서 7은 완전수를 의미한다.

그런데 요한복음은 예수님의 표적을 기록하면서, 2-12장까지에 6개의 표적만을 집중적으로 배치한다. 그리고 13장부터는 집중적으로 예수의 죽음을 말씀하면서 예수님이 죽으시는 때를 하나님이 영광을 받으시며 예수님 자신이 영광을 얻게 될 때라고 말씀한다. 요한복음 17:1을 보라.

아버지여 때가 이르렀으니, 아들을 영화롭게 하사 아들로 아버지를 영화롭게 하게 하옵소서(요 17:1)

그리고 예수님은 십자가 위에서 죽으시며 이렇게 말씀하신다.

그 때가 다 이루어져 지금 이루어진 채 놓여 있다(cf. 19:30)

예수님의 죽음은 하나님의 영광이 드러나는 때이며, 동시에 예수님이 창조 전에 하나님 아버지와 함께 가졌던 영광의 상태로 돌아감으로써 예수님 역시 영광을 받게 되는 때이다(cf. 17:4-5).

그렇다! 예수님이 십자가에서 죽으시는 때가 하나님의 영광이 나타나는 때이다. 왜냐하면 십자가에서 하나님의 자기-희생의 사랑이 드러나기 때문이다. 이런 점에서 십자가는 일곱 번째 표적, 즉 완전한 표적이다. 다시 말해, 십자가는 하나님의 영광, 즉 하나님의 임재가 완벽하게 드러나는 완전한 표적이라는 뜻이다.

요한은 1:14에서 육신의 몸을 입고 이 땅에 오신 말씀이신 예수님을 하나님의 영광의 나타남이요, 은혜가 진리가 충만하다고 기록하고 있다. 즉 하나님의 성육신인 예수님은 그 자체가 표적이다. 그리고 이 분 예수님이 세상의 인류를 위해 죽으신 십자가는 바로 이 표적의 절정이다. 십자가에서 하나님의 임재 곧 하나님의 영광과 은혜와 진리가 완벽하게 드러났다는 뜻이다.

하나님의 성육신은 그분이 우리 중에 임재하시고 거하신다는 하나님의 영광의 나타남의 시작이다. 그리고 예수님의 십자가는 바로 이 하나님의 사랑의 절정이자 그 영광의 절정인 것이다.

4) 결론

성육신은 하나님의 임재가 이 땅에 드러난 결정적인 사건이며, 예수님의 십자가 위의 죽음은 하나님의 임재가 절정에 다다른 사건이다. 하나님의 성육신은 하나님의 자기-희생적 사랑의 현현이었다. 빌립보서는 하나님의 성육신을 이렇게 말한다.

> 너희 안에 이 마음을 품으라. 곧 그리스도 예수의 마음이니, 그는 근본 하나님의 본체이시나, 하나님과 동등함을 당연히 취할 것으로 여기지 않고, 자기를 비어 종의 형체를 가져 사람들과 같이 되었고 사람의 모양으로 나타나셨으매, 자기를 낮추시고 죽기까지 복종하셨으니 곧 십자가에 죽으심이라(빌

2:5-8)

이러한 자기-내어주심의 사랑만이 진정한 거룩한 공동체를 만들어낸다. 즉 세상과 세속과 다르게 사는 구별된 사람들의 공동체, 하나님과 영원히 살게 될 사람들의 공동체를 만들어 낸다. 그리고 이 공동체는 오직 동일한 사랑에 의해서만 운용되고 유지된다. 그래서 이 공동체는 영원할 수 있다.

이 공동체는 적자생존이라는 사탄적인 성격의 경쟁이 없는 세상이다. 약육강식의 폭력이 없는 세상이다. 오직 힘이 있고, 권력이 있고 명예가 있고, 돈이 있는 사람들이 살아남는 세상이 결코 아니다. 오직 하나님의 사랑만을 먹고 살기에 부족함도 싸움도 시기도 분쟁도 없는 세상이다.

그래서 예수님은 부활하신 후 베드로에게 나타나서 그를 교회의 사역자 목양자로 회복시키면서 이렇게 세 번 물으신다. "네가 나를 사랑하느냐? 그렇다면 내 양을 먹이라"(cf. 21:15, 16, 17). 오직 하나님의 사랑만이 삶의 모든 것이라고 아는 자만이 하나님을 사랑하며, 이러한 사람들에 의해서 하나님의 공동체인 교회는 지속할 수 있다는 뜻이다.

요한일서 2:15-16은 또 이렇게 말한다.

이 세상이나 세상에 있는 것들을 사랑하지 말라. 누구든지 세상을 사랑하면, 아버지의 사랑이 그 속에 있지 아니하니, 이는 세상에 있는 모든 것이 육신의 욕망과 안목의 욕망과 이생의 자랑이니 이것들은 다 아버지께로부터 온 것이 아니요, 세상으로부터 온 것이라(요일 2:15-16)

어떻게 하나님은 우리와 함께 영원히 사실 수 있을까? 무엇 때문에 예수님이 이 땅에 오시기 전까지 하나님은 우리 중에 계속해서 거하실 수 없었고, 단지 성막과 성전에만 그것도 거룩함을 조건으로 거하실 수밖에 없었을까?

하나님은 인간의 몸을 입고 친히 이 땅에 오심으로써, 우리 중에 거하시는 일을 이뤄내셨다. 그리고 이 일을 통해서 하나님의 거룩한 공동체인 교회를 만드셨다. 하나님의 자기-내어주심의 사랑의 현현인 성육신을 통해서 이루신 것이다. 이제 하나님은 하나님의 영이시며 예수님의 영이신 성령의 형태로 우리 중에 그리고 우리 내면에 거하신다. 하나님은 우리를 자신의 영원한 거룩한 공동체로 만드셨다. 스스로의 힘으로 혹은 힘의 지배 원리에 따라 사는 사람들이 아니라, 오직 하나님만 의지해 사는 사람들을 이 공동체의 일원으로 불러 모으셨다. 그리고 이 공동체는 오직 자기-희생적 사랑 혹은 자기 내어줌의 희생을 통해서만 유지된다고 말씀하신다.

우리가 어떻게 하나님의 자녀이며 하나님의 나라 백성인줄 알 수 있을까? 본문 요한복음 1:14은 분명하게 말한다. 하나님의 자기-희생적인 사랑이었던 성육신과 십자가를 받아들이고, 이 십자가의 근본정신인 하나님의 사랑만을 먹고 살기로 작정하고 그 사랑만을 의지해 사는 자들이 하나님의 자녀요 하나님의 나라 백성이라고 말한다. 또 하나님의 공동체인 교회는 세속적인 삶의 방식을 따라 살지 않아야 한다고 말한다. 오직 세속적인 힘을 포기하고 오직 자기-희생의 사랑으로 사는 자들을 통해서만 하나님의 나라의 맛보기인 교회가 지속적으로 유지되고 하나님의 임재의 장소가 된다.